JN217197

進化心理学を学びたい
あなたへ パイオニアからのメッセージ

[編] 王 暁田／蘇 彦捷

[監訳] 平石 界／長谷川寿一／的場知之

東京大学出版会

Thus Spake Evolutionary Psychologists
（進化心理学家如是説）
Edited by X T（Xiao-Tian）Wang and Yan-Jie Su
（王暁田，蘇彦捷　主編）
© 北京大学出版社 2011

本作品原由北京大学出版社出版.
日语翻译版经北京大学出版社授权独家出版发行.
保留一切权利. 未经书面许可，任何人不得复制，发行.
本書の原著は北京大学出版社により刊行され，日本語翻
訳版は北京大学出版社の独占的許諾により刊行される.
一切の権利は同社に帰属する. 書面による許諾なしに，
複製，配布することを禁ずる.

First published by Peking University Press in 2011,
bilingual in Chinese and English. All rights reserved by
Peking University Press.

Japanese translation rights are arranged by Peking
University Press.
Japanese translation by Kai HIRAISHI, Toshikazu
HASEGAWA, Tomoyuki MATOBA *et al.*
University of Tokyo Press, 2018
ISBN 978-4-13-013311-1

監訳者まえがき

　本書を手に取られた皆さんは、「進化心理学」という言葉を初めて目にした、または耳にした日のことを覚えているだろうか。私にとってそれは、大学３年生の初冬のある日だった。学生室に貼り出された、各研究室が募集する卒論テーマ一覧を書いたチラシに、その言葉があった。

　人はなぜこの世に生まれ、何のために生きているのか。そんな疑問を持ったことのある人は少なくないだろう。そこに一つの答えを与えるのが「進化」の視点である。そして「賢い」はずのヒト（ホモ・サピエンス）が犯す様々な「愚行」（大量殺戮兵器を作ったり、絶滅危惧種を食べ続けたり、ずるずる仕事を先延ばししたり）を理解するには、ヒトという生物を進化の視点から理解する必要があるのではないだろうか。そう思っていた私にとって、それはまさに人生を変える出会いだった。

　本書は、私と前後して「進化心理学」と出会った研究者たちの「出会いのエピソード集」である。各章の執筆者は、自分がいかにしてこの学問に出会い、魅了されたのか、その過程でどのように同じ道を志す人々と出会い、研究を発展させてきたのかを生きいきと綴っている。自ら求めた出会いもあれば、偶然の出会いもある。本書を編集した王暁田など、何かの手違いで進化心理学と出会ったらしいことを告白していて、読んでいて衝撃のあまり椅子から転げ落ちそうになった。

　その王を始めとして、性淘汰の理論から男女の駆け引きや葛藤を描いて見せたデヴィッド・バス（『女と男のだましあい』）、「殺人」というレンズを通してヒトの本性を深く考察したマーティン・デイリー（『人が人を殺すとき』）、ヒトの自然な集団サイズについて有名なダンバー数を提唱したロビン・ダンバー（『ことばの起源』）、単純な意思決定ルールの合理性を論じ、ダニエル・カーネマン（ノーベル経済学賞受賞者、『ファスト＆スロー』）との大論争まで展開したゲルト・ギゲレンツァー（『なぜ直感のほうが上手くいくのか？』）、他者信頼の日米比較から、

i

文化と適応の関係を論じた山岸俊男（『信頼の構造』）、ロングセラー『進化と人間行動』によって進化心理学を日本に導入した、本書の監訳者でもある長谷川寿一など、この分野を立ち上げ、そして牽引してきた人々の研究人生にまつわるエピソードが満載である。研究生活の裏側が垣間見え、一見華やかなキャリアもその実、波瀾万丈と知れる点においてもおもしろく、若い読者にとっては参考になり、同世代以上の読者にとっては励みと共感をもたらしてくれるだろう。進化心理学の成立にあって外すことのできない、ドナルド・サイモン、レダ・コスミデス、ジョン・トゥービー、スティーヴン・ピンカーなどの名前がないのを寂しく思う向きもあるかもしれないが、彼（女）らが与えた当時の衝撃の大きさは、その薫陶を受けた第二世代の文章を通じて追体験することができる。

　出会いのエピソードを通じて執筆者たちは、これから進化心理学を学ぼうとする人たちへ、その道が示す知的興奮を語り、そして同時に、あえて標準的な道を外れて進むことへのアドバイスを与えている。邦訳にあたってつけた『進化心理学を学びたいあなたへ』というタイトルが、学術論文を離れた執筆者たちの、軽やかな、そして優しい筆致をよく表していて、私はとても気に入っている（ちょっといかめしい、原題の『進化心理学者はかく語りき』も悪くはないのだが）。

　もともと本書は、中国の学生を念頭において編集されたものであり、サービス精神を発揮して中国人読者に向けた言葉を贈っている執筆者もある。それらはアジアの一部である日本の読者にとっても参考になるだろう。さらに本書を邦訳するにあたって、せっかくだから日本の研究者がどのようにこの学問と出会ったのか聞いてみたいと思った。呼びかけに応えて、6名の諸先輩が自らの背景を語るコラムを寄せてくださった。読者の皆さんには、これらの「出会い」も楽しんでいただけたらと思う。

　もちろん本書は、研究者の自叙伝集に留まるものではなく、進化心理学の知識を学ぶ上でも有用なものである。実際、紹介される研究は、男女関係や家族関係、消費行動、経営論といった生々しいテーマを扱ったものから、発達、記憶、推論、意思決定といった、より基礎的なテーマのものまで多岐にわたる。

監訳者まえがき

私自身、進化心理学の持つ可能性の広さに改めて圧倒された。しかし、一つ書いておきたい。紹介される知見のすべてが頑健であると、鵜呑みにしないでほしい。ヒトの話ではないが、4.1節などで、クジャクのメスが、配偶相手とするオスを羽の目玉模様の数で選んでいるという話が紹介されている（Petrie, 1994）。実は私が卒論を書いていた頃、研究室の先輩が、まさにこの研究結果が自分のデータで再現されないことに苦しんでいた。結局、10年近くの調査を経てようやく、研究室の後輩が、羽の目玉模様は関係ないという論文*を出すことができた。科学的知識は一朝一夕に成るものではない。それを承知の上で、批判され否定される可能性を含め、進化という視点から心理学を考えることはおもしろい。そのことが伝われば嬉しいし、そのような本であると信じている。

　最後になるが、お詫びと感謝を。本書の翻訳は、原著出版直後の2012年に企画された。共訳者が迅速に翻訳を完成したにもかかわらず出版が遅れたのは、単に平石のせいである。関係各位に深くお詫びする。途中から的場知之さん（研究室の後輩である）が監訳チームに加わり、作業は大幅にスピードアップした。そうした状況だから、自分が監訳者として、しかも筆頭に名前が載っているカバーサンプルを見て、当初は恥ずかしさしかなかった。しかし何度か見ているうちに、長谷川寿一先生を真ん中に、弟子が前後から挟む形になっていることに気づいた。しかも担当編集者の小室まどかさんまで同じ研究室の出身である。「出会い」を扱った本書として、この場所に納まるしかないと観念した。あの時、あのチラシに「進化心理学」と書いてくださった長谷川先生に、少しの恩返しになればと思う。読者の中に、本書からそうした素晴らしい「出会い」を得る方が出たら、監訳者としてこの上なく幸せである。

　2018年1月

監訳者を代表して　平石　界

＊　Takahashi, M., Arita, H., Hiraiwa-Hasegawa, M., & Hasegawa, T. (2008). Peahens do not prefer peacocks with more elaborate trains. *Animal Behaviour, 75*, 1209-1219.

目　次

監訳者まえがき（平石　界）i

序文　進化心理学——成果、経験、そして展望（王暁田・蘇彦捷）1

第1章　そもそもなぜ進化なのか——進化心理学の基本問題 ⋯⋯⋯⋯⋯⋯⋯⋯ 7

1.1　進化心理学という科学革命に参加して（デヴィッド・バス）8

1.2　進化は心の仮説生成器（マーティン・デイリー／マーゴ・ウィルソン）15

1.3　進化心理学の来し方と行く末（ロビン・ダンバー）28

1.4　心というぬり絵に潜む動機と合理性（ダグラス・ケンリック）37

1.5　心を生む1100グラム——脳という物質（ヴィクター・ジョンストン）47

1.6　反発あってこその進化心理学（ロバート・クルツバン）61

コラム1　「私たちはこのような存在です」（小田　亮）70

第2章　心と社会を進化から考える ⋯⋯⋯⋯⋯⋯⋯⋯⋯⋯⋯⋯⋯⋯⋯⋯ 73

2.1　ヒトは社会の中で進化した（ユージン・バーンスタイン）74

2.2　家族関係の進化心理学——出生順と立場争い（フランク・サロウェイ）83

2.3　配偶者選びは商品選びと似ている？（李天正）95

2.4　自己欺瞞、見栄、そして父子関係（張雷）103

2.5　あなたの家族は誰？——血縁関係を知る方法（デブラ・リーバーマン）117

2.6　集団間の偏見は自然の摂理（カルロス・ナバレテ）124

コラム2　ダーウィニズムの最後のピース（井原泰雄）134

第3章　認知と発達を進化から考える ⋯⋯⋯⋯⋯⋯⋯⋯⋯⋯⋯⋯⋯⋯⋯ 137

3.1　120万人と人口の0.1%——書き方で数の印象が変わるのはなぜ？（ゲイリー・ブレイズ）138

3.2　ヒトの理屈はいつだって論理的？——交換と安全の論理（ローレンス・フィディック）147

v

3.3 ヒトは何を覚えてきたのか——記憶の進化心理学（スタンレー・クライン）　157

3.4 ヒトの成長を進化からとらえる（ブルース・エリス）　170

3.5 思春期の到来と自己欺瞞（ミシェル・サーベイ）　179

コラム3 「あたりまえの根っこ」としての進化理論（橋彌和秀）　190

第4章　意思決定と組織運営を進化から考える　193

4.1 ヒューリスティクス——不確実な世界を生き抜く意思決定の方法（ゲルト・ギゲレンツァー）　194

4.2 進化心理学へのシンプルな道（ピーター・トッド）　201

4.3 究極の選択を迫られた時（王暁田）　212

4.4 男と女が無理する理由（サラ・ヒル）　224

4.5 医者の不養生——産業組織心理学者がルールを守らないわけ（スティーブン・コラレッリ）　230

4.6 仕事と性差（キングスレー・ブラウン）　236

4.7 ビジネスとマネジメントに進化心理学を導入する（ナイジェル・ニコルソン）　246

コラム4 なぜヒトのシグナルを研究しているのか（大坪庸介）　256

第5章　文化と知性を進化から考える　259

5.1 文化の進化抜きにはヒトの進化は語れない（ピーター・リチャーソン）　260

5.2 制度という環境の中でヒトは生きる（山岸俊男）　268

5.3 ヒトを特別なチンパンジーたらしめるもの（長谷川寿一）　275

5.4 話すことと書くこと（デヴィッド・ギアリー）　281

5.5 脳が自らを研究する時——氏と育ちの二分法を超えて（クラーク・バレット）　289

コラム5 マイクロ・マクロ社会心理学から適応論的アプローチへ（清成透子）　296

第6章　未来の進化心理学者たちへ　299

6.1 苦労の末学んだ12の教訓（ダニエル・フェスラー）　300

6.2 生態学者が進化心理学者になるまで——新しい分野への挑戦（ボビー・ロウ）　314

6.3 消費するヒトの発見（ガッド・サード）　322

目　　次

6.4　レポートが論文になるまで——進化心理学は科学たりうるか（ティモシー・カテ
　　ラー）　331

6.5　進化に興味を持つ人たちへの四つのアドバイス（ジェフリー・ミラー）　341

コラム6　ヒトの繁殖戦略と生活史戦略、そして現代環境（長谷川眞理子）　350

参考文献　353

vii

序文　進化心理学──成果、経験、そして展望

　本書は、中国の読者のために作られた、中国語の解説を交えた英語による教科書です。アメリカ・イギリス・日本をはじめ、世界各国の著名な進化心理学者たちが、自らが歩んできた研究の道のりを振り返り、それぞれの最も重要な学術的成果を紹介し、今後の研究方向や立ちはだかる困難への展望を述べ、そして心理学や行動科学研究に対する提言を行っています。読者のみなさんに原文のニュアンスや特色をより楽しんでいただくために、本書［訳注：原著］では、それぞれの研究者について、中国語による紹介［訳注：各節冒頭の文字サイズの小さい部分］の後に、研究者本人から寄せられた文章を英語のままのせています。また、通常の教科書に比べてユニークな点として、著者たちはほとんど自らの経験・経歴から出発し、エッセイの形式を取っています。著者それぞれが長年にわたり蓄積してきた研究の醍醐味を英語の原文からより読み取りやすくするために、本書ではそれぞれの章や節の長さを厳しく制限しています。

　ドイツの哲学者ニーチェ（Friedrich Wilhelm Nietzsche）は著書『ツァラトゥストラかく語りき』において、山中に隠居する予言者ツァラトゥストラの口を借りて自分の哲学的思想を述べています。しかしご覧いただいている本書は、36名の進化心理学者の思想の集大成であり、進化心理学の歴史・現状・未来、成果・経験・展望を網羅しています。ニーチェは「超人」の「力への意志」に人類進化の生存意志を導かせることで、「神の死」以後のイデオロギー喪失の状態に取って代わろうとしましたが、それに対して、進化心理学は人類進化の自然選択と性選択の原則から出発して、ヒトの本質や行動に対する理解を促そうとしているのです。

　1980年代に開花した思想的・学術的動きとして、進化心理学は欧米の心理学および行動・人文社会科学全体に対して、重要な影響を与えてきました。中国の心理学のトップジャーナルである『心理学報』（“*Acta Psychologica Sinica*”）も 2007 年に進化心理学の英文特集号（Vol. 39）を初めて刊行しました。しかし、全体的に見れば、中国の心理学や行動科学を専門とする学生や研究者にとって、

進化心理学はまだそれほどなじみ深いものではないでしょう。本書の編者たち
は、長年にわたる進化心理学の研究と教育の経験を通して、著名な進化心理学
者たちの重要な貢献、そして将来性のある思想を網羅する質の高い本を出版す
ることは、中国の心理学や社会科学の進展を促進するだろうという結論に至っ
たのです。われわれは、中国の心理学者と心理学を学ぶ若い学生たちが、本書
を通して、著名な進化心理学者たちによる最も凝縮された記述を身近に知るチャ
ンスを得られることを願っています。彼らの知性を用いて、読者のみなさん
が、心理学と行動科学の伝統的課題やホットな話題、既存の理念と新たな思考
様式を探求することや、新たな研究アプローチと領域を開発すること、そして
この領域の進展に貢献することを願っています。もしこれらの願いのどれか一
つだけでも叶うのなら、今回の「対話」に参加した研究者たちはきっと心から
喜びを感じるに違いありません。

　有名な進化心理学者のジェフリー・ミラー（Geoffrey Miller）は、ある議論を
巻き起こした論文において、進化心理学の未来は中国に、アジアにあると予言
しました（Miller, 2006a, http://www.epjournal.net/filestore/ep04107119.pdf）。ミラー
はアジアにおける進化心理学の未来に楽観的な態度を示し、その人口数、経済
と科学の底力、アジア人のIQ、中国などの国家では宗教的圧力が少ないなど
の利点が、アジアを進化心理学の次なる本拠地にすると論じています。

　それに対して、サトシ・カナザワ（Kanazawa, 2006）（http://www.epjournal.
net/filestore/ep04120128.pdf）は、別の論文において異議を唱えました。彼は、
アジア系のノーベル賞獲得者の数が少ないことや、アジア人の思考様式が独創
性に欠けていることや功利性が強いこと、さらに英語能力が不十分であること
などの理由から、ミラーの考えに反論しています。彼の推論では、仮にミラー
が中国に生まれ育ったのならば、その著書である"The Mating Mind"は数学
方程式に満ちあふれてしまい、すべての内容が数式の証明であり、その結果、
誰にも理解できなかったであろうと述べられていました。

　ミラーはさらに別の文章（Miller, 2006b）においてその議論に答えています
（http://www.epjournal.net/filestore/ep04129137.pdf）。

　この論争の背景として、近年のダーウィニズムと進化心理学が中国において
どのような発展を経てきたのかを振り返ってみましょう。進化心理学そのもの

もまだ30年余りの歴史しかなく、中国ではこの方面で貢献した研究はまだ少ないですが、最近10年くらいで、中国国内の学者による進化心理学への関心と紹介は増えてきています。

　多くの海外研究者の著書は、すでに中国国内で翻訳・出版されています。例えば、デヴィッド・バス（David M. Bass）の『進化心理学：心理的新科学』や、ディラン・エヴァンズ（Dylan Evans）とオスカー・サラテ（Oscar Zarate）の『視読進化心理学』などがあります。2004年には、河南大学の許波による国内最初の進化心理学の専門書が出版され、さらに朱新秤の『進化心理学』も出ています。2007年第三期の『心理学報』は進化心理学特集号が刊行され、香港中文大学の張雷が舵を取り、進化心理学における有名な研究者による進化心理学の各分野に関するレビューと進展報告をまとめています。同じ年に、張雷は著書『進化心理学』を出版し、中国国内では影響力が高い教科書とされています。また近い将来、中国軽工業出版社からロビン・ダンバー（Robin Dunbar）、ルイーズ・バレット（Louise Barrett）、ジョン・リセット（John Lycett）の“Evolutionary Psychology: A Beginner's Guide”が出版される予定です。

　北京大学の蘇彦捷は2004年度の国際心理学大会招待シンポジウムのコーディネーターとして、カナダのチャールズ・クロフォード（Charles Crawford）と連絡をしている際に、進化心理学の洋の東西における広がりについて議論し、北京大学心理学専攻の大学院比較心理学専門講義で2004年、2006年、そして2009年の3回、進化心理学講義を行い、3冊の本（Buss, D. M. (2004). *Evolutionary Psychology: The New Science of the Mind*. Person Education.; Crawford, C., & Salmom, C. (2004). *Evolutionary Psychology: Public Policy and Personal Decisions*. Lawrence Erlbaum Association.; Buss, D. M. (2005). *The Handbook of Evolutionary Psychology*. John Wiley & Sons.）、ならびに一部の研究者が行っている最新研究の進展についてシステマティックな紹介を行いました。張雷も香港中文大学において進化心理学に関する講義を行うと同時に、進化心理学を学ぶ博士課程学生の教育にも尽力し、かつ数回にわたり中国心理学学術大会において進化心理学に関するワークショップを主催しています。クロフォードは天津師範大学において進化心理学の集中コースを開催しました。

　2007年、第10回中国心理学学術大会に進化心理学関連の論文が現れて以来、

会議が重なるにつれて論文の量も増えつつあります。中国国内ではまだ進化心理学の学術専門誌がありませんが、『心理学報』や『心理科学』など国内の重要な心理学専門誌で発表されている進化心理学の研究数は右肩上がりの傾向を示しています。中国科学院心理研究所、香港中文大学、復旦大学、中山大学、浙江大学、華南師範大学、吉林大学をはじめとする中国国内の大学や研究機関においても進化心理学に関する研究が始動しています。アメリカのサウスダコタ大学の王暁田は毎年中国に戻り、この分野の世界的な進展と関連研究について紹介しています。国内の研究者が海外の進化心理学の学術会議に参加することも年々増えつつあります。これらの現象は進化心理学の素早い広がりを示しています。数多くの研究者と学生がこの領域に入り、ヒトの心理の進化メカニズムと行動特徴についての探索を始めているのです。

　ダーウィンの進化論は、過去150年間にわたって科学的検証に耐えてきた、現在唯一の自然科学と社会科学の二大領域をまたぐ理論です。進化論は、われわれにヒトの行動を研究するための理論的枠組みと焦点を提供してきました。それによって帰納的な科学探索に対して演繹推論の基礎が提供されたため、われわれはボトムアップ的な探索で迷走を避けることができるようになったのです。読者のみなさんは、本書の各節において、著者たちがいかに進化心理学の原則を利用して心理と行動研究の要点をつかんできたのか、そしていかに適応性に関する推論から既存の研究の盲点を見つけ出し、独自の研究の道を切り開いてきたのかについて、答えを見つけることができるでしょう。

　本書の各節は六つの章にまとめることができます。ただし、ほぼすべての著者が、該当トピックを遥かに超える研究領域を持つことを説明しておかなくてはなりません。本書における章は、あくまでも今回寄せていただいた原稿の内容をもとに便宜的に分けたものです。

　最後に、本書の中国語において資料の収集と文章の作成にご協力いただいた北京大学心理学科の学生の皆様に感謝の意を表します：蔡強、陳舒婷、陳雨露、次海鵬、范若谷、高雅月、郝堅、何陳晨、賀熙、胡天翊、胡月、胡振北、黄高青、黄怡娟、金東、廖宗卿、劉艶春、陸婧晶、石寧、舒敏、孫維納、覃婷立、陶然、王斯、王怡、王志穏、夏海偉、謝佳秋、薛暁芳、楊少娟、楊寅、余芝蘭、詹楊楊、張喜淋、張慧、趙婧、趙旖旎、周玉琴、朱子建。

石頴さんによる本書の文献校閲に感謝します。

陳小紅さんからのサポートと本書の立項、編集、校閲においてのご尽力に感謝します。

本書の出版が心理学の若き研究者たちにとってのヒントになることを願っています。そして、専門家や同業者のみなさまからのご意見をいただきたいです。

2011 年夏　燕園にて

王暁田・蘇彦捷

第 1 章

そもそもなぜ進化なのか
──進化心理学の基本問題

1.1 進化心理学という科学革命に参加して

デヴィッド・バス（David M. Buss）

　デヴィッド・バスは進化心理学のシンボル的な存在である。彼はこの領域の創立者であるだけでなく、アメリカの心理学界において最も有名な教授の1人でもある。2005年から07年にかけては人間行動進化学会（Human Behavior and Evolution Society: HBES）の会長を務め、アメリカ心理学会（American Psychology Society: APS）からも表彰を受けた。2003年から継続して、ISI（Institute for Scientific Information）が認定する、「広く引用されている研究者（社会科学分野）」に選ばれ続けており、基礎心理学の教科書で最もよく引用されている心理学者の1人でもある（2003年では第27位）。彼の手になる "Evolutionary Psychology" は欧米の多くの大学で、心理学の教科書として採用されている。のみならず、バス本人による進化心理学の講義は高い人気を誇り、定員を超える受講申請を受けることもしばしばである。テキサス大学の教育最高賞や、アメリカ心理学会による優れた科学教師賞（2003年）の受賞は、彼の優れた教育者としての面も明らかにするものである。

　バスは、1976年にテキサス大学オースティン校で学士号を取得し、1981年にカリフォルニア大学バークレー校で博士号を取得した。その後、ハーバード大学で4年間の助教、ミシガン大学で11年間の教授を経て、現在はテキサス大学オースティン校で教授を務めている。

　バスの研究の関心は広範にわたる。例えばヒトの配偶戦略、性別間の対立、名声・地位と社会的評判、嫉妬、殺人に関する心理学、および殺人に対する心理的防御システムなどが挙げられる。彼の著書は、"Evolutionary Psychology" "The Dangerous Passion: Why Jealousy is as Necessary as Love and Sex（一度なら許してしまう女一度でも許せない男）" をはじめ多数出版されており、最近の1冊は "Why Woman Have Sex" である。また200本を超える学術論文も発表している。

　彼の経歴を語る上で特筆すべきこととして、1989〜90年に「進化心理学の基礎」プロジェクトのチーフとして、スタンフォード大学先端研究センターの出資を受けたことが挙げられるだろう。これがバスにレダ・コスミデス（Leda Cosmides）、ジョン・トゥービー（John Tooby）、マーティン・デイリー（Martin Daly）、マーゴ・ウィルソン（Margo Wilson）などと直接に議論を交わす機会を与え、そうした知的交

第1章　そもそもなぜ進化なのか

流が、進化心理学の誕生の大きな契機となった。

　バスの研究テーマのうちには、ヒトの配偶者選択の問題も含まれている。どのような配偶相手を選ぶかという問題は、種の繁栄と遺伝子の伝達と深く関わる、動物にとって極めて重要な問題である。長い進化の道のりの中でヒトが備えるに至った配偶者選好は、様々な要因に影響を受けると考えられる。例えば、配偶者を選ぶ際の戦略が様々に異なることもある。長期的なパートナーを選ぶ時、短期的なパートナーを選ぶ時（一夜限りの関係）、そして配偶者以外との性的関係（婚外交渉）など（Buss, 2007）といった違いである。このように異なる配偶戦略／状況の下では、配偶相手に対する選好、すなわち魅力を感じるポイントも異なってくる可能性があり、実際、多くの実証研究が行われている。ヒトの場合、男性と女性は妊娠、授乳といった面での違いが原因となって、性的活動においても、それぞれに異なった適応課題に直面することになる。そのため男女の配偶者選択行動には、進化によって生じた大きな違いがあると言われている。具体的には、配偶者選択の際に重視する点の違い、短期的な性的関係を求める程度の違い、そして何に性的嫉妬を感じるかといった違いなどが、性的活動における男女の違いの現れと考えられる。

本人による主な参考文献
〈配偶戦略に関するもの〉
Buss, D. M.（1989）. Sex differences in human mate preferences: Evolutionary hypotheses tested in 37 cultures. *Behavioral and Brain Sciences, 12*, 1-49.
Buss, D. M.（1989）. Conflict between the sexes: Strategic interference and the evocation of anger and upset. *Journal of Personality and Social Psychology, 56*, 735-747.
Buss, D. M. & Schmitt, D. P.（1993）. Sexual Strategies Theory: An evolutionary perspective on human mating. *Psychological Review, 100*, 204-232.
Buss, D. M.（2007）. The evolution of human mating. *Acta Psychologica Sinica, 39*, 502-512.
Buss, D. M. & Duntley, J. D.（2008）. Adaptations for exploitation. *Group Dynamics, 12*, 53-62.
Greiling, H. & Buss, D. M.（2000）. Women's sexual strategies: The hidden dimension of extra-pair mating. *Personality and Individual Differences, 28*, 929-963.
Meston, C. & Buss, D. M.（2007）. Why humans have sex. *Archives of Sexual Behavior*, 36, 477-507.
〈進化心理学に関するもの〉
Buss, D. M.（2011）. *Evolutionary psychology: The new science of the mind*（4th ed.）. Boston: Allyn & Bacon.
Buss, D. M.（2000）. *The dangerous passion: Why jealousy is as necessary as love and sex.* New York: The Free Press.
Buss, D. M.（2003）. *The evolution of desire: Strategies of human mating*（Revised

Edition). New York: Basic Books.

Buss, D. M. (2005). *The murderer next door. Why the mind is designed to kill.* New York: The Penguin Press.

Larsen, R. & Buss, D. M. (2011). *Personality: Domains of knowledge about human nature* (4th Edition). Boston, MA: McGraw-Hill.

Meston, C. & Buss, D. M. (2009). *Why women have sex.* New York: Henry Holt.

〈編著〉

Buss, D. M. (Ed.) (2005). *The handbook of evolutionary psychology.* New York: Wiley.

Buss, D. M. & Hawley, P. (Eds.) (2011). *The evolution of personality and individual differences.* New York: Oxford University Press.

Buss, D. M. & Malamuth, N. (Eds.) (1996). *Sex, power, conflict: Evolutionary and feminist perspectives.* New York: Oxford University Press.

〈インタビュー〉

http://homepage.psy.utexas.edu/homepage/Group/BussLAB/pdffiles/teaching_ evolutionary_psychology-2006.pdf

若い頃から、私は、ヒトの本性（動機づけと心のしくみ）に興味を持っていました。そして、心理学の世界に、とりわけ人格心理学の分野に進んでいきました。人格心理学は、ヒトの本性の大理論（grand theories）を扱う心理学の一大分野で、魅力的だったのです。しかし、ジークムント・フロイト（Sigmund Freud）やバラス・スキナー（Burrhus F. Skinner）、アブラハム・マズロー（Abraham H. Maslow）などの諸理論を学んでいくうちに、これらの理論には重大な欠陥があるという感覚を強めていきました。確かにそれぞれの理論は筋が通っていたかもしれませんが、どこか恣意的に思えたのです。私が求めていたのは、ヒトの本性についての大理論に通底する基盤、第一原理に裏打ちされた恣意的ではない基盤でした。

　初めてヒト以外の動物に関する進化理論に出会った時、私は魅了されました。それは、種の起源や種を構成する要素の起源を、環境への適応として説明する理論でした。学部生だった私は、進化理論をヒトの心理にも応用できないかを考え始めました。そして、最初の論文 'Dominance and access to women（支配性と女性の獲得）' を著しました。この論文では、男性が高い地位を得ることに強く駆り立てられるのは、女性と交際する機会が増大するからだと主張しました。私は性淘汰理論を援用し、チンパンジーなどの霊長類の事例や、オーストラリアの北部沖の島々に住むアボリジニのティウィ（Tiwi）族の事例を証拠

として提示しました。

　（その後も）時々進化生物学の文献を読むことはありましたが、カリフォルニア大学バークレー校での大学院生時代は、ほとんど人格心理学の勉強と研究に没頭していました。「支配性と女性の獲得」仮説を検証する実証研究を一つ行いましたが、論文にはしませんでした。心理学の博士号を取得し、1981年にハーバード大学に助教として赴任した年、私は初めて進化的観点から積極的に研究する自由を得た気がしました。その時点では、進化心理学という分野自体が存在せず、進化的観点からの実証研究は、心理学界にほとんどなかったのです。

　ドナルド・サイモンズ（Donald Symons）の "*Evolution of Human Sexuality*"（1979）と、ロバート・トリヴァース（Robert Trivers）の親の投資と性淘汰の理論との出会いをきっかけに、私は、ヒトの配偶者の選り好みにおける進化的な性差について予想を立て、実証研究を行いました。配偶行動に着目したのは、それが進化プロセスの原動力（繁殖成功度の個体差）と非常に近いところにあるためです。もし自然淘汰が、配偶行動を成功に導く適応的な心や行動を生み出してこなかったのならば、配偶からかけ離れた他の事柄に対処する適応を生み出すとは考えにくいという理屈でした。私自身驚いたのですが、配偶者の選り好みにおける性差の予想は実証されました。この時私は、科学者人生で初めて、予測可能で、根本的で、恣意的ではない強力な理論に基づく研究ができたように感じたのです。

　この結果は論文として発表しませんでした。その代わりに、私は、進化的な仮説のより厳密な検証のためには文化比較が必要だと考えました。配偶にまつわる心理の性差が、アメリカだけ、もしくは西洋文化だけで見られるのであれば、それは進化理論を実証したことにはならないので、通文化的にこの予想が成り立つのかを検証する研究を始めました。当時、文化比較研究はごくわずかでした。ここでハーバード大学に在籍していたことが大いに役立ちました。ハーバード大学の名声のおかげで、私は世界中から共同研究者を募ることができたのです。結局5年間で、世界中の50人の共同研究者とともに、37の異なる文化圏の合計1万47人の参加者からデータを取ることができました。驚くべきことに、性差は文化によらず普遍的であることが証明されたのです。この最初の実証研究が支持されていなければ、私はおそらく進化理論からは足を洗い、

人格心理学の研究に進んでいたでしょう。

　この研究の最中も、私は他の動物の配偶行動に関する文献を読み、さらに進化生物学の世界に足を踏み入れていきました。そんな中、私は、検証可能な新しいアイディアが爆発的に湧き上がってくる経験をしました。配偶者を引きつけるための戦略、性的な競争相手への非難、配偶者をつなぎとめるための戦略、配偶者を奪うための戦略、男女間での葛藤などです。進化的な思考は科学者を、主流派の心理学者からかつては無視されてきた重要な研究領域へと導いていくものです。私の場合も、関心はヒトの配偶戦略の研究へと完全に移っていきました。ハーバード時代には多くの出会いに恵まれました。ドン（ドナルド）・サイモンズとの長い交友が始まり、レダ・コスミデスとジョン・トゥービー（彼らは当時ハーバード大学の大学院生で、進化心理学の概念的な基盤を形成している途中でした）や、マーティン・デイリーとマーゴ・ウィルソン（彼らは当時ハーバード大学に研究滞在中で、"*Sex, Evolution, and Behavior*"（1983）という素晴らしい本を出版しました）との出会いがありました。そんな中、私は、1984 年、"*American Psychologist*" に進化心理学に関する最初の理論的論文を発表し、1985 年、"*American Scientist*" に配偶に関する限られたデータでの最初の実証論文を発表しました。

　1985 年にハーバード大学を離れ、ミシガン大学で職を得てからも、ヒトの配偶戦略に関する研究を続け、多くの論文と本（の章）を発表しました。最も注目されたのは、1989 年に "*Behavioral and Brain Sciences*" に発表した 'Sex differences in human mate preferences: Evolutionary hypotheses tested in 37 cultures' でした。この時点までは、進化的視点をヒトの行動に適用することに対しては、非常に懐疑的な視点が多く、論争が絶えませんでした。この論文は、進化的な仮説が、単なる憶測ではなく、実証的な予測を立てることができ、さらにはそれを強く支持する証拠を得られることを示した最初の大規模な実証論文でした。

　この論文とそれに続く研究は、賞賛と同時に批判を浴びました。ドン、レダ、ジョン、マーティン、マーゴといった進化的思考を共有する研究者はいましたが、そのような心理学者が少ない中で、このような論争の多い研究に従事することには様々な困難が伴いました。進化心理学に対する攻撃は、論文が発表さ

第1章 そもそもなぜ進化なのか

れるのとほぼ同時に始まったので、批判の集中砲火に耐える「図太さ」を持つ必要がありました。私が思うに、こうした批判の大部分は、科学とは無関係な個々の関心に動機づけられたものでした。配偶の心理に本質的な男女差が存在することを信じたくない人もいれば、宗教的、思想的な観点から進化心理学に抵抗する人もいます。しかし、科学的な真理は時を超えて生き延び、消え去ることはありません。進化心理学は、今もここにとどまっているのです。

今日でも攻撃は続いていますが、進化心理学という分野は現時点で十分発展してきており、世界中の大学に、何千とはいかないまでも、何百人もの進化心理学者が存在します。そして、進化心理学の根本的な原理を支持する実証研究は急速に増加しています。進化心理学が、心理学界で主要な理論的視点の一つになっただけではなく、心理学分野全体を統合しうる唯一の有効な「メタ理論」になってきたことは、非常に喜ばしいことです。

学生および研究者への助言と教訓

① 自らの情熱に従ってほしい。

進化心理学という分野で研究していると、とてつもなく刺激的な時間を過ごせます。若い研究者には重要な貢献をするチャンスがあるのです。

② 進化心理学の概念的な基盤を学んでほしい。

進化心理学の基礎を築いた研究を繰り返し読んで、その概念的な枠組みを明確に理解してください。それには、進化生物学と進化心理学の基礎的概念を両方理解することが必要です。一朝一夕には理解できないと心得てください。

③ 忍耐が必要である。

科学革命の最先端における研究は、得てして懐疑と抵抗に直面します。トップレベルの研究を忍耐強く続ければ、時を経て報われるでしょう。

進化心理学の未来

チャールズ・ダーウィン（Charles Darwin）は、『種の起源』（1859）の最後に、こう述べています。「遠い将来を見通すと、さらにはるかに重要な研究分野が開けているのが見える。心理学は新たな基盤の上に築かれることになるだろう。

13

それは、個々の心理的能力や可能性は少しずつ必然的に獲得されたとされる基盤である」（渡辺政隆（訳）『種の起源（下）』p. 401）。ダーウィンの未来の展望は、今ついに現実のものになろうとしています。進化心理学の優秀な研究の数は年々増え続けていて、後退することはありません。研究は積み重なり、優れた科学としてのお墨つきを得ています。優れた研究が心理学の（社会、人格、臨床、発達などの）各分野で蓄積されていくにつれて、進化心理学は最も有用で強力なメタ理論になることを、心理学界は最終的に理解することになるでしょう。そして、すべての心理学者が進化心理学者となる日が訪れ、「非・進化心理学」などというものはなくなっていくでしょう。心理学における「パラダイムシフト」の成功という、真の意味での科学革命に貢献できるのは名誉なことです。この科学革命の完遂は、この分野に引きつけられた優秀な若者たちにかかっています。「最も優秀な」若い研究者が、進化心理学に魅了され、この科学革命に重要な貢献をしてくれることを、私は願っています。

1.2 進化は心の仮説生成器

マーティン・デイリー（Martin Daly）／マーゴ・ウィルソン（Margo Wilson）

　進化心理学の創立そして発展の中、マーティン・デイリーとマーゴ・ウィルソンの名前はいつも一緒に綴られてきた。二人は 1974 年にトロントで出会い、75 年ノースカロライナ州で開催された動物行動学会の大会で再会し、それから二度と離れることはなかった。2009 年 9 月 24 日、進化心理学の創立者の 1 人であるマーゴは、がんのため、カナダのハミルトンでその生涯を終えた。彼女は 30 年近い研究生活を通して、豊富な学術的成果を世界に残した。

　マーゴとマーティンの二人を除いて、「人間行動進化学会」の設立以来のすべての大会に参加した者は他にいない。二人ともが学会の会長を経験しており、2009 年には二人揃って学会の特別功労賞を受賞している。また、二人は 1998 年にカナダ王立協会の会員となった。犯罪や殺人などといった暴力行動の根源や、環境に対する認知と評価、時間割引などの課題について重要な貢献を通じて、このカップルは多くの人の注目と賞賛を得た。3 冊の共著（*Sex, Evolution, and Behavior*”(1978),“*Homicide*（人が人を殺すとき）”(1988),“*The Truth about Cinderella: A Darwinian View of Parental Love*（シンデレラがいじめられるほんとうの理由）”(1998)）はいずれも進化心理学・生物学・犯罪学における古典となった。

　マーゴという素晴らしい人物について知ってもらうためには、マーティン本人に彼女を紹介してもらうのがよいだろう。

　マーゴ・ウィルソン（1942-2009）はカナダのマニトバ州ウィニペグで生まれた。当時、彼女の母親（イディス・イングス）は看護師として働いていた。1948 年、マーゴが 5 歳の時、イディスは北極圏の僻地の先住民集落のクリニックで医者として独立した。そのためマーゴはただ 1 人の非先住民の生徒、ただ 1 人の英語しか話せない英語を母国語とする生徒として、マクファーソンにある、たった 1 棟の校舎しかない学校に通っていた。学校で他の生徒から疎外された経験は彼女の心に強く残っていた。そのこともあって彼女は、その後の人生において、マイノリティグループ、独自の見方をする人々、そして遺棄された子どもへの同情の気持ちを常に抱いていた。

　マーゴや同級生たちは、罠を使って動物を捕まえては毛皮商人のジャック・ウィルソンに売ることで自分たちの昼食代を稼いでいた。そのジャック・ウィルソンはイデ

ィスと交流を持つようになり、ついにはマーゴの義父となった。マーゴによりよい教育を受けさせようと、イディスとジャックはマーゴが 10 歳の時に、彼女をビクトリアシティーに送り出した。それでも高校卒業まで、彼女は毎年の夏には北極圏に戻っていた。幼い頃から犬が大好きだった彼女は獣医になることをめざしていたが、1959年のカナダでは、女性が英語の獣医学校に入学できる枠は、毎年 2 人分しかなかった。そのためマーゴは代わりに看護師専攻に入学した。だが、そこでも女性は差別的に扱われていた。アルバータ大学の看護師専攻には女性しか入学できず、女子学生は男性との交際を禁じられ、夜になると寮の中にとじこめられていた。マーゴは 1 年目のうちにアルバータ大学を退学した。

それでも臨床救助を志すマーゴの気持ちは変わらず、彼女は心理学専攻に入り、臨床医になることを目指した。しかし 1 年後の鳥類発生学研究室でのアルバイト経験を通じて、彼女は次第に生理学に惹かれていった。彼女の興味は徐々に臨床から研究に移り、カリフォルニア大学とロンドン大学大学院で内分泌学を勉強し、睾丸の切除とホルモン補充によるアカゲザルの行動の影響をテーマに、1972 年にロンドン大学から博士号を取得した。

1975 年、マーゴがトロント大学で講師を務めていた時、彼女はアルジェリアのサハラ地域の砂漠げっ歯類研究所でのポスドクを終えたばかりのマーティン・デイリーと出会った。二人は徐々に関係を深め、心理学や、動物や人間の行動についての共同研究を始め、そして "Sex, Evolution, and Behavior" を書き上げた。この本は 1978年の初版に続いて、1983 年に改訂第 2 版も出版されている。

1978 年にマーゴは、殺人事件の調査資料は人間関係の葛藤や人々の情動について研究するための、重要なデータとなるかもしれないとひらめいた。彼女はとまどうマーティンを説得し、「誰が誰を殺す可能性が高いのか」について疫学的分析を始めた。この問題についての研究はその後の 30 年間にわたりずっと続けられて、マーゴとマーティン二人の共同研究のうち最も有名なものとなった。二人は 1988 年に "Homicide" というシンプルなタイトルで、自分たちの研究成果を出版した。

1986 年、マーゴはトロント大学法学部の 1 年間の研修コースに入学し、1987 年にその学部の初代「法学研究修士」として卒業した。彼女は複数の分野の架け橋的な研究者として活躍し、人類学、生物学、犯罪学、経済学、疫学、心理学、精神医学、そして社会学の分野の同僚と共同で科学研究プロジェクトを申請し、研究報告を出版した。彼女の研究成果は 60 以上の異なる分野の学術誌で発表され、そのカバーする領域は上述の諸分野を網羅し、超えている。その業績によって彼女は、アメリカのスタンフォード行動科学先進研究センター、イタリアのベラージオのフォード基金、そしてドイツのベルリン高等研究院が出資する特別研究者となった。1998 年にはマーティ

ンとともにカナダ王立協会による会員称号を獲得し、この名誉において初の夫婦共同受賞となった。

1997年、マーゴは人間行動進化学会の会長に選ばれた。1996年の学会成立から2006年まで、彼女とマーティンはずっと学会出版の学術誌 *Evolution and Human Behavior* の編集長を務めていた。2009年6月、二人は「人間行動進化学会」史上2件目の特別功労賞を共に受賞したが、数年前からの血液がんのため、残念ながら授賞式に出席することはできなかった。2009年9月、67歳の誕生日を1週間後に控えた日に、マーゴはこの世を去った。

マーゴの研究において最も重要かつ影響力を持つ発見は、経験と男性ホルモンが雄サルの性的行動に与える交互作用と影響、家庭暴力や殺人におけるリスク要因の疫学的分析のほか、最も有名な夫婦間の葛藤に関する予測や、地域の平均寿命が当該地域における暴力事件件数や出産年齢と関連することの発見、そして「時間割引」が安定した性格要素であると同時に、実験状況など、その場の状況に応じて変化することを発見したことが挙げられる。

下記に、彼女の最も重要な論文を引用された回数順に並べる。

Wilson,M. & Daly, M. (1985). Competitiveness, risk-taking and violence: the young male syndrome. *Ethology & Sociobiology, 6*, 59-73.

Wilson, M. & Daly, M. (1997). Life expectancy, economic inequality, homicide, and reproductive timing in Chicago neighbourhoods. *British Medical Journal, 314*, 1271-1274.

Wilson, M. & Daly, M. (2004). Do pretty women inspire men to discount the future? *Biology Letters (Proceedings of the Royal Society of London B; Supplement), 271*, S177-S179.

Wilson, M. & Daly, M. (1992). The man who mistook his wife for a chattel. In J Barkow, L Cosmides & J Tooby (Eds.). *The adapted mind*. New York: Oxford University Press.

Wilson, M. & Daly, M. (1993). Spousal homicide risk and estrangement. *Violence & Victims, 8*, 3-16.

マーティン・デイリー（1944-）はカナダのトロント出身で、1971年トロント大学で心理学の博士号を得た。彼の博士論文はげっ歯類（ハムスター）の早期経験がその後の実験操作における心理と行動に及ぼす影響に関するものであった。博士号取得後、マーティンは、実験室内ではなく自然環境における動物の行動を研究することを決意し、イギリスのブリストル大学のジョン・クルック（John H. Crook）率いる、比較社会—生態学（生態学の角度から種間の社会構造や行動の違いを検討する）をテーマとした研究チームに参加した。1972〜74年の間、マーティンはポスドクとしてサハラ砂漠でいくつもの種類のスナネズミの行動と生態について研究した。

1975 年、ポスドクを終えたものの次の就職先が決まらないマーティンは、トロントに戻り、そこでマーゴ・ウィルソンに出会った。その後、二人はカリフォルニアに移り、砂漠げっ歯類の生態行動についての共同研究を行うと同時に、ヒトを対象とした研究も始めた。それらの成果は教科書 *"Sex, Evolution, and Behavior"* として形になった。

1978 年、マーティンはマクマスター大学のスタッフとなり、マーゴとともにカナダに戻った。その後、彼ら二人はずっとマクマスター大学に所属した。彼らはヒトに関する研究、特に人々の間の暴力についての疫学的分析について深く関心を寄せる一方、カリフォルニアでの砂漠げっ歯類研究を 20 年間継続して行った。上述の教科書が有名になるのに並行するように、マーティンは 1988 年と 90 年に国際行動生態学会と動物行動学会の運営委員に選ばれた。これらの学会においてマーティンは、自分は人間行動も研究する動物行動研究者であると考えていた。しかし暴力行動の研究を進め、数多くの犯罪学者や人類学者に出会う中で、人間行動への興味が日に増して強くなっていることに気づいた。二人は人間進化の研究に没頭するリチャード・アレクサンダー（Richard Alexander）、ナポレホン・シャグノン（Napoleon Chagnon）、ビル・アイアンズ（Bill Irons）、ボビー・ロウ（Bobbi Low）、ランドルフ・ネス（Randolph Nesse）などと一緒に、小規模の学術年度会議を開くようになった。その会議は多くの場合ミシガン大学で開催された。そして 1988 年、この会議をもととした「人間行動進化学会」が設立され、さらに 3 年後の 1991 年、マーティンは第 3 代会長に選ばれた。

マーティンの進化心理学に対する貢献は、その研究成果の他に、教科書の執筆や学術誌の編集によるものも大きい。彼とマーゴによる *"Sex, Evolution, and Behavior"*（1978, 1983）は人間行動進化についての講義のスタンダードを築いたとも言える力作であり、心理学はもとより、人類学や生物学の授業の教科書としても採用されている。さらに彼は、10 もの異なる専門誌の編集者をつとめ、とりわけ *"Evolution and Human Behavior"*（以前の名は *"Ethology and Sociobiology"*）と行動学の雑誌である *"Behavior"* の 2 誌の編集のために、毎週数時間ずつを費やしている。前者においては 1994 年から 2006 年の間ずっと、2 ～ 4 人の責任編集者の 1 人を務め、また後者に関しては 25 年間ずっと関わってきた。

その他にも、彼はジョン・サイモン・グッゲンハイム記念基金会（1989 年入選）やカナダ王立協会（1998 年入選）のメンバーに選ばれ、さらに 2009 年には人間行動進化学会の特別功労賞を受賞している。

彼の研究上の興味は多岐にわたるが、その中でも本人が最も重要と考え、かつ最も興味を感じる分野が三つある。すなわち、①継親と暮らしている子どもの虐待や死亡

のリスクの上昇に関する研究、②繁殖期の雄ネズミの略奪行為の増加に関する研究、③地域内の収入格差と自殺率の変化の間の相関研究である。

彼の著作のうち、最も引用されているのは彼とマーゴが共著した "*Homicide*"（1988）と "*Sex, Evolution, and Behavior*（第2版）"（1983）の2冊である。また、彼の最も重要な参考文献は下記の通りである。

Daly, M,. Wilson, M. I. & Weghorst, S. J.（1982）. Male sexual jealousy. *Ethology & Sociobiology, 3,* 11-27.

Daly, M. & Wilson, M. I.（1988）. Evolutionary social psychology and family homicide. *Science, 242,* 519-524.

Daly, M.（1978）. The cost of mating. *American Naturalist, 112,* 771-774.

Daly, M. & Wilson, M. I.（1985）. Child abuse and other risks of not living with both parents. *Ethology & Sociobiology, 6,* 197-210.

Daly, M. & Wilson, M. I.（1999）. Human evolutionary psychology and animal behaviour. *Animal Behaviour, 57,* 509-519.

Daly, M,. Wilson, M. & Vasdev, S.（2001）. Income inequality and homicide rates in Canada and the United States. *Canadian Journal of Criminology, 43,* 219-236.

続く章でデイリーは、様々な事例を通して、ダーウィン理論を行動研究の指針とすることの必要性を論じている。

進化心理学とは、進化生物学における理論や事実を十分に考慮した心理学研究、と簡潔かつ包括的に定義することができます。進化心理学は、しばしば単に人間の心を研究するアプローチの一つとして狭く定義されますが、そのような単一の種に焦点を当てた定義を正当化する根拠はありません（Daly & Wilson, 1999）。

進化心理学をよく知らない人々の多くは、進化心理学が物議をかもしている、と考えています。しかし実際には、脳や心にも生物体の他の部位と同じように、進化の歴史があり、その機能や構造は自然淘汰の累積的な効果によって形成されたという見解に対して、科学的論争は存在しません。生命科学における自然淘汰による進化理論は、自然科学における原子理論と同等の存在です。まだまだ明らかにすべきことは多いですが、進化理論の妥当性を支持する多くの補完的な証拠があり、その理論が根本から覆されることはないと確信を持って言えるのです。

進化心理学は、特定の心理学的特性がどのように働くのかよりも、なぜ存在

するのかを問題にしている、という批判がよくなされます。例えば、ある最近の犯罪学の教科書は、進化心理学と行動遺伝学を対比させて、「基本的な違いは、進化心理学がなぜという究極的な問いを扱う（どのような進化的課題を解決するためにそのメカニズムが進化したのか）一方で、行動遺伝学はどのようにという至近的な問いを扱う」（Walsh & Ellis, 2007, p. 206）としています。類似したものとして、有名な心理学概論の入門的教科書（Gray, 2007）では、進化心理学の貢献についての議論を、「進化的な観点は配偶パターンに対して機能的な説明を与える」（p. 82）や「進化的な観点は攻撃行動や援助行動に対して機能的な説明を与える」（p. 88）という見出しで「節のまとめ」に要約しました。これらは敵対的な批判ではなく、むしろ好意的です。Walsh & Ellis（2007）は生物学的に洗練された犯罪学をより強く擁護し、Gray（2007）は他の主要な心理学の教科書よりも進化の概念をより徹底的に、正確に、好意的に取り上げています。それにもかかわらず、これらの教科書の一節は、進化心理学者の仕事は、他の科学者がすでに明らかにし、記述している心理学的メカニズムに対して、後づけの説明を加えることである、という印象を与える点で、誤解を招くものです。

　もし進化心理学にできることが本当にその程度だとしたら、この分野は本書まるまる1冊を使って取り上げるに値しません。しかし、もちろん、進化心理学者は後づけで物語を作っているわけではありません。他の心理学者と同じように、われわれはまだ知られていないことに関する検証可能な仮説を生成し、それらの仮説を検証しています。進化心理学的アプローチの特徴とは、進化プロセスに関する最新知見に基づいた機能的な理論や仮説を用いて、メカニズム（どのようにという疑問）に関する至近要因的な仮説を、独自の発想で秩序立てて生み出していることです。進化心理学者が実際に検証する仮説とは、後者のメカニズムに関するものなのです。

　進化論的な考えがどのようにして因果に関する検証可能な仮説を導き出すか、Wedekind *et al.*(1995）の実験を例に見てみましょう。彼らは参加者の男子学生たちに、用意したTシャツを2晩着てもらいました。そして、女子学生たちにはそのTシャツのにおいをかいでもらい、そのにおいがどのくらい強烈かと、どのくらい好ましいかを評定させました。男女の参加者群はさらに、主要

組織適合複合体（MHC）に関する三つの遺伝子座に関して遺伝子型を調べられました。それら複数の対立遺伝子は免疫系の機能との関連が知られており、また、ヒト以外の種を用いた研究で、体臭にも影響することが知られていました。女性参加者がにおいをかいだTシャツを着た男子学生の中には、彼女らとMHCの遺伝子型が似ている人も似ていない人もいました。そして、分析のために、女性参加者は経口避妊薬（ピル）を服用している人とそうでない人に分けられました。主な結果は以下の通りです。自然な月経周期の女性（つまり、ピルを服用していない女性）は、自分と遺伝的に似ている男性よりも似ていない男性のにおいをより好ましいとする、統計的に有意な傾向が見られました。それに対して、ピルを服用している女性は反対の傾向を示し、遺伝的に類似している男性のにおいを有意に高く評定していました［訳注：元論文では、傾向は出ているが有意ではない］。

　いったいなぜ、そのような実験を行おうと考えついたのでしょうか。なぜ男性のMHC遺伝子型がその男性のにおいをかいだ女性の反応に影響するという仮説を考えついたのでしょうか。なぜその効果が自己参照的、つまり女性自身の遺伝子型によって変化すると予測したのでしょうか。そして、なぜ避妊薬の使用が判断に影響すると予測したのでしょうか。それらすべての答えは、男性のにおいに対する女性の情緒的反応の適応的機能に関して、進化的思考からの発想が至近要因的仮説を生んだ、という点にまとまります。第一に、男性のにおいに対する情緒的反応に影響されて、女性が配偶相手を選び得る、というアイディアがあります。第二に、MHC遺伝子型が類似している繁殖ペアではホモ接合体の結果として弱い免疫システムを持つ子を生み出す可能性が高まるため、自然淘汰はMHCが類似していないパートナーを好むことに有利に働くと予測できます。第三に、経口避妊薬は女性を心理生理学的に不妊状態にさせるため、男性に対する好みは、潜在的な配偶相手を選ぶための適応的機構を反映するのではなく、社会的サポートを最大化する形で働きます。最後に、なぜ男性のにおいを女性が判定するという研究を行い、その逆ではなかったのでしょうか。それは、多くのメスの哺乳類と同様に、女性は男性よりも厳しく配偶相手を選ぶからです。オスよりもメスのほうが子どもに対して多くの投資を行うため、配偶相手として悪い相手を選ぶことは、オスよりもメスにとって大きな

コストとなるのです。

　ここでは二つのことを強調しておきます。一つめは、Wedekind *et al.*（1995）や共同研究者が明らかにしたことは、ダーウィン的な考え方を持たない実験心理学者が明らかにしようとしていたことと同じだという点です。彼らが明らかにしたことは、それまで知られていない、心理反応に対する至近要因的な影響でした（このケースでは、それら発見の一つは男性の体のにおいに対する女性の情緒的反応が、ある特定の遺伝子座のタイプが自己と似ているかによって影響されることでした。二つめは、評定者側の内分泌系の状態がそれらの情緒的反応に対して調整効果を持つということでした）。二つめに強調すべきことは、進化理論や進化の知識から着想を得ていない心理学者の誰一人として、これらの事実を発見することはできなかったという点です。

　もちろん、彼らの仮説は間違っていたかもしれません。ただし、そうであったとしても、ダーウィンの理論が脅かされることはありません。実験ではある特定の仮説を検証しており、進化理論全体やその理論の一般的な利用可能性に関して検証したわけではないからです。それにもかかわらず、彼らの仮説は間違っていませんでした。それらの仮説は正当な仮説となり、さらに多くの発見を促すような研究領域を開拓しました。進化的に形成された配偶者選択の心理が何をなしとげるようデザインされているかという、適応的意義の理解に基づいて仮説を構築したことが、彼らの成功につながったのは間違いありません。

適応的機能に関する適切な思考法はダーウィニズムを必要とする

　Wedekind *et al.*（1995）らの実験は、進化的思考が有意義な心理学の仮説を生み出す刺激となるという私の主張をはっきりと示しています。また、「進化的思考は仮説生成を秩序立てる」という私のもう一つの主張は、心理学者は生物の心が自然淘汰によって適応度（対立遺伝子と比較した当該遺伝子の相対的な複製成功度）を高めるようにデザインされていることに気がつかないまま、その制約を考慮せずに仮説を生成し、結局袋小路に迷い込みがちなことから来ています。

　精神分析理論にはそういった例が豊富にありますが、ここでは一つだけ取り上げることにしましょう。それはフロイトのエディプスコンプレックス理論で

す。この理論によると、少年は最初の性的な興味を自分の母親に対して向け、したがって自分の父親を殺したいという欲求を心に抱くようになります。少年は父親が自分を去勢してしまうのではないかと疑いを抱きます。子どもの発達の大部分はそのエディプス的衝動を克服するための精神的な努力として理解すべきであるとされ、多くの人々はそれらを完全に解消することはできないと考えられています。前提からして、この理論は到底あり得ません。なぜそのような非適応的な性衝動と憎悪に時間と心的エネルギーを浪費しなければならないのでしょうか。どんな進化論者もそのようなアイディアに未来があるとは考えませんし、事実、それは不毛な理論でした。それを支持する証拠は一つとして存在しませんし、理論の信奉者たちが、その理論を用いることで過去に知られていなかった事実を発見したことは一度としてないのです。悲しいことに、フロイトのエディプス理論は科学の外の世界においていまだに受け入れられており、文芸批評家や精神分析志向の人類学者などによってたびたび引き合いに出されています。しかし、科学的な心理学の歴史においてこの理論は不幸な混乱の類いのものであり、それによって実際の性的・社会的発達プロセスの研究が停滞してしまいました。

　ダーウィンの理論の助けを借りて発見するまでもなく、ほとんどすべての心理学者は、脳や心がある種の機能的構造を有していると認識しています。このことは知覚の分野において特に明白で、知覚心理学では、エッジ検出、音源定位、色の恒常性など、推定される機能に基づいて推定されるメカニズムが名付けられています。一方、それは認知心理学（記憶の記銘と想起、ベイズ推定、言語獲得）や社会心理学においても同様です。残念ながら、後者の領域では機能的な仮説がしばしばエディプス理論と不穏なまでに似ている状況となっています。つまり、そこで提唱された機能は完全に心の内面で完結しており、ヒトが実際に直面し、そして、適応度を上昇させるメカニズムが必然的に働く、生態学的・社会的課題の解決に全く寄与しないのです。

　この類いのもので近年人気のある理論に、心の作用のほとんどは、様々な困難から自尊感情を防衛する機能を持つというものがあります。これを聞いて、なぜ自尊感情という完全に内的なものを防衛することに努力をつぎ込む必要があるのだろう、と疑問に思いませんか。Greenberg (2008) 他はその問いへの答

えとして、自尊感情の機能は、恐怖の管理だと主張しました。つまり、人間は死が不可避であることを知る唯一の種であるがゆえに、実存的な恐怖によって行動が麻痺状態に陥ることに対する防衛機構を備えているというのです！ しかし、理論にとっては不幸なことに、不可避の死に気づくことが麻痺をもたらすことを示した知見は一つもありませんし、その他の詳細に関しても恐怖管理理論は破綻しています（Buss, 1997; Leary, 2004; Navarrete & Fessler, 2005）。進化的観点から見ると、自尊感情の維持が進化によって獲得された心理機構の究極的な機能であるなど到底あり得ません。自尊感情というのは他者あるいは理想の自分と比較して今の自分がどれくらい有能であると考えているかを反映したものであり（Leary & Baumeister, 2009）、社会関係において主導権を握るための調節機構と解釈できます。つまり、自尊感情を損なう経験は、うまく行きそうにない課題や勝てそうにない勝負は避けるのが賢明だと判断することの統計的な指標であり、自尊感情が高まる経験は、その後の行動に逆の効果をもたらすのです。ヒトの精神が、自尊感情の上昇や低下のサインを無視し、自身の実際の欠点に注意を向けることなく、恣意的で内部完結した制御戦略に基づいて自尊感情を一方的に高めるものだとしたら、とても奇妙で非機能的です。この理論の支持者たちの主張に反して、実際のヒトの精神がそのように働いていることを示す証拠はありません。彼らが自尊感情の防衛であると主張する思考や行為は、他者に向けられた印象操作、あるいは自身がより高く評価される社会的な舞台を探しているものとして解釈することが可能です。

　社会心理学の分野でこのようなまとまりのない非ダーウィン的言説が次々と成功をおさめるプロセスは、累積的な科学の進歩というよりも、一過性の流行の連続のように思えます。認知的不協和理論や恐怖管理理論は、今後数年間は大流行しますが、その後は時代遅れになり、後続の理論が先行理論による発見を土台として発展することはおそらくないでしょう。Pinker（2005）は「今に至るまで、社会心理学の原動力となってきたのは、ヒトという動物の社会性の本質に関する系統立った問いではなく、人々が奇妙な行動を取る状況に対する収集癖だ」（p. xi）と批判しています。一方で、進化社会心理学はヒト以外の動物を研究し、近年はヒトも研究しながら、数十年にわたって累積的な発展を遂げてきました。それは、彼らが複雑な心理的適応の究極的な機能は適応度の上

昇であることを理解し、その上で、それらのより至近的な目標を、配偶者選択
や配偶者誘引、親の投資の適応的な分配、価値ある互恵関係の維持など適応度
の上昇につながる補足的な機能としてとらえるべきだと知っていたからなので
す。

　今の進化心理学の創始者の一人であるサイモンズは、かつて心理科学におけ
る多くの領域がダーウィニズムを本当に必要としているわけではないと述べて
います。例えば、視覚心理学者は、われわれが見るために持っている視覚シス
テムがどのようなメカニズムを有しているかを明らかにしてきました。それは
例えば、エッジ検出、距離の算出、光源の変化に応じた知覚の恒常性の維持な
どです。それらは、自然淘汰が何を最大化しているのかという問題を一切考え
ずに、発展してきました。Symons（1987）は以下のように書いています。

　「自然淘汰に基づく考え方は知覚の恒常性のメカニズムに関してほとんどヒ
ントを与えません。なぜならば、そうしたメカニズムの理想的なデザインは、
その究極の目標が遺伝子の複製であっても、個人の肉体の生存であっても、ホ
モ・サピエンスという種の存続であっても、あまり変わらないだろうからです。
全く同じ理由で、飢えないことや脅威にさらされないことといった曖昧な個体
の目標を前提とする場合も、自然淘汰に基づく考え方から得られるものは多く
ありません。遺伝子の複製を促進するように脳と心がデザインされていること
を重視して初めて、心理学はダーウィンの生命観に基づいて有意義な成果を上
げられるのです」（p. 130）。

　続いてサイモンズは、遺伝的子孫を残すよう心が進化的に適応してきたとい
うことが本当に重要な問題となるのは、社会的および性的な感情を分析する時
だと述べています。

　自然淘汰のプロセスを明確に考慮しなくても知覚の恒常性のメカニズムは適
切に検証できると述べた部分に関して、サイモンズは正しいでしょう。また、
社会心理学的メカニズムはそうではないという主張は間違いなく正しいもので
す。しかし、彼の主張は、彼が自然淘汰に基づく考え方が心理学者に役立つ領
域の広さを過小評価するものであり、そのことは彼自身の選んだ事例、すなわ
ち飢えないことや脅威にさらされないことのような曖昧な個体の目標を使って
証明可能です（Daly & Wilson, 1995）。もし飢えを研究する心理学者が、単なる

エネルギー収支や、あるいはもっと極端に、単に生存することを機能性の唯一の基準と見なし、それらが遺伝的子孫を残すことにつながる、ある複雑な動機づけの構造の中の補助的な目的にすぎないことに気づかなければ、どのようにして生物が飢えないようにしているのかについての分析は不完全なものになるでしょう。例えば、地上営巣性の鳥のいくつかの種では、卵を抱いている間は親鳥の体重が一定の割合で減り続けます。これはいわば適応的拒食症であり、メスが巣を離れて採食する時間を減らすことで、留守中に巣の中の卵が捕食されるリスクを低下させているのです（例えば、Sherry *et al.*, 1980）。このように飢えていない状態を根本的に変えてしまうことは、メスの健康状態を悪化させ、生存の可能性を下げます。しかし、当然ながら、自然淘汰が最大化するものは繁殖成功であり、単に長生きすることではありません。同じように、脅威にさらされないというのも単なる曖昧な目標ではなく、特定の状況において大胆に行動した場合と臆病に行動した場合の適応度上の損失と利得のバランスによって適応的に調整されており、自然淘汰に基づく考え方はこのようなトレードオフを分析する上で不可欠です（Blumstein, 2009）。

適応論者としてのスタンス

　進化心理学者は適応論者です。私たちは、脳と心は進化的に形成された複雑な構造を持っており、そこには祖先の進化環境において包括適応度を高めたであろう特定の適応的機能が備わっている、ということに何の疑問も抱きません。適応論は、非・進化心理学者が称揚する理論と対置すべき代替仮説ではありません。適応論はメタ理論として位置づけられるのです。

　これと関連しますが、適応とは目的ではありません。適応とは進化理論において、生理学の理論における満腹や、心理学の理論における自尊感情のような、目標状態とは異なる概念です。私たちが行動を説明する時に適応度上の結果を引き合いに出す時、それは何らかの目的あるいは動機としてではありません。そうではなく、特定のより至近的な目的や動機がなぜ行動の原因となり得るように進化してきたのかを説明するために用いています。

　適応論者としてのスタンスは将来の心理学研究に多くのリサーチクエスチョンをもたらしてくれます。忘れる速さは、予測材料としての過去の経験の情報

価値が低減していく速さと、領域を超えて相関するのでしょうか。獲得するよりも損失することに対してリスクを大きく感じる傾向を社会的適応として理解し、いわゆる損失回避は、「自分は誰にも搾取されないぞ」というアピールとして機能すると考えるのは妥当でしょうか。乳離れしたばかりの幼児は、生まれたばかりのきょうだいとの血縁度を、自分と両親が同じか、片親だけが同じかというように推定し、それに応じてきょうだい間の対立の激しさを調整するのでしょうか。こうした問いは、自然淘汰のプロセスを理解したり考えたりしない心理学者には想像もできないものです。

　心がデザインされていることは明らかです。それは、偉大な進化生物学者であるジョージ・ウィリアムズ（George Williams）がおよそ半世紀も前に、修辞的かつやや物憂げに問いかけた言葉にも表れています。

　「ヒトの心が何の目的のためにデザインされたのかを知ることによって、われわれの心に対する理解が大幅に進むだろうと期待するのは、当然のことではないだろうか」（Williams, 1966, p. 16）。

　もちろん、現在におけるその答えはこうです。進化によって形成された生物のあらゆる特徴がそうであるように、心もまた適応度を高めるようにデザインされているという事実を明確に認識することが、心についての私たちの理解を大きく進めてきましたし、今も進めています。

1.3　進化心理学の来し方と行く末

ロビン・ダンバー（Robin I. M. Dunbar）

　ロビン・ダンバーは 1947 年、イギリスのリバプール生まれ。彼は国際的に有名な人類学者、進化心理学者、霊長類学の専門家であり、オックスフォード大学の教授、そしてイギリス学士院のメンバーでもある。

　大学時代、ダンバーはオックスフォード大学で心理学と哲学を専攻した。ノーベル賞受賞者であるニコ・ティンバーゲン（Nico Tinbergen）は彼の師の 1 人である。1969 年、学士の学位を獲得した後、彼はブリストル大学で勉強を続け、1974 年に心理学の博士号を獲得した。卒業後、ダンバーはケンブリッジ大学やリバプール大学において心理学の研究を行い、またストックホルム大学やロンドン大学大学院、リバプール大学で教職につく経験を持つ。2007 年からはオックスフォード大学で人類学の教授、ならびに認知・進化人類学研究所の主任を務めている。また、彼はイギリス学士院100 周年記念研究プロジェクトの責任者の 1 人でもあり、「社会脳の考古」プロジェクトを担当している。

　ダンバーの研究は、進化心理学や行動生態学をはじめ多くの領域に及ぶ。主な研究的関心は社会的進化にあり、特に人類や、人類以外の霊長類、有蹄類の行動生態学と社会行動の認知の基盤に関する関心が大きい。彼は他にも、霊長類の社会と繁殖意思決定、配偶者選択と親の投資、言語による社会連結と文化進化など、数多くの分野の論文を発表している。

　ダンバーの研究の中で最も有名なのは、「ダンバー数（Dunbar's number）」だろう。この「150 の法則」によると、認知的資源の限界のために、個人は限られた数の他個体との間にしか安定的な関係を持つことができないとされている。そして、ダンバー数はまさにヒトの認知的資源内で維持できる親密な人間関係の上限人数を表したものである。ダンバー数によると、この上限人数は大脳新皮質の大きさによって決められているものであり、グループの規模を制限するものでもある。また、この数には過去の知り合い（同級生や同僚など）も含まれている。

　人間関係についての研究の他にも、ダンバーは「社会脳仮説」という重要な貢献をしている。ヒトとサルは生理的にも、解剖学的にも、そして行動的にも非常に近いにもかかわらず、なぜヒトはサルと違うのだろうか。ダンバーは、ヒトの精神・思考の

第1章　そもそもなぜ進化なのか

領域におけるずば抜けたパフォーマンスにその原因があると考え、想像や思考こそが
ヒトを特別にしているものであると主張した。彼は1998年に「社会脳仮説」を提唱
し、大脳の著しい発達は情報を記憶するのみではなく、その操作においても重要な役
割を果たすことを主張した。そして、複雑な社会・集団生活において、より多くの認
知的資源が必要とされたことこそが、進化の原動力であったと論じた。
　本節では、ダンバーはまず進化心理学の発展の歴史を振り返り、さらにその枠組み
において、彼や共同研究者による人間の脳と認知の進化に関する研究を紹介している。

本人による主な参考文献

Dunbar, R. I. M.（1992）. Coevolution of neocortex size, group size and language in
　humans. *Behavioral & Brain Sciences, 16*, 681-735.

Dunbar, R. I. M.（2004）. *The human story*. London: Faber & Faber.

Dunbar, R. I. M.（2004）. Gossip in evolutionary perspective. *Review of General
　Psychology, 8*, 100-110.

Dunbar, R. I. M., & Shultz, S.（2007）. Evolution in the social brain. *Science, 317*, 1344-
　1347.

Dunbar, R. I. M.（2010）. *How many friends does one person need? Dunbar's number and
　other evolutionary quirks*. London: Faber & Faber.

　進化心理学は、私が大学院生だった1970年代初頭には存在しなかった、と
ても新しい研究領域です。私は幸運にも、その幕開けから領域全体が発展して
いくのを見ることができましたし、何もないところから急速に勃興し、動物や
ヒトの行動について考えるための中心となる理論的フレームワークになってい
くさまを目撃することもできました。しかし、科学のどんな新しいアイディア
もそうであるように、進化心理学もその誕生と初期には、困難と対立を抱えな
いわけではありませんでした。部分的には、これは進化心理学自体がややハイ
ブリッドな起源を持つことから来ています。伝統あるいくつかの異なる研究分
野が進化心理学という呼称を獲得しようとしてきました。だからおそらく、小
史がこのことを説明する助けとなるでしょう。
　1950年代には、動物行動学（エソロジー）が最初の成功を収めつつありまし
た（Hinde, 1966; Manning & Dawkins, 1998を参照）。この新しい学問分野は、より
自然史的なアプローチで動物行動の研究に臨みました。すなわち、動物を野外
で観察し、動物の認知能力や行動を自然の状況に照らして検討したのです。こ
れは新しい試みでした。というのは、それ以前の比較心理学は実験室の動物の

29

研究に焦点を当てていたからです。30年後、このアプローチはついに実を結び、分野の生みの親であるカール・フォン・フリッシュ（Karl von Frisch）、コンラート・ローレンツ（Konrad Lorenz）、ニコ・ティンバーゲンがノーベル医学・生理学賞を受賞しました。動物行動学は成熟しました。そのかたわら、動物行動学の中から新たな側面が発展を遂げ、自然の文脈で動物の社会を研究する分野が、社会生態学として知られるようになりました。社会生態学でも、動物行動学と同様、なぜ動物は特定の社会システムを採用するのかという機能的説明が非常に重視されました。

　動物行動学は、この時点において二つの重要な貢献を果たしました。一つは、動物を実験室ではなく、本来の生息地で研究すること——つまり、動物がなぜそのようにふるまったのかをよりよく理解するために、動物の視点から世界を眺めること——の重要性を強調したことです。もう一つは、現在「ティンバーゲンの四つのなぜ」（Tinbergen, 1963）として知られるものを強調したことです。ティンバーゲンは、生物学者が「なぜある生き物がある形質を持っているのか、もしくはある特定の行動をするのか」と問う時、四つの全く異なる種類の「なぜ」という問いに対する答えを求めているのだと論じました。その四つとは、機能（なぜこの形質が進化したのか、自然淘汰における優位性についての問い）、メカニズム（どんな生理学または他の至近要因のおかげで生物がこのようにふるまうことができるのか）、発生（どのようにその形質を持たない受精卵からこの形質が発達してくるのか、生まれと育ちのバランスの問い）、系統（どんなルートをたどってその形質を持たない祖先からその形質を持つ種が生じたのか、進化史についての問い）を問うものです。これら四つの意味を持つ「なぜ」は、すべての進化研究の中心です。一方で、これらは論理的に異なるため、一つひとつの問いに答える中で、どれか一つの問いへの答えが、別の問いへの答えが取り得る幅を狭めることはありません。これは重要なことで、私たちは他の問いについて悩むことなく、順番に問いに挑んでいくことができるのです。

　1970年代の社会生物学の勃興（Wilson, 1975を参照）は、古典的な動物行動学と社会生態学に押し寄せた重要な進展でした。1950年代から1960年代の間、動物行動学は行動の動機や発達に焦点を当てる傾向にありました。しかし、なぜ行動が進化してきたのかに関して、動物行動学の論拠はきわめて薄弱でした。

第 1 章　そもそもなぜ進化なのか

すべての生物学者がダーウィンと彼の自然淘汰による進化の理論の貢献を認めていましたが、彼の理論を自然界に適用することには困難が伴い、しばしば群淘汰的な見方——動物の集団、時には種全体さえも淘汰の働く単位と見なす考え——に行き着いてしまったのです。言い換えれば、進化は個体ではなく種の利益のためであるという主張で、このような立場をとった人々は、進化心理学の主軸をめぐる競争において完全に脱落するはめになります。リチャード・ドーキンス（Richard Dawkins）の『利己的な遺伝子』に代表される 1970 年代の社会生物学革命は、生物学者にダーウィンのルーツに戻り、自然淘汰は個々の遺伝子（あるいは、やや基準を緩めて、遺伝子の乗り物である生物個体）の利益にのみ働くことを思い出させたのです。群淘汰は脇に追いやられ、確かにあり得るけれども、実際には非常にまれであろうプロセスだとされました（Maynard Smith, 1964）。もちろん、全く新しい分野である社会生物学が動物行動学に取って代わったのではないと理解することは重要です。この移り変わりをよりよく理解するには、新しい社会生物学は古い動物行動学の改良型と考えたほうがよいでしょう。古典的な動物行動学は消え去ってはいません。その中心的な教訓（動物を自然環境の中で研究することと、動物の視点から世界を理解することの重要さ）はいまだに重要です。違いは、淘汰がどのように働くかについての理解が向上したことのみであり、結果として、機能的な説明の本質（生物学における進化的な「なぜ」の問い）について多くの洞察が得られたのです。

　私はちょうどこの頃、研究者としてのキャリアをスタートさせました。実際、私の最初のポスドクでのプロジェクトは、アフリカでのサルの野外研究でした（Dunbar & Dunbar, 1975; Dunbar, 1984）。急速に起こった社会生物学革命は、生物学者によって明らかに正しいものとして迅速に受け入れられたため、古い群淘汰主義に立脚する分野に行ってしまっても、ほんの 1 年ほどで利己的な遺伝子の世界に戻って来ることができました。先に参照した 2 冊の本は、知的環境の変化を反映しています。最初のものは 1971 〜 72 年の私の博士課程の研究をまとめたもので、2 番目は 1974 〜 75 年の、ポスドク時代の同じ集団の研究です。エキサイティングな時代で、動物行動に関する考えが急速に変化しました。利己的遺伝子アプローチ（それ自体はどのように自然淘汰が働くかのメタファー）という強力なフレームワークのおかげで、それまでよりはるかに具体的な問題

31

設定を行い、想定される結果について明瞭かつ簡潔な予測を立てることが可能になったのです。その結果、特に機能を問う研究が爆発的に増加しました。新しい視点はまた、一つの重要な結果をもたらしました。研究上の関心が行動の集団レベルの側面を離れ、行動の進化的に重要な面——採餌、配偶者選択、親による子への投資——に関する個体の意思決定へと移っていったのです。社会システムの創発的な特性——1960 年代から 70 年代にかけての中心的なトピック——は、大きな関心を向けられるトピックではなくなりました。その理由の一つに、集団レベルのプロセスが群淘汰に似すぎていたことが挙げられます。

このアプローチが動物行動からヒトの行動へと広がっていくにはしばらく時間を要しました。そのようになった 1980 年代には、二つの全く異なる方向へと分かれていきました。一方は動物行動の研究（行動生態学として知られるようになっていた分野）を発展させたもので、機能的な問いと伝統的な社会に焦点を当てています。こちら側の研究者は多くが人類学畑の出身だったため、すぐに進化人類学として知られるようになりました。例が、Changon & Irons（1979）や Betzig *et al.*（1988）によって編集された本に掲載されています。もう一つの方向性は主流派の心理学から発展してきたもので、行動の基礎となっている認知メカニズムに、より明示的に焦点を当てています。こちらは進化心理学として知られ、代表例には Barkow *et al.*（1992）によって編集された本などがあります。この二つの潮流が、「ティンバーゲンの四つのなぜ」の異なる問いに焦点を当てていることは明白でしょう。進化人類学者は機能を問うていて、心理学者はメカニズムを問うています。このことを理解すると、なぜアプローチが大きく異なっているのかが理解できます。また、二つは対立しているのではなく、むしろお互いを補完しあっていて、だからこそ統合されるかもしれないということも。

私自身の研究は、この相補性を反映しています。たまたま、私のバックグラウンドは心理学だったので、私は心理学的メカニズムの視点を理解しています。しかし、私の博士論文は、現在、行動生態学と呼ばれる分野のもので、霊長類に関する研究でした。ですから、私はよりはっきりと生物学的機能に関する視点の訓練を受けたのです。1990 年代に私が本気でヒトの研究を始めた当初、私の研究テーマは行動生態学の中心的なトピックに関するもので、配偶者選択の

パターン（研究ツールとして主に恋人募集の個人広告を用いました：例えば、Waynforth & Dunbar, 1995; Pawlowski & Dunbar, 1999a, b）や、親の投資に関する意思決定（例えば、Voland & Dunbar, 1995; Voland *et al.*, 1997; Bereczkei & Dunbar, 1997）を扱いました。

　しかしながら、霊長類、とりわけヒトは、他の動物にはほとんど見られないような濃密な社会性を持っています。このことから、私は大規模な集団でうまくやっていくことに関する心理学的プロセスについて考えるようになりました。このころ、Bryne & Whiten（1988）（邦題『マキャベリ的知性と心の理論の進化論』）は、霊長類の脳が体の大きさに対して極端に大きく、他のどの分類群の動物をも上回ることへの説明として、マキャベリ的知性仮説を提唱しました。彼らの提唱したこの説明は、霊長類が普通あり得ないほど複雑な社会に住んでいることに依拠しています。私は、霊長類の社会集団の大きさに関する大量のデータを使って、この仮説を初めて直接的に検証しました。こうして、「社会脳仮説」（として今は知られるもの）が誕生しました。霊長類において、社会集団の大きさは（社会行動の他の多くの面と同様に）新皮質の大きさと相関するのです（Dunbar, 1992a; Dunbar & Shultz, 2007 も参照）。

　この重要なブレークスルーは、それ以来私の研究のすべてを突き動かしてきました。私と私の研究グループは、行動の多くの面と集団サイズの関係をきわめて詳細に調べ、さらに鳥類や他の哺乳類においても脳のサイズと社会性の関係を調べてきました。後者では、脳のサイズと集団サイズに定量的な関係が見られるのは霊長類だけだということがわかりました。これまで調べられてきたすべての鳥類と他の哺乳類では、社会的知能はより定性的な形をとります。例外的に大きな脳を持つのは、ペアが絆を形成する一夫一妻の社会システムを持つ種なのです（Shultz & Dunbar, 2007）。一夫一妻は高度な認知能力を要求するようです。これは、思うに、配偶相手と自分の行動をうまく合わせるのはとても複雑なことで、それには自分だけでなく相手の視点にも立って物事を見ることも必要となるからでしょう。霊長類が成し遂げたのは、このような能力を繁殖の関係から集団全体へと一般化することです。要するに、彼らは友人関係を発明したのです。

　このように考えられる理由は、霊長類が生存や繁殖の成功という課題への解

決の一つとして集団を利用し始めたからです。集団生活は、霊長類の捕食者に対する基本的な防衛手段です（van Schaik, 1983; Dunbar, 1988）。しかしながら、集団生活は暗黙のうちに結ばれた社会契約の一形態です。個体は進んで他者に寛容にならなければなりませんし、他者の興味関心を考慮に入れなければなりません。そうしなければ、集団は分裂し、集団生活の利益は失われてしまうでしょう。そうなれば、霊長類が生息できる環境の幅は大きく制限されるでしょう。多くの旧世界ザルや、何よりヒトが生きる、開けた地上の生息環境に進出占有するためには、この集団行動の問題を解決し、一大集団を機能的な集団として維持するしくみが必要です。霊長類は、密な個体関係をベースにしたより連帯した社会システムを進化させることによってこれを成し遂げたように思えます。ヒトも、この問題にもっと極端な形で向き合っていて、それは私たちの祖先が約200万年前、より放浪性・移動性の高い生活様式を獲得し、かつてないほど大きな社会集団で暮らすことが必要になったためです（Aiello & Dunbar, 1993）。究極的には、ヒトの典型的な集団サイズは約150個体であり（Dunbar, 1992b）、ほとんどの社会性霊長類の約3倍です。

　これらの考察から、私の研究上の興味は、社会関係の本質と、それらが大きな社会コミュニティの形成にどう関わるかの探求へと移っていきました。私は近年の研究で主に、友人関係や他の関係性の本質の基盤となる行動と認知の両方を理解し、またこうした種類の関係性ネットワークの特徴を理解することに注いできました。私たちは過去10年にわたって、かなり詳細に、関係性を特徴づける行動、認知、そして神経生理学的プロセスについて調べてきました。

　この点において、メンタライジング、またはマインドリーディング、特に、5歳までに発達する基本的な心の理論（正式には二次の志向性と同義）を超えたより進んだ形のメンタライジングは、重要な概念であり続けています。私たちは標準的な大人が典型的には5次の意図性を扱うことができること、個体のメンタライジング能力が社会ネットワークのサイズ（Stiller & Dunbar, 2007）、および心の理論に関係する中心的な脳部位（特に眼窩前頭皮質）の体積（Powell *et al.*, 2010）と相関することを示しました。

　個体同士を結びつけるため、社会グループ全体を結びつけるため、どちらにも使われているメカニズムも、私の関心の一つです。霊長類学では、長らく社

会的毛づくろいを通じて二者は関係を生み出し、維持すると理解されてきました（Dunbar, 1991）。約150人からなるヒトの社会共同体は、霊長類のように毛づくろいによってつながるには大きすぎるため、ヒトが新しい形の絆形成メカニズムを進化させたことは明らかです。それは何でしょうか。当初、私は言語がこの役割を果たしたと考えました。というのは、それによって私たちは、社会ネットワーク内の誰が誰と何をしているのか、自分の目で見て確かめられない時でも、知ることができるからです（Dunbar, 1992b）。これは言語起源のゴシップ理論として知られるようになりました。

　後に、私は、ヒトが言語を獲得したのはおそらく進化の過程のかなり遅い時期（早くても約50万年前）であり、他の霊長類と同じくらいの集団サイズだった真のヒト系統の最初期の祖先と、言語の出現との間のギャップを埋める他の何かが必要であることに気づきました。私は最近、笑いと、後には歌とダンスが中間的な段階を形成しているのではないかと提唱しています（Dunbar, 2008）。これらの両方がエンドルフィン（毛づくろいが絆を生み出すしくみを担う神経ペプチド）を非常によく放出させますし、笑いは少なくともとても古いものです（われわれはそれを他の大型類人猿、特にチンパンジーとも、より単純な形ではあるにせよ共有しています）。私たちは現在も、これらのヒト特有の行動によって、われわれがどのようにしてとてつもなく大きな共同体を結びつけることができているのかを調べています。

　オリジナルの社会脳仮説から生まれた主要な発見の一つに、個人の社会ネットワークのサイズには限界があり、約150だという予測があります（今ではダンバー数として知られています）。後に、私たちはこれが確かに典型的な個人の社会ネットワークのサイズであると示すことができました（Hill & Dunbar, 2003; Roberts, Dunbar, Pollet, & Kuppens, 2009）。しかし、前述したような理由のため、相当な個体差が存在します（典型的には100〜200）。もっと興味深いのは、社会ネットワークが高度に構造化されていることが明らかになったことです。

　つまり、階層化された友人関係のレイヤーが存在し、しかも各レイヤーの大きさの比率が約3（5, 15, 50, 150, その外側に500と1500）となっているのです（Zhou, Sornette, Hill & Dunbar, 2005; Hamilton, Milne, Walker, Burger, & Brown, 2007）。上のレイヤーに行くたび、「友だち」の数は増えますが、その関係の質や感情

の強さは減少していきます。近年私は、次世代の携帯電話のための技術基盤の開発に携わるコンピュータ科学者と共同で一連のプロジェクトを進めています。携帯電話界の聖杯の一つとして「拡散性適応」が知られています。これは、携帯電話自体をある電話から別の電話への伝達の中継地として使おうという試みで、その結果、われわれは固定基地局を廃止することができます。人々の社会ネットワークを理解することで、二つの電話をつなぐ最適なルートを選択するアルゴリズムを設計するための最適な方法への洞察が得られるかもしれません。

　将来への大きな挑戦として、われわれが現在理解しているような進化心理学（コスミデスとトゥービーのサンタバーバラ学派と言ってもよいでしょう）を、行動生態学的な視点（時に進化人類学と呼ばれます）、およびヒトにおいて大変重要な集団レベルのプロセスの視点と完全に統合させることが残っています（Dunbar & Barrett, 2007）。集団レベルのプロセスと、標準的な利己的遺伝子の進化的視点との統合が難しいのは、コストを払うことなく社会的利益を享受するフリーライダーが社会契約を常に不安定化させるためです。それを避けるため、社会性の利点を損なうことなくフリーライダーの成功を妨げるメカニズムが必要です。このメカニズムが何であるか、そしてどのように働くかを解明することが、将来の重要な課題となっています。罰（特に利他的な罰、または二次の利他行動）は、進化経済学者や多くの進化生物学者と心理学者が有力視する解の一つです。しかし私の意見では、罰は社会を結束させるには不向きなやり方です。なぜなら、人々がお互いに親切にすることを強いることなどできないからです。より興味深く、そしてひょっとすると社会的により効果的な解決策は、共同体へのコミットメントと、社会の結束へのポジティブな力を生み出すことです。私たちは、より一般的な社会脳の基盤となる認知についても、それがヒトにおいてどのように働くのかの詳細についても、不十分な理解しかできていません。将来への重要な課題の2番目は、こうしたメカニズムを明らかにすることです。これにはニューロイメージングの技術が重要な役割を果たすでしょう。

　科学においては常に、大きなブレークスルーはデータの中の誰も気づいていなかったパターンを認識することで起こります。このことに注意し、他の誰も問おうと考えなかった、想像もできないような疑問を問うことが重要です。

第 1 章　そもそもなぜ進化なのか

1.4　心というぬり絵に潜む動機と合理性

ダグラス・ケンリック（Douglas Kenrick）

　ダグラス・ケンリックは、有名な進化社会心理学者であり、アメリカのアリゾナ州立大学心理学科の教授である。ケンリックはニューヨークのクイーンズで生まれ、その父や兄が服役の経験を持つ中、全く異なる道を歩んできた。彼はこれまで 170 以上の論文と本を出版し、その中には何度も再版された心理学の教科書（ジョン・シーモンと共著）や社会心理学の教科書（スティーヴン・ニューバーグ、ロバート・チャルディーニと共著）もある。彼はドーリン学院で文学の学士号を取得、アリゾナ州立大学で文学の博士号を得た。モンタナ州立大学で 4 年間教壇に立ち、その後アリゾナ州立大学に戻り心理学研究を続けてきた。

　ケンリックの研究上の興味は、親密な関係、進化と遺伝学、性差、人々の相互作用、動機と目標設定、そして社会的認知など、様々な分野にわたっている。彼の研究は進化生物学と認知科学の成果を統合し、基本的な社会的動機づけ（自己保護、地位への追求、配偶選択など）による基本的な認知的過程（例えば注意と符号化など）への影響のメカニズムの解明に貢献している。彼の研究成果は、*Psychological Review* *Behavior and Brain Science* *Social Psychology* *Psychological Science* *Journal of Personality and Social Psychology* *Current Direction in Psychological Science*、そして *Journal of Personality and Social Psychology* など、多数の専門誌に発表されている。

　最近では、彼はヒトの意思決定の合理性についての研究に集中している。伝統的な経済学における合理性の理論は、ミクロ経済学における数多くの現象の説明に有用であるが、人々の日常的な意思決定に対しては十分な説明力を持たない。例えば、なぜあるものは他のものよりも人々を満足させることができるのか、なぜ人々は他者を満足させるためにひたすらコストを支払うのか。これらの疑問に対して、ケンリックは伝統的な経済学のツールとともに、近年の進化心理学の理論や、進化生物学と認知科学がともに生み出した研究成果を用いることによって、意思決定がその深層においては合理的であることを支持する根拠を提供している。人々が意思決定を行う時に従う原理は、ただ表面的なものだけでなく、進化適応的な面もある（Kenrick, Griskevicius, Sundie, Li, Li, & Neuberg, 2009）。様々な好みを持つ人間の間で共通し

て価値を置かれていること——例えば子どもを育てること、親友と一緒にいること、そしてグルメを楽しむことなど——の効用の根源を探ることで、よりよい理解に到達することが期待できる。生物学において、適応度は個体が遺伝子を次の世代に伝達する能力をさし、また進化生物学においては、すべての個体がこのメカニズムに突き動かされ、最終的に自らの適応度が最大化されることをめざすべく意思決定しているとされている。そのため人間が日常生活において下す決定も恣意的なものではなく、進化的なゴールと深く関わりを持っている。

　本節で、ケンリックは実証的な方法を通して、自分が進化心理学研究を通して得た三つの教訓について述べている。①人間の心は真っ白な石盤でもなければ、すべて刻み込まれ済みの設計図でもない、輪郭を持つもののまだ色がぬられていないぬり絵帳のようなものである。②どの人の心の中にも、様々な課題を解決するために複数の自我が存在している。③複数の自我のそれぞれは情報の処理の仕方に偏りがある。ただしこれらの偏りはランダムでも非合理的でもなく、より深遠なる機能的合理性を反映している。

本人による主な参考文献

Kenrick, D. T. (2011). *Sex, murder, and the meaning of life: How evolution, cognition, and complexity are revolutionizing modern psychology.* New York: Basic Books. (山形浩生・森本正史 (訳) (2014). 野蛮な進化心理学／白揚社)

Kenrick, D. T,. Griskevicius, V,. Neuberg, S. L. & Schaller, M. (2010). Renovating the pyramid of needs: Contemporary extensions built upon ancient foundations. *Perspectives on Psychological Science, 5,* 292-314.

Kenrick, D. T,. Griskevicius, V,. Sundie, J. M,. Li, N. P,. Li, Y. J. & Neuberg, S. L. (2009). Deep rationality: The evolutionary economics of decision-making. *Social cognition, 27,* 764-785. (special issue on the rationality debate).

Kenrick, D. T,. Nieuweboer, S. & Buunk, A. P. (2010). Universal mechanisms and cultural diversity: Replacing the blank slate with a coloring book. In M. Schaller, A. Norenzayan, S. Heine, T. Yamagishi, & T. Kameda (Eds.), *Evolution, culture, and the human mind* (pp. 257-271). New York: Psychology Press.

Kenrick, D. T,. Neuberg, S. L,. Griskevicius, V,. Becker, D. V. & Schaller, M. (2010). Goal-Driven cognition and functional behavior: The fundamental motives framework. *Current Directions in Psychological Science, 19,* 63-67.

　本節では、進化的観点からの人間行動研究を通して私が学んだ三つの教訓を述べます。まず、第一に、人間の心は真っ白な石盤でもなければ、すべての情報が刻み込まれた設計図でもなく、ぬり絵帳のようなものであること。第二に、

人間の心は一枚岩ではなく、様々な課題を解決するために特化した複数の自我の集合体として理解したほうがよいこと。第三に、それらの特化した複数の自我にはそれぞれ情報の処理の仕方に偏りがあり、その偏りはランダムでも非合理的でもなく、より深遠なる機能的合理性を反映していることである。

心は真っ白な石盤ではなく、"ぬり絵帳"

"*Behavioral and Brain Sciences*"に発表した論文（Kenrick & Keefe, 1992）で、私たちは、世界のどこでも男性は繁殖能力のピークにある年齢の女性を配偶者として選り好むという証拠を示しました。男性は、心理学者たちがそれまで考えていたように単に若い女性に魅力を感じるのではなく、繁殖能力のピークにある女性に魅力を感じるのです。閉経は、文化によらずヒトに共通する特徴であるため、あらゆる社会において年長の男性は自分より若い女性に魅かれる一方で、非常に若い男性は（繁殖可能性の高い）自分よりやや年上の女性に魅かれるのが進化的に考えて理にかなっています。現代や過去の様々な社会のデータによって、この主張は裏づけられました。例えば、1920年代のポロという離島では、年長の男性は若い女性と結婚する傾向があり、その傾向はアメリカ、ヨーロッパ、東インドの人々と同様でした。また、私たちの論文に寄せられた複数の人類学者のコメントから他の社会においてもこれを支持するデータがあることが示されました。この発見は、「心は真っ白な石盤である」とする伝統的な社会科学の前提に対して疑問を投げかける研究の一つとなりました。

しかしながら、北オーストラリアのティウィ（Tiwi）族のデータは、この結論に疑義を呈するように思われました。すなわち、ティウィ族の若い男性は、みな自分より年長の未亡人と結婚しており（Hart & Pillig, 1960）、「普遍的に男性は若い繁殖可能な女性を好む」という私たちの主張に対する厄介な例外となっていました。さらに、ティウィ族は、「若い男性が閉経後の女性と結婚する社会で、いかにして人口は維持されるのか」という他の生物学的な問題も提起しました。

ティウィ族社会の特徴を知ることが、この問題を解決する上で助けになりました（Kenrick, Nieuweboer, & Buunk, 2010）。詳細な調査の結果、ティウィ族の男性は他の社会の男性と同様、若い女性に強く魅かれることがわかりました。

実際には、年長の権力者が若い女性を独占していたのです。年長者たちの間には、「ティウィ族のすべての女性は結婚すべし」という厳格なしきたりが存在します。そのため、女の子は産まれるとすぐに、年長の男性と婚約させられます。この社会は一夫多妻制で、年長の権力者は自らの娘たちを他の家父長のところに嫁がせます。その結果、年長の男性同士で若い妻を交換し合うことになり、提供できる娘がいない若い男性は、若い配偶者を得ることができません。さらに、もし若い男性が家父長の若い妻と関係を持った場合には、投げ槍で刺される、村八分にされるなど、死刑に相当するような厳罰が待っています。

　この厳しいしきたりによって、若い男性が女性と結婚できないことは説明できます。では、なぜ年長の未亡人と結婚するのでしょうか。先に述べたように、ティウィ族には「すべての女性は結婚すべし（男性は違う）」というしきたりが存在するので、夫が死ねば、年長の未亡人はすぐに再婚する必要があります。しかし、年長の権力者は、このしきたりをたくさんの若い妻を得ることに利用しているので、年長の女性と結婚しようとはしません。そこで、若い男性は未亡人と結婚することで、その未亡人の親族と姻戚関係を結ぶことができます。すると、その若い男性は、年上の妻の娘たちが若くして未亡人となった時（年長の男性が死亡すれば、年長の女性だけでなく若い女性も未亡人となる）、その新たな夫を選ぶ権利を得られます。つまり、未亡人と結婚することによって初めて、若い男性は若い妻を得る駆け引きに参加できるのです。

　このティウィ族の例は、進化してきた心理メカニズム（繁殖能力がピークにある女性を男性が好む傾向と高ステータスの男性を女性が好む傾向）と、ローカルな社会的要因（若い女性を独占するという古臭い家父長制と「すべての女性は結婚すべし」というしきたり）が組み合わさることで、新たな社会規範が形成される動的な相互作用の一例なのです。

　ティウィ族の慣習は、社会科学者が採用すべき心の比喩は「真っ白な石盤」ではなく「ぬり絵帳」だという私の主張の根拠の一つです（Kenrick, Nieuweboer, & Buunk, 2010）。ぬり絵帳をどのようにぬるかには無限の可能性がありますが、真っ白な石盤のように何でも受容するわけではありません。ぬり絵には輪郭があり、どの色でぬるかを（決めつけてはいないが）強く示唆しているからです。しかし、線で囲まれた白い空白には、予期せぬ事態が起こる余地が残されてい

ます。子どもは、キリンのぬり絵を、黄色と茶色ではなく、紫と緑にぬることもできます。しかし、ほとんどの子どもは、紫や青や緑ではなく、黄色や茶色を探そうと思うのです。「ぬり絵帳」という比喩を用いるもう一つの利点は、ぬり絵帳にはたくさんのページがある点にあります。それぞれのページには様々な輪郭線があり、いろいろなぬり方が可能です。このことは、以下の二つ目のポイントにつながります。

心は、ゆるく分離した自我の集合体

20世紀中盤の心理学界で主流だった行動主義の視点は、きわめて節約的でした（例えば、Skinner, 1953）。行動主義者は、学習は古典的条件づけとオペラント条件づけという二つのメカニズムによって起こり、研究対象の動物（ネズミやヒト、ハト、プラナリアなど）によらず共通原理に支配されていると考えていました。行動主義者は、動機づけに関してもシンプルな見方をしていました。それはすなわち、ヒトは「飢えや渇き」といった、ネズミやハトも持っているごく少数のシンプルな「原初的衝動」を持って生まれ、それらの衝動からより社会的な動機づけも形成されるという見方です。例えば、子どもが親和性を感じるのは、母親が原初的衝動である飢えや渇きを満たしてくれるからだと考えます。この見方では、親和欲求という新たな欲求を仮定する必要はありません。同様に、子どもは、成功すると親からおいしいご褒美がもらえるから成功に価値を置くようになる、と考えれば、ステータスを求める衝動も別に仮定する必要はないのです。

多くの知見が、行動主義の中でもシンプルなこのような考え方に対して疑問を呈しました。一つの例として、古典的条件づけのような単純なプロセスさえも、何を学習するかによって結果が異なります。例えば、食物嫌悪学習は1試行で獲得され、消去するのはきわめて困難です。このことは、食物の選好条件づけに適用されるいくつかの原理に反しています（Garcia & Koelling, 1966）。また、学習プロセスは種によって異なり、その違いは進化的な意味を持っています。例えば、視力が悪く夜行性のネズミは、味に条件づけられて食物嫌悪学習をしますが、視力がよく昼行性のウズラは、視覚刺激に条件づけられて食物嫌悪学習をします（Wilcoxon, Dragoin, & Kral, 1971）。さらに、同じ種においても、

情報の種類によって異なるプロセスで記憶され、時に異なる脳領域に記憶されることがわかっています (Sherry & Schacter, 1987)。

このような比較認知科学と認知神経科学の知見の統合により、ヒトは繰り返し直面する様々な課題に対処するために様々な認知プロセスを使用している、という現代の進化的な視点が生まれました。私は共同研究者とともに、すべてのヒトに共通する社会的課題（友人関係を構築・維持する、敵から自分の身を守る、社会的地位を獲得・維持する、配偶者を獲得・維持する、子育てをする）について、それぞれの課題に固有のドメインがあると仮定しました (Kenrick, Griskevicius, Neuberg, & Schaller, 2010)。これらの異なる動機づけシステムをプライミングした実験では、その時、実験参加者は、どのような根源的動機の状態に活性化されているかによって、他者の異なる側面に着目したり、他者の異なる印象を記憶したり、異なる社会的意思決定を行ったりすることが明らかになりました (Kenrick, Neuberg, Griskevicius, Becker, & Schaller, 2010)。例えば、自己防衛的心理が活性化された実験参加者は、外集団の男性（身体的脅威をもたらしやすいと考えられる）の中立的表情を「怒りを隠している」と解釈する傾向がありました。一方で、配偶者を獲得する心理が活性化された男性の実験参加者は、異性から見て魅力的な人物の中立的表情を「性的な関心をほのめかしている」と解釈する傾向がありました（この傾向は女性参加者では見られませんでした：Maner *et al.*, 2005）。さらに、このような動機づけは、他の社会行動にも影響することがわかりました。例えば、配偶者を獲得する心理が活性化された実験参加者は、集団の意思決定とは距離を置いたり、自らの創造性の高さを誇示したり、人目を引くような消費行動をとったりする傾向にありました (Griskevicius, Cialdini, & Kenrick, 2006; Griskevicius, Goldstein, Mortensen, Cialdini, & Kenrick, 2006; Sundie, Kenrick, Griskevicius, Tybur, Vohs, & Beal, 2011)。これらの知見はすべて、親の投資や性淘汰といった生物学的原理に基づいた一般的な予測と一致しています。次に私が述べたいのは、このような根本的な動機づけシステムが、経済的意思決定にどのように適用されているのかという問題です。

意思決定のバイアスは深い合理性を明らかにする

十分な知識を持つ意思決定主体という古典的な合理的人間観に対抗すべく、

行動経済学者は、人間が単純で非合理的なバイアスを持っていることを示した認知心理学や社会心理学の知見を取り入れてきました。その古典的な例が、ダニエル・カーネマン（Daniel Kahneman）とエイモス・トベルスキー（Amos Tversky）が示した損失回避傾向です。ヒトは 100 ドル得るよりも、100 ドル失うことに対して強い心理的な動揺を感じます。合理的経済的人間観によれば、100 ドルにはちょうど 100 ドルの価値があります。しかし、カーネマンとトベルスキーは、この一見単純で合理的な方程式が必ずしも成り立たないことを示しました。

　進化的視点から見ると、表面的には非合理的に見えることも、より詳細に検討すれば、深いところでは合理的なことがあります。私がこれまでに述べてきたように、ヒトの心は大量の情報を高速処理するコンピュータではなく、小さな心の集合体として理解したほうがよい、というのが進化心理学の中心的なメッセージです。小さな心の集合体とは、すなわち、異なる種類の情報を異なるプロセスで処理することによって特定の適応課題を解決するようにデザインされた、独立した心の集合体ということです。この視点からすると、損失回避のような現象も、そのヒトがどのような適応課題を解こうとしているかによって機能的に異なってくると予想されます（Kenrick, Griskevicius, Sundie, Li, Li, & Neuberg, 2009）。これに関係する研究として、Gigerenzer & Todd（1999）や Wang（2006, 2008）も参考にしてください。

　心の集合体という進化的な視点から、日常の経済活動での意思決定を考えることの意義は、まだまだ十分に研究されてはいません。しかし、買い物で赤の他人と価格交渉をする時の意思決定ルールと、遺伝子を半分共有している自らの子どもと資源を交換する時の決定ルールが、同じ計算に従ってはいないことを示す証拠なら山ほどあります。赤の他人と近親者に対する決定ルールの他にも、（遺伝子の共有ではなく、信頼に基づく互恵的関係でつながっている）友人との関係における意思決定バイアスもヒトは使用しています。恋愛対象とは、また別の決定ルールに従って取り引きをするでしょう（Kenrick, Sundie, & Kurzban, 2008）。

　ヒトは、「人目を引くように散財するか」「博愛精神や面倒見のよさをひけらかすか」「ケンカの危険を冒すか」「集団の意見に反抗するか」などの意思決定

をする時、そのヒトの性別やそのヒトの精神状態（配偶相手を探すモードか、社会的地位を求めるモードか、自らの命を守ろうとするモードか）によって決定の仕方を変化させ、それらは予測可能であることが、私がこれまでに紹介してきた研究プログラムを通じてわかってきています（e.g., Griskevicius, Tybur, Sundie, Cialdini, Miller, & Kenrick, 2007; Griskevicius, Tybur, Gangestad, Perea, Shapiro, & Kenrick, 2009）。

　友人との食事や、恋人との休暇、カッコいい車といった様々な望ましい事柄の心理的価値を比較するために「効用」という共通の通貨を用いることは、経済学者にとって非常に便利でした。しかし、心をモジュールとして考える視点からすると、関係性や適応課題の違いに応じて、異なるタイプの効用について考えることが重要となります。意思決定に関する私たちの進化的アプローチでは、ヒトの心は様々な通貨を用いていて、そのヒトの性別や、そのヒトが配偶者を探しているか、子どもを育てているか、孫の養育の手助けをしているかなどのライフステージに従って、様々な商品を異なる形で評価している、と考えています（Kenrick, Griskevicius, Sundie, Li, Li, & Neuberg, 2009）。

　意思決定が性別やライフステージによって異なるのに加え、個々の意思決定主体には様々な経済的な自我が存在し、その時の環境においてどのような脅威や機会が重要なのかによって、どの自我が表に出るかも変わります。ある一つの自我にとっては非合理的なことでも、他の自我にとっては、深いところで合理的なのかもしれません。配偶や自己防衛などの根本的な生物学的動機づけは、時間割引（未来の大きい利益より今の小さい利益に価値を置く傾向）や確率価値割引（不確実な大きい利益より確実な小さい利益を好む傾向）といった、行動経済学での古典的なバイアスを大きく変える可能性があるというのが、私たちが「深い合理性（Deep Rationality）」理論で主張していることです。同様の生物学的動機づけは、ヒトが何をぜいたく品だと見なし、何を必需品だと見なすかについての判断も変化させ、また変化の仕方は、性別によって大きく異なるでしょう。李天正らは、社会的意思決定の様々な側面においてぜいたく品か必需品かを区別することの重要性を示しています（Li, Bailey, Kenrick, & Linsenmeier, 2002; Li & Kenrick, 2006）。

　「損失回避」という古典的なケースを考えてみましょう。ヒトの祖先は、生

第 1 章　そもそもなぜ進化なのか

死の境にたびたび直面していたことを考えると、利益を得るより損失を回避するほうに関心を向けてきた（食料の余剰はうれしいだけだが、食料の欠乏は死を意味する）と、エドワード・ウィルソン（Edward O. Wilson）などの進化理論では考えられてきました。このような考えは、過去についての適応論的な仮説の一つにはなりますが、現代の進化的アプローチの科学的な強みを十分に発揮できてはいません。現代の進化的アプローチでは、適応論的に重要な動機に応じて、いつ、どのように、損失回避傾向が変化するのかについての具体的で新しい仮説を構築することができます。例えば、普段の損失回避に対する選好は、配偶者を探す動機づけが活性化されていると、消えてしまったり、逆転さえするでしょう。さらに、このような消失は、女性では生じず、男性だけで生じるでしょう。進化生物学者が示してきたように、ヒトを含めた哺乳類のメスは子どもにかける最低投資量が本質的に大きいため、配偶者を選ぶ際、（男性に比べ）相対的により強く選り好みをします。その結果、オスはそんなメスに選んでもらうために競争を強いられます。オスの競争の方法は様々です。例えば、目を引くような非経済的なディスプレイ（クジャクの羽やカッコいい車）や、オス同士の直接の闘争（シカの角での突きあいや、設備の整った役員用オフィスをめぐる出世競争）などです。競争に勝つためにはリスクをとることも必要ですし、実際に哺乳類のオスは、交尾期になると特にリスクをとるようになります。この考えに従えば、配偶者を探すようにプライミングされた男性は、発情期のオオツノヒツジのような行動を取るはずです。過剰な損失回避傾向は、他のオスに打ち勝つために必要なリスクの高い競争をする上では、邪魔でしかないのです。

　この論理が正しければ、標準的なカーネマンとトベルスキーの損失回避傾向は、配偶者を探そうとする動機づけのもとでは、男性のみにおいて、予測可能な変化をするだろうと考えられます。現在進行中の実験で、この仮説を支持する証拠を得ています。

結　　論

　本節で述べてきた視点によれば、ヒトの脳にはたくさんの単純で自己中心的な意思決定のバイアスが備わっていると言えます。それらのバイアスは、ある特定の状況において個人が直面している課題や機会に応じて、スイッチが入っ

45

たり切れたりします。それらの単純な意思決定ルールは、利己的な目的のために役立つものですが、必ずしも自己中心的な行動に駆り立てるわけではありません（Kenrick, 2011）。むしろ、個々の頭の中にあるルールは、他者と円滑にやっていけるように非常にうまく調整されています。さらに言えば、これらのローカルルールは、身近な人々だけでなく、ウォール街にいる株の仲買人や、地球の裏側にいる赤の他人と自分とをつなげる社会的ネットワークにも入り込んでいます。単純なローカルルールから社会の複雑性がいかにして生じるのかを理解するためには、進化心理学、認知科学、そして複雑性科学の知見を統合していくことが、次の世代の研究者には求められるでしょう。

1.5 心を生む 1100 グラム——脳という物質

ヴィクター・ジョンストン（Victor S. Johnston）

「人間の脳の進化は周りの世界を正確に反映するためのものではない。それはわれわれの遺伝子の生存能力を高めるためにあるのだ」。ヴィクター・ジョンストンは感覚、情緒、感情、そして思考に対する哲学的考えの中に進化心理学の要素を取り入れ、進化心理学の視点から感情と思考の役割に対して多面的かつ有用な探索をしてきた。

ジョンストンは 1943 年にアイルランドで生まれた、優秀な心理学者である。1964年に北アイルランドのクイーンズ大学ベルファスト校の心理学専攻において理学の学位を得た後、1967 年スコットランドのエジンバラ大学で薬理学博士号を得た。その後の 2 年間にわたって、彼はイェール大学医学大学院でポスドクとして務めた。研究課題「精神分裂症の生物化学的メカニズム」は、A. E. ベネット神経精神病研究基金賞を受賞し、"*Science*" 誌に発表された。1970 〜 71 年、ジョンストンはスタンフォード大学でポスドクとして務め、また、1969 年からニューメキシコ州立大学で助教、准教授の職を経て、88 年に教授に昇進した。

ジョンストンの研究的興味は進化心理学、電気生理学、そして遺伝的アルゴリズムなどと分野をまたいでおり、発表した論文の内容も、精神疾患の行動モデルの研究や、情緒と認知の脳電気生理的メカニズム、目撃証人の鑑定など様々である。また、顔に対する好みの研究も多数行っており、例えば女性の顔に対する審美的評価と脳内電位の関連についての研究では、女性の顔が美しいと判断される要因と、これらの要因が意味する内分泌状況や生育能力について検討している。これらの成果は整形外科学界からも注目されている。

ジョンストンの顔魅力度のホルモン理論では、美しさに対する認知は観察される側と観察する側のホルモン状況の相互作用によるものと主張している。ジョンストンとレベッカ・ヘーゲル（Rebecca Hegel）が 2001 年に行った研究は、この観点に実験的な証拠を提供している。また、彼らの研究では、顔の対称性、ホルモンマーカー、そして女性の生理周期も、男性の顔魅力度に対する認知に影響することを明らかにした。彼らが採用した研究手法は、ソフトで合成した非常に男性的な顔から非常に女性的な顔に変化する 1200 枚の画像を参加者に呈示し、好みの顔を選ばせることである。その結果、女性は中性的な顔よりも男性的な顔を好み、さらに生理周期の排卵期のピ

ークでは、より男性的な顔を好むようになる。その他、人さし指と薬指の長さの比や、心的回転能力を胎児時の母体ホルモンレベルの指標として扱うことで、ジョンストンは女性の男性顔に対する好みの研究を行った。人さし指と薬指の長さの比は、胎児の時に接触した女性ホルモンレベルと正相関し、男性ホルモンレベルとは負の相関があると言われている。ジョンストンは男性ホルモンがヒトの性別に対する好みに影響を与えるのなら、胎児期の神経システムと男性ホルモンへの接触頻度はヒトの男性性と女性性の特徴に影響を与えるとともに、異性の身体的・顔面的特徴への好みにも影響を与えると考えた。研究の結果では、薬指に対する人さし指の長さの比が低い女性ほど、女性性が少なく、生理周期が相対的に不安定であり、排卵期のピークではより男性的な顔を持つ人を短期的な性的パートナーとして選ぶ傾向があり、親に対する愛着点数が低く、かつ異性との親密的な関係が短いことがわかった。逆に、人さし指と薬指の長さ比が大きい女性は、より女性性を備えており、生理周期が安定し、排卵期のピーク時であっても短期的な性的パートナーの顔に対する選好が男性性に傾かず、親に対する愛着点数が高く、かつ異性と長い親密関係を持ちやすい。多くの人にとって、顔の好みは配偶者選択において重要な役割を占めている。顔の好みは生育と関連する内分泌的な履歴を反映し、重要な生物的情報を持つ他、評定者の認知的・感情的反応を喚起しやすく、評定者の配偶者選択行動にも影響を及ぼしている。

ジョンストンは 1999 年に出版された著書 *"Why We Feel: The Science of Human Emotions*（人はなぜ感じるのか？）" において、進化論的な考え方を用いて感情と認知の進化的機能とメカニズムを説明している。この本は進化心理学において重要な著書であり、早稲田大学［訳注：当時］の有名な学者である長谷川眞理子によって日本語訳も出版されている。

1990 年以来、ジョンストンはコンピュータサイエンスを駆使し、進化的メカニズムの遺伝子アルゴリズムをシミュレーションし、ソフトウェア FacePrints を開発した。このソフトウェアは目撃者の反応によって容疑者の顔を「進化」させたり、ユーザーの好みに応じて理想的な顔を作り上げたりすることができる。この技術は目撃証言の正確性を改善することに大きく貢献し、それによってジョンストンは 1995 年度のニューメキシコ州発明家賞や、同年度のニューメキシコ企業協会によるニューメキシコソフトウェア開発者賞を受賞した。

本節において、ジョンストンは、われわれが認知する世界はなぜ進化的に選ばれてきた適応的な幻覚であるのかを説明し、実験や論理的思考によって、自然淘汰が生み出したヒトの心理的特徴（感覚、直感、情緒、認知、審美）が遺伝子の存続にとって重要であることを説明する。

第 1 章　そもそもなぜ進化なのか

本人による主な参考文献

Johnston, V. S.（1999）. *Why we feel: The science of human emotions*. Reading, MA: Perseus Press.（長谷川眞理子（訳）（2001）. 人はなぜ感じるのか？／日経 BP 社）

Johnston, V. S.（2006）. Mate choice decisions: the role of facial beauty. *Trends in Cognitive Sciences, 10*, 9-13.

Johnston, V. S., & Franklin, M.（1993）. Is beauty in the eye of the beholder? *Ethology & Sociobiology, 14*, 183-199.

Johnston, V. S., & Oliver-Rodriguez, J. C.（1997）. Facial beauty and the late positive component of event-related potentials. *Journal of Sex Research, 34*, 188-198.

Johnston, V. S., & Wang X. T.（1991）. The relationship between menstrual phase and the P3 component of ERPs. *Psychophysiology, 28*, 400-409.

　『妻を帽子とまちがえた男』（Sacks, 1985）の P 博士のように普通でない例に遭遇した時、改めてわれわれは現実世界に対する認識というものが、どれほどヒトの脳の物理的構造と化学的統合性に依存しているかを思い知らされます。たった一つの化学物質を他のものと置き換えると音を見たり光を聞いたりできるようになるかもしれませんし、ちっぽけな損傷のせいで今後の人生で新しいことを何一つ記憶できないようになってしまうかもしれないのです。ヒトの脳は、われわれの思考や感覚、情熱や欲望の中枢であり、人間科学上の最大の難題としてそびえ立っています。重さたった 1500g ぽっちの、しかし高度に複雑なこの魔法の織機は、魅惑のセイレーンのように若き科学者を手招きし、果てしなく魅力的な数々の謎によって彼らをとりこにするのです。

　もう 40 年以上も前のある日のこと、私の神経解剖学の先生が「人体資料」と書かれた大きなプラスチック製容器の蓋を開け、中身を取り出して机の上に置きました。先生が目の前のその物体から硬膜を剝ぎ取り、軟組織をナイフで切開して、大脳の寝屋を露わにした時のホルマリンの匂い、そして畏敬の念と胃のむかつきが入り混じった感覚は今でも覚えています。私の中で疑問が殺到しました。いったいどうやって、この脳みそが痛みや誇り、愛や光、空腹感や憎悪の念を作り出しているのだろうか？　これらの恐るべき難問が研究生活を通してずっと私につきまとい、私の前に立ちふさがってきました。しかし難問の一部は、物質世界や創発の概念について、そして何よりも自然淘汰による進化の無慈悲な力についての理解を深めることによって解決できるのではないかと、私は次第に信じるようになったのです。

49

クイーンズ大学ベルファスト校の心理学部の学生だった私は、様々な精神疾患患者を観察する機会に恵まれました。不安障害だったり、鬱症状だったり、また幻覚と妄想に満ちた自分だけの世界で生きる人々もいました。私にとって驚きだったのは、これらの意識的感情や知覚が化学的介入によって修正可能だということでした。ベンゾジアゼピン系薬は不安を軽減することができ、モノアミン酸化酵素阻害薬は沈んだ気分を高揚し、またクロルプロマジンのような薬品は抗精神病作用を持っていました。化学物質が意識状態を変えられるということに疑いの余地はありませんでした。数年後、エジンバラ大学の博士課程の学生になった私は、統合失調症患者の脳内では普通の脳内神経伝達物質（ドーパミン）が幻覚誘発性物質に変換されているのかもしれないという考えのもと、幻覚誘発剤の分子薬理学を研究していました。長いこと構造と機能の間の関係を研究した結果、モノアミン酸化酵素による破壊から守られれば、わずかな変化（フェニル環の4位にメトキシ基をつけること）によって幻覚作用を起こせるということを示せました（Johnston & Bradley, 1969）。こんな簡単な修正が、意識される現実を抜本的に変えてしまったのです。幻覚作用を起こした人々はわれわれとは違うふうに世界を体験します。では、もしすべての人が脳内でドーパミンの代わりにこの4-メトキシ誘導体を使って世界を知覚していたらどうだろう、と私は考えました。われわれはみな共通の現実を生きることにはなるのでしょうが、それはわれわれが知っているものとは大きく異なる現実なのでしょう。そのような世界ではさらに、脳内でドーパミンが出ている時に幻覚を見るのだ、と言われはしないでしょうか？　私は、われわれ全員が幻覚を見ているという可能性について意識し始めました。われわれの外界はもしかしたらわれわれが認識しているものとは全然違うものなのかもしれない、と。そう考えると少しばかり恐ろしくなりましたが、正常なドーパミン化学が進化したのだからドーパミンを使って外界を認識するのが適応的であるに違いないという信念を当時は持っていたので、私は気が楽でした。まだまだ、意識を「大いなる幻影」と見なす準備ができていなかったのです。

　幸いなことに、幻覚誘発剤に関する分子薬理学の研究がA. E. ベネット神経精神病学研究基金賞を受賞し、私はイェール大学のポスドクとしてアメリカへ行くことになりました。指導者となったホセ・デルガード（Jose Delgado）博士

は有名な神経科学者で、埋め込み電極を使って霊長類の脳を刺激したり脳からの信号を記録する手法で知られていました。彼は著書 *Physical Control of the Mind*（Delgado, 1969）において、ヒトの心のほとんどすべての様相は ESB（electrical stimulation of the brain：脳に対する電気刺激）によって再現可能であると述べています。ESB は、視聴覚と固有感覚を複合させた幻覚や、詳細にわたる偽りの記憶、精巧な思考、体外離脱体験、複雑な行動、恐れや悲しみといった不快感、喜びのような快感、そして性的興奮やオーガズムを引き起こすことが可能でした。それどころか人間の最も繊細な感情である恋愛感情でさえも、側頭葉 ESB によって誘導されてしまったのです。上記すべてが、われわれの思考や感情、知覚は完全に脳内の電気的化学的事象に依拠しているということのさらなる証拠となりましたが、それがどのように起こっているのかということは謎のままでした。

　私のイェール大学での研究プロジェクトの一つは、「コンピュータとチンパンジー脳の間の双方向遠隔測定通信の確立」で、対象のチンパンジーはニューメキシコ州にある広大な実験施設内を自由に闊歩していました。電気生理学、外科的技術、遠隔測定術などをこの実験中に学んだおかげで、次のポスドクの職をスタンフォード大学で得ることができました。スタンフォード大学ではさらにコンピュータプログラミングの知識と、事象関連電位（ERP: event related potential）を記録し解析するための技術を習得しました。この二つの能力は、ヒトの心についての進化理論を定式化、モデル化し評価する際に中心的な役割を果たすこととなりました。

　ニューメキシコ州での短期滞在中に、地元の大学（ニューメキシコ州立大学）で幾度か生物心理学の講義を担当していた縁から、常勤の教育研究ポストが空いた際に誘いを受けました。その時の私の課題は、ヒトの頭皮電極が記録した事象関連電位のうちの P3 波に影響する要因を理解することでした。P3 波とは事象関連電位の 3 番目の正の成分で、単純なトーン音やフラッシュ光を見聞きさせた場合には刺激の約 300 ミリ秒後に生じます。Sutton *et al.*, (1965, 1967) によってすでに、P3 波の強さが刺激そのものの性質には無関係で、事象の起こりやすさに反比例する（低確率の予期せぬ出来事ほど大きな P3 波を生じさせる）ことが示されていました。私は、P3 波が新たな事象に対する定位反応の中で最

も早期に生じる生理学的指標であり、学習行動を研究する際に使えるはずだと信じていました。そこで、ニューメキシコ州立大学のポストを引き受ける際に、大学側に電気生理学研究室の充実に資金を拠出してもらうことにしました。その後の数年間で私は学生とともに、たとえ刺激の起こりやすさが同じでも、観察者にとっての刺激の価値次第で、P3波の振幅が規則的に変化することを示しました。つまり、同じ刺激を与えても、その刺激がより大きな金銭の損得を意味する時により大きなP3波が発生し、また対連合学習パラダイムにおいては、最初はP3波を生じさせない刺激が、最終的にそれとペアで提示される報酬の大きさに比例した大きさのP3波を生じさせるようになる、ということです（Johnston, 1979; Johnston & Holcomb, 1980）。近年では、事象関連電位のP3成分はとても重要な（無意識処理に対しての）意識処理の電気生理学的関連要因とみなされるようになりましたが、P3波と意識の間のつながりはその時点ではわれわれにとって明白ではなかったのです（Melloni *et al.*, 2007）。

　まさにその頃、進化心理学という学問分野が、独創性に富んだ二つの著作、ウィルソンの"*Sociobiology*（社会生物学）"（1975）とドーキンスの"*The Selfish Gene*（利己的な遺伝子）"（1976）の出版とともに始まろうとしていました。この2冊は私の思考に計り知れない影響を与えました。私の脳に対する見方は、繁殖成功度を高めるために進化した一器官である、というものになっていきました。この新しい見方のおかげで私は、人の脳内における価値の進化的起源について熟考するようになり、われわれがそれまで用いていた刺激（トーン音とフラッシュ光）が、果たして事象関連電位を研究する際に最適なものだったのかどうか、疑問を持つようになりました。そのため、私は生態学的にもっと意味がある刺激として、正負の感情価を有する写真を用いるようになりました。そして魅力的な女性の体の写真を見た男性の脳が発した強いP3成分を最初に見た時、私は進化主義者に転向したのです（Johnston, Miller, & Burleson, 1986）。

　写真は複雑な刺激なので、P3波の発生が遅れ、刺激開始の約500ミリ秒後に生じますが、皮質内分布（発生箇所）は古典的なP3波のものと全く同じで、主観的確率と感情価に影響されることも同じです。われわれが最初の研究で使ったのは、事前に快不快の度合いに応じて5個のカテゴリーに分類した写真のスライド集です。カテゴリーのうち3個は「快」（赤ちゃんの写真など）、「中立」

（普通の人の写真など）、「不快」（皮膚科の症例写真など）です。残り二つのカテゴリーには、有意な男女差が見られたものが分類されました。「男性モデルのスライド」は女性からは高く評価される一方で男性からは低く評価され、「女性モデルのスライド」に対する評価はその正反対でした。さて、のろまなP3波の振幅は、上記の意識的感情分類を見事に反映していたのです。すべての実験参加者について、前述の3個のカテゴリーは、強い感情的刺激（「快」と「不快」のカテゴリー）の写真が感情的に「中立」の写真よりも大きな応答を引き起こすというU字型の結果になりました。モデルのスライドについては、異性モデルのスライドが同性モデルのスライドよりも大きなP3波を生じさせていました。以上の結果は、感情価仮説の強力な根拠になったのと同時に、後に王暁田が表彰された研究（Wang & Johnston, 1993）で実証された「ホルモンが感情価に与える影響」に関する新たな研究手法を提供することにもなりました。

　感情こそが人間性を司るものであると結論するのに、神経科学や哲学の学位は必要ありません。実際に、われわれが生活の質について語る時使われるのは、意識的感情を表す単語です。われわれは自分の子を愛し、重病を恐れ、幸せを探し、痛みを避けようとします。そういった意識的感情が胸中をよぎることで、単なる事物に意味が付与されるわけですが、それらがいったい何物なのか、そしてどのように進化できたのかということについてはほとんどわかっていません。幾分かの洞察を得るには、感情の構造というものを考えてみることです。意識的感情は大まかに、感覚的感情（痛み、苦み、甘みなど）と社会的情動（愛、恐れ、怒りなど）に二分されるようです。これらには共通点が多くあります。あらゆる意識的感情には快的状態（快か不快か）と強度（どれだけ快なのか、またはどれだけ不快なのか）がありますが、異なる質を持ちます（悲しい気持ちと嫉妬心は質的に異なります）。これらの即座に体感される意識的感情と、遺伝子の生存に対する潜在的な物理的社会的脅威（または利益）との間には、切っても切り離せない関係があるのです。快的状態は脅威なのか利益なのかの見極めになり、強度はその脅威または利益の度合いを反映し、感情の質（例えば、嫉妬心なのか怒りなのか）はその脅威または利益の本質と関連します。感情の質的な違いは、繁殖成功に関する三大必須要素、すなわち繁殖可能年齢までの生存（関連する感情は痛み、空腹感など）、繁殖（欲望、嫉妬など）、子孫の世話（愛情、誇り

など）との関連で分類できそうです。進化的観点だけが、われわれが持つ様々な質的に異なる意識的感情（至近的意図）と、遺伝子の生存（究極的意図）に対する多様な脅威と利益の間にある、密接な対応関係を説明可能なのです。しかし、物質である脳がどうやって、上記の一見非物質的な感情を生み出すように進化できるのでしょう。その答えを得るためには、意識的感情を、脳が持つ特定の物理的化学的組成から立ち現れた、創発特性と見なさねばならないと思うのです（Johnston, 1999）。

　目の前に、自動車1台をつくるための全部品が転がっているとしましょう。ガソリンタンク、ゴムタイヤ、金属製のピストン、透明な窓ガラス、弾性に富むバネ、などなど。個々の部品は、それを形成する原子や分子の立体配置によって決定される独自の物性を備えています。さあ、車を組み立ててみましょう。できあがった車は「加速性能」「コーナリング性能」「静音性」など、個々の部品にはなかった創発特性を持っています。今度は進化の影響について考えてみましょう。さっきの車を生命のレースに出場させるのです。このレースでは勝利した車だけが次世代の車の設計に寄与でき（この時、小さな突然変異も起こります）、次世代の車もやがて同じような生命のレースに出場しなければならないのです（ちなみに、運転手は全員が同じ能力です）。この思考実験から、脳構造（車）と心（創発特性）の関係についての重要な洞察をいくつも得ることができます。

　第一に、レースに勝った車の走行性能に関する創発特性（加速性能、コーナリング性能）は優秀なはずです。つまり、自然淘汰が働くのは創発特性のレベル、車がどういうふうに自分の環境と相互作用するかというレベルにおいてであり、また、ある特性を保有していれば車が競争に有利になり、自分の構造を次世代に伝えられるのであれば、その特性が残るのです。走行性能に関係ない創発特性（静音性）は世代が進むに連れて失われてゆくでしょう。第二に、世代が変わる時にわずかな構造の変化（突然変異）が起こるために、走行性能に関する創発特性は、絶え間なく続く最適者選択の過程で必然的に向上していくはずです。このたとえで言うところの走行性能にあたる、遺伝子の生存にとっての脅威と利益を的確に見分けられる感情という創発特性は、世代を経るにつれてより顕著かつより的確になっていくことでしょう。第三に、ちょっとややこしい

54

のですが、この進化パラダイムにおいては機能が構造を決定します。これを理解するために、ヘモグロビンの進化のような生物学の例を考えてみましょう。この分子は特殊な構造をしており、酸素結合能という明確な機能を持っています。わずかに異なるヘモグロビン遺伝子を持つ人口集団からスタートすれば、最も機能的な構造のヘモグロビン遺伝子を持った人々が生き残って繁殖し、将来世代に自分の遺伝子を伝えていくことでしょう。彼らの遺伝子やそのわずかな変異型が、集団中に広がっていくはずです。結果として、世代が進むにつれてヘモグロビン分子の構造は変わることになります。機能が構造を決定するのです。この原理は心の創発特性についてもあてはまります。世代を経るにつれて遺伝子の生存を促進する創発特性が選択されていくことで、そういった感情を惹起させることができる神経機構が鍛造、精錬されていくのです。つまり、心の機能的な特質にかかる自然淘汰によって、人の脳の物理的化学的組成が形成されるのです！

　心の創発仮説には、最後にもう一つ非常に広範囲にわたる影響があります。機能的な創発特性の進化に関する唯一の制約は、遺伝子の生存です。つまり、感覚、感情、知覚を含むあらゆる意識的体験は、この世界の正確な描写や評価だと思うべきではなく、単に遺伝子の生存によって、そして遺伝子の生存のために設計された機能特性と思うべきなのです。こういった考え方をすると、現実というものの捉え方に関して、たくさんの新たな疑問が湧いてきます。赤いリンゴを見てみましょう。リンゴは本当に赤いのでしょうか。リンゴが含む糖分は本当に甘いのでしょうか。つまり、赤さとは生物組織が進化によって獲得した創発特性なのか、はたまた電磁放射線の特定の波長が持つ特性なのか、どちらなのかということです。われわれは夢の中で赤さを体験しますが、この時、電磁放射線が感覚に作用していないことは明らかです。脳が赤い波長の電磁放射線を出していないこともまた明らかです。よって、赤さは生物組織が持つ創発特性に違いありません。夢に出てくる赤を過去の記憶であると見なすかどうかは問題ではありません。重要なのは、夢（または妄想）の中で、赤い波長の放射線がないのに、意識の上で赤さを体験しているということです。ですから、われわれが体験する赤さというのは生物組織の産物に違いないのです。赤さのような複雑な性質が、生物組織と電磁放射線という二つの物理的に全く異なる

ものが持つ一つの特性である、などというのは信じがたく、この解釈は棄却されねばなりません。Dennett（1997）は主観的意識体験を否定しています。しかし、素朴実在論（赤さというのが外界に実在していると考えること）を否定すること、どんな意識的感覚であろうが感覚器にエネルギーを作用させれば引き起こすことができるのだから、そういう精神体験は完全に生物組織が持つ特性なのだと認識することのほうが、はるかに多くの洞察をもたらすのです。この結論はもちろん、さらに一般化できます。音というのは空気の圧力波の特性なのか、それとも生物組織の特性なのか？　甘みというのは糖分子の特性なのか、それとも神経細胞間の相互作用の特性なのか？　前述の通り、そういう主観的経験はすべて ESB（脳に対する電気刺激）や脳内物質の化学的修正で引き起こすことができます。逆に、この世界はエネルギー／物質でいっぱいなのに、それを意識する心がなければ世界は真っ暗で、静寂で、無味無臭なのです。実際、量子場理論という全科学分野中で最大の成功を収めている理論が真実ならば、物質世界というものは、われわれが、進化の産物であるヒトの心でもって、こうであるはずだと思い込んでいるものと著しく異なる構造をしていることになります。その意味で、われわれが意識している世界は、適応的な幻影なのです。

　心の創発仮説では、心というものを物質主義的にとらえることで、「いったいどうやって、物質である体が、非物質である心と相互作用しているのだろう」という二元論の最大の落とし穴を回避します。それと同時に、この仮説で主張されているのは、心の諸性質が、単体では大したことのできない複数の脳細胞の物理的化学的な相互作用によって創発された特性であるということです。こういう創発は、われわれの日常生活ではありふれたことです。酸素は非常に反応性の高い気体ですが、同じく気体である水素と反応させると液体の水になります。水は、成分である酸素や水素とはかなり異なる新たな特性を備えています。冷やすと雪や氷になり、庭の池の表面に張り、水道管を破裂させます。こういった特性は物質世界から生じ、因果関係をもって物質世界に作用します。ただし、創発特性はその物理的基体と無関係ではありません。硫化水素（H_2S）は酸化水素（H_2O）とは異なる創発特性を持つのです。心の諸性質も進化の産物である生物組織としっかり結びついており、ですから心というものが動物の脳やバイオコンピュータ以外の何かに内在することは、まずあり得ません。

第1章　そもそもなぜ進化なのか

　最近、心の計算論がすこぶる人気になってきました。"*How the Mind Works*（心の仕組み）"（1997）でスティーヴン・ピンカー（Steven Pinker）は、現実の物体を、「感覚によって検知可能なある種のパターンの音や見た目、におい、味、手触り」を発するものと見なしています。この観点からはヒトの脳は、コンピュータと似たようなやり方で赤さや甘さといった性質を描出する精巧な計算装置であると見なされます。そうすると今度は必然的に、主観的経験は意味のない付帯現象と見なされることになり、デスクトップコンピュータが発するブーンという雑音と大差ないことになります。しかし、もしも意識体験が本当に付帯現象にすぎないのであれば、腐った食べ物を甘いと感じ、母親が亡くなった時にうれしいと感じてもよいことになります。それどころか、「ブーン」音が何らかの感情を伴う必要などないのです！　しかし、意識的感情は確実に、単なる付帯現象ではありません。われわれは進化の帰結として、快・不快の感情でもって遺伝子の生存にとっての利益と脅威を区別できるようになり、それによって適応的な学習や意思決定の際に必要な、報酬や抑止力という至近的な価値体系を持つに至りました。しかし、感情は単に学習や論理的思考を適応的な方向に導くにとどまらず、さらにこの世界を意味で満たしてくれるのです。

　物理科学の観点では、われわれの体の外側で（そして内側でも）起こるあらゆる事象は物理と化学の法則に従っており、これらの法則が発動する際には善も悪もありません。つまり、銃弾が子どもの心臓を撃ち抜くというような場合でも、物理の法則は破れず、子どもの死という化学作用はよい化学作用でも悪い化学作用でもない、単なる事実です。観察者の脳内の快楽感情が、それがなければ無意味な出来事しかない世界に意味（生物学的な価値）を付け加えるのです。死の苦痛は恐怖であり、物理学ではありません！　コンピューターは快楽感情を持たないため、心の計算論は人間性について理解するためには不適切なモデルです。そういった理論は、しかし人気を保ち続けるかもしれません。なぜなら、人間のコンピュータープログラマーが、人工的に、無意味なデスクトップコンピューターの状態に対して意味を付加できるからです。しかし、そういった外部の力によって意味を付与されなければ、コンピューターは単に、プログラムされたルールに従って一つの無意味な状態から別の無意味な状態に変化するだけです。脳の状態については、そのような外的存在が意味を付与すること

57

はありませんし、その必要もありません。どんな子どもだって、喜びや苦痛のような機能的な創発特性を持って生まれます。心が持つ意識的な創発特性が、存在という静寂虚無に光や愛、そして意味を与えるのです（Johnston, 2003）。

　心の創発仮説では、ヒトの感情は、祖先環境において常時存在し、遺伝子の生存にとって脅威や利益となった、物理的社会的な出来事の快・不快を判断するためのものとして進化した、とされます。これが事実なら、他人や場所、芸術に関する美的センスを含めた、ヒトが持つあらゆる感情の設計に、自然淘汰や性淘汰の指紋を見出すことができるはずです（Miller, 2000）。われわれの研究室では事象関連電位によって顔写真を見た人の感情反応を測る手法が確立していましたから、どんな顔立ちが快い美的感情を惹起する、いわゆる美形なのかを同定することができるに違いないと考えました。言い換えれば、われわれは「美しい顔は創発された心が見せる適応的な幻影なのか、もし幻影であるならどんな点が機能的に重要なのか」という問題を提起することができたのです。

　顔立ちの好みに関する初期の研究では、ある集団における女性の平均顔が、その集団で最も魅力的な顔だと言われていました（Langlois & Roggman, 1990）。しかし、これらの研究で使われた手法には問題があり（Alley & Cunningham, 1991）、後続の実験で、平均顔は確かに魅力的なものの、最も魅力的なのはそこからある一定の方向にずれた顔であることが示されました（Johnston & Franklin, 1993; Perrett *et al*., 1994; Johnston, 2000）。具体的には、女性の平均顔よりも短くて細い下あご、大きな目、よりふっくらした唇の顔が、文化を問わず高い美的評価を受けたのです（Cunningham, 1995）。どんな集団でもその集団における平均顔がある程度魅力的なのは、その集団が置かれた環境下で適応的な特徴を備えているからかもしれません。例えば、高い鼻に小さな鼻孔は寒冷乾燥環境で、低い鼻に大きな鼻孔は温暖湿潤環境で適応的である、というふうに。明らかに、そういった適応的な形質の顔に惹かれる個体の子孫は利益を得るはずです。しかし、通文化的に、最も魅力的な顔が共通の平均的でない特徴を備えていたという観察結果は、女性の顔の美しさを定義する際に重要な形質が存在することを示しています。最も魅力的な女性の顔が持つ特徴は、どうやらある種のホルモンマーカーで、平均的な女性よりも思春期エストロゲンレベルが高いこと（ふっくらした唇）と、アンドロゲン曝露レベルが低いこと（短くて細

い顎部と大きな目）を示しているようです。男性の実験参加者の事象関連電位によると、顔を見ることで起きる P3 波の振幅には一定の規則性があり、それは女性の顔の美的評価に比例し、男性の顔の美的評価には無関係でした。そして一番重要なのは、低アンドロゲンマーカー（短くて細い下あご）と高エストロゲンマーカー（ふっくらした唇）の組み合わせが最大の P3 波反応を引き起こしたということです（Johnston & Oliver-Rodriguez, 1996）。同じホルモンレベルの組み合わせは、魅力的な女性の体型についても高い P3 波反応性があり、また人工授精の研究では妊娠確率の高さの予測因子になることがわかっていました（Zaastra *et al.*, 1993）。総合して考えると、この証拠によって、女性の美というものが、妊性の指標となる思春期ホルモンマーカーと、それを見て感情的に反応する男性の脳の双方に依存していることが示されています。これらが性淘汰の指紋なのです。

　今でも文献上である程度の論争はある（Perrett *et al.*, 1998; Johnston, 2001）ものの、圧倒的多数の証拠によって、魅力的な男性の顔は、長く広い下あごや突出した眉弓のような男らしい特徴を持つ顔であることが示されています。そういった特徴は、テストステロンレベルが平均以上であることの指標にもなります（Scheib *et al.*, 1999）。男性の顔については、それらの特徴と対称性のゆらぎが小さいことに相関が見られ（Gangestad & Thornhill, 2003）、さらに対称性のゆらぎが小さいことは生物種を問わず優良遺伝子の保有度の指標となることが実証されています（Møller & Thornhill, 1997; Waynforth, 1998; Gangestad *et al.*, 1994）。メスがそのような優良遺伝子の指標に魅力を感じるのは、子孫の生存を重大な危機にさらす、時々刻々と変わりゆく微生物の脅威のためである、とする説が提唱されています（Hamilton & Zuk, 1982）。ヒト以外の生物種では、そういった顕著なテストステロン指標（クジャクの羽のような）を誇示するオスを好むメスの繁殖成功度が他より大きいこと（Petrie, 1994）や、オスの形質を人工的に誇大化してやると他のオスより繁殖機会が増えること（Andersson, 1982）が直接示されています。上記の解釈を支持する証拠として、ヒトの場合、女性が極度に男性的な男性を好むのは、長期的な関係よりも短期的な関係の相手としてであり、さらに女性が最も繁殖力が高い年齢（25 歳前後）の場合［訳注：元論文の実験参加者は 20 歳前後］や、排卵周期上で最も妊娠しやすい時期にある場合

にこの傾向が顕著になります。これらはすべて、優良遺伝子を求めることが最も利益になるタイミングです（Penton-Voak *et al.*, 1999; Perrett, 1998）。またもや、これらの発見によって美的センスの性淘汰理論が支持されているのです。

　ヒトの顔に関する美的センスの分析は確かに不完全で、ホルモンに関する別の重要な事象である胎児期アンドロゲン曝露度が、男女それぞれの美的な好みの個人差を生み出す組織化作用を有することを示唆する証拠が次々に見つかっています（Scarbrough & Johnston, 2005; Johnston, 2006）。けれども、今のところの理解では、われわれ人類は、遺伝子の生存による、遺伝子の生存のための美的感情を生み出す精神を、進化的に保有するようになったという説が支持されています。美とは幻影かもしれませんが、適応的な幻影なのです。

　高名な遺伝学者のテオドシウス・ドブジャンスキー（Theodosius Dobzhansky 1900-75）は雄弁に、「進化の光に当ててみなければ、生物学のどんな知識も意味を持たない」と言いました。心の進化的創発仮説が当時あれば、彼は心理学についても同じことを言ったかもしれません。

1.6 反発あってこその進化心理学

ロバート・クルツバン（Robert Kurzban）

ロバート・クルツバンは、1969年アメリカで生まれた。1991年、コーネル大学の心理学科を卒業した後、彼はしばらくディズニーランドで仕事をし、その後カリフォルニア大学サンタバーバラ校において修士号（1996年）と博士号を取得した。その間、彼は進化心理学者コスミデスと人類学者トゥービーのもとで学び、1998年に集団協力の進化に関する社会心理学研究をテーマにした博士論文で博士号を得た。1998年から2000年の間、彼はアリゾナ大学経済学実験室にポスドクとして勤め、ノーベル経済学賞の受賞者であるヴァーノン・スミス（Vernon Smith）の指導のもとで実験経済学に関連する仕事を行った。その後の2年間は、マイクアーサーポストドクター基金の支持を得て、カリフォルニア大学ロサンゼルス校の人類学科とカリフォルニア工科大学の人類・社会学科で同時にポスドクとして研究を行った。

クルツバンは2002年からペンシルヴァニア大学心理学科で教職につき、現在は心理学科の准教授である。彼はペンシルヴァニア実験進化心理学研究所（PLEEP）を設立した。この研究所は実験進化心理学の視点からヒトの社会的行動を検討する、すなわち自然淘汰の進化原則から人間行動を理解することを目的としている。また、彼は新しく刊行することになった*"Frontiers in Evolutionary Psychology"*のエディターも務めている。

クルツバンの研究は、人間社会の主な構成部分、例えば二者間または他者間の協力、道徳、友情や婚姻に着目している。これらの研究において、クルツバンはヒトがこれらを目標として行動する際にどのような戦略をとるのか、またこれらの行動はどのように個体の適応性を上げるのかに重点を置いている。例えば道徳問題では、ヒトは他人の損失によって潜在的な利益を獲得し得ることを指摘する。また友情の研究においても、例えば葛藤の兆しがある時にいかに協力を保つかなど、戦略的な協力の内的動機と適応問題が強調されている。彼の最近の著書*"Why Everyone (else) is a Hypocrite: Evolution & the Modular Mind*（だれもが偽善者になる本当の理由）"は、もうすぐ出版される予定である［訳注：2011年刊］。ハーバード大学の教授であるピンカーは、クルツバンについて、彼は同世代の人の中で最も優秀な進化心理学者であり、心理学について深い見解を持っていると賞賛した。

本節においてクルツバンは、進化心理学に対する誤解について論じている。

本人による主な参考文献

DeScioli, P. & Kurzban, R. (2009). Mysteries of morality. *Cognition, 112*, 281-299.

Kurzban, R., & Aktipis, C. A. (2007). Modularity and the social mind: Are psychologists too selfish? *Personality and Social Psychology Review, 11*, 131-149.

Kurzban, R., Dukes, A., & Weeden, J. (in press). Sex, drugs, and moral goals: Reproductive strategies and views about recreational drugs. *Proceedings of the Royal Society-B*.

Kurzban, R., & Leary, M. R. (2001). Evolutionary origins of stigmatization: The functions of social exclusion. *Psychological Bulletin, 127*, 187-208.

　私が学部生の頃、私の知的好奇心を非常にくすぐるものが二つありました。一つは生物学です。遺伝学や行動生態学の授業で、私は自然淘汰による進化理論の基本原理を学びました。二つ目はヒトの行動で、特に社会行動に惹かれました。ヒトはとりわけ、他人と一緒に、他人に対して、他人のために、とても奇妙なことをするものだと、私は思いました。そして、その理由を理解することに、強く非常に興味を惹かれたのです。

　1980 年代後半だった当時、生物学で提唱された理論はこの地球上のすべての生物種の社会行動に適用されていましたが、残念ながらたった一つ例外がありました。その例外とはヒトです。しかしながら、私は幸運にも二つの光明に出会いました。二つのケースで、研究者たちは私の最も好きな種に対して、私の最も好きな理論を適用させていたのです。一つ目の出会いは、デイリーとウィルソンによって当時書かれたばかりだった "*Homicide*（人が人を殺すとき）" の輪読セミナーに参加したことでした。この本は致命的な暴力という現象をダーウィン的な観点から解き明かすという内容でした。二つ目は、ヒトの配偶に関してコーネル大学の心理学科でバスが行った講演でした。私にとってその講演の内容は系統立っており、論理的で、ほぼ正しい内容だと感じさせるものでした。

　生物学の授業で得た系統立ったアイディアがヒトの社会行動に適用されるのを目の当たりにして、これこそが私自身がやりたかったことだと確信しました。そして現在までの約 20 年間、私はその研究に打ち込んできました（実はその途中の 2 年間だけウォルト・ディズニー・コーポレーションで働いていたのですが、それ

はまた別の話です)。

　世の中にある様々な関係と同じように、進化生物学や社会心理学と私の研究との関係も、驚きや葛藤と無縁ではありませんでした。私が大学院の課程でそうした研究分野により詳しくなった頃、進化心理学の分野の初期の本や章（Buss, 1994; Daly & Wilson, 1988; Pinker, 1997; Symons, 1979; Tooby & Cosmides, 1992）の中で展開された議論は、とても明快で論理的、そして説得力のあるものだったので、私は他の研究者もそうしたアプローチに納得し、受け入れるだけでなく、適応論的な論理をそれぞれの分野の研究課題に対して積極的に適用するだろうと思っていました。

　これに関して、私は完全に間違っていました。そしてそれこそが、私がここで伝えたいメッセージです。進化心理学の分野で研究するということは、科学の大きな流れに逆らうことである、というのは、重要な事実です。現段階では、進化心理学分野でのキャリアを思い描いている人はみな、この分野の研究が過去と現在においてそうであったように、今後もしばらくの間は激しい抵抗に遭うことを肝に命じておくべきだと、私は思います。以下では、この問題についての私の考えを述べていきます。

進化心理学──絶え間ない改革

　エドワード・ウィルソンは進化心理学や社会生物学という学問分野の開拓者ですが（Wilson, 1975）、彼が学会で発表した時に聴衆から頭に水をかけられたという話は有名です（Segerstråle, 2000）。たしかに、学問の世界においてこういう扱いをされることは滅多に起こらないことですが、この出来事は、「人間も自然淘汰の原理によって理解できる」というアイディアによって引き起こされる感情的反応の予兆でした。

　この領域に対するより近年の抵抗は様々な形式をとっています。もちろん、それらは通常、身体的な暴力の形式をとることはありません。先ほど紹介したバスの講演での聴衆の反応は、私自身、本当に心から驚かされるものでした。あれから20年経った今でも、講演の質疑応答の時間にあれほど講演者を悪意に満ちた表現で言語的に攻撃した人々を見たことがありません。

　より近年の学問的な文脈では、他の領域に対しては見られないような公然と

した批判が、進化心理学に対して、論文や本の中で辛辣な論調で繰り返されてきました。私はスティーブン・ローズ（Stephen Rose）とヒラリー・ローズ（Hillary Rose）の編著 *"Alas Poor Darwin: Arguments Against Evolutionary Psychology"*（Rose & Rose, 2000）への批評を書きましたが、この本は進化心理学を批判する多くの著作（例えば、Panksepp & Panksepp, 2000; Buller, 2006）の中の一つにすぎません。要するに、この世には反進化心理学というニッチ市場（Daly & Wilson, 2007, p. 397）を満たすような——あるいはそれに迎合すると言ってもよいと思いますが——多くの論文や公刊物が存在し、進化心理学に対して終わりのない激しい攻撃を加えるような欲求が存在しているのです。

　いや、この表現は正確ではないでしょう。なぜなら、そうした攻撃の多くは実際のところ、進化心理学のロジックや進化心理学者が実際に持っているアイディアに対する批判と呼べるようなものではないからです。これは学界においてよく知られている藁人形論法と呼ばれるもので、本質的に間違っていて往々にしてばかばかしい主張をでっち上げ、それを批判したい対象に対してあてはめてしまうことなのです（Kurzban, 2010; Kurzban & Haselton, 2006）。

　こうしたことが、進化心理学批判では驚くほど頻繁に繰り返されています。もはや、アイディアを理解することも正確に描写することもないままに分野を公然と辛辣な言葉で攻撃してもかまわないと、理由はよくわからないがなぜか人々が思うこと自体、進化心理学の際立った特徴であるとさえ言えそうです。

　私は他の研究者と同様に、そうした批判に対して相当詳しく反論してきましたので（Daly & Wilson, 2007; Hagen, 2005; Kurzban, 2002）、ここでは詳しく説明しません。その代わりに、進化心理学者がこれまで反論を強いられ、今後も対抗しなければならない可能性の高い主張を、いくつか簡単に記述していきます。

進化心理学に関する誤解

　進化心理学を取り巻く最もありふれた誤解は、人々が行動の進化的な説明には遺伝的な決定論が必然的に伴うものだと考えていることでしょう。遺伝決定論とは、遺伝子のみが行動を因果的に規定するという考えです。つまり、ある種の行動に対して進化的な説明を行う場合、それはその行動が不可避的に生じるものであり、生物の育ちやその場の状況とは関係なく生じることを意味する、

第 1 章　そもそもなぜ進化なのか

と人々は考えています。ある著者が述べたように、人々は「進化の原理は遺伝的な宿命を暗に示している」（Nelkin, 2000, p. 27）と考えています。このことは明らかに誤解なのですが、多くの人々が同様の誤解をしています（Smith & Thelen, 2003; Quartz & Sejnowski, 2002; Lickliter & Honeycutt, 2003）。

　第一に明確にしておくべきことは、生物学一般にしても、進化心理学という特定の領域にしても、それらが依拠するのは遺伝決定論とは程遠い、遺伝子と環境の相互作用が発達的な結果を定めるという考え方であることです（Dawkins, 1976; Tooby & Cosmides, 1992; Tooby, Cosmides, & Barrett, 2003）。こうした混乱は、人間が植物や動物に関してその特性を推論する時に用いられる進化的なシステムである、いわゆる直観的生物学によって引き起こされるものでしょう。アヒルのヒナが、たとえ白鳥に育てられたとしても大人のアヒルになる、つまり、遺伝子によって種に特異的な特徴の一部が発達するのはもちろん事実です。そして、アヒルのヒナが食料や水などの点においていわゆる通常の発達環境に近い環境にいる限りは、確かに大人のアヒルになります。この意味において、人々が生物学的理論は遺伝決定論であると考えることは理解可能です。それは、生物に対する（科学的というよりも）直観的な生物学的理解が、限定的な意味において、遺伝子こそが因果を決定する変数である、という理解だからです（Kurzban, 2003）。このように、ある種が遺伝子によって決定されるというのも事実ですが、生物の特性が生育環境に依存して発達するというのも事実ですし、この発達に関する相互作用的立場は、進化心理学において決定的に重要な役割を担っています。

　しかしながら、進化心理学者に対して喧嘩をふっかけてくる人々は、進化心理学者が遺伝決定論を信じているということを非常に頻繁に述べてきました。そして彼らは、環境の影響や文化の影響という非常に当たり前な事実を実際に示してみせ、その上で（彼らの誤った見方によれば）、進化心理学は環境や文化の影響を無視しているので間違っていると主張します。

　どこの国でも、進化心理学者はこうした議論に将来直面することが予測されます。日常会話でも、あるいは紙上でも、進化心理学的な観点からもたらされた主張に対して、人々は場所によって、あるいは住んでいる文化によって異なり、ある場所で見られたことも他の場所では異なるという観察結果を持ってき

て反論してきます。そして、そうした多様性の存在をもって、進化心理学は間違いだと結論づけるでしょう（こうした多様性の問題に関する卓越した議論として、Tooby & Cosmides (1990) を参照）。こうしたことは非常にばかばかしく、時間の浪費でしかありませんが、これこそが現状なのです。

　大御所だろうが新米だろうが、進化心理学者がこれまでも、これからも闘わざるを得ない二つ目の戦場は、強力でありながらほとんどの人に誤解されているアイディア、すなわち適応主義の文脈におけるデータと仮説との関連にあります。ウィリアムズはおそらく最も明確に適応主義の論理を提唱し、それは進化生物学における仮説検証において概念的な根幹となっています（Williams, 1964）。突き詰めて言えば、適応主義は身体的・行動的特徴の機能に関して仮説を構築し、検証することを可能にします。

　しかし、おそらくは進化という言葉が時とともに生じる変化と関連しているために、多くの人々は進化的な仮説を機能に関する仮説と考えずに、歴史に関する仮説と考えてしまいます。生物学の教養を持っているはずの人々でさえ、こうしたきわめて基本的な間違いを犯し（Leiter & Weisberg, 2010）、進化心理学の射程は「ある特性がどのようにして進化してきたかを説明する」ことにあると誤解しています（近年の例をもう一つ挙げると、Bolhuis & Wynne (2009) も同様に「進化的な分析は……歴史に関する分析である」(p. 833) と断言しています）。これは当然誤りです。そしてこのことは、進化心理学を批判したい人々が、どのようにして進化心理学の射程について作り話をしては、そうした架空の主張を攻撃するのかを鮮やかに描き出しています。

　そうではなく、改めて言うと、これは何度も明言されてきたことではあるのですが、Williams (1964) のアプローチに則った進化心理学の目標は、ヒトの認知メカニズムの機能に関する仮説を生成することにあります。鍵となる問題は観察したものがどのような証拠を明らかにしているのか、という点です。最も有名な例として、ウィリアム・ハーヴェイ（William Harvey）の登場以前の、心臓の機能に関する議論を見てみましょう。彼が研究を始めた当時、肺が体中に血液を巡らせているのだと考えられていました。しかし、心臓の鼓動を観察し、心臓の弁が血液を一方向にのみ流れさせるメカニズムを明確に記述することによって、ハーヴェイは心臓の機能、すなわちポンプ機能の証拠を見出すことが

第1章　そもそもなぜ進化なのか

できました。注意してほしいのは、彼は心臓の進化、すなわちどのように心臓が進化したのかに関して何も言っていないということです。彼は、弁に関する身体的な証拠や筋肉の収縮に関する行動的証拠を用いて、機能に関する主張をしたのです。

　これこそが適応主義の核となる考えであり、進化心理学に対する多くの誤解のおおもとの原因は、特性と行動の観察に基づいて機能を推測できることを多くの研究者が理解していないことにあります（例えば、Leiter & Weisberg, 2009）。ウィリアムズが述べたように、進化心理学はこのハーヴェイの論理の伝統に則り、それを心臓ではなく心の領域に適用しています。

　しかしながら、（実際問題として）この論理は職業科学者にとっても理解するのが難しいために、進化心理学の研究を続ける人々は、反証不可能な仮説を生成していると非難されることによるいら立ちに耐えなければならないでしょう。進化的アプローチを心理学が受け入れた過程をまとめた Conway & Schaller（2002）はバスらの研究（例えば、Buss & Schmidt, 1993）が「何百とはいかないまでも、何十という独立した反証可能性の検証にも生き残ってきた」と述べつつ、「しかし、不思議なことに、それらの理論は反証不可能であるという非難にさらされており、多くの懐疑的な意見が表明されている」と述べています。

　このタイプの混同はトップの科学雑誌においてさえ見つけられます。2009 年、科学雑誌の世界最高権威と称される "Nature" は、進化心理学を批判する論文を掲載しました。その論文では「このアプローチの最も重大な問題は、過去の世代の認知的特性が化石記録にほとんど痕跡を残さないことである」と述べられています（Bolhus & Wynne, 2009, p. 832; Richardson, 2007）。心臓や目でさえも何の化石記録も残しません。しかし、われわれは明らかに、そうしたものの機能に関して妥当な推論を行うことができます。

　適応主義のロジックに関する誤った理解は、なぜなぜ話という非難も生み出しています（Gould, 2000）。この揶揄は、進化心理学による説明は単なる物語で、反証不可能であるがゆえに科学的には価値がないと主張するものです。しかし、繰り返しになりますが、こうした間違いは進化心理学における仮説の性質を誤解していることから生じます。心臓の機能は血を巡らせるためのポンプ機能にあるとするハーヴェイの仮説が妥当かどうかは、心臓の特徴を観察することで

67

わかりました。このポンプ説には、拡張し収縮する心室や弁といった特徴が必要でした。心臓がポンプであるというアイディアは単なるお話ではなく、心臓の特性やふるまいに関する説明であり、事実がその説明と食い違うのであれば棄却されるものです。進化的な機能を推測する適応論的仮説は反証可能性を担保しており、したがって、近年の科学哲学の基準にも完全に合致しています。

　進化心理学は心の研究に対して様々な方法で革命を起こしてきましたが、それは継続的な革命です。進化心理学は毎度おなじみの（実在しない）葛藤に繰り返しさらされ、驚くほど継続的に自身を擁護しなければなりません。ですので、進化心理学者になるにはある程度の忍耐が必要です。

将来への小さな一歩

　すべての科学における挑戦的な試みと同じく、進化心理学も知識の増進という目標を持っています。ある意味、それは進化心理学の容易な部分です。なぜならば、進化心理学の研究者は自然淘汰による進化という堅実な理論を持っているからであり、今までの研究を超えた進展を達成することは比較的容易です。

　例として、サイモンズやバスなどの進化心理学的な観点を持った研究者が研究を始める前の、親密な関係に関する研究分野の状況を見てみましょう。配偶に関する理論と言えば、人は自分と異なる性別の親とセックスしたがるものだとする（経験からして明らかに間違った）フロイト理論や、人は近くにいる人々と関係を持つ傾向があるという（とるに足らない）アイディア（Festinger, Schachter, & Back, 1950）、それに類似性が魅力を予測するという（極端に曖昧な）アイディア（Berscheid *et al.*, 1971）くらいのものでした。

　これらの単純すぎる考えを、親の投資理論やそれと関連したアイディアから導き出される、よりきめ細やかな予測と比較してみましょう（Buss & Schmitt, 1993; Symons, 1979）。進化心理学者は、人は寮の廊下でデートする（Festinger *et al.*, 1950）といった瑣末でおおざっぱな予測をはるかに超えて、妊娠の可能性が最も高い生理周期において女性はある特定の顔の特徴を持つ男性を好む（e.g., Johnston *et al.*, 2001）というきめ細やかな予測を示しました。進化心理学の予測力は、進化的機能に関して何の理論も持たないというハンディキャップを背負ったまま行われた研究とは比べものにならないほど、優れているのです。

第 1 章　そもそもなぜ進化なのか

　以上は容易な部分です。困難な部分はこれまで議論したように、この領域の研究を待ち受ける誤解と抵抗が関わってきます。抵抗は根強いですが、その大部分は全くの誤解に基づくものです。例えば、近年の調査で、Park（2007）は社会心理学の代表的な教科書における、Hamilton（1964）の血縁淘汰理論に関する説明を調べました。血縁淘汰理論は、近年の進化生物学において中心的な位置を占めており、ヒトの社会行動（家族や利他性）と直接的に関わっており、さらに習得するのに特別難しいということもないので、よいテストケースだと言えます。10 の教科書を調べたところ、この理論を適切に説明したものは 0 でした。Park（2007）は以下のように述べています。「進化理論や血縁淘汰理論を純粋に科学的に説明するよりも、多くの教科書は理論と直観を混同して説明しているように思われる」（p. 868）。

　誤解のないように言いますが、これらは決して不平不満ではありません。すべての学問領域における研究者は課題に直面していますし、そうした課題は様々な形をとります。新しい領域とは決して容易な領域ではありませんし、科学を行うということ、それも真に心が躍るような科学をするということは、理解と発見とがせめぎあう、ぎりぎりの縁で活動するということなのです。

　私の意図としては、進化心理学を研究する人々に、状況をしっかりと把握した上で研究に邁進してほしい、ということです。進化心理学者になるということは、史上最も強力な理論の一つである、ダーウィンの自然淘汰による進化理論を、史上最も科学的に難しい問題である人間心理に適用するということです。それ自体、刺激的で実りある試みとなります。しかし、至るところで進化心理学者は障害に行きあたります。それは、かたくなに秘密を明かすことを拒む母なる自然という形の障害ばかりではありません。障害は、無視や誤解、懐疑主義、さらには政治的な日和見主義といった、近年の科学が抱える背景という形をとるのです。

　進化心理学に対する奇異な反応は、ダーウィンの強力な概念的ツールを用いて心を理解しようとする研究者に、他に類を見ない厄介な難題をもたらします。このツールには、分野を取り巻く科学界のいびつな社会力学を乗り切るという重荷がつけ足されているのです。

　駆け出しの進化心理学者は覚悟すべきでしょう。

コラム1 「私たちはこのような存在です」

小田　亮

　私がなぜ科学者になったのかというと、「格好よかったから」である。13歳の時、「コスモス」というTV番組のシリーズが放送された。天文学者のカール・セーガンが監修し自らホストを務めた番組であり、当時としては空前の規模で製作された宇宙に関するドキュメンタリーだった。この世界はいったいどのようなものなのかということを番組の中で颯爽と説くセーガン博士は格好よく、10代の子どもはとにかく格好よいものに憧れるものだ。そこで私は「科学者になろう」と決心した。今でも、科学者が世界で最も格好よい職業だと思っている。

　しかしそもそもなぜ宇宙のことに興味を持ったのかというと、今度は映画の影響だ。10歳の時、「未知との遭遇」が封切られた。光り輝く宇宙船に乗った異星人との交流を描いたこの映画を観て、自分たち以外の存在とはどういうものなのだろう、それとコミュニケーションするにはどうしたらいいのだろう、ということを考え始めた。今でも、夢は何かと問われると地球外生命体とのコミュニケーションである。では、もし全く見知らぬ相手と会った時、最初に何をするのかというと、自己紹介だろう。まずは、自分たちのことをよく知る必要があるのではないか。そう考えた私は、東京大学で自然人類学を学ぶことにした。特に興味があったのは言語である。複雑な言語はヒトという種の特徴の一つだし、ヒト以外の種のコミュニケーションについても知りたかった。

　大学院に進学して、最初に取り組んだのはニホンザルの音声コミュニケーションだった。さらに、博士課程ではマダガスカルに赴き、野生のワオキツネザルとベローシファカの音声コミュニケーションを研究した。マダガスカルの原猿を研究できたことは貴重な経験だったが、ただ珍しいサルを研究しました、というだけでは博士論文としては通用しない。原猿を研究することの意味は何なのだろうか、そう考えていた時に出会ったのが、原猿研究のパイオニアであるアリソン・ジョリーが言った、原猿には群れはあるが社会性がない、という言葉だった。原猿のコミュニケーションと私たちヒトのコミュニケーションを隔てているのは、まさにこの社会性ではないのか。そこから、社会性の進化へと興味の対象が移っていった。

　大学院を修了してポスドクになった頃、裏切り者の顔はよく記憶されるというリンダ・ミーリーらの論文が発表された。これを囚人のジレンマゲームと組み合わせて追

試してみたのが、私が最初に書いた進化心理学の論文である。霊長類のフィールド研究に行き詰まりを感じていたこともあり、それ以降は主にヒトを対象とした実験や質問紙調査に取り組んできた。ここ 10 年くらいの主なテーマは利他性である。ヒトの言語コミュニケーションの基礎には、互いに協力し合って意味を伝えるという側面があるし、また、赤の他人への利他行動は、行動学における重要な問題の一つだ。そこで、利他性の認知的基盤について実証的な研究を進めている。リバース・エンジニアリングの考え方からいくと、私たちには利他行動に適応した様々な認知バイアスがあるはずである。そのような視点から、ヒトは利他的な人物と非利他的な人物を表情や身ぶりだけで見分けられ、またそれに応じて信頼の度合いを変えられることや、目の絵の刺激によって社会的交換へのポジティブな期待が喚起され、利他性が高まること、男性の赤の他人への利他行動がコストリー・シグナルとして機能している可能性などを明らかにしてきた。このように、現代人の心を適応によってできあがったものとしてとらえる視点は、「トップダウンな視点」とでも言えるものだが、一方、霊長類のような共通祖先を同じくする他種との比較は、「ボトムアップな視点」と言える。心の進化を探っていくには、この両者の視点が大事だと考えている。こういった試みを続けていくことによって、地球外の知的生命体と出会った時、「私たちはこのような存在です」と紹介できる、いつかその日が来ることを信じている。

本人による主な参考文献

五百部裕・小田亮（編著）（2013）．心と行動の進化を探る――人間行動進化学入門――　朝倉書店

小田亮（1999）．サルのことば――比較行動学からみた言語の進化――　京都大学学術出版会

小田亮（2002）．約束するサル――進化からみた人の心――　柏書房

小田亮（2004）．ヒトは環境を壊す動物である　筑摩書房

小田亮（2011）．利他学　新潮社

第2章

心と社会を進化から考える

2.1 ヒトは社会の中で進化した

ユージン・バーンスタイン（Eugene Burnstein）

ユージン・バーンスタインは、1950～54年の間ペンシルヴァニア大学で学び、学士の学位を取得した。1954～60年の間はミシガン大学で勉強し、博士の学位を取得した。バーンスタインはテキサス大学、ミシガン州立大学、ミシガン大学、ポーランドのワルシャワ大学などにおいて教職を務めた。彼はワルシャワ大学社会学研究所の準メンバーであり、1968年から現在に至るまで、ミシガン大学の心理学専攻とグループダイナミクス研究センターの教授である。

バーンスタインは、最も早い時期から適応論を社会心理学に運用した研究者の1人である。彼の研究は、社会的影響と集団意思決定における認知プロセスを重視している。近年では、利他性理論と動物が餌を探す時のリスクマネジメント分析を用いて、自己犠牲や協力、社会的変革への適応などの個体的行動と社会現象の分析を試みている。1958年から、バーンスタインは60本以上の論文を発表し、十数冊の本の執筆や編集に関わっている。最近ではワルシャワ大学の心理学科教授グラジーナ・ヴィエチュルコウスカ（Grazyna Wieczorkowska）とともに、ポーランドの社会的変革を背景にした一連の研究を行っている。これらの研究は独特な視点をとり、採食や探索について進化適応理論を用いて東ヨーロッパ変革以降の社会問題を分析している。ポーランドでは、20世紀、1980年代に行われた価格改革が民衆の不満を呼び、それをきっかけに1989年に大きな政治的変動が引き起こされ、徐々に西欧社会に近づくようになった。政治や経済的体制の変動はインフラや失業率の増加など様々な社会問題を引き起こしている。人々がこれらの激動の中でうまく生存する方法を見出すことによって、新たな均衡が生まれる。このような社会状況を背景に、バーンスタインらは人々が社会的変革の中で生存するための戦略について研究し、進化心理学の理論やモデルを用いてそれらを分析しようと試みている。

この節では、バーンスタインが読者に対して、彼がたどってきた道、そして彼が行ってきた進化心理学の研究について紹介する。

本人による主な参考文献
Burnstein, E., Crandall, C., & Kitayama, S. (1994). Some neo-Darwinian decision rules for

altruism: Weighing cues for inclusive fitness as a function of the biological importance of the decision. *Journal of Personality and Social Psychology, 67,* 773-789.

Schul, Y., Mayo, R., & Burnstein, E. (2004). Encoding under trust and distrust: The spontaneous activation of incongruent cognitions. *Journal of Personality and Social Psychology, 86,* 668-679.

Schul, Y., Mayo, R., & Burnstein, E. (2008). The value of distrust. *Journal of Experimental Social Psychology, 44,* 1293-1302.

Wieczorkowska, G., & Burnstein, E. (1999). Adapting to the transition from socialism to capitalism in Poland: The role of screening strategies in social change. *Psychological Science, 10,* 98-105.

Ybarra, O., Winkielman, P., Yeh, I., Burnstein, E., & Kavanagh, L. (*in press*). Friends with cognitive benefits: What type of social interaction boosts cognitive functioning? *Social Psychology and Personality Science.*

　心理学に携わり始めた頃に、私はしばしば「なぜこうも、脳（と、つまり心）がどのように進化したかにみなは関心がないのだろう」と疑問に思ったものでした。これほどまでに代謝コストのかかる構造——脳の重さは体重の2％ほどでしかないのに、私たちが摂取するエネルギーのほぼ20％を消費するのです——が、並外れて有益な機能を持つようにデザインされたはずであるということは、一目瞭然ではないでしょうか。その機能を理解することが心のデザインを詳細に解明する重要な手がかりとは考えられないでしょうか。最終的に、私は、進化生物学者たちの間で、このことに大きな関心が寄せられていることを知りました。実際、彼らはこの質問に関して、以下のような合意にたどり着いたのです——つまり、生存と繁殖に重要な、生態学的かつ技術的な問題（例えば、捕食圧、採食、道具使用など）に対処するのに必要な認知能力を支えるために、大きな脳は進化したのだ、と。この答えは、私にはとてもできすぎた答えのように思えました。しかし、私は脳の進化について何を知っていたというのでしょう？

　後になって、私はこの合意に反対する人たちがいることを知りました。中でも説得力のある主張をしていたのが、実は私のミシガン大学の優秀な同僚で、生物学者のリチャード・アレクサンダー（Richard Alexander）でした。20年ほど前、この非常に多才な研究者によって開かれた進化と行動のセミナーに参加できたことは、私にとって幸運なことでした。私はそこで、どうして私たちが特別に大きな脳を持っているのかについての、別の、そしてもっと興味深い理

由を知りました。Alexander（1989）は、ヒトの脳は究極の適応的可塑性を備えた臓器であり、そして祖先が生きていた環境の中で、最も予測できず、かつ最もコストのかかる問題、つまりその解決に究極の可塑性を必要としていた問題は、「母なる自然」ではなく、私たちの非常に強い社会性から生じたものである、と論じたのです。このような一連の推論を、進化人類学者たちは社会脳仮説（Dunbar, 1998; Dunbar & Schultz, 2007）と呼んでいます。これはおそらく、同仮説の以前の呼び名であるマキャベリ的知性仮説（Byrne & Whiten, 1988）の偏った印象をぬぐい去るためでしょう。

　アレクサンダーら反対派は、他の生物が、人間のような複雑な知性を持たずとも、物理的環境からもたらされた問題をきわめて適切に解いていることを指摘しました。それならばなぜ、と彼らは問います。なぜヒトは、他の生物が繰り返し示してきたような「十分な」解決を超えて、こんな並外れたものにたどりついたのでしょうか。それは、私たちがこの種の複雑な推論能力のひな形を、複雑かつ不確実な社会生活に対処できるように進化した高度な認知能力という形ですでに持っていたからです。それらは最小限のコストで非社会的課題への対処に応用することができ、社会的課題に対する時と同様に目覚ましい効果を上げたのです。このことによって、ヒトは他のどの生物よりも「母なる自然」を征服することに近づけたのです。要するに、私たちの大きな脳は、集団生活上の問題を解決するのに必要とされる、そして生態学的・技術的問題（例えば、捕食圧、採食、道具使用など）を解決するのには必要ではない、目的志向型の情報処理や意思決定戦略などの実行機能を支えることを主目的として形作られているのです。事実、集団生活の基本的な問題は、ある人が私たちに向けている意図や集団内の他の誰かに向けている意図が、善意なのか、それとも悪意なのかを知ることであり、このことは今、私たちが心の理論、あるいはマインドリーディングと呼ぶ、一連の共感の進化を促したと考えられます。そして、他者の意図に関する知識のおかげで、私たちは対人関係のダイナミックなパターンを頭の中でシミュレーションできるようになり、これらの関係を対称性（すなわち互恵性）、推移性、均り合いといった、プロトタイプ的特徴によって分類できるようになりました。しかしながら、進化心理学における私の初期の研究は、社会脳仮説（これには後に取り組みました）とは関係のない、より簡単な、しか

し同じくらい興味深い研究課題に関してのものでした。

Hamilton（1964）の包括適応度（inclusive fitness）のモデルがアレクサンダーのセミナーで話題に上った時、それが私の注意を引いたのは、単純にそれが進化理論の重要な問題を解いたからではありません。それは必要条件でしかありません。十分条件は、その心理学的な仮定が興味深く、かつ検証可能だということでした。包括適応度以前は、チャールズ・ダーウィンの理論の基本原理と現実の社会には矛盾があるように見えました。一方では、他者に利益をもたらすことで行為者に損失をもたらすため、利他性は淘汰される運命にあります。しかしもう片方では、自己犠牲や無私無欲、純粋な寛大さが、絶滅とはほど遠いことも否定できません。ウィリアム・ハミルトン（William D. Hamilton）は、遺伝的近縁度に応じて、血縁者同士が、利他性に貢献する多様な生物学的構造と処理をコードする遺伝子を共有していることを指摘しました。つまり、実際には、以下の条件を満たす時、利他主義は正の選択を受けるのです。第一に、利他的行為者と受益者の血縁度が十分に高いこと（これはおそらく、祖先が生きていた環境では通常の状態であったことでしょう）。第二に、受益者への利益が行為者への損失よりも十分に大きいことです。ここでいう損失とは、その利他的行動が行為者の繁殖成功度をどれだけ低下させるか、また利益とは同じ行動が受益者の繁殖成功度をどれだけ上昇させるかをさすことに留意してください。

ハミルトンの公式の興味深い心理学的含意として、心のデザインの目的は、①自分との遺伝的近縁度に応じて他者を分類し、さらに、おそらくそれを他者同士の関係にも適用して、「仲間探知器」として機能すること、および、②他者との相互作用に伴う利益と損失を計算することだと考えられます。私たちの研究では、「血縁関係の手がかりを特定する」という課題については将来にとっておくことにしました（候補がなかったわけではありません。例えば、性格や価値観の類似性、外見の類似性、親密度、時空間的近接性、「専門家」の意見などが考えられます）。その代わり、利他的な意思決定に関するハミルトンの重要な仮説、つまり、大きなリスクを冒して他者を助けようとする程度が遺伝的近縁度に伴って増加するかを確かめるため、シンプルに、実験参加者に、助けを必要としている人が近い親類か遠い親戚か（つまり、きょうだい、甥・姪、いとこなど）を想像させました（Burnstein, Crandall, & Kitayama, 1994, 研究1）。同様に、利他的

行動のコストを変化させるために、トートロジーではありますが、重症や生命の危険があるような助けは、ほとんどあるいは全く危険がないような助けよりもコストがかかる（援助を与える側の繁殖成功度を低下させる）、と仮定するという簡便な方法をとりました。ところが、この研究1では、コストのかかる援助からどの程度利益が得られるのかを示す、単純明快な特徴は見られませんでした。しかし、進化理論からは、助けられる人の年齢、健康状態、裕福さなど、いくつかの候補が想定されます。そこで研究2と研究3では、援助を受ける人が繁殖するには幼すぎる、もしくは老いすぎている場合、思春期を過ぎているが老齢にはまだ程遠く、十分に繁殖可能である場合よりも、利他性から利益を享受する見込みは小さい、と仮定しました。したがって、私たちは、コストをかけても助けようとする程度が、受け手の年齢に伴って曲線を描き、女性の場合には青年期と中年期の間に、男性の場合にはそれよりも遅くに頂点が来るだろうと予測しました。その次の研究4では、援助を受ける人が健康であるほうが繁殖の可能性が高いので、その結果、健康状態が悪い人よりもコストのかかる援助から利益を得られるだろう、と予測しました。したがって、私たちは、病気の血縁者よりも健康な血縁者が助けを必要としている場合に、大きなリスクを冒してでも助けたいという意志が強まるだろう、と仮説を立てました。

　財産の場合（Burnstein, Crandall, & Kitayama, 1994, 研究5）には、近縁者の間で富を共有するべきという非常に強い規範があり、したがって親子あるいはきょうだい間で富の共有はほぼ義務であり、互いを好きであるかどうかにかかわらず当然のこととして起こる、と主張しました。しかし、遺伝的近縁度が小さくなっていくにつれて、義務感もまた薄れていくのです。例えば、いとこ同士では、共有することは任意であり、主に、一方が他方にどのような感情を持っているか、また、もちろんそこに共有すべき富があるかどうかに依存するだろう、と私たちは予測しました。きょうだい間では、援助される人がどれだけ資産を持っているか、あるいは援助される人が援助者を好きかにかかわらず、援助行動は行われるでしょう。貧しいきょうだいは、豊かなきょうだいと同じ程度、援助を受けるのです。しかし、いとこの場合には、共有は義務ではありません。というよりも、財産を分けてほしいと考えているいとこが、財産を持ついとこに気に入られているかどうかによるのです。したがって、遠縁の間では、コス

トをかけて援助することは、資源を持っている相手に感謝されたり、気に入られたりするための戦術なのです。もしそうなら、人々は、裕福な遠縁をそうでない遠縁よりも助けようとするはずです。私たちは、これらすべての仮説を支持する十分な証拠を見つけました（Burnstein, Crandall, & Kitayama, 1994）。他にも、包括適応度の理論から必ずしも直接は導かれないものの一貫している、利他的な意思決定における私たちの精緻な計算処理を示すような結果も得られました。例えば、私たちは、利他主義者が対象者集団のメンバーの繁殖価——私たちの実験では、遺伝的近縁度によって示されていました——を合計して、助ける相手を適応的な観点から区別できることを発見しました（例えば、実験参加者は、6人のいとこよりも3人のきょうだいを助けることを選択しました——Burnstein, Crandall, & Kitayama, 1994, 研究6参照）。

　ハミルトンの法則に従えば、愚かにも非血縁者に利益を供与する利他主義者は淘汰され、それゆえ少ないはずです。しかし、現実は明らかにそうなっていません。私たちはしばしば非血縁者を助けたり、非血縁者と協力したりしますし、それは互恵性が不確実であったり、ずっと先にしか実現しなかったり、間接的であったりする場合も同様です。非血縁関係での協力がどのようにこれらの問題を越えて進化するのかを示すモデルでは、協力者が相手から裏切られないようにする認知的戦略を持つことを仮定しています（例えば、Trivers, 1976; Boyd & Richerson, 1992）。私は、Hayashi & Yamagishi（1998）の囚人のジレンマゲームにおける戦略のトーナメントがとても意義深いと考えています。ゲームでのふるまいに関するアルゴリズムのみを評価したそれまでのシミュレーション（例えば、Axelrod, 1981）とは異なり、彼女たちは、ゲームでのふるまいに関する戦略（例えば、「しっぺ返し」：TIT-FOR-TAT）と、ゲーム相手（パートナー）の選び方に関する戦略の二つのアルゴリズムの組み合わせを評価したのです。彼女たちの発見は、いくらか直観に反するものではありましたが、しかし意義のあるものでした。このゲームで勝ったのは、無条件協力戦略——そう、ロバート・アクセルロッド（Robert M. Axelrod）のシミュレーションでは、最も搾取されやすく、コストのかかるゲーム戦略だったものです——が、信頼できるパートナーと信頼できないパートナーをきちんと区別できるパートナー選択戦略と組み合わされたものでした。実験室実験やフィールド実験でも同様の

結果が示されており（例えば、Cosmides, 1989; Gintis, Bowles, Boyd, & Fehr, 2003; Henrich, *et al.*, 2006)、これらの結果は「信頼性検出」という認知能力の進化を強く支持するものです。20年ほど前、何人かの同僚と私は、このようなメカニズムを検討するためにいくつかの研究を行いました。

　私たちはまず、異なる情報提供者からメッセージをもらい、そのうちの一つが信用できないものである場合に——当然、情報をもらった人には誰が信頼できない情報を流しているのかわからない状態の時に——、どのようにそれらのメッセージを処理するかについて検討しました（Schul, Burnstein, & Bardi, 1996)。こうした状況、つまり情報提供者の誰かが自分をミスリードしようとしている可能性がある状況では、情報の受け手は一つひとつのメッセージをある種のマインドリーディングによって精査することがわかりました。私たちはこの手法を「対抗シナリオ処理」と呼んでいます。これは、情報提供者の意図を理解するために、情報提供者の発言内容と、それとは別の内容、あるいは発言と真逆の内容を対置し、それらの選択肢の中でどれが妥当かを比較するというものです（「彼はXが正しいと言っている。でも、非Xはどうだろう？　正しいのは非Xである可能性は？」)。この結果、①情報の受け手は、メッセージから得た情報と、その情報を入念に符号化している最中に導かれた推論とを記憶の中で混同することと、②一連のメッセージ一つひとつに対して複数の解釈を付与するため、情報の受け手への初頭効果が（提供者の信頼性を確信し、それぞれのメッセージを実験の最初に呈示される単一の解釈の枠組みで理解する人と比べて）生じにくくなることがわかりました。

　偶然にも、私たちの「信頼性検出」に関する多くの知見は、社会脳仮説と一致するものでした。この仮説では、マインドリーディングに携わる実行機能は、非社会的な問題の解決に適用される認知能力を高める手続き的なテンプレートやプライムとしての機能を持つとされます。例えば、非信頼性を閾下プライミングした場合（Schul, May, & Burnstein, 2004)、また相手の信頼性を評価する必要性を意識させた場合も（Schol, Mayo, & Burnstein, 2008; Ybarra, Burnstein, Winkielman, Keller, Manis, Chan, & Rodriguez, 2008; Ybarra, Winkielman, Yeh, Burnstein, & Kavanagh, 2011)、それらによって対抗シナリオ処理が活性化したことで、文法課題や論理課題、数学課題の成績が上昇し、それはとりわけ通常は

正解が容易に思い浮かばないような難問で顕著でした。

　さらに、ポーランド人の共同研究者と私は、進化的採食理論の一般的な原則を援用して、ポーランドにおける共産主義から資本主義への移行のような急激かつ劇的な社会変化に人々がどう対処するかを分析しました（Wieczorkowska & Burnstein, 2004a）。私たちのモデルは探索コスト（結果を達成するのに必要な準備努力）と結果の価値のトレードオフを仮定しました（Wieczorkowska & Burnstein, 1999, 2004b）。そして、トレードオフの性質に基づき、二つの理想的な戦略を区別しました。点戦略（point strategy）は、きわめて注意深く計画を立て、細部に注意を向けるために大きな探索コストを払うことを受け入れますが、結果を吟味し、多くの選択肢を棄却し、ごくわずかな選択肢だけを「十分によい」ものとして選び出します。これに対し区間戦略（interval strategy）は、最小限の計画を立て、細部を無視することによってコストのかかる探索を避ける一方、多くの選択肢を「十分によい」ものとして受け入れます。ポーランドでは、市場経済に移行することによって、探索コストが非常に大きく減少しました。1989〜91年以降には、消費財、家、テレビのチャンネルから本、仕事、旅行まで、あらゆる領域において、それまでは不足していたり、そもそも禁止されていたりした幅広い選択肢が手に入るようになり、その一部はあり余るほどにさえなったのです（手に入れるだけの余裕があればの話ですが）。したがって、この変化以前には、注意深く計画を立てることは通常は無駄であり、それゆえ、その人自身や、その人の人生に対する不平不満の源となっていました。明らかに、共産主義のもとでは、区間戦略のほうが適応的であり、点戦略は適応的ではありませんでした。しかし、その後、選択肢が増加し、注意深く計画を立てることが報われ始めた時には、これが逆転して、点戦略が適応的になり、区間戦略が適応的ではなくなる、と、私たちは予測しました。自己報告による生活への満足度と自己効力感を適応価の指標として用いた分析で、1992年のポーランドの全国調査では、経済が移行した結果、点戦略をとる人々が、区間戦略をとる人々よりも、人生に対する満足感と、日常的な活動に関する効力感が高いことがわかりました（Wieczorkowska & Burnstein, 1999）。しかし、興味深いことに、少なくとも一つの領域、つまり仕事に関しては、移行後に供給が減少していました。1990年代、ポーランドの失業率は共産主義の時代よりもずっと高

かったのです。私たちは、ポーランドの失業者の間では、その環境により適応しているのは、区間戦略をとる人々のほうだということを発見しました——彼らは、点戦略をとる人々よりも早く仕事を見つけていたのです。区間戦略がもたらす利益は、女性に対してとりわけ大きく、これは当時、女性が家庭の外で働くことに対して世間の目が冷ややかだったせいで、女性は男性より大きな探索コストに直面していたためと考えられます。

　私にとって進化理論は、社会心理学の研究を進める上で、知的に刺激的で、実りのある指針であり続けてきました。しかし、それよりはるかに重要なのは、私が思うに、進化理論が、現在の社会心理学を構成している、ひどくまとまりのない後づけの理論や完全に分離しあっている研究課題を統合するのに役立ち得ることです。さらに、その統合は、水平方向でも垂直方向でもあり得るでしょう。すなわち、多様な社会心理学のミニ・モデル同士を結びつけ、さらにそれらのモデルの根底にある生物学的プロセスとも結びつけるのです。それはまさに、望まれている通りの成果だと思います。

第 2 章　心と社会を進化から考える

2.2　家族関係の進化心理学——出生順と立場争い

フランク・サロウェイ（Frank J. Sulloway）

　フランク・サロウェイはアメリカの名高い学者であると同時に、作家やフリーライターとしても活躍している。彼は、出生順に関する研究を通して進化心理学に貢献している。家庭内のダイナミクスがどのように人格の発達やクリエイティビティに影響を与えているのか、進化理論を用いて理解を試み、出生順は確かに人々の性格と知能に対して影響を持つと主張している。出生順による影響のメカニズムは、家庭内やきょうだい間の相互作用を通じたものであるため、生得的要因ではなく社会的要因として考えられる。第一子は資源の競争において生まれながら優位に立つため、第一子とその後の子どもたちは、それぞれ違う性格を発展させることによって資源状況に対応する。また、家庭内の子どもの数が増えれば増えるほど、それぞれに振り当てられ得る資源が減ってしまうため、最も資源を獲得しやすい第一子は知能面でも最もよく発達できるという。彼の研究は講演会やテレビなどを通じて広く知れ渡っている、例えばディスカバリーチャンネルや、「Today Show」「Dateline NBC」などにも登場している。

　サロウェイは 1965 ～ 69 年の間、ハーバード大学において科学史の学士号を取得し、その後、1970 ～ 82 年の間、ハーバード大学大学院で科学史の修士号と博士号を取得した。彼の職歴は多彩であり、多くの名門大学の教壇に立った経験を持つ。1981 ～ 82 年はハーバード大学心理学専攻のポスドク、1984 ～ 85 年はハーバード大学の客員研究員、1985 ～ 86 年は同大学の講師の座についた。さらに 1986 年にはダートマス大学の講師を務め、その後 1989 ～ 98 年にはマサチューセッツ工科大学（MIT）に訪問研究員として滞在した。1999 ～ 2001 年にはカリフォルニア大学バークレー校の心理学専攻に客員教授として、また 2001 年から現在までも同大学に人格・社会研究所の訪問研究員として所属している。

　サロウェイの研究における興味は、主にフロイトと精神分析、生物の進化、そして出生順と性格・社会的態度・知能の間の関連の三つにある。

　一つ目に関しては、サロウェイは 1979 年に著書 *Freud, Biologist of the Mind: Beyond the Psychoanalytic Legend* を出版し、精神分析学の起源と有用性について議論し、科学史分野のファイザー賞を受賞した。

また、生物の進化に関しても、主に動物（鳥類、ゾウガメなど）の習性と進化の関係について、論文を多数発表した。

　サロウェイは1995年に彼の最初の出生順研究の論文を発表し、出生順の効果が存在しないことを主張する研究結果に反論した上で、進化理論を用いて出生順の第一子と他の子どもの性格に対する影響を分析した。

　その後、1996年に出版した著書 "*Born to Rebel: Birth Order, Family Dynamics, and Revolutionary Genius*" はアメリカのアマゾン売り上げランキング35位に入り、ニューヨークタイムズ紙の年間注目図書としても選ばれた。この本は「なぜ同じ家庭で生まれ育った子ども同士は、異なる家庭で育った子ども同士と同じくらい性格が異なるのか」という問いに答えた。サロウェイは出生順による影響が大きいと考える。まず、出生順は年齢、体型、力、優劣順位などといった、きょうだい間の一連の違いを意味する。同じ家庭環境内であっても、第一子とその弟妹たちは、資源や親の愛情を競争するためにそれぞれの戦略を持つようになり、それゆえに異なる性格を発達させる。優位に立つ第一子は、両親の権威と価値観により賛同的な態度を取りやすく、逆に下のきょうだいは第一子に対して反抗的な態度や挑戦的な行動を取りやすい。さらにサロウェイは、1700〜1875年の間の600人あまりの科学者が進化理論を受け入れる程度を分析した。その結果、弟妹たちが進化理論を受け入れている程度は、第一子たちの3倍にも達している。つまり、出生順が下の人のほうがより挑戦的な学説を受け入れやすいということだ。

　2007年、サロウェイは "*Science*" 誌で出生順と知能の関係についての論文を発表し、出生順と知能の関連を分析した上で、第一子のほうがより高いIQを持つという現象を説明することを試みた。彼はきょうだい間の知能の違いは、社会的要因や家族間の相互作用に由来すると考えた。子どもの数が増えるにつれ、家庭内にある有限な資源（親の愛情など）が子ども1人当たりに割り当てられる分は少なくなる。第一子はその成長過程において最も多い資源を獲得しているため、知能の発達が最も進んでいることとなる。

　本節でサロウェイは、彼がいかにしてダーウィン的研究の道を歩み、その中から彼自身の人格と進化の理論を生み出したのかについて述べている。

本人による主な参考文献

Sulloway, F. J. (1996). *Born to rebel: Birth order, family dynamics, and creative lives*. New York: Pantheon.

Sulloway, F. J. (2001). Birth order, sibling competition, and human behavior. In H. R. Holcomb III (Ed.), *Conceptual challenges in evolutionary psychology: Innovative research strategies* (pp. 39-83). Dordrecht and Boston: Kluwer Academic Publishers.

Sulloway, F. J. (2010). Why siblings are like Darwin's Finches: Birth order, sibling competition, and adaptive divergence within the family. In D. M. Buss & P. H. Hawley (Eds.), *The evolution of personality and individual differences* (pp. 86-119). Oxford: Oxford University Press.

Sulloway, F. J., & Zweigenhaft, R. L. (2010). Birth order and risking taking in athletics: A meta-analysis and study of major league baseball. *Personality and Social Psychology Review, 14*, 402-416.

　私は当初、遠回りをして進化心理学の領域に引きこまれました。その遠回りとは、生物が長い年月をかけて進化してきたとする異端な理論をダーウィン (1809-82) が受け入れるに至った知的道筋を理解しようとしたことです。学部生だった頃、私は、ダーウィンがビーグル号で1831 〜 35 年の5 年間の旅の間に訪れた南アメリカでの足跡をたどったり、ダーウィンの旅のドキュメンタリー映画を作ったりしていました。この映画の製作過程で私は、ダーウィンは俗説とは異なり、今まさに進化が進んでいることを決定的に示す驚くべき動植物の生息地、ガラパゴス諸島を訪れてすぐに進化論者になったわけではないと知りました。

　1835 年にガラパゴス諸島を訪れた当初、ダーウィンは、きわめて説得力のある進化の証拠であるダーウィンフィンチについて、あまりに奇妙で、単一の共通祖先から進化したとは思えない、としました。例えば、ダーウィンのフィールドノートには、彼が「ムシクイフィンチ」をミソサザイやムシクイと間違えた記述があります。それ以外の12 種のダーウィンフィンチについても、そのくちばしの多様さに惑わされ、四つの異なる科に含まれると考えました (Sulloway, 1982)。ダーウィンはイギリスに戻り、ロンドン動物学協会の優秀な学芸員であったジョン・グールド (John Gould) に意見を聞いて初めて、これらの多様なガラパゴス諸島のフィンチはすべてごく近縁の一つの亜科に属することを確信するに至りました (図1 参照)。この分類学的評価を通して、ダーウィンはこれらの種類の鳥は一つの祖先から進化したと結論しました (Darwin, 1845)。また、同種のマネシツグミのいくつかの「変種」とされていた鳥についても、グールドの助言のおかげで、実際には三つの独立種であり、ガラパゴスの異なる島々の固有種であるとダーウィンは考えるようになったのです (Sulloway, 2009a)。この証拠に基づき、ダーウィンは、新種の増加は未分化集

図1　ガラパゴス諸島に生息する4種類のダーウィンフィンチ
1はオオガラパゴスフィンチ、2はガラパゴスフィンチ、3はコダーウィンフィンチ、4がムシクイフィンチ。

団の地理的隔離によって促されるという理論を提唱しました。

　ダーウィンとガラパゴス諸島についての伝承に反するこの歴史的証拠を再構築した私は、もう一つの歴史的事実にさらに困惑を覚えました。1837年の春、ダーウィンとグールドは多くの科学者たちに、ガラパゴスで発見したこれらの証拠を公表しました。1859年の『種の起源』出版の22年前のことです。この報告を受けても、会議に出席した、あるいは後に出版された論文集を読んだ科学者たちの誰一人として、進化論に転向しなかったのです。（ダーウィンよりも鳥類学的証拠についてあらゆる面で理解があった）グールドでさえ、創造説の信奉者のままだったのです。

　なぜダーウィンだけが1837年にガラパゴスで発見した証拠について急進的な解釈をしたのかを理解しようとするうちに、私は心理学のフィールドへ、そして性格と認知スタイルの個人差の研究へと向かって行きました。説得力のある科学的証拠を示されても、科学者は必ずしも（種は不変であるという受け入れられた科学のパラダイムだけではなく、宗教上の教義にも反する）進化のような急進的で社会的に危険な理論を積極的に受け入れるわけではありません。証拠に対して異端な解釈をするには、革命家気質が必要です。この結論は、家族内における役割やニッチ、親への愛着のパターン、家族との生活におけるその他の側面といった、家族ダイナミクスの研究へと私を導きました。

第 2 章　心と社会を進化から考える

　その後、20 年にわたる壮大な個人誌研究を通して、私はきょうだいというのはダーウィンのガラパゴスフィンチと大いに似ていることに気づきました。すなわち、きょうだいは直接的な競合を少なくするために多様化する傾向にあるということです。限られた同じ資源をめぐって競合する異なる種のように、きょうだいは親からの投資をめぐって競合し、そのために家族内で占領されていないニッチを開拓します（Sulloway, 1996）。これらの異なるニッチは、年齢、身体サイズ、力、性別およびその他の個人的特性と相関します。つまり、個体発生において、きょうだいは一般的に、系統発生の過程で生物が達成するある種の適応放散（adaptive radiation）を遂げるのです。

　このようなきょうだいについての考え方は、行動遺伝学の分野で浮上し始めている新たな証拠と思いがけず一致する形になりました。1980 年代半ばまでに、行動遺伝学者は、同じ家族で一緒に育ったきょうだい同士の違いは、大きな母集団からランダムに選ばれた人との違いと同じくらいに大きいことに気づきました（Plomin & Daniels, 1987; Dunn & Plomin, 1990）。一緒に育った、あるいは離れ離れになって育った双生児と非双生児のきょうだいを対象とした研究成果から、行動遺伝学者は性格のすべての分散のうち約 40％が遺伝子によって説明され、他の 20％が測定誤差であると述べています（Loehlin, 1992）。残りの分散の 40％が、環境的影響に起因すると言われています。しかし、この環境による分散のうち、育った家庭に代表されるきょうだいが共有する環境に起因するのは、一般的にはわずか約 5％にすぎません。このことは、きょうだいで異なる環境、すなわち非共有環境に由来する性格の分散は、共有環境由来の分散の約 7 倍（35％）にあたることを意味しています。これらの行動遺伝学の知見が示す最も重要な結論は、評論家が主張するように親や家族は性格にほとんど影響していない（Rowe, 1994; Harris, 1998）ということではなく、家族はそもそも共有された環境ではないということです。

　出生順は、きょうだいが家庭環境を違った形で体験する潜在的要因の一つです。例えば、家族に年少の弟妹がいる場合、一般的に言って第一子は代理親としてのニッチを築きます（Sulloway, 1996, 2001）。結果として、一番年長の子は、年少の弟妹よりもまじめで責任感が強くなる傾向にあります。さらに、年長の兄姉は家族の中で最初に生まれたため、親からの投資（認知的・言語的な刺激を

87

含む）を他の子と分け合うことなく受け取ったことにより、年下の弟妹よりも IQ が高く、学業的な成功を修める傾向にあります（Kristensen & Bjerkedal, 2007; Sulloway, 2007）。親を喜ばせるために学業でよい成績をとる、彼（女）らの知識を弟妹に教えるといった年長児の努力も、これまで立証されてきた知的パフォーマンスの違いを説明する要因なのかもしれません（Zajonc & Sulloway, 2007）。対して、年下の弟妹は別の方法で親から愛されることを求めます。例えば、かわいく見せたり、はしゃいでみせたり、人なつこくふるまったりするといったように。

　時として、親は弟妹よりも長男・長女をひいきします。世界中で見られる多くの社会的慣習——相続の慣習を含む——は、親の投資の偏りを示しています（Rosenblatt & Skoogberg, 1974; Hrdy & Judge, 1993）。長子をひいきする親は、一般的に適応的なダーウィン的戦略を実行していると言えます。子ども時代のどこをとっても、長子は常に弟妹よりも年上で、これは親の遺伝子を次世代に伝達する機会を奪うような子ども時代の病気をより多く回避してきたことを意味します。ゆえに、ダーウィンの理論に沿って投資をするなら、弟妹よりも兄姉となるのです。このダーウィン理論的計算にも、一つだけ重要な例外があります。出産可能な年齢の末期に差しかかった母親にとって、最年少の子は最後に産める子どもなのです。幼く未だか弱い年少児は取り替えがきかないので、ダーウィン的な観点に立てば、その子の生存の可能性を高めるために、親は最年少の子をひいきするはずなのです（Sulloway, 1996; Salmon & Daly, 1998）。この仮説を支持する研究として、中間子は親から受ける投資が最も少ないことが示されています（Hertwig, Davis, & Sulloway, 2002; Rohde et al., 2003; Salmon & Daly, 1998）。

　進化生物学は、きょうだい間の葛藤の原因を理解する手助けとなります。生物学者は、形質や行動の進化の説明をする究極要因と、個体の生涯の間に作用する個体発生的・生理学的・環境的影響で構成される至近要因を区別します（Mayr, 1961）。きょうだい間の葛藤の究極要因は、きょうだい同士は遺伝的に異なっており、平均して半分しか遺伝子を共有していないという事実に根ざしています。Hamilton（1964a, b）が提唱した血縁淘汰の理論によれば、同じ両親から生まれたきょうだいは、きょうだいと争うことで得られる利益が、相手が

第2章　心と社会を進化から考える

図2　アオアシカツオドリのひなが年下の弟妹をつついている様子（撮影：Hugh Drummond）
弟妹は顔を背けて自分の頭を守っている。食料の供給が十分ではない場合、年長のひなは弟妹に対する支配的な立場を維持し、巣から弟妹を追い出す。追い出された弟妹たちは飢えによって死に至る。

被るコストの半分を上回るのならば、乏しい資源をめぐって争うはずです。
　生物学者たちは、きょうだい間の葛藤は動物や植物の間で広く見られる現象であることを示しています（Mock & Parker, 1997; Mock, 2004）。一つの例として、アオアシカツオドリ（*Sula nebouxii*）は、食料が豊富な時は2、3羽のひなを育てます。しかし、繁殖期において食料が十分でなく、最年長のひなの体重が通常の80％まで落ち込むと、このひなは同じ巣にいる年下のひなをつつくようになります（Drummond & Garcia-Chavelas, 1989; Mock, Drummond, & Stinson, 1990）。食料が乏しいままの状態が続けば、最年長のひなは最終的に巣から他のすべてのひなを追い出してしまい、追い出されたひなは死に至ります（図2）。親鳥は、このような死を招くきょうだい間の争いに介入することはありません。介入したところで、親の遺伝的利益にはつながらないからです。
　ヒトについても、世界的に見て一般的に年少児のほうが、両親の持つ限りある資源を年長児と分けなければならないために、死亡率が高い傾向にあります（Hertwig *et al.*, 2002）。ダーウィンの理論に従えば、年少の弟妹は大きなリスクを冒してでも自分の潜在能力を発見し、それを強みとして伸ばすことで、親に投資の分配について再検討させ、自分の取り分を増やそうとすると予測されます。例えば、後に生まれた子は、第一子の1.5倍の割合で、スカイダイビング、ダウンヒルスキー、ラグビーやフットボールといった危険なスポーツに従事す

89

る傾向にあります（Sulloway & Zweigenhaft, 2010）。家族内研究——家族間の違いによって生じる交絡要因を統制できるので、家族間研究よりも望ましいとされる——では、5因子モデルで評定した性格に、出生順による明らかな違いが見られています（Paulhus, Trapnell, & Chen, 1999; Healey & Ellis, 2007; Sulloway, 1996, 2001, 2010）。この性格モデルは、勤勉性、協調性、外向性、経験への開放性、情緒不安定性の次元からなります（Costa & McCrae, 1992）。

　第一子は、後に生まれた子よりもまじめになる傾向にある一方で、後に生まれた子（特に中間子）は協力的で協調性が高くなる傾向にあります。外向性に関しては、この性格次元のどの側面に着目するかで結果が異なります。例えば、後に生まれた子に比べて、第一子は支配的という意味で外向的になる傾向にあり、後に生まれた子は社交的・遊び好き・リスク志向という意味において外向的になる傾向にあります。外向性と同じく、経験への開放性もいくらか複雑なパターンにあります。開放性のいくつかの側面は知性を反映しており、第一子と一人っ子は後に生まれた子よりもこの特性のスコアが高い傾向にあります。これに対して、後に生まれた子は、慣習にとらわれない・非同調的・反抗的・リベラルという意味で経験に対する開放性が強い傾向にあります。ビッグ・ファイブの性格特性である情緒不安定性については、出生順による違いはほとんどありません。この知見は、出生順による性格の違いの大部分はきょうだい間の葛藤に対する適応的戦略であり、少なくとも家庭内ダイナミクスの文脈において神経症的行動は特に適応的ではないことから、筋が通っていると言えます。

　一人っ子は大人びた傾向にあり、この点で弟妹がいる第一子と類似していますが、その他のほとんどの性格の側面については、一人っ子は第一子と第二子以降の子の中間に位置する傾向にあります（Sulloway, 2001）。こうした結果になるのは、一人っ子が出生順の研究において、理想的な統制実験となっていることに由来します。一人っ子は、きょうだいの影響を受けず、きょうだい間の葛藤も経験せず、直接的な競争を最小限に抑えるために特殊なニッチに分化もしないで成長したらどうなるかを体現しているのです。一人っ子は、きょうだいとのつき合いなく育ったから自分勝手で環境に適応できないというステレオタイプに反して、両親や友人たちからバランスのとれたつき合い方を学んでいるのです（Ernst & Angst, 1983）。

第 2 章　心と社会を進化から考える

　出生順による性格の違いは、概して効果が大きくありません。家族内研究に
おいては、これらの違いを相関係数で表すと、その加重平均は一般的に約 .10
程度です（Sulloway, 2010）。これに比べ、性格における性差の相関係数の加重
平均は約 .15 です（Feingold, 1994; Hyde, 2005）。特に家族間研究において明らか
にされている出生順による興味深い違いの多くは、効果量が $r = .10$ よりも小
さいと言われています。例えば、第一子と第二子との間の IQ の一般的な差は
約 2.9 であり、これは点双列相関係数 .09 に相当します（Kristensen & Bjerkedal,
2007）。同様に、出生順と危険なスポーツへの従事度について調べた 24 の研究
のメタ分析（N=8340）の結果、相関係数の加重平均は .08 であることが示され
ています（Sulloway & Zweigenhaft, 2010）。また、出生順と社会的態度を調べた
27 の研究のメタ分析の結果、後に生まれた子がよりリベラルである傾向の加
重平均相関は .07 であることが示されています（Sulloway, 2001）。

　このようなわずかな効果を些細なものだとして切り捨てるのは、概念的にも
実質的な意味においても誤りです。例えば、.07 の相関は後に生まれた子がリベ
ラル派の選挙立候補者に投票する確率が第一子の 1.25 倍であることを意味し
ています。ただし、効果量が小さい場合（個人差の要因のほとんどはこれにあては
まります）、計画した研究の統計的検定力を推定することが研究者にとってきわ
めて重要です。例えば、真の相関を .07 と仮定すると、出生順と社会的態度の
研究においては、標本数が 250 人だけの場合、統計的に有意な結果が得られる
確率はわずか 19％ です。予測される効果量が $r = .07$ である時に、有意な結果
を少なくとも 80％ の確率で得たいのならば、標本数を少なくとも 1560 人にす
る必要があります。出生順の研究の標本数の中央値は約 265 人であるため、ほ
とんどの研究は検定力が弱く、標本数の多い研究では統計的に有意な関係が見
られる多くの行動特性に関して、帰無仮説を棄却できない論文が量産されてい
るのです（Sulloway, 2002）。

　出生順の研究においては、メタ分析が便利なツールとして浸透していて、こ
れにより、異なる結果を示す別々の関連研究を集めて全体の効果量を計算し、
小さくとも一貫して存在する効果を検出することができます。メタ分析は、効
果量をより正確に推定するだけでなく、これらの効果の発現に関わる調節変数
を探す助けにもなります。例えば、出生順による社会的態度の違いは、家族間

研究よりも、家族内研究において有意に大きいことが明らかとなっていて、これは家族間研究ではきょうだいの数や社会経済的地位の違いが適切に統制されていないためと考えられます（Sulloway, 2001, 2010）。社会的態度の出生順による違いは、質問紙調査よりも実生活データを扱った研究で大きくなります。さらに、社会的態度に関する歴史的研究（historical study）は、一般的に現代の研究よりも出生順による違いが大きくなる傾向にあります。これは、過去にあった長子相続制などの文化的慣習が親の投資の偏りを助長し、たいていは長子に有利に働いたことを反映しているためかもしれません。

　出生順の違いは、きょうだいの違いを生み出す多くの要因の一つでしかありません。遺伝的な違いに加え、親からの投資の格差、愛着のパターン、親の死亡や離婚、ジェンダー、年齢差、きょうだいとの異質化といった他にも重要なきょうだい間の違いを生み出す要因があります。最後に挙げた要因に関しては、特に出生順が一番近いきょうだいと性格や興味が大きく異なるよう発達する傾向が知られています（Schachter, Gilutz, Shore, & Adler, 1978）。これは時として、別親との同一化として知られる、他のきょうだいが両親のどちらにより強い愛着を持っているかに応じて、自身はもう片方の親とより緊密な関係を築くことにもつながります（Schachter, 1982）。きょうだいに関するステレオタイプの影響も見過ごすことはできません。性別や人種のステレオタイプと同様に、出生順のステレオタイプは、実際の出生順による差とは独立に、行動に影響を及ぼすようです。ただし、ステレオタイプと実際の差には似ている部分もあります（Herrera, Zajonc, Wieczorkowska, & Cichomski, 2003）。

　出生順や家族におけるニッチが性格に及ぼす影響について、興味深い未解決の問題は、これらの影響が家族関係を超えて、大人になってからの家族以外の人とのつき合いにおいて、どれくらい発現するかという問題です。数々の研究成果が、出生順の心理的発現は家族内よりも家族外の文脈において小さいことを示しています（Sulloway, 2001, 2002, 2010）。とりわけ知見が不足しているのが、家族内で学習された役割や行動が個人の行動レパートリーの中に潜伏し、大人になってから特定の行動文脈に刺激されて発露する、そのメカニズムについてです。プライミングなどの実験的手法を用いた研究が、家族内・家族外の行動の連続性に関するこれらの問いに答える上で必要となるでしょう。

第 2 章　心と社会を進化から考える

　家族内でのきょうだいとの関わりを通して生まれる性格や行動のわずかな個人差をダーウィンが認識していたら、それに一目置いたことでしょう。ダーウィンは、自然淘汰は主としてわずかな個人差へ働きかけると考えていました。この点について、ダーウィンは『種の起源』で強烈な一節を述べています。「自然淘汰は、世界のいたるところで一日も一時も欠かさずに、ごくごくわずかなものまであらゆる変異を精査していると言ってよいだろう。悪い変異は破棄し、よい変異はすべて保存し蓄積していく……機会さえ与えられればあらゆる時と場所で静かに少しずつその仕事を進めている」(Darwin, 1859, 渡辺政隆訳, 2009)。自然淘汰という進化のしくみは、個体発生的分化と関わる様々な至近的要因とは異なるものですが、わずかな差が少しずつ蓄積していくことによって驚くべき帰結に到達する点は共通です。きょうだいが驚くほど異なっているのは、家族内に由来するたくさんのわずかな差異が、はるかに広範な変異の幅が生じる要因となり、その結果として一部の人々は必然的に正規分布の両端に位置することになるためなのです。

　斬新で急進的な科学イノベーションを広めようとしたという点で、ダーウィン自身も異端児でした（図3）。私が著書の *"Born to Rebel"* で述べたように、（私がアカデミック・キャリアの初期にずいぶん頭を悩ませた）ダーウィンの進化理論に対する開放性は、幸いにも彼の知的な気性を急進的な方向へ導いた数々の個人差の当然の帰結であったと言えます（Sulloway, 1996）。6人きょうだいの5番目というダーウィンの出生順は、異端な科学的アイディアを支持しようとする彼の尋常ではない意欲に大きく貢献した要因の一つにすぎません。ダーウィンはリベラルな家庭で育ってリベラルな宗教を信奉し、政治的見解もリベラルでした。さらに、ガラパゴス諸島から持ち帰った尋常ではない標本が示す進化の動かぬ証拠に出会った時、彼はまだ若い科学者でした。若い科学者は、すでに地位が確立した高齢の科学者よりも急進的な革命を受け入れる傾向にあるため（Sulloway, 1996, 2009b）、年齢も重要な要因です。同様に、5年間にわたるビーグル号での世界一周の旅を通して、種の分布の地理的パターンという決定的証拠、特に種の数の増大において地理的隔離が重大な役割を果たすということをたびたび目の当たりにして、彼は進化に肯定的な見方をする傾向を強めました。ダーウィン理論への賛同を八つの変数から予測する多変量モデルによると、

93

図3　1874年頃のチャールズ・ダーウィン（彼の息子であるレオナルドによる撮影）

経験への開放性——科学的興味や多様性、世界旅行、科学における急進的な革命への貢献などを含む——の多変量測定に基づくと、ダーウィンは1543〜1967年にかけて活躍した1600人以上の科学者のうち、上位1％のさらに2分の1の部分に入る（Sulloway, 1996）。著者のコレクションからの写真。

ダーウィン自身が進化論を支持した確率は、400人以上の同時代の研究者のデータに基づいて推測すると、約94％でした（Sulloway, 1996）。同様に、1853年に自然淘汰の理論を一緒に発見し、ダーウィンと同じく進化論受容を準備するような家族内ニッチの中で育ったアルフレッド・ウォレス（Alfred R. Wallace）も、96％の確率で進化理論を受け入れたと予測されました。

　ダーウィンが科学的思考にいまだにインパクトを与え続けていることを示すものの一つとして、彼のアイディアが心理学の分野にもひらめきを与え続けているという点を挙げることができます。これは、『種の起源』の最後の章でダーウィンが述べた、物議を醸す文章の一つから裏づけられています。「心理学は新たな基盤となるだろう……人間やその歴史の起源についても光が当てられることだろう」（Darwin, 1859, p. 488）。進化心理学は、"The Descent of Man"（1871）や"The Expression of the Emotions in Man and Animals（人及び動物の表情について）"（1872）において鮮やかに展開されたダーウィンの大胆な主張の遺産を受け継いでいます。この成長過程にある分野は、『種の起源』や他の著作でダーウィンが予言したとおり、人間行動についての重要な洞察を提供し続けるでしょう。特に、人類の進化的特徴や人間行動の説明において究極要因と至近要因の相補的な役割を考慮する研究者たちにとって、家族のダイナミクスが個人差の起源に果たす役割は、実りある研究分野となり得るでしょう。

2.3 配偶者選びは商品選びと似ている？

李天正（Norman P. Li）

　李天正はアメリカで生まれた。彼の父親は当時アメリカでは有数の中国系教授であり、イェール大学の教壇に立っていた。1982 ～ 86 年の間、李はアメリカのノースウェスタン大学で勉強し、1986 年に経済学の学士号を得た。1986 ～ 88 年の間はミシガン大学のマネジメント学院に在学し、1988 年 5 月に MBA を取得した。その後のおよそ 10 年間、彼はシカゴのコンサルティング会社や金融機構に勤め、仕事の面や経済面では余裕のある生活を送っていた。しかし、順風満帆な生活の中で彼は精神面の充足をより求め、暇な時間を利用して心理学の授業に出席し、デヴィッド・バス（David M. Buss）らが提唱する進化心理学研究にふれるようになった。心理学に対する興味が深まるにつれ、彼は自分で実験研究に乗り出し、そして最終的に学問の道を歩むことを決めた。1998 ～ 2003 年の間、彼は進化心理学者ダグラス・ケンリック（Douglas T. Kenrick）の指導のもとで社会心理学研究を行い、2001 年にアリゾナ州立大学の社会心理学修士、さらに 2003 年には社会心理学博士の学位を得た。

　博士課程を終えた李は、テキサス大学オースティン校の心理学専攻で教職を得た。そして 2008 年から現在まで、シンガポールマネージメント大学の社会科学院で心理学専攻の准教授を務めている。

　李が興味を持つ研究テーマの一つとして、ヒトの婚姻と配偶者選択がある。彼は社会心理学でよく使われている実験方法や、質問紙調査、経済学の分析ツール、ダイナミックモデルなど、様々な手法を駆使して、婚姻や配偶者選択の背後にある心理的メカニズムの解明に挑戦した。同僚との共同研究を通して、彼は男性と女性が互いに惹かれ合う条件には、それぞれの資源量や、外見、社会的地位、知性など、様々な要素が含まれていることを提唱し、さらに進化的な視点から、人々の配偶者選択における好みを考える際には、必需品と贅沢品を分けて扱うべきだと主張した。収入があまり多くない場合、人々はそのうちの大半を生き延びるための必需品に投資する。収入が増えるにつれて、必需品の限界効用は徐々に下がり、贅沢品を好むようになる。李は「予算配分」というミクロ経済学の概念を用いて、進化・適応と関連する社会的意思決定の心理特性を検証している。例えば、2002 年に行われた研究では、彼と共同研究者は、参加者にある程度の予算を与えて、長期的な配偶者の特性を購買するように教

示した。予算の額が少ない時、男性参加者は女性の身体的魅力を買う傾向があり、女性参加者は男性の社会的地位と資源を買う傾向があった。しかし、予算の額が増えるにつれ、人々がこれらの性別ごとに分化された特性にかける予算の割合は減少し、逆に別の特性、例えば独創性などの特性にかける予算の割合が増える結果が得られた。進化的視点と経済学的視点を組み合わせると、女性の身体的魅力とその繁殖能力が正相関するため、男性は女性の身体的魅力に対しては最低基準を設けることによって繁殖の成功率を保証しようとしていると言える。同じように、男性が子を育てることに対して資源を提供できる能力も違い、社会的地位が低い男性が持つ資源量は少ない。そのため、女性側も配偶者に対してある程度の社会的地位を求めることによって、養育の成功率を保証しようとする。しかし、身体的魅力や社会的地位などの特性の「限界効用」は下がる傾向にある。すなわち、最低基準を満たした後、これらの特性の1単位当たりが提供する繁殖的価値は徐々に減ってしまうのだ。これらの特性が持つ「限界効用」が下がれば、相対的に他の特性はより魅力的に見えてくる。予算が十分にあれば、男性も女性も完璧な配偶者を期待してしまうが、配偶者選択においての予算に限りがあると性別ごとの差異は顕著になり、逆に予算が増えていくとこの差異は徐々に薄れる（Li & Kenrick, 2006）。この知見は進化心理学と経済学の原理を結合させ、ユニークかつ有用な理論的観点を呈示している。

　本節で李は、自分が研究を通して得た知見と心得を紹介するとともに、中国における進化心理学の発展についても語る。

本人による主な参考文献

Durante, K. M., Griskevicius, V., Hill, S. E., Perilloux, C., & Li, N. P. (in press). Ovulation, hormonal fluctuation, and product choice. *Journal of Consumer Research*.

Li, N. P. (2007). Mate preference necessities in long- and short-term mating: People prioritize in themselves what their mates prioritize in them. *Acta Psychologica Sinica*, *39*, 528-535.

Li, N. P., Bailey, J. M., Kenrick, D. T., & Linsenmeier, J. A. W. (2002). The necessities and luxuries of mate preferences: Testing the tradeoffs. *Journal of Personality and Social Psychology, 82*, 947-955.

Li, N. P., & Kenrick, D. T. (2006). Sex similarities and differences in preferences for short-term mates: What, whether, and why. *Journal of Personality and Social Psychology, 90*, 468-489.

自己紹介から

私は、アメリカで生まれ育った進化社会心理学者です。両親は中国で育ち、

大学院入学時にアメリカに移り住みました。父は河南省出身で南海大学卒。母の出自は湖南省で、上海育ちです。私は、ノースウェスタン大学で経済学学士を、ミシガン大学でMBAを取得した後、シカゴで情報システムコンサルタントや（外国為替の）オプション取引、投資コンサルタントなどの仕事をしていました。しかし、1990年代半ばに、暇な時間を利用して心理学の講義に出ているうちに、私の興味を引く事象を多く扱っている社会心理学に傾倒していきました。1996年の夏、研究方法論の科目の課題のために、配偶者選好に関する文献をいろいろ読んでいた時、偶然バスが発表した1989年の"Behavioral and Brain Sciences"の論文に出会いました。配偶者選好に関する進化的な見方は、本当に納得がいくもので、それまでに出会ったどんな説明よりも幅広い科学的枠組みを提示していました。

　それに啓発された私は、それからの数カ月、可能な限り進化心理学に関する本を読みあさりました。ロバート・ライト（Robert Wright）の"The Moral Animal（モラル・アニマル）"（1994）に始まり、ドナルド・サイモンズ（Donald Symons）の"The Evolution of Human Sexuality"（1979）やマーティン・デイリー（Martin Daly）とマーゴ・ウィルソン（Margo Wilson）の"Sex, Evolution, and Behavior"（Daly & Wilson, 1983）、さらにジェローム・バーコウ（Jerome H. Barkow）、レダ・コスミデス（Leda Cosmides）、ジョン・トゥービー（John Tooby）が編集した"The Adapted Mind"（Barkow, Cosmides, & Tooby, 1992）などの古典的な名著に移り、そして、配偶者選好に関する数々の論文をむさぼるように読みました。結局、ノースウェスタン大学のマイケル・ベイリー（Michel Bailey）の導きもあって、私は会社を辞め、進化社会心理学者としてのキャリアをスタートしました。アリゾナ州立大学のケンリックのもとで社会心理学の博士号を取得した後、テキサス大学オースティン校のバス率いる個人差と進化心理学分野の助教になりました。現在は、シンガポールに移り、シンガポールマネージメント大学の心理学の准教授をしています。

必需品と贅沢品
　私のメインの研究テーマは、先述の方法論の科目の時に気づいた、配偶者選択の研究にあるパラドックスに端を発しています。それは、社会心理学者や進

化心理学者は、男性は身体的魅力に重きを置き、女性は地位や財産に重きを置く理由を指摘してきた（例えば、Buss, 1989; Symons, 1979）のに反して、人々は長期的関係を持つ理想の配偶者を考える時（例えば、Buss & Barnes, 1986）、これらの特性が最も重要とは見なさない、ということです。たしかに性差は常に予想通りの方向に出るのですが、結果は同時に、これらの特性が絶対的な意味で重んじられているわけではないことも示していました。つまり、配偶者の身体的魅力について、男性もさほど重きを置いていないけれどもそれに輪をかけて女性は無頓着で、同じく地位や財産については、女性もあまり気にかけていないけれど男性はそれよりさらに関心が低いのです。

　進化的視点から、これらの特徴は男性において女性より（もしくは女性において男性より）重視されるだけではなく、一つの性別の中で、他の特徴よりも優先順位が高いはずだと、私は考えました。すなわち、女性の身体的特徴が繁殖能力を示しているのであれば、男性は、配偶者候補の相手が少なくとも身体的に最低限の魅力があるかをまずは確かめることが適応的でしょう。そうでなければ、繁殖不能な女性と配偶することになるかもしれないからです。同様に、（少なくとも祖先の時代において）男性の財産が自分や自分の子どもの生存に直結するのであれば、女性は、相手の財産や社会的地位をまずは見るでしょう。そうでなければ、極貧の男性と配偶することになるかもしれないからです。

　理論と実際のデータが一貫していないこの状況にどう取り組むかを考えていた時、ミクロ経済学での消費者の意思決定を理解する上で有用なモデルが配偶者選択にも応用できることに私は気づきました。例えば、予算以上のコストがかかる様々な選択肢がある状況では、ヒトは「贅沢品」に注意を向けるより前に、まずは「必需品」に目を向ける傾向にあります。比較的少ない予算しかなければ、電化製品や質素な住居、質の低い食べ物などの必需品が大きな利益を与えてくれます。しかし、収入が増え、かなりの必需品がそろうと、これらの商品の価値はどんどん下がっていきます（限界効用が下がる）。そうなるとヒトは、旅行、豪華な食事、大画面薄型テレビなどの贅沢品により多くの予算を配分するようになります。

　予算配分という研究手法を開発することで、配偶者選択全体に制約を課し、潜在的な配偶者の特徴を「必需品」と「贅沢品」に分けることが可能になりま

した。大学のキャンパスと空港で私が集めたデータから明らかになったことは、長期的関係を考える時、男性はまず相手に十分なレベルの身体的魅力があるかを優先し、女性はまず相手に十分な社会的地位があるかを優先する傾向があるということでした。また、これらの特徴の平均的なレベル以上に、他の特徴のほうがより価値があると見なされていました。つまりは、ほとんどのヒトは理想的には、魅力的で、頭がよくて、創造性があって、経済的に豊かで……といった万能の相手を好むのです。しかし、選択肢が強く制限されている時、男性は身体的魅力を「必需品」だと見なし、女性は地位を「必需品」だと見なすのです。

　この研究アイディアは、私の研究者人生を始めるのに役立ち、やがては頻繁に引用される論文になっていきました。私は共同研究者とともに、長期的関係の配偶者選好（Li et al., 2002）、短期的関係の配偶者選好（Li & Kenrick, 2006）、理想的な自己（Li, 2007）、配偶者選好における「必需品」の文化比較（Li, Valentine, & Patel, 2011）を研究してきました。将来の展望としては、重要な特徴の優先順位の個人差にも着手したいと考えています。例えば、本人が配偶者として高い価値を持っていると、相手にも高いレベルの「必需品」を求めるのか、といった問題です。

　この研究手法は配偶研究のパラドックスに取り組むために開発されたものですが、どんな領域についても優先順位を解明するのに利用できます。例えば、集団のメンバーを探す時（Cottrell, Neuberg, & Li, 2007）や、近親婚回避（Lieberman, Tooby, & Cosmides, 2001）の優先順位を研究する際にも、予算配分の手法が利用されてきました。最近私は、エド・ダイナー（Ed Diener）研究室から招へいした研究者とともに、主要な社会的ドメインと人生目標の優先順位に関する研究をしています。

進化心理学の発展と未来

　進化理論の原理が、他の心理学の（そして、人類学の）視点に取って代わり、それらを飲みこみ、統合していくことは間違いないでしょう。そんな状況で、科学界やその外のコミュニティも、誕生まもない進化心理学を当初歓迎しなかったのは、驚きには当たりません。エドワード・ウィルソン（Edward O.

Wilson）が文字通り冷水を浴びせかけられた 1978 年に始まり、進化理論をもとにした投稿論文に対する他より厳しいように思える審査基準（Kenrick, 1995）、進化理論を客観的に紹介するのではなく、むしろ信用を落とそうとする心理学の教科書、進化的視点に立った研究者を雇う際の教授陣の強い抵抗（Symons, 私信 , 1997）などなど。進化心理学者は、いばらの道を歩んできました。

　それにもかかわらず、私が研究に携わってきた比較的短い間にも、進化心理学の領域が爆発的に拡大していくのを目の当たりにしてきました。いまだに（そして、おそらくこれからもずっと）進化心理学に対する抵抗はありますが、学術誌や新聞、雑誌、オンライン記事などを見ても、ほぼ確実に進化論的な説明や適応的デザイン、行動の遺伝的要因に関する記述を見かけるようになりました。私の同僚は、最近の "The Economist" 誌は、毎号のように進化心理学の知見を報じていると言っています。今はまだ比較的少ないのですが、アメリカの大学の学部では、進化分野の創設や、進化心理学者が応募できる教員公募が増えています。もはや政治的に受け入れられそうな青写真のもとに、進化への興味を隠さずに堂々と応募できるのです。

　こういった発展の中で、現代の意欲的な進化心理学者たちに対して、示唆できることが二つあります。第一に言えるのは、この分野は急速に発展してはいますが、比較的未熟であり、配偶者選好や配偶戦略などの基幹となる分野にも、「基礎研究（実践への応用がすぐには期待できない課題を扱う研究）」をする機会が山ほど転がっている、ということです。そして、第二に言いたいのは、進化心理学の発展と支持が拡大するにつれて、進化がヒトの心理にも当てはまることを説得する必要性は減る一方で、進化心理学の実践への応用を期待する声は高まっていく、ということです。つまり、人々は、よりよい人生を送るために進化心理学のどのような応用や利用が可能なのかを、知りたがるようになるでしょう。

　実践への応用として私がまず思いつくのは、ビジネス分野と幸福に関わる分野です。進化心理学が世間に急速に受け入れられているように、世界は急速に変化しています。特に、情報技術は取引のスピードをどんどん加速させ、それは市場と経済のグローバル化を促進しています。そんな中、企業はますます競争力を希求するようになり、そうした社会的要請の影響は、学術的に価値のあ

るトピックにも及ぶでしょう。具体的には、ヒトのリスク評価、経済的な意思決定、協力、購買行動の理解などが挙げられます。実際に、行動経済学や消費者心理学などのビジネスに関連した分野では、進化理論を援用した研究も出てきています。また、進化的な見方を持った私の大学院での同級生3人は、企業のマーケティング部門に採用されました。

それに加えて、人々が地位や財産をめぐる競争で成果を挙げることがますます困難になるにつれて、（人類の心が進化してきた）昔からある社会的状況、例えば、友情とか拡大家族、核家族や恋愛関係などは、どんどん不安定で流動的になるでしょう。その結果、人々の精神衛生や幸福感はますます脅かされると予想されます。そして、この慌しい現代社会の中で、幸福感や精神的健康を増大させる方法に関する知見に対して、高い需要が見込まれます。これに関連して、ランディ・ネシー（Randy Nesse）らは、精神疾患の非適応的に見える症状の根底に適応的機能が隠れている可能性を検討し、この分野でも進化の視点が有用であることを示しています。

大ざっぱに言って、経済学やビジネスの理論は、ヒトに関する理論よりも客観的で数学に基づいている傾向にあります。さらに、研究者は、自らの信ずるヒトに関する理論に強い愛着を持っているようです。そのため、行動経済学などと比べると、臨床心理学のような分野での進化革命（と改善）に対しては、より大きな抵抗が予想されます。そんな困難が多い中であっても、進化心理学者は実り多き道を歩んでいると、私は信じています。

中国とアジアの将来

もし、進化心理学に興味を持ったら（あなたがアジアにいることを前提にして）、ぜひジェフリー・ミラー（Geoffrey Miller）の2006年の論文 ‘The Asian future of evolutionary psychology’ を読んでください。また、サトシ・カナザワの2006年のコメント論文 ‘No, it ain't gonna be that way’ の中で提起された妥当な考察や、さらなるミラーの返答 ‘Asian creativity: A response to Satoshi Kanazawa’ も合わせて読んでみましょう。

これらの論文で提起された問題をここで論じる気はありません。しかし、一つ言いたいのは、アメリカは長きにわたって繁栄と優位性を享受してきました

が、グローバル化はほぼ間違いなく、この特権を世界に広く分散させるように働く、ということです。中国（と多くのアジア諸国）は、多くの人口を抱え、急速な経済成長とインフラの整備が進んでおり、今後経済的に頭角を現すでしょう。マクロ経済の発展に伴い、中国やアジア諸国出身の人々は、母国だけではなく世界全体に大きな変化を促すチャンスを手にするでしょう。そのような変化には、母国の大学の学部において、心理学の中心的存在に進化心理学を位置づけることや、世界の中で、進化心理学の将来を確かにするのに重要な役割を果たすことも含まれています。これは必ずしも簡単なことではありませんが、こうした目標を掲げるならば、王暁田（X. T. Wang）のような志ある研究者が力になってくれるでしょう。

2.4 自己欺瞞、見栄、そして父子関係

張雷（Chang Lei）

　張雷は、1992 年にアメリカ南カリフォルニア大学で博士号を得た後、セントラルフロリダ大学での助教期間を経て、1996 年から香港中文大学の教壇に立ち、現在は同大学の教育心理学専攻および心理学専攻の教授である。彼の研究分野は時系列にすると、心理測定・発達社会心理学・進化心理学になる。彼はこれまで 120 篇以上の論文を発表し、2007 年出版の *"Evolutionary Psychology"* と *"Acta Psychologica Sinica"* 第 39 巻の進化心理学特別号の執筆も含め、これまで 7 冊の本を執筆している。彼は香港中文大学において学部生向けに「進化、人間性そして行動」という進化心理学講義を開講し、心理学専攻の大学院生を相手にする進化心理学セミナーも開催している。また、近年では毎年中国で進化心理学のワークショップを開き、中国における進化心理学の進展に大変多く貢献している。

　張は児童の社交性の発達と心理測定応用についての研究に長年従事しており、*"International Journal of Behavioral Development"*（アメリカ）の編集者や、『社会科学研究方法理論シリーズ』（中国）の責任編集者を務めるほか、*"Education and Psychological Measurement"*（アメリカ）の編集や、*"Journal of Child Psychology and Psychiatry"*（イギリス）の編集に携わっている。

　張らは、進化の視点をとることによって、多くの有名な社会心理学的現象（社会的認知など）についての理解を深めることができると信じている。現在の社会的環境は人々の心理活動の直接的な原因を生み出しているが、進化はその究極的な原因を提供する。また、進化論的アプローチは人々の社会的認知や行動パターンを予測することを基本的な目標としているため、現有の社会心理学の研究テーマと関連する他、新たな心理メカニズム（例えば性的嫉妬）について検討する際にも有用となる。彼らは進化的視点に基づく心理学研究の鍵は、機能主義進化理論と伝統的心理学研究の統合にあると考え、進化的な視点と社会的認知の研究を融合させるには、主に二つの道があると考えている。一つは低次の社会的認知に重点を置き、過去の研究成果をもとにして低次の社会的認知の適応メカニズムを検討することにあり、もう一つは、現在の環境要因、個体差、そして進化的メカニズムの間の交互作用に着目することにある。

　本節で張は、最近学生とともに行った進化心理学研究を紹介している。彼は性選択

の基本原理から出発し、戦争に対して独特な分析を行い、さらに生物進化における血縁淘汰の原理から、人々の選択的記憶についての独特の研究を紹介している。

本人による主な参考文献

Chang, L. (2007). *Evolutionary psychology*. Gongzhou: Gongdong Higher Education Press.

Chang, L., Lu, H. J., Li, H., Lee, L. Y., Li, T., & Sui, S. (2010). Patrilocal residence and father-child resemblance beliefs in relation to paternal investment. *Parenting: Science and Practice, 10*, 274-285.

Chang, L., Mak, M. C. K., Li, T., Wu, B. P., Lu, H. J., & Chen, B. B. (in press). Cultural adaptations to environmental variability: An evolutionary account of East-West differences. *Educational Psychology Review*.

進化心理学は、進化論的視点を取り入れた心理学です。この視点は、共通祖先、自然淘汰、性淘汰、包括適応度、互恵的利他主義など、いくつかのシンプルな進化の原理を基礎としています。以下では、これらの理論のいくつかについて説明し、これらの理論的枠組みのもとで私が博士課程の学生たちと一緒に行った進化心理学的研究を紹介します。

自然淘汰と自己欺瞞の研究

ダーウィンは『種の起源』で「好まれる変異は保存され、不利な変異は排除される。これを自然淘汰と呼ぶことにする」(Darwin, 1859/1979, p. 131) と述べています。現代の進化理論の文脈では、自然淘汰はある集団において遺伝子型の違いによって生存と繁殖の度合いに差が生じ、その結果として集団内の遺伝子頻度が変化することと定義されます。ダーウィンは自然淘汰の章に「生存競争」というタイトルをつけています。そして、次のように述べています。「生き残れる可能性のある数よりも多くの個体が生産されると、同種の他の個体と、あるいは異なる種の個体と、あるいは物理的環境との間で生き残りのための闘争があらゆる場面で生じる」(Darwin, 1859/1979, p. 117)。ダーウィンによると、闘争や競争は自然淘汰の前提条件です。ほとんどの人は、自然が勝者を選択して敗者を排除するというダーウィンの闘争についての洞察を理解しているように思えます。しかし、語られるのは、ほとんど、自然との闘争についてです。ヒトの進化に関する限り、多くの淘汰圧は、生態系との闘争よりもヒト同士の

闘争から来るものでした。高名な進化生物学者であるアレクサンダーのよく引用される言葉を借りれば、私たちの祖先が生態的環境の支配を達成して以来、ヒトの進化に影響を及ぼした主要な淘汰圧は、他の個体との闘争だったのです。社会的ダイナミクスにおいては、想定外の状況と頻発する状況の両方が生じ、前者は脳の可塑性の進化を、後者は人づき合いに特化したヒューリスティックの獲得を促したのです。競争的な社会的相互作用のダイナミクスは、相互作用の対象もまた行為の主体であり、絶えず反応を調整して相手を出し抜こうとするという事実から出発し、社会的闘争を繰り広げる両者がとどまることなく強化を続ける「軍拡競争」へと至ります。私はここで、この種内の社会的闘争の結果の一つである自己欺瞞について語ろうと思います。

　30 年前にロバート・トリヴァース（Robert Trivers）は自己欺瞞の理論を提唱しました。基本的なアイディアは、他者をうまく騙すために人々は自分自身を欺くというものであり、うまい欺きとはバレることなく欺くということを意味します。このアイディアはシンプルですが、自己欺瞞は無意識に行われるものであるため、検証が困難でした。私たちはこの不可能と思われていた課題を実験的に検討し、自己欺瞞の検証を試みました（Lu & Chang, 2010）。自己欺瞞はバレることを避けるように進化してきたため、欺瞞の検出確率に関連する社会的状況に反応する、すなわち、バレる確率の低い時よりもむしろ確率が高いと感じる場合において人々は自己欺瞞をするだろう、と私たちは考えました。騙す側と比較した騙される側の相対的な社会的地位は、自己欺瞞の頻度や促進に影響を及ぼすバレやすさを規定する条件の一つです。他にも条件がいくつか存在します（Lu & Chang, in press）。騙す側と見抜く側の軍拡競争は、異なる地位同士の個体間で行われ、地位の低いほうの個体は騙す側となり、地位の高い個体は見抜く側になる確率が高いだろうと私たちは考えました。この人間関係のゲームにおいて、人々は低い地位あるいは同じ地位の者よりも、高い地位の者を騙すために自己欺瞞をするだろうと考えられます。

　仮説を検証するために、私たちは 2 段階の記憶検索プロセスを想定しました。それは、他者を騙すように動機づけられた時に、自己欺瞞者は初めは情報の想起に失敗するが、騙しが成功した後には欺瞞者自身の利益になるよう情報を想起するというものです。私たちは二つの記憶課題を行いました。最初の記憶課

題は、騙される者の前で、騙す動機づけがある状況で行われました。2番目の記憶課題は、騙される者がおらず、騙す動機づけがない状況で行われました。二つの記憶課題の成績を比較することで、自己欺瞞の存在が明らかになります。この二元的記憶の枠組みのもとで実験を実施し、仮説を支持する結果が得られました。高い地位の者とやりとりした参加者は、騙す動機がある条件で、初回に想起した項目数が2回目の想起よりも少ない傾向にありました。一方、騙す動機がない条件では、1回目と2回目に想起した項目数に違いは見られませんでした。これらの結果を、実験中に相手を騙したことが確実に判明している参加者の結果と比較したところ、高地位条件の人たちは無意識的にターゲットを騙していた、あるいは自己欺瞞をしていたのに対し、同地位条件の人たちは意図的に騙していたことが示唆されました。これは私たちが自己欺瞞を検証するために行っている現在進行中の実験の一つです。

性淘汰と配偶行動の研究

　武器と装飾品　ある形質が環境から選択されることによりその頻度が増えるとする自然淘汰に対し、性淘汰の理論はある形質が異性から選択されることによってその頻度が増えると説明します。ヒトや他の多くの動物については選ぶ側の性は主にメスで、オス同士の競合に淘汰圧をかけます。淘汰は二つの形で生じます。一つは同性内淘汰またはオス間闘争と呼ばれるもので、限りある性（メス）にアクセスするためにオス同士が激しく闘争することです。もう一つは異性間淘汰あるいは配偶者選択、もしくはメスによる選択と呼ばれるもので、メスに選ばれるためにオス同士が互いに競争することです。これら2種類の競合により、大きく二つのタイプの性的二型が生じ、いずれもオス側に際立った特徴が発達します。一つは、他のオスと戦い、他のオスを痛めつけ、時には殺すのに役立つ武器のような形質です。よく知られた武器の例として、オスのゾウアザラシの巨大な体サイズと肥大化した鼻や、多くの有蹄類のオスに見られる角が挙げられます。オス間闘争においてこのような武器が使用されるため、オスの死亡率が相対的に高いことも、武器タイプの性的二型の一例と言えます。メスよりも身体サイズが大きい、力が強い、高い攻撃性・暴力性を備えているといったように、ヒトのオスも同じく武器のような特質や行動を備えています。

もう一つのタイプの形質は、装飾品と表現される、異性間淘汰や配偶者選択、メスによる選択の産物です。一番よく知られている例は、クジャクの尾羽です。他にも例として、並外れて低い声で鳴くトゥンガラガエル、刺激的な体色のグッピー、派手な羽を持つ様々な鳥がいます。ヒトの装飾品的な特徴としては、低い声、顔や体の対称性、自慢、ユーモアのセンスなどを例として挙げることができます。生物学的なもの以外にも、私たちは文化や技術を通して表現型を延長しています。芸術、音楽、文学などのクリエイティブな活動は、ヒトにとってメスを魅了するクジャクの尾羽のようなものだと言えるでしょう。装飾品が選択される理由は、それがよい遺伝子を示す特徴であるからです。よい遺伝子を示す特徴となるために、装飾品的特徴は二つの基準を満たしていなければなりません。それは、維持するためにコストがかかること、役に立たずむしろ適応度を下げることにつながることです。上述の例はすべて、これらの基準を満たしています。例えば、とてつもなく派手でカラフルな鳥の羽は捕食者を惹きつけ、捕食から逃れるのを困難にさせます。このような、維持するのにたくさんのエネルギーを消費させ、自身の適応度を低下させるのにつながる手の込んだ装飾品は、無駄なコストを抱えた個体の、全体的な健康さや遺伝子の質を表す特徴として機能します。人目を惹くオスは、ハンディキャップを背負いながらも競争に対処する余裕があることを示すことで、よい遺伝子を持っていることをメスにアピールします。ヒトのオスでも、喫煙や飲酒がメスを惹きつけるクール・・な仕草として捉えられ、たいていの喫煙や飲酒の広告は明示的にあるいは非明示的に性的テーマを表しています。

配偶行動と装飾的行動　この理論的枠組みから私たちは、配偶者選択が女性においてではなく男性において、装飾的・武器的行動と関連していることを示すためにいくつか実験を実施しました。ある研究で、私たちはリスクテイキングの判断と行動について検討しました（Li & Chang, 2010）。装飾品が役立たずで適応度を下げ、その上、維持するのにコストがかかるように、リスクテイキング行動は明確な機能的意義がなく、危険をもたらします。装飾品がそうであるように、リスクテイキング行動は同種のメスから好まれ、オスの性的魅力と見なされます。私たちは、リスクテイキング行動と配偶行動の動機の関連を調べ、リスクテイキングは金銭的報酬によって外発的に動機づけられるという対

立仮説と、どちらが妥当かを検証しました。後者であれば、その効果は男女を問わず同様に見られるはずです。私たちは、大学生の男女を対象に、魅力的な異性の写真、魅力的ではない異性の写真、お金やメダルの写真のいずれかを呈示しました。これらの3条件は単純な知覚課題を装って呈示され、実験参加者はコンピュータ画面上に一瞬だけ表示される写真の位置を、キーボードの二つのキーのいずれかを押して回答するよう指示されました。写真の呈示後、参加者は19個の異なるリスクテイキング・シナリオを与えられ、それぞれの状況で自分がリスクテイキングするだろうと思う程度について回答しました。19個のリスクテイキング・シナリオは、4種類のリスク状況（金銭的リスク、健康上のリスク、社会的リスク、娯楽上のリスク）を反映していました。4種類の状況それぞれでの回答の合成得点を従属変数として用いました。

　分散分析の結果、私たちが予測していた有意な交互作用は確認されませんでした。しかし、別々に行ったt検定の結果、男性は魅力的な異性の写真を呈示された時において、魅力的ではない異性ないしはお金の写真を呈示された時と比べてリスクテイキング行動が強まることが示されました。一方、女性では条件間でリスクテイキングの程度に違いは見られませんでした。例えば、健康上のリスクについては、男性において魅力的な写真を見せた条件とお金の条件との間の平均値の差は、標準偏差の2分の1の値でした。この平均値の違いは統計的に有意でした。女性に関しては、二つの条件の平均値はほとんど同じでした。他の平均値の比較に関しても同様の結果が見られました。これらの結果は、性淘汰理論をサポートするものです。ほとんどの哺乳類がそうであるように、ヒトの（メスではなく）オスは、配偶行動に動機づけられた装飾的な行動を獲得しています。魅力的な女性が周囲にいる場合、男性は無益で潜在的に危険な行動により従事しやすい傾向にあります。しかし、そのような行動はよい遺伝子のシグナルとしては有益になります。このように、男性のリスクテイキング行動は、配偶行動の動機によって突き動かされます。女性は同じ性淘汰の理由によって男性のリスクテイキング行動に惹きつけられます。つまり、女性は質のよい配偶者を選ぶためにそのシグナルを利用するのです。動機や欲求の状態は、意識的・無意識的に私たちの行動を引き起こす至近的な手がかりとして機能します。日常生活でも、他のあらゆる動機と同じように、配偶行動の動機は私た

ちの行動を引き起こす、あるいは形作るものとして無意識に潜んでいるのです。

配偶行動と武器的行動　もう一つの研究で（Chang *et al.*, 2011）、私たちは男性における配偶行動と戦争との関連を検討しました。戦争は、ヒトが関わる現象の中で、おそらく最も著しい性的二型を示すものです。人類の歴史を通じて、戦争で戦ってきたのは男性でした（女性ははるかに少ない数でした）。そして、既婚あるいは年をとった男性よりも、未婚で若い男性のほうがより戦地に赴く傾向にありました。あからさまな性的収奪は、ヒトの最近縁種であるチンパンジーや、産業化以前の部族社会においても、近現代の軍隊と同様に記録されています。それ以上に横行していたのが、表沙汰にならない配偶行動、すなわち、戦場の陰で行われる、敵や民間人の女性を相手にした、レイプ、売春、その場限りの関係、真剣な交際です。私たちは第二次世界大戦中あるいは大戦後の20の軍事占領地のデータを集めました。これらは第二次世界大戦のヨーロッパでの特定の軍事作戦、アメリカによるベトナムと朝鮮半島南部の占領、アフリカの内戦を含んでいます。これらのデータは、2万6000日の占領期間、1600万人の占領軍の兵隊、400万人近くの性的接触可能性のあった女性（レイプ被害者、売春婦、交際相手を含む）を示しています（表1）。私たちは、兵士の性的接触可能率（Warrior sexual accessibility rate: WSAR）という指標を算出しました。WSAR を、男性の生涯における生殖可能期間である60年分に換算すると、1人の兵士が120人と性的接触を持つことになります。これは、平和な時代の西洋人男性は平均して生涯に10〜15人の性的パートナーを持つ（Wellings, Field, Johnson, & Wadsworth, 1994）というデータとは対照的です。このように極端な性的二型を示し、かつ莫大な潜在的配偶機会が存在することから、性淘汰はヒトの戦争の起源に対する究極的な説明となるのです。

　私たちは配偶と戦争との関連を検討するために、高次・低次認知課題を用いていくつか実験を行いました。これらの実験では、男性参加者に魅力的な女性の顔と女性の脚の写真を見せて配偶動機を活性化させました。従属変数として、牧場のシーンと戦争のシーンでの反応時間の違い、そして、近現代において中国と敵対関係にあった国に対して、貿易競争よりも戦争をしたいと思う意欲を測定しました。若い女性の顔をプライミングされた場合のほうが、老女の顔をプライミングされた場合よりも、男性参加者は戦争のシーンに対する反応が早

表1　第二次世界大戦中・大戦後における 20 の占領データに基づく兵士の性的接触可能率（WSAR）

占領期間	占領地	占領日数	占領兵数（万人）	性的接触可能だった女性の人数（万人）	兵士の性的接触可能率
1937-38	南京	45	5	2[a]	0.00889
1937-45	アジア	2910	700	10-20[b]	0.00001
1940-43	スコットランド	1290	0.7	0.11[c]	0.00012
1940-43	フランス	1080	100-200	8[c]	0.00005
1941-42	ソビエト連邦	420	300	100[c]	0.00079
1943-45	イタリア	570	7-10	5.25-7.5[b]	0.00132
1944-45	イギリス	365	165	10[c]	0.00017
1945-45	日本	120	35	7[b]	0.00167
1945-48	ベルリン	960	150	11[a]	0.00008
1990	オロンガポ・アンヘレス	365	8	5.5[b]	0.00188
1950-60	韓国	3600	6.2	2[b]	0.00009
1965-70	フィリピン	1800	4	2[b]	0.00028
1965-73	ベトナム	2880	42.9	30-50[b]	0.00032
1971-77	バングラデシュ	270	9-10	20[a]	0.00780
1971-77	韓国	2160	4.3	3.6924[b]	0.00040
1990-91	タイ	210	6	80[b]	0.06349
1991-94	ルワンダ	1440	少なくとも 1	25-50[a]	0.02604
1991-2002	シエラレオネ	3960	7.2	21.5-25.7[a]	0.00083
1992-95	ボスニア・ヘルツェゴビナ	1320	8	2-5[a]	0.00033
2004-05	ダルフール　スーダン	360	2	0.2[a]	0.00028
Total		26125	1613.3	377.4774	

20 の占領を通しての WSAR：0.00547

a: レイプ被害者、b: 売春婦、c: その場限りの関係または真剣な交際

$$\text{WSAR} = \frac{\text{性的接触可能な女性数} \div \text{占領日数}}{\text{占領兵数}}$$

60 年という数字を当てはめると、生涯でおおよそ 120 人との性的接触の機会があるということになる（0.00547×365×60=119.79）。値に幅がある場合は、WSAR を算出する上で平均値を使用した。データソースは筆者。

い傾向にありました。その一方、若い女性をプライミングされた条件と老女を
プライミングされた条件の間には、牧場のシーンでの反応には統計的な差は見
られませんでした。同様に、魅力的な女性を呈示された条件では、魅力的では
ない女性を提示された条件よりも、参加者は好戦的な態度を示しました。女性
参加者の間では、このような効果は見られませんでした。これらの結果は、配
偶と戦争との関連は男性では見られるが、女性では見られないということを示
しています。

血縁淘汰、血縁関係の効果の研究、親と子の類似性の信念

適応度と包括適応度　ダーウィンが初めて適応度の概念を導入してから長い
こと、適応度は調べられている個体単独の繁殖成功度と定義されてきました。
ダーウィンの適応度の概念を拡張させた包括適応度とは、個体の適応度すなわ
ち繁殖成功度に、個体の近縁者の繁殖成功度に影響を及ぼす特定の行動または
性質の効果を加えたものです。個体の繁殖成功度に含められる近縁者の繁殖成
功度の範囲は、個体とその近縁者との遺伝的近縁度によって決まります。包括
適応度の理論は、行動や性質（より具体的には、それらをコードする遺伝子や対立
遺伝子）が集団に広まる二つ目の経路を明らかにします。ダーウィンの個体の
繁殖を通した自然淘汰の原理に加え、このような血縁者の繁殖成功度を通した
経路は、血縁淘汰と呼ばれます。オックスフォード大学の生物学者であったハ
ミルトンは包括適応度の理論を考え出した研究者であり、包括適応度の理論は
ダーウィンの理論に進歩・拡張を引き起こしました。

　包括適応度の理論によると、Cを利他行動をとる個体 i のコスト、Bを近縁
者 j が受け取る利益、rを個体 i と近縁者 j の間の遺伝的関連度（言い換えれば、
個体 i の利他行動の原因となる遺伝子を近縁者 j が共有している確率）とすると、利
他的遺伝子は $C_i < B_j r_{ij}$ の条件を満たす場合に広まるとされています。利益と
コストは、繁殖成功度の観点から定義されます。つまり、利他的な行動や性質
が選択され、集団内でその頻度が増加するのは、利他行動を示す個体の繁殖成
功度の減少が、利益を受けた近縁者の繁殖成功度の増加分に、近親者と利他的
個体が利他行動の原因遺伝子を共有する確率を掛け合わせて重みづけしたもの
よりも、小さい場合に限られるということです。利他的な個体にかかる繁殖コ

111

ストが、利他行動によって恩恵を受ける近縁者の繁殖上の利益を上回るならば、行動および関連する遺伝子は淘汰されます。

血縁度がエピソード記憶の時間的隔たりに及ぼす影響　日常観察や場面想定による実験では、非血縁者が相互作用の相手である場合よりも、意識的に血縁者とつき合う場合において、人々はより利他的にふるまうことが示されています。この研究の方向性から、血縁関係の認識に応じた自伝的記憶のバイアスを提案します（Lu & Chang, 2009）。それは、将来における利他主義を促進するために、過去の出来事との時間的な隔たりに対する主観的感覚を変化させるバイアスです。私たちの論拠は、対人関係におけるネガティブな経験が将来の相互作用に持ち越される可能性を減らすメカニズムは、どんなものであれ、緊密な社会集団の中で調和のとれた関係を維持する上で適応的であるはずだ、というところにあります。記憶（特に自伝的記憶）における身内びいきのバイアスは、このような適応的な機能を果たすと思われます。私たちの仮説は、ヒトの祖先の進化環境において、緊密な対人関係の大部分は血縁者同士のものだったことを前提としています。ある研究で、私たちは大学生たちに、いとこや友人が関わる（いとこまたは友人の条件は参加者間要因として配置された）ポジティブまたはネガティブな過去の経験（出来事の種類の条件は参加者内要因として配置された）を思い出すように指示しました。分散分析の結果、有意な交互作用効果が見られました。よい出来事を思い出す際には、その出来事に関わる人がいとこか友人かで差がない一方で、いとこが関わる嫌な出来事は、友人が関わる嫌な出来事よりも遠い過去として感じられる傾向にありました。これらの結果は、ポジティブな経験の記憶は血縁者と非血縁者との間で時間的な差がないのに対し、血縁者が関わる嫌な出来事は非血縁者が関わる嫌な出来事よりも時間的な隔たりがあるように思い出されるという、私たちの仮説を支持するものです。つまり、どのような理由にせよ、ポジティブな相互作用は血縁関係および友人関係どちらにおいても有益なものですが、血縁関係において特別にもっと有益になるというわけではないということです。

　フォローアップの研究として、過去に競争で勝ったもしくは負けた経験の時間的な見積りについて調べました。血縁者との競争に勝った場合、勝利というポジティブな経験に時間的近接性の効果は見られないと予測されます。なぜな

ら、競争後の勝利者と敗者の相互の反感によって相互作用の継続が妨げられる恐れがあり、血縁者への利他行動とは相容れないからです。同じことが血縁者に敗北した場合についても言えるでしょう。どちらの状況でも、潜在的な対立や敵意の感情を遠ざけるように働く記憶バイアスは、血縁者との継続的な友好関係および血縁者に対する利他主義を促進すると考えられます。したがって、過去に競争で血縁者に勝ったもしくは負けた経験は、非血縁者に勝ったもしくは負けた経験よりも遠い過去の出来事として思い出されると考えられます。この仮説を検証するため、大学生の参加者の半分には友人と、残り半分にはいとこと、過去に競争して勝った経験もしくは負けた経験を思い出してもらいました。分散分析の結果、有意な競争相手の主効果のみが確認されました。この主効果は、友人との競争はいとことの競争と比べて、勝利したか敗北したかに関係なく、より近い過去に感じられる傾向にあることを示唆していました。これらの結果は、血縁者が関わる過去の競争での勝利もしくは敗北の経験の記憶は、非血縁者が関わる勝利や敗北よりも遠い過去として思い出されるという私たちの仮説を支持するものです。この結果は、ポジティブな経験も、ネガティブな経験と同じで、時間的隔たりがすべて等しく記憶されているわけではないことを示唆しています。血縁者との友好関係や血縁者への慈悲・利他主義と一致しない経験は、ポジティブな出来事であっても現在よりも遠い過去の出来事であるように思い出されるのです。

父性の不確実性と父と子の類似度の信念　ヒトのメスでは排卵と受精が隠蔽されているという事実により、ヒトのオスは父性の不確実性という独特な繁殖上の課題に直面します。言い換えれば、母親と違って、父親は自分の子どもが本当に自分の子どもかどうかに 100％ 自信を持つことができません。父性の不確実性の結果、父親から子どもへの投資は、母親からの投資よりも小さく、ばらつきが大きくなります。その一方で、父親からの投資のばらつきが大きいということは、ヒトの親たちは父性の不確実性をそれぞれにある程度までは解消していることを示唆しています。生物学や心理学での最新の研究は、ヒトは父性の不確実性を低減させるような行動的・文化的な適応方略を選択してきたことを示唆しています。父性の不確実性を和らげる文化、慣習、行動の例としては、結婚、父方居住（父方の祖父母や親戚と同居すること）、親子の類似度におけ

113

る父親びいきの見方、「孝」（子が親に対して絶対的な服従と忠誠を誓うこと）など
が挙げられます。ここから湧き上がる次の興味深い疑問は、こうした父性の不
確実性を抑える慣習や行動が、父親からの子への投資にどのように影響を及ぼ
すかというものです。

　私たちは、子どもが父親似であるという考えと父親からの投資との関係を、
未就学児とその親の大規模サンプルを用いて検討しました（Li & Chang, 2007）。
私たちは、家族システムにおける波及効果に関する既存の研究の中で父親から
の投資を定義しています。家庭内での様々な葛藤に起因するかく乱や波及効果
を含む家族システムの中では、父性の疑いが大きくなれば、父親は子どものネ
ガティブな特徴により注意を向けるようになり、その結果として父性が確実な
場合よりも厳しい態度で育児をするようになると私たちは考えました。私たち
の仮説は、子どもが母親似だと考える家庭と比べ、父親似だと（父親または母
親が）考える家庭では、父親の厳しい育児の原因は、子どもの特徴（情緒不安
定）よりも父親のネガティブな特徴（抑うつ感情と結婚生活への不満）で、ただし、
子どもの攻撃行動とは強い相関を示すだろうというものでした。

　結果から、子どもが自分似だと答えた父親は、母親似だと答えた父親よりも、
厳しい子育てをする傾向が低く、愛情深い傾向にあることが示されました。ま
た仮説通り、父親が子どもを父親（自分）似だと考える家庭のデータでは、父
親の厳しい育児態度と父親の特徴との間に有意な正の相関が見られました。一
方、父親が子どもを母親似だと考える家庭のデータでは、二つはほぼ無相関で
した。後者の集団では、厳しい育児態度と子どもの特徴との関連が、前者の集
団よりもはるかに強く見られました。父親の厳しい育児態度と父親の二つの特
徴（抑うつ感情と結婚生活への不満）の間の相関についても、母親が子どもを父
親似と考えている場合に、母親が子どもを自分似と考えている場合よりも強く
見られました。母親が子どもを父親似だと考える場合、厳しい育児態度と子ど
もの攻撃行動の相関は有意水準に届かず、その関連は、子どもは自分似だと母
親が考えている場合よりも弱い傾向にありました。一方、仮説を支持しない結
果として、厳しい育児態度と子どもの情緒不安定の間の関連は、子どもが父親
似と考える集団でも母親似と考える集団でも同程度でした。

　別の研究（Chang et al., 2010）で私たちは、子どもが父親似であるという考え

114

と父親からの投資との関連に父方居住（夫婦が夫の家族と同居する習慣）が果たす機能について検討しました。自分と子どもが似ていると報告する父親は、自分と子どもがあまり似ていないと報告する父親と比べて、結婚生活に満足しており、子どもに対して温かく接する傾向にあるだろうという仮説を私たちは導きました。また、前者の（父親が子どもは自分似だと考える）家庭では、後者の（父親が子どもは自分に似ていないと考える）家庭よりも、子どもが父親からどの程度自主性を認められていると感じているか、あるいは父親からどの程度心理的にコントロールされていると感じているかと、子どもの生活満足感との関係が強く見られるだろうと予測しました。さらに、父方の祖父母との共同生活は父性の不確実性を低減する機能を果たすため、父親との類似度の信念が育児に及ぼす効果は、父方の祖父母との生活によって弱まるという仮説を導きました。これらの仮説を、中国の農村の親子サンプルを用いて検討しました。

　私たちの予測どおり、父親から子どもへの愛情深い態度は、両親のどちらかが父親と子どもが似ていないと答えた家族よりも、似ていると答えた家族において有意に強い傾向にありました。父親の結婚生活への満足度は、自分と子どもが似ていないと報告した父親よりも、似ていると報告した父親のほうが有意に高い傾向にありました。祖父母と同居していない家族では、父親と子どもが似ていると答えたグループは、似ていないと答えたグループに比べ、父親の子どもに対する温かさは有意に強い傾向にありました。一方、祖父母と同居している家族では、似ていると答えた群と似ていないと答えた群どちらも、父親が子どもに対して温かく接する傾向には違いは見られませんでした。このことは、父方同居が父親との類似度の信念と同様に、父性の確実性を高める機能を果たしていることを示唆しています。重回帰分析の結果、どちらかの親から父親によく似ていると評価された子どもたちの間では、父親側の変数は子どもの生活満足度を予測する上で信頼性のある変数であることが示されました。父親と似ていないと評価された子どもたちのグループでは、同じ効果は確認されませんでした。父性が不確実な状況では、父親との類似度の信念は父親の育児への投資を促進または抑制する機能を持ちます。これらの回帰分析の結果は、父方同居によって調整されていました。つまり、父方の祖父母と同居していない家庭では、同居している家庭よりも子どもの生活満足度と父親側の変数との間に統

計的に強い関連が見られました。これらの結果は、父親の育児と子どもの生活満足度に対し、子どもと父親の類似度が及ぼす効果を父方同居が弱めることを示しています。父方同居がすでに父性の証明書の機能を果たしている場合、子どもが父親似かどうかによって、父親の育児への投資が影響を受けることはほとんどありません。しかし、父方同居という父性の保険がない場合は、父親の育児は別の証明書——つまり、子どもが父親似だという考え——によって促進されるのです。

2.5　あなたの家族は誰？——血縁関係を知る方法

デブラ・リーバーマン（Debra Lieberman）

　デブラ・リーバーマンは、1995 年、ニューヨーク州立大学ビンガムトン校生物化学専攻で理学の学士号を得た。その後、カリフォルニア大学サンタバーバラ校において著名な進化心理学者コスミデスと人類学者トゥービーの指導を得て、2003 年に心理学の博士号を取得した。2003 〜 08 年の間、彼女はハワイ大学モナ校に心理学の助教として勤め、2008 年からはマイアミ大学の心理学専攻の助教として活躍している。

　リーバーマンの主な研究領域は、血縁関係の認識、そして利他行動や、近親交配を回避するための感情と意思決定プロセスといった血縁性と関連する行動などがある。その他にも、社会的分類や（嫌悪などの）感情の神経的基盤、そして法律と医学における進化心理学と生物学の応用などについて、広く興味を持っている。

　2007 年、彼女はトゥービー、コスミデスとともに、有名な学術誌である "Nature" でヒトの血縁認知の論文を発表した。彼女らは血縁関係を評定するシステムが進化するメカニズムは様々な生物に見られるが、同じメカニズムがヒトに適用されるかは定かではないと主張し、研究を行った。その結果、ヒトにも同じような血縁認知のシステムが働いていることが明らかになった。彼女らは、「他の生物に影響を与えている進化の力が、ヒトだけに働きかけないことはない。ダーヴィンから始まった進化論は、われわれという生き物の神経的・心理的構造を説明するにあたって重要な役割を果たしている」と論じた（Lieberman, Tooby, & Cosmides, 2007）。

　本節でリーバーマンは、人々はいかに血縁関係を識別しているのかという進化心理学の重要な問題について、同僚と一緒に行った実験研究を紹介している。

本人による主な参考文献

Lieberman, D. (2009). Rethinking the Taiwanese minor marriage data: Evidence the mind uses multiple kinship cues to regulate inbreeding avoidance. *Evolution and Human Behavior, 30*, 153-160.

Lieberman, D., Pillsworth, E. G., & Haselton, M. G. (in press). Kin affiliation across the ovulatory cycle: Females avoid fathers when fertile. *Psychological Science*.

Lieberman, D., Tooby, J., & Cosmides, L. (2003). Does morality have a biological basis? An empirical test of the factors governing moral sentiments regarding incest.

Proceedings of the Royal Society London B, 270, 819-826.

Lieberman, D., Tooby, J., & Cosmides, L. (2007). The architecture of human kin detection. *Nature, 445*, 727-731.

研究の概要

血縁関係は、生物学や人類学の分野では重要な事項と見なされています。一方、心理学の分野では、心がどのように血縁関係を評価し、どのように血縁者に対する行動を制御しているのかについて、ほとんど関心が払われてきませんでした。私はこのギャップを埋めたいと思っています。そのために、血縁者と非血縁者を区別するために私たちの心が手がかりとしているものや、血縁関係の情報を用いて性行動や利他行動への動機づけを制御している心理機構の性質について調査しています。

なぜ血縁認知に注目するのか

既知のあらゆる文化において、相手との血縁関係は個人の行動を制御する重要な（たいていは最も支配的な）要因になります。血縁関係についての明示的な分類方法や用語、考え方は地域によって異なりますが、どの地域でも人々は他者を近親者とそうでない親類、そして非血縁者に分類し、それに応じて接し方を変えます。実際、進化生物学の最も根本的な諸理論が示唆していることですが、日常的に近親者が接する生物種（ヒトを含む）は、近親者と非血縁者を区別するための計算機構を進化させてきたはずです。これらの機構は（少なくとも）二つの、それぞれ違う意志決定ルールと情動反応を持つ動機づけシステムと関連しています。一つは血縁者への利他行動を促すもの（Hamilton, 1964）、もう一つは血縁者との性行為を思いとどまらせて近親交配による害を防ぐためのもの（Bittles & Neel, 1994）です。そういったシステムをたくさんの生物種（ジリス、ハタネズミ、ヒヒ、チンパンジー）が持っていることは確認されていますが、ヒトが持つシステムについてはほとんど知られていません。ヒトはどうやって、どの他者がどの血縁カテゴリーに分類されるということを知るのでしょうか。そして、血縁関係の情報は性行動や利他行動への意欲にどのように影響するのでしょうか。

心はどのように血縁関係を計算するのか

　遺伝子を直接見ることはできませんから、進化によって獲得可能なのは、祖先の時代に血縁度と確実に相関していた手がかりを使って、各個体が血縁度の指標を独自に算出するという機構でしょう。血縁者を検知するシステムが自然淘汰の過程で形成されたのであれば、私たちの祖先の狩猟採集生活の中で利用可能な手がかりが、私たちの認知構造に反映されているはずです。さらに、異なる血縁関係（母親、父親、子どもなど）が異なる手がかりで同定されてきたのであれば、様々な血縁認知機構が存在しそうです。私はきょうだいに焦点を当てて研究をしているので、問いはこうなります。自然淘汰を通じてきょうだい認識に使われるようになった、きょうだい関係と十分に相関し、世代を超えて安定して見られる手がかり（特定分野の情報）とは、いったいどのようなものなのでしょう？

心が何を手がかりにきょうだいを識別するかをどうやって実証的に調査するか

　倫理的な問題があるので、進化生物学者が血縁認知の研究をする際に行っている養子化実験を、人間に対して行うわけにはいきません。代わりに、自然に生じた家族構成や行動、情動反応の違いを使って、心がきょうだい関係を同定するために用いている手がかりに迫ることになります。私はトゥービー、コスミデスと一緒に（Lieberman, Tooby, & Cosmides, 2003, 2007）、ある人の家族構成や同居年数、家庭内の習慣、子どもの頃の行動などのデータを、様々な行動に対してその人がどれだけ嫌悪、魅力、または道徳上の問題を感じるかを評価する質問紙調査と同時に集めました。目標はきょうだい検知システムの構造を明らかにすることで、そのために二つの手法を用います。第一の手法は、個々人の近親相姦への抵抗感の強弱と、きょうだい関係を予測する手がかりの強弱（有無）の量的な比較です（詳細は後述）。もしも特定の要因がきょうだい関係の手がかりとなっているなら、その要因の有無によって性的忌避の強弱を予測できるはずです。第二の手法は、上記手がかりの強弱と、利他行動への意欲の強弱との量的比較です。もしも単一の血縁者検知システムというものがあって、血縁関係の手がかりが性的忌避と利他行動の両方を制御しているのであれば、きょうだい間の性行為への嫌悪感を予測できる手がかりは、同時にきょうだい

に対する利他行動も予測できるはずです。よって、性的忌避と利他行動に関するデータは、われわれが進化の過程で血縁者検知のために用いるようになった手がかりの証拠を提供するはずです。

きょうだい関係の手がかりは？

ヒトの祖先の社会環境構造を考えれば、きょうだい関係を知るための非常に信頼できる手がかりの一つは、自分の母親が新生児を世話（例えば授乳）するところを見ることだったでしょう。実際、自分の母親と乳児が継続的に出産直後の期間をともに過ごしているのを目撃すれば、ほぼ確実にその乳児は自分のきょうだいだったでしょう。MPA（maternal perinatal association：周産期の母親との近接）と呼ばれるこの手がかりは、さらに、自分が 3 歳であっても 10 歳であっても 13 歳であっても、つまり対象のきょうだいとの同居時間に関係なく、血縁度の指標となったはずです。しかし、MPA はよい手がかりではあるのですが、すでに生まれ育っている年上のきょうだいしか使うことができません。時間の矢は年下のきょうだいに、自分の兄姉が生まれ世話されているところを見ることを許さないのです。では年下のきょうだいは、何を手がかりに年上の子との血縁関係を知ればよいのでしょうか。一つの説は、子ども時代に親による育児投資を分け合った時間、つまり子ども時代の同居期間の長さが、血縁度に関する信号を発し、きょうだい関係を推定するための次善の手がかりになっただろうというものです。Westermarck(1891) によって提唱された、この「子ども時代の同居期間の長さ」には実際に性的関心を抑止する効果があることが、遺伝的に無関係な子どもたちを同居させる文化的制度を通して行われてきた様々な自然実験の中でわかっています（イスラエルのキブツ（Shepher, 1983）、台湾のシンプア（Wolf, 1995））。

心が年上のきょうだいと年下のきょうだいを同定する際に、上記二つの独立した手がかりを用いているとすれば、以下の予想が成り立ちます。①弟妹が兄姉を知る時のように MPA がない場合は、子ども時代の同居期間の長さがきょうだい関係の手がかりになり、それによって利他行動の度合いやきょうだい間の性行為への抵抗感を予測できるはずだ。②兄姉が弟妹を知る時のように MPA がある場合は、MPA によって同様に利他行動の度合いやきょうだい間の

性行為への抵抗感を予測できるはずだ。③ MPA がある場合はさらに、MPA は同居期間の長さとは無関係に使える手がかりなので、同居期間の長さは利他的ふるまいや性的忌避に関する予測因子にならないはずだ。

実証的証拠

トゥービー、コスミデスと共同で始めた研究の結果は、きょうだいを検知するために心が実際に2通りの手がかりを用いていることを示しています（Lieberman *et al.*, 2007）。つまり、MPA がある場合（通常は1組のきょうだいの年上のほうが該当します）は、下のきょうだいとの同居期間の長さは、そのきょうだいに対しての性的忌避や利他行動の予測因子になっていません。さらに、異性弟妹との総同居期間は、第三者であるきょうだい間の性行為に対する道徳的態度の予測因子になっていません。対照的に、MPA がない場合（1組のきょうだいの年下のほう）は、同居期間の長さが、上のきょうだいに対する性的忌避や利他行動、さらに第三者によるきょうだい間の性行為に対する道徳感情の予測因子になっていました。これらのデータから以下のことが言えます。①他者を年下、年上のきょうだいと認識する際に用いられる手がかりは別々のものであり、それぞれの手がかりが性的忌避や利他行動への意欲の発達に関与している。②第三者のきょうだい間の性行為に対する道徳観の個人差は、自分のきょうだいに対する性的忌避の強弱を予測する因子によって説明可能で、このことは私たちの近親相姦に関する道徳感情の起源についての知見を提供している（Lieberman *et al.*, 2003 参照）。

遺伝的に無関係な子どもたちを一緒に育てる文化的制度の二つの有名な自然実験の研究から、他者をきょうだいと認識する際に、複数の手がかりが用いられていることを示すさらなる証拠が見つかりました。①台湾のシンプア（幼い女の子が許婚の家の養女となり、許婚と一緒に育てられる制度）の文書記録から、夫婦のうち年下のほうの同居開始時の年齢、すなわち同居期間の長さが、その夫婦から生まれる子の数の減少の予測因子であることが示されました（年上のほうの同居開始時の年齢は予測因子ではありません）。前述の血縁認知モデルで考えれば、これは年上のほうが、「自分の母親が、自分の将来のパートナーである養女に授乳しているのを見る」という、同居期間の長さでない手がかりを持って

121

いるからであり、私たちの血縁認知モデルによって長年の謎が説明されること
になります（Lieberman, 2009）。②私がイスラエルのキブツ（血のつながらない子
どもたちが一緒に育てられます）で集めたデータによると、同居期間が長ければ
長いほど、互いに対する性的忌避は強くなり、利他行動の度合いは高くなって
います。また、異性の同輩との同居期間の長さによって、自分以外の同輩間の
性的行為を不道徳と思う度合いを予測することができ、性に関する道徳感情が
自分自身の性的忌避に根差していることの新たな証拠が提供されました
（Lieberman & Lobel, 2012）。

嫌悪感——性的忌避を制御する感情の再考

　きょうだいに対する性的忌避の研究は、嫌悪感（近親相姦に類する行動への応
答としてわき起こる感情）の研究へとつながっていきました。進化学的視点から
は、嫌悪感は病原体を持つものを避けるために進化し、それが配偶行動の意思
決定（その一例が、近親相姦の回避）の制御、やがてはその他の社会的逸脱（つま
り性に関係のない不道徳行為）に対しても用いられるようになったことが示唆さ
れます。一連の行動研究によって、ジョシュ・タイバー（Josh Tybur）、ヴラ
ド・グリスケヴィシウス（Vlad Griskevicius）と私は、嫌悪感が実際に3個の機
能的ドメインに分割されていることの証拠を見つけました。私たちはこの理論
的枠組みを用いて、三つのドメインそれぞれへの嫌悪感受性の個人差を数値化
する尺度を開発しました（Tybur, Lieberman, & Griskevicius, 2009）。

　嫌悪感が三つの独立したドメインに分割されることの証拠は、fMRIを用い
てケント・キール（Kent Kiehl）、ヤナ・シャイヒ・ボーグ（Jana Schaich Borg）
とともに行った研究からも得られました（Schaich Borg, Lieberman, & Kiehl,
2008）。

　手短にまとめると、私たちは病原体、近親相姦、非性的な道徳的嫌悪がそれ
ぞれ異なる脳領域（と三者に共通する領域）を活性化することを発見したのです。
私の行動研究データに加えてfMRIのデータは嫌悪感の3領域説を支持し、
様々な疾患によってこれらの領域の一つまたは複数に選択的機能低下が起きる
可能性が示唆されます。

　別の研究では、嫌悪感が持つ病原体忌避機能に注目しました。嫌悪感が病原

体忌避システムとして機能するためには、病原体の有無を評価する方法が必要です。つまり、祖先の環境において病原体の存在と相関していた手がかりがなければなりません。嫌悪感を研究する人々は、病原体の有無についての視覚的・嗅覚的手がかり（例えば、流れる血や嘔吐物、排せつ物を見ることや、腐敗臭を嗅ぐこと）に注目してきました。私の研究チームでは、それらに加えて触覚が病原体の有無に関する情報を提供するかという問いを立て、参加者に様々なものを触らせて嫌悪感を点数化してもらう実験を行いました。その結果、湿り気と生物的特性という、病原体の存在と関連する 2 要因が実際に嫌悪反応の引き金となっていることがわかりました（詳細は Oum, Lieberman, & Aylward, 2010 参照）。

今後の方向性

　たくさんの新たな疑問が私の研究から生じました。また、血縁認知については手つかずの領域がまだまだたくさんあります。例えば、私の研究で母子の結びつきが血縁関係の手がかりとなることがわかりましたが、では父子の結びつきはどうでしょうか。また近年の研究によると、他にも顔の類似性や、ひょっとしたら MHC なども、血縁関係を知る手がかりとして使われているようです。これらの手がかりと、同居期間の長さおよび MPA との関係はどのようになっているのでしょうか。きょうだいを知るためにこれらの手がかりのすべてが使われているのでしょうか。それとも一部だけが使われるのでしょうか。最後に、私の研究はきょうだい関係を対象にしていましたが、家族を構成する二者関係は他にもあります（父親と娘など）。きょうだい以外の近親者を検知するためには、どんな手がかりが使われているのでしょうか。きょうだいを検知するための手がかりと同じものでしょうか、違うものでしょうか。祖先の環境構造を考慮することが、以上の疑問や血縁認知、利他行動、近親交配回避に関するその他の疑問を解決するための仮説構築の助けになるでしょう。

2.6 集団間の偏見は自然の摂理

カルロス・ナバレテ（Carlos D. Navarrete）

　カルロス・ナバレテは、1996 年にカリフォルニア大学サンタバーバラ校で歴史学の学士号を得て、1999 年カリフォルニア州立大学で生物人類学の修士号を得た。その後、カリフォルニア大学ロサンゼルス校の人類学教授であるダニエル・フェスラー（Daniel Fessler）のもとで学び、2004 年に生物人類学の博士となり、その後の 2 年間も同大学の心理学専攻にポスドクとして所属し、2006 年にハーバード大学のポスドクとなった。2007 年、彼はミシガン州立大学の心理学専攻に助教として勤め始め、進化心理学や、偏見と差別、社会心理学などの講義を担当している。

　ナバレテは進化論的アプローチを用いて研究を行い、集団間関係や、道徳哲学、バーチャル世界における道徳的な判断や、社会的態度などの問題に関心を持っている。学部生時代、彼は道徳研究に大きな関心を持ち、「道徳の進化」をテーマに卒業論文を書き上げた。その後、彼は分子形態学のデータ分析を通して新世界ザルの進化史を研究し、その内容で修士論文を執筆し、1999 年の第 70 回南西部人類学会大会で発表した。1999 ～ 2004 年の博士課程在学の期間には、個体間の連合に関する心理学について、集団間関係（異なる民族の間の関係）を中心に研究を行った。

　ナバレテの最近の研究は、以下の三つの方向に着目している。①恐怖、攻撃、そして民族間の敵意。集団間脅威が存在する場合、男性と女性は神経生理学的に異なる反応を示し、そして心理的反応もそれぞれ違うと考えられている。彼は進化の視点から、妊娠、免疫、内集団びいき、そして集団間に存在する偏見の違いを調べた。例としては、2006 年に発表された研究では、妊娠の最初の 3 カ月の間、女性は内集団のメンバーに対する選好が強いことや、病気の脅威が存在する場合により内集団びいきをすることが報告された。②バーチャル世界における道徳的判断と行動。道徳問題はしばしば食料や性、死などの話題と関連する。これまでの研究では倫理的な理由から、現実生活においての行動または仮想場面を用いてきた。しかし、最近では、現実世界をバーチャルで再現する技術（immersive virtual environment technology: IVET）が注目されるようになり、人工的 3D 環境の中で道徳的判断や行動の研究を行うことができるようになった。この方法を用いることで、より現実味のある環境を作り出せると同時に、心理的な圧力が持続的に存在することがなくなった。ナバレテの重要な仕事

の一つは、過去の道徳研究実験のパラダイムをバーチャル環境に適用して研究を行うことにある。③生活史、時間割引、そして少数派集団が社会的成功を達成しにくい問題。少数派集団が社会において成功を獲得しにくい現象に関して、これまで様々な説明がされてきた。一つは社会文化的な観点から、社会的地位が低い少数派集団は社会の主流的な規範に反する行動原理を取ることがあり、社会の流動性などを阻害するような自傷的な行動を取りやすいとされている。それに対して、合理的行動の観点からは、少数派集団に所属している人は、自分の現在の生活に基づいて将来への期待と目標を形成し、その目標に応じて合理的な行動戦略を取っていると考えられる。すなわち、学校から中退することや、貯金しないこと、早い時期に結婚し子育てすることなどといった行動は、将来の不確実性と時間割引の戦略を反映している可能性がある。ナバレテは、これら二つの観点を結合させることによって、少数派集団の社会的成功問題を説明しようと試みている。

　本節で彼は、自分と同僚がいかに進化心理学の視点から研究テーマを立ち上げ、そしていかに多様な実験方法を用いて、集団間の敵意や集団間の偏見について研究を行ってきたのかを紹介する。

注　本節はアメリカ国立科学財団の助成金（BCS-0847237）を受けて執筆された。

本人による主な参考文献

Navarrete, C. D., & Fessler, D. M. T. (2005). Normative bias and adaptive challenges: A relational approach to coalitional psychology and a critique of terror management theory. *Evolutionary Psychology, 3*, 297-325.

Navarrete, C. D., Fessler, D. M. T., Fleischman, D., & Geyer, J. (2009). Race bias tracks conception risk across the menstrual cycle. *Psychological Science, 20*, 661-665.

Navarrete, C. D., McDonald, M., Molina, L., & Sidanius, J. (2010). Prejudice at the nexus of race and gender: An out-group male target hypothesis. *Journal of Personality & Social Psychology, 98*, 933-45.

Navarrete, C. D., Olsson, A., Ho, A. K., Mendes, W., Thomsen, L., & Sidanius, J. (2009). Fear extinction to an out-group face: The role of target gender. *Psychological Science, 20*, 155-158.

　私は私自身のことを、自然科学の視点を持って人間の社会現象を扱う科学者だと思っています。そのように考えることで、社会現象を生み出す心理システムを自然現象の一部として見なし、研究することができると信じています。こうした哲学的な関心とともに、私の興味はいくつかの広いテーマに対して、どのように心が働くのかを説明することにあります。そのテーマとは、例えば、

一見すると公平・公正であると思われる人間が、どのようにして非常に原始的な性質も持ち合わせているのかを調べることです。私の研究の枠組みとは、集団内の協力や集団間の葛藤を生み出す心理メカニズムが、病気を回避する、集団行動を追求する、配偶相手を求めて争うといった課題とどのように関連し、生み出されるのかを探求すること、と言い表すことができます。私の研究活動ではこれらのプロセスをつなぐ意思決定のルールや、そうしたルールがどのようにして規範的な信念、内臓的直感、道徳的な直感としてヒトの心に表象されているかを探っています。

　私は、人種差別主義が適応的に進化したヒトの心理特性ではないと強く確信しています。ある特性が適応の産物であると考えられるのは、それがその生物の進化史を通じて何らかの機能的意義を十分に長い間保っており、そのため自然淘汰によって形成されてきた場合に限られます。私には、人種差別がそれに当てはまるとは思えません。なぜならば、ヒトが自分とは異なる人種と頻繁に接触するようになったのは（進化的に言って）最近のことだからです（Stringer & Mckie, 1997）。したがって、人種的にバイアスがかかった認知、態度、行動を生み出すようなヒトの心理システムを自然淘汰が形成したとは考えられません。それよりもあり得そうなのは、心が他の集団と比べて自身の社会集団の心的表象を歪ませ、その結果、この生得的な内集団びいきが副産物として人種的偏見を生み出すということです。こうしたバイアスがかった心的表象は、自然淘汰によって形成された心理システムによってもたらされ、血縁関係、互恵性、協調、共有された規範に従って社会関係を適応的に維持させます。ただし、そこに人種は含まれません。

　それでは、人種差別主義の心理的起源やその維持のメカニズムを進化の視点から理解しようとすることには意味がないのでしょうか。いいえ、そうではありません。ヒトの心理に対する進化的なアプローチは、進化的な適応として説明するのが妥当な心の特徴に限らず、適応の副産物と考えられる特徴にも視野を広げています。したがって、心理学的構成概念としての人種差別主義を、進化史において繰り返し直面してきた適応課題を考慮に入れて検討し、ヒトの認知、態度、感情、行動についての検証可能な仮説を当てはめて考えるのは、有意義なことだと言えます（Tooby & Cosmides, 1992）。この「適応論者アプロー

チ」の鍵となるのは、自分や他人に対するヒトの考えの背後にある心理システムが、機能的な目的のために存在するという考え方です。つまり、ヒトの心理は社会生活上の問題を解決するためにあるのです。いくつかの問題はわれわれの進化史の中の過去に特有の問題（例えば、食料を探すこと）でしょう。しかし、われわれの進化的な過去の問題の多くは、今現在にも関係しています（例えば、配偶者を見つけること、友達を作ること、そして危険を避けることなどです）。そうした問題の中には、例えば言語の獲得のように、ヒトのみが直面する問題もありますが、私の研究は主として他の種にも広く当てはまる適応問題に注目します。その中には自身の配偶者を選び、守ることや、伝染病を媒介する動物や昆虫を避けること、（逃げたり打ち負かすことによって）敵対者との葛藤に対処すること、そして資源へのアクセスを獲得し維持することが含まれます。ご想像の通り、これらの別個の問題に対する機能的な解決法は、個人の強みと弱み、そして個人の性別によって異なる戦略を必要とするでしょう。

　人種的・民族的偏見の心理メカニズムについて仮説検証を行う研究では、人々が自分自身の所属集団ではない他の社会集団（これ以降、この集団を外集団と呼びます）の人々と相互作用する機会に直面した時に生じる問題を考慮することが重要です。集団間バイアスはわれわれの進化史に深く根ざした複雑な現象であり、偏見や差別を行う主体に対して、何らかの機能的な成果をもたらし得ると認識することが理解の鍵となります。つまり、外集団に対するバイアスのかかった考えや感情はあるレベルにおいて、そうした偏見を持っている男女の適応度を高める行動的な戦略を反映しているのです。

個人差と偏見

　こうした観点から、私は外集団に対する偏見をもたらす心理は男性と女性で根本的に異なるということを研究してきました。より具体的には、私のアプローチは外集団の男性に対処する際の問題を考慮し、そうした問題が知覚する側の機能的・性別特異的な心理とどう関連しているのかを検証しています。女性にとって繁殖上の選択権を維持することは生物学的に非常に重要であるため、見知らぬ男性からの強制あるいは支配の脅威をどれだけ自覚しているかが、女性が外集団に属する人物にどのように対処するかを決める、重要な特徴となる

と私は考えます。そして、同性間の争いは男性において最も激しいので（Daly & Wilson, 1988）、外集団に属する人物に対する反応は、攻撃や支配の争いに特徴づけられると予測されます。この観点は、男性も女性も、外集団の女性よりも外集団の男性に対してより偏見を抱くという予測を生み出します。しかし、男性においては攻撃的な支配、女性においては恐怖に基づく回避を基調とした、それぞれ異なる心理的特性、状態、行動傾向が生じるとも予測されます。

外集団メンバーと関連づけられた恐怖の消去　学習された恐怖は、対象が自然界に存在する危険（例えば捕食者）の時のほうが自然界に存在しない危険（例えば電気コード）の時よりもより消去されにくいことが知られています。これに基づき、私は人種的外集団の男性に対する条件づけられた恐怖は消去されにくく、対照的に外集団の女性や内集団の男性および女性に対する条件づけられた恐怖はいずれも容易に消去されることを示しました（Navarrete, Olsson, Ho, Mendes, Thomsen, & Sidanius, 2009）。

これに加え、消去におけるバイアスは、性別によって異なる個人差変数とも関連します。女性参加者では恐怖が消去の効果を予測しますが、男性では攻撃性と社会的優越志向性の組み合わせがその効果を予測しています（Navarrete, McDonald, Molina, & Sidanius, 2010）。私の研究室では最近、この結果がどういう条件で生じ、どういう条件では生じないのか、その境界条件を探るために、社会的カテゴリーにおける最小の条件で定義される集団（最小条件集団）を用いて条件づけの実験を行っています。最近行った実験の予備的な分析では、消去におけるバイアスの効果は人種的な違いで定義される集団間の文脈に限らず、特に男性において最小条件集団パラダイムでも生じることが発見されています。

月経周期における妊娠リスクと人種バイアス　前述した観点から、外集団の男性に対するネガティブな反応は、強制のコストが最も高い時期の女性、すなわち、月経周期の中で妊娠のリスクが高い時期にある女性において強くなると予測されます。私は妊娠のリスクが高くなるほど、いくつかの明示的あるいは暗示的な反黒人的人種偏見の指標の数値が高くなるという関連を発見しました（Navarrete, Fessler, Santos Fleischman, & Geyer, 2009）。また、性行為の強制に対し無防備だと感じる度合いが強いほど人種的偏見が強まること、さらに強制に対し無防備だという自覚と妊娠リスクとの交互作用が、人種的偏見の最も強力

な予測因子であることもわかりました。

　こうした研究の成果が現実社会に意味のある貢献ができることを示した例として、私の共同研究者は、2008年11月の大統領選挙における投票先の好みが、その人の性別や人種カテゴリー、月経周期における妊娠リスクの相互関係によってどのように説明できるのかを検証しました。アメリカの有権者サンプルを幅広く調べた結果、バラク・オバマは黒人男性としてのステレオタイプに反する存在であったため、多くの人々は無意識的に彼のことを黒人というよりも白人として知覚していました。重要なのは、この知覚上のバイアスが女性の妊娠リスクの変化の関数として、女性有権者の投票相手の好みを予測したことです。つまり、女性がオバマのことを白人と見なし、かつ、妊娠リスクが高い場合に、オバマに対する女性有権者の好みが上昇していました。しかし、高い妊娠リスクは、オバマを黒人と知覚している場合には、彼への支持を低下させました（Navarrete, Mott, Cesario, McDonald, & Sapolsky, 2010）。

現在そして将来の研究──道徳性

　偏見や差別をもたらす評価、情動反応、意思決定のプロセスは集団間の文脈に固有の特徴を持っていますが、類似したプロセスは本質的には集団内の文脈における行動の一因ともなります。重要なことは、洋の東西を問わず伝統的哲学や様々な文化の道徳体系において、集団規範が道徳判断に関連するプロセスを含めた社会的認知の出発点であり、集団間関係はその中で確立された前提や原則に対して複雑さを加えるものだということです。補足的な研究プロジェクトとして、バーチャルリアリティ技術という新しく効果的な実験ツールを導入し、道徳判断や行動を形成する要因を探求しています。この方法により、生と死のジレンマの状況で、判断や行動に影響するヒトの心や体のプロセスをリアルタイムで検証することができます。このような研究は、通常の実験室やフィールドでの研究手法では、倫理的にも現実的にも実現不可能なものです。

　多くの哲学者は、古典的な「トロッコ問題」のように、全体の利益のために機械的に1人の人間を死なせることは道徳的に許されると考えてきました。しかし、多くの命を救うためには直接的に手を下して1人の人間を殺さなくてはならないシナリオでは、そうした功利主義に基づく殺人をたいていの人は道徳

的に間違っていると判断します。それぞれのジレンマ状況で助かる命と失われる命の数は同じであるのに、殺すことは悪であるという純粋な絶対的道徳でも、全体利益の最大化という純然たる功利主義的計算でも、二つの状況の一方が道徳的に許され他方は許されないという直感を説明することはできません。それならば、ジレンマの結果が完全に同じなのに、哲学者の直感がこれほどまでに正反対なのはどうしてなのでしょうか。

　近年、心理学者は正邪の判断が道徳感情によって心理的に媒介される過程を解明してきました。しかし、そうした抽象的な道徳判断をもたらすプロセスと、現実世界における加害行動をもたらすプロセスが実際に同じものなのかはほとんど知られていません。さらには、どんな状況であれば、人は功利主義に基づき、進んで他者に直接的に危害を加えるのかもわかっていません。集団間の文脈はこの直接的か間接的かの区別に影響を与えるでしょうか。

　私の研究室ではこうした疑問を検証するために、3Dの仮想現実環境において道徳ジレンマを呈示する行動実験を開始しました。われわれの目的は以下の通りです。①なぜ道徳論を説く哲学者も一般人も、一見したところ矛盾した道徳判断を行うのかを明らかにすること。②道徳ジレンマの構造におけるどういった特徴が人々の判断に影響するのかを正確に特定すること。③そうした特徴が自律神経系の反応として表れる神経生理的活動によって媒介される過程を検証すること。④人々が自身の行為の根底にある原理に対してどのくらい意識的なのかを検証すること。⑤実験参加者あるいはシミュレーションにおける犠牲者を集団や性別にカテゴライズすることによって、人々の道徳判断や行為がどの程度変化するのかを検証すること。過去の哲学および心理学の知見から得られた概念の進展を踏襲して、シミュレーションではよく知られた哲学の思考実験を再現しました。参加者は多くの人を救うために1人の人間の命を奪うかどうかを決断しなければなりません。またそのフィードバックとして、現実の緊急事態で生じると思われる、苦しむ人々の生々しい音声や映像が呈示されます（デモは以下のサイトで見られます：www.cdnresearch.net/vr-dilemmas.html）。仮想世界において古典的なトロッコ問題を呈示した最初の実験の結果、大多数の実験参加者は道徳的な功利主義者として行動しました。つまり、①5人の命を救うために1人を死に至らしめる行為をするか、あるいは②その行為を行えば1

第 2 章　心と社会を進化から考える

人の命と引き換えに 5 人の命が犠牲になるような行為を差し控える、という判断が観察されました。功利主義的な結果を得るために積極的な行動が必要な場合に、自律神経系はより活性化し、覚醒度が高まるほど、功利主義的な行動が減っていました。興味深いことに、性格、人種、そして社会階層の影響は見られませんでした。われわれの研究によって、少なくとも一つの古典的ジレンマ状況において、道徳的判断と行動は一貫し、そのパターンは所属集団とは独立に決まるということが明らかとなりました。これらの知見は、反応を文化的に学習するのが困難な領域において抽象的推論を行う場合、人々は自身の持つ原始的なバイアスにとらわれず、自主的に考えることができることを示しています。

過去の研究との結びつき

　私の研究は、集団間の文脈における様々な脅威が、認知、知覚、態度、生理反応にどう影響するのかを明らかにするという、とても幅広いものとなっています。これまでに説明したように、私は人々がそれぞれの脅威の性質に応じて、どのように反応し、対処するのかを適応論の観点から解明してきました。私が大学院生の時の指導教員であるフェスラーと一緒に行った初期の研究では、進化的に獲得された心理システムが特定の文化的情報、例えばイデオロギー的信念をどのように処理し、どのようにして規範的信念に固執するようなバイアスを生み出すのかを研究しました。規範的信念は、集団への帰属を示す重要な印であり、加えて、環境に柔軟に適応するための重要な情報源となるため、人々は脅威や不確実性に直面すると、内集団の規範を定めようと動機づけられます。内集団の規範の中に、社会的外集団の成員に対する否定的または軽蔑的な信念や態度が含まれる限りにおいて、少なくとも一部の人々に対しては、そうした脅威が集団間バイアスを高める影響を持っています。

　私と私の共同研究者は、六つの研究論文で、アメリカの学部学生やコスタリカの農村住民において、内集団と外集団の人物の好感度の差は、死の顕現化、資源の窃盗、社会的孤立を要因として拡大することを示しました（Navarrete, 2005; Navarrete, Kurzban, Fessler, & Kirkpatrick, 2004）。さらに別の二つの論文では、病気感染の脅威が存在する場合、社会的サポートを求める欲求と関連して

131

自民族中心主義的なバイアスが高まることを示しました（Navarrete & Fessler, 2006）。また別の研究では、妊娠中の女性が妊娠していない女性よりも強くアメリカびいきのバイアスを示し、さらに、妊婦の中でも病気感染リスクの高い妊娠第一期の女性は、妊娠第二期や第三期の女性よりも強くアメリカびいきのバイアスを示しました（Navarrete, Fessler, & Eng, 2007）。

　私は大学院生になって間もないうちから、幸運にも現在の研究と関連するような様々なプロジェクトに参加する機会がありました。カリフォルニア大学ロサンゼルス校のジョー・マンソン（Joe Manson）、スーザン・ペリー（Susan Perry）、ジョーン・シルク（Joan Silk）とともに行った、霊長類の地位や互恵性、連合形成の研究（Manson, Navarrete, Silk, & Perry, 2004）や、フェスラーとともに行った、チンパンジーの生活史における妊娠への資源投資パターンの研究（Fessler & Navarrete, 2005）などです。さらに、現在の研究と関連しているものでは、嫌悪感情がどのように道徳的なタブーや病気感染の回避、集団規範、セクシャリティ、そして道徳判断と関連しているのかに関する共同研究を挙げることができます（Fessler & Navarrete, 2003a, 2003b）。これら霊長類学および人類学のアプローチを経験したことは、私の現在の研究において偏見の心理学をより幅広く統合的な理論的枠組みの中に位置づける上で、代え難い貴重な経験となりました。

まとめと将来の方向性

　多くの進化的社会科学者は、様々な領域の重要な現象の解明を期待させる理論的ツールを発展させてきました。しかし、彼らの実証研究には、どのようなメカニズムで結果としてその行動が生じたのか、十分に理解せずに行われたものが多すぎます。より統合的な適応論的アプローチでは、自然淘汰と性淘汰の原理を厳密に適用して心理学における問いを立てつつ、心理システムは適応的柔軟性を備えた複数の情報処理機構から構成されると見なします。このような見方が、社会科学の問題における進化的アプローチと社会文化的アプローチの統合の鍵となります。この意味において、心理学は自然科学と社会科学の橋渡しをする上で欠かせない存在です。なぜなら、行動の基盤をなす力学的プロセスの解明に重きを置いてきたことこそ、心理学の最大の強みだからです。私は

第2章　心と社会を進化から考える

研究の中で、行動科学分野全般に適用できる理論や原理、概念を用いて、社会心理学とその関連領域とを結びつけようとしてきました。その中で用いた手法は、オンラインアンケート、内容分析、潜在反応時間測定課題、知覚バイアス課題、生理指標の測定、仮想現実技術、行動観察など多岐にわたります。

　自然科学モデルに倣って理論と研究を統合することは、心理学や他の社会科学分野を真の科学の営みの一部として組み込むために、決定的に重要なものとなります。それは、単に進化理論に関連する概念の問題にとどまらず、われわれが科学者としてどのように研究を進めるのかという実用面にも当てはまります。それはつまり、自然科学における卓越した研究プログラムとは学際的・国際的なものであることや、次から次へとトピックを乗り換えるのではなく、研究課題を深く掘り下げて関連するメカニズムの細部まで正確に理解すること、大胆な主張をする前に結果を追試すること、といったことです。こうしたことを自戒しながら、私は社会神経科学や行動ゲーム理論の研究者とともに研究をさらに発展させ、集団間のバイアスや道徳判断の基礎となる心理システム間の相互作用をより深く理解したいと考えています。

　進化心理学者を志す人々にとって、今はいい時代です。なぜなら社会現象を研究する自然科学を志すのにいい時代なのですから。

133

コラム2　ダーウィニズムの最後のピース

井原泰雄

　科学者、研究者という仕事を初めて意識したのは、中学3年の時だったと思う。生物のT先生が、ご自身の研究対象である台湾のアリの生態学について授業でふれられ、目から鱗が落ちたのだった。もともと虫捕りや魚釣りは好きだったから、それと似たりよったりなことが仕事になり得ると知って、これはいいぞと思ったわけである。その後、コンラート・ローレンツ、リチャード・ドーキンス、日高敏隆の著書を読み、ジョン・メイナード゠スミス、ウィリアム・D・ハミルトン、エドワード・O・ウィルソンの名を知った。高校を卒業する頃には、大学院に行って動物行動学・進化生物学の研究者になるのだと周囲に吹聴していた。

　生物の形や働きに見られる巧妙なデザインは、その起源を、自然淘汰の原理により、とてもうまく説明することができる。実際、ダーウィン以降の進化生物学者たちは、この単純で強力な説明原理を使って、実に多くの生物種について理解を深めてきた。

　疑いようもなく、人間は生物の系統樹の枝先に位置する一つの生物種であり、この意味では他のあらゆる生き物と等価な存在だ。一方で、文化、言語、自由意志のような人間を特徴づける性質を考えると、人間だけは他の生き物と質的に異なる特別な存在なのではないか、という直観が拭い去りがたい。しかし、あくまで科学的に人間を理解しようとするなら、このような直観のうちに安住してばかりはいられない。むしろそれを乗り越えて、つまりは、人間を特徴づけるデザインの起源を、人間に固有の原理によってではなく、より一般的な自然淘汰の原理により、説明する必要があると思う。

　ダーウィンも、もちろんこの課題に取り組んだ。しかし、彼をもってしても、また、手を替え品を替え同じ難問に挑戦してきた後の研究者たちによっても、十分に納得の行く答を見つけることはできていない。人間性の起源と進化は、現代科学に残された最大の謎の一つであり、ダーウィンが解けなかったパズルの最後のピースなのだ。

　人間性の起源と進化を理解する上で、まずは、生身の人間の行動や心理をつぶさに調べることが助けになるだろう。しかし、それだけでは十分とは言えない。現生の動物で最もヒトに近縁なのは、チンパンジー（およびボノボ）である。ヒトとチンパンジーの系統が共通祖先から分岐したのがざっと700万年前だから、人間を特徴づける性質は、この700万年の間のどこかで出現したはずだ。過去のどの時代の人類がどの

ような「人間性」を備えていたかを推測し、その進化的変遷を復元するような、歴史的視点からの探求が必要だろう。また、人間を特徴づける性質が自然淘汰の産物であるなら、それらは当時の人類が占めていた社会生態学的ニッチへの適応としてデザインされたことになる。私たちの祖先は、チンパンジーとは異なるどのようなニッチを占めてきたのだろうか。このような生態学的視点も大切だ。

　さて、当初は動物行動学・進化生物学を志していた私だが、現在は、進化人類学の諸問題、中でも人間性の起源と進化の解明に、数理生物学的手法を使って貢献することをめざしている。若干の針路変更は、多分に偶然によるものだが、後から考えてみると、こうなるより他に道はなかったのではないかという気もしてくる。人間性の起源と進化の解明は、間違いなく難しいが、さりとて避けて通る気には到底なれないという類の事柄だと思う。

本人による主な参考文献

Ihara, Y. (2002). A model for evolution of male parental care and female multiple mating. *American Naturalist, 160,* 235-244.

Ihara, Y. (2011). Evolution of culture-dependent discriminate sociality: A gene-culture coevolutionary model. *Philosophical Transactions of the Royal Society B, 366,* 889-900.

Ihara, Y., & Feldman, M. W. (2004). Cultural niche construction and the evolution of small family size. *Theoretical Population Biology, 65,* 105-111.

第3章

認知と発達を進化から考える

3.1 120万人と人口の0.1%——書き方で数の印象が変わるのはなぜ?

ゲイリー・ブレイズ (Gary Brase)

　ゲイリー・ブレイズは、アメリカのカンザス州立大学の心理学専攻の准教授を務めている。彼は、主に進化的視点から人々の推論過程を研究している。伝統的な枠組みから言えば、彼の研究は、認知心理学（推論、意思決定、不確実性のもとの判断）と社会心理学（人間関係、利他行動、社会的認知、説得）の両方と関連している領域に入る。

　1990年カリフォルニア州立大学フレズノ校で心理学の学士号を得た後、彼はカリフォルニア大学サンタバーバラ校で著名な進化心理学者レダ・コスミデス（Leda Cosmides）と人類学者ジョン・トゥービー（John Tooby）のもとで学び、1993年と1997年に心理学の修士と博士の学位を得た。

　ブレイズは豊富な教職経験を持つ。1997〜2000年の間はノースフロリダ大学の心理学専攻で客員助教として務め、2001〜03年の間はイギリスのサンダーランド大学心理学専攻で上級講師を務めた。2003〜07年の間はミズーリ大学コロンビア校で助教を務め、その後2007年から現在までカンザス州立大学の心理学専攻に准教授として在職している。

　彼の主な研究分野は以下の通りである。

　①不確実な状況における数値情報の判断。人々は数値情報をどのように呈示されたかによって（例えば頻度や単一事象確率など）、異なる使用と判断の傾向を表す。ブレイズはこれらの現象と関連する能力（異なる仕方で呈示された数字や統計学的情報が、いかに人々の行動や表面的合理性に影響を与えるのか）にも、これらの現象の応用の仕方（「大きい数字」や「小さい数字」への主観的知覚がいかにその後の評定過程と説得に影響を与えるのか）にも興味を持っている。

　②特定の領域での推理。形式論理では、推論は必ず言葉の構造または文法に基づくとされる。しかし、実際に意味のある言葉から推論する時、人々は形式論理ではなく、情報の内容から結論を導き出している。ブレイズは情報の内容のどの部分が人々の推論に対して重要な役割を果たしているのかを研究している。例えば、社会的集団の情報が推論に与える影響の研究からは、集団のマーカと分類などの情報は社会的集団に対する信念に大きく影響を持つことが明らかになった。

③社会的意思決定。特定の人間関係タイプは、人々の行動に対して特殊かつ重要な影響を持つ。これらの影響は、個人の経験からだけではなく、進化的・適応的な基盤も持っている。ブレイズらは特定の社会的状況において、セクハラへの知覚、男性の自尊心、身体的魅力度への評価、ウエスト・ヒップ比の進化などといった方面についての、推論と意思決定の性差の本質について研究している。

本節では、ブレイズは進化心理学の視点から出発し、数値情報の表現形式、参照系や、ものがそれ以上分割できない個体とされる時の性質について議論している。

本人による主な参考文献

Brase, G. L. (2002a). Which statistical formats facilitate what decisions? The perception and influence of different statistical information formats. *Journal of Behavioral Decision Making, 15*, 381-401.

Brase, G. L. (2002b). Ecological and evolutionary validity: Comments on Johnson-Laird, Legrenzi, Girotto, Legrenzi, & Caverni's (1999) mental model theory of extensional reasoning. *Psychological Review, 109*, 722-728.

Brase, G. L. (2008). Frequency interpretation of ambiguous statistical information facilitates Bayesian reasoning. *Psychonomic Bulletin & Review, 15*, 284-289.

Brase, G. L. (2009). Pictorial representations and numerical representations in Bayesian reasoning. *Applied Cognitive Psychology, 23*, 369-381.

Brase, G. L., Cosmides, L. & Tooby, J. (1998). Individuation, counting, and statistical inference: The roles of frequency and whole object representations in judgment under uncertainty. *Journal of Experimental Psychology: General, 127*, 3-21.

俳優デニス・クエイドと彼の妻キンバリーの間に生まれた双子の新生児は、2007年、偶然にもヘパリン（血液希釈剤）の過剰投与にさらされました。1mℓあたり10単位が適量であるにもかかわらず、その双子は1万単位のヘパリンを投与されました。幸運にも、そのミスは発見され、赤ん坊たちはヘパリンの拮抗薬を投与されました。しかし、同様の偶発的過剰投与は不運な子どもたちの命を奪ってきました。こうした事故の結果、原因の一つとして、10単位と1万単位のヘパリンの瓶の見た目が非常に似ていることが明らかになりました。瓶のサイズ、色、形では区別がつかず、実際にラベルの数字を読まねばならないのです。それ以来、薬の製造業者にはこの種の事故を避けるため、瓶の物理的外見を変えることが推奨されてきています。

誤解のないように言っておくと、私は乳児の死を避けるための対策や、死やけがを引き起こす医療ミスを減少させる対策全般に完全に賛成です。しかし、

なぜこのような特別な解決策が必要なのでしょうか。専門教育を受けた医療従事者が10と1万を見分けられないと主張する人は、普通ほとんどいないでしょう。本稿は、なぜこのようなミスが起こり得るのかを（怠慢、疲労、不注意のような、ミスを犯した人への軽蔑的な仮定に訴えることなしに）説明しています。私の主張は、簡単に言うと、ヒトの心が数値の情報をどのように扱うかは、数万から数十万年の進化を通じてデザインされたもので、現代の状況下では私たちが期待するほど常に効果的なわけではない、ということです。

　本稿の残りでは、心が数字を扱うやり方についての三つの特徴を示します。研究により、ヒトの心が最も効果的に機能するのは、情報が、

　①頻度として表現されている（頻度仮説）

　②オブジェクト全体、出来事、場所として表現されている（個別化仮説）

　③比較的小さな値の整数で表現されている（参照数量仮説）

場合であることがわかっています。

　この限られた条件の外にある数を扱う際には、理解、正確さ、記憶に問題が生じます。といっても、人々が度数以外の形式や、オブジェクト全体以外の表現や、値の小さな整数以外の数値を理解できないわけではありません。人はいつでも、こうした課題を乗り越えることができますし、実際そうしています。ですが、難しくはなります。理解に至るまでにもっと労力を要しますし、一般にこうした情報への理解力は不十分で、情報を記憶しておくのも困難です。

頻度仮説

　定量的な情報は、様々な形式で表現できます（表1）。例えば、私は混雑した部屋を見渡して、男性と女性の数を数え、その結果をトータルの人数（男性15人と女性30人）として報告することができます。かわりに、パーセンテージ（33%が男性で66%が女性）や、割合（3分の1が男性で3分の2が女性）や、比（男性対女性が1：2）や、単一のイベントが起こる確率（部屋からランダムに1人抽出した場合、確率0.33で男性、0.66で女性）で表現することもできます。これらの形式はそれぞれ、やや異なった数学的特徴と、対応する計算目的に応じた利点や欠点を持っています。ある変換には特定の情報が必要なものの（例えば、33%の人が男性だった場合、男性の実際の頻度に変換するには、合計人数を知る必要が

第3章 認知と発達を進化から考える

表1 数値形式入門

形式	例	特徴
絶対度数	2億6400万人の中国人	加工（標準化）されていない度数の数え上げ、しばしば非定量的な基準クラス
単純頻度	10毎に2	基準クラスについて最小の比まで小さくした頻度
相対頻度（パーセンテージ）	20%	100を基準として標準化された頻度（時折確信度の主張）
単一事象確率	0.20	0から1の範囲で標準化した確率（頻度でも個人の確信の度合いでも）についての言明
機会	10回のうち2回	文章を通じてお互いの関係を記述された整数（頻度や主観的確信度として解釈される）
割合	1/5	お互いの関係を表現された整数（頻度や主観的確信度として解釈される）

あります）、理論的にはこれらの形式は相互に交換可能です。しかしながら、心理学的有効性の点では、これらの形式は明らかに同じではありません。

　情報の頻度表現は、よりよい判断と意思決定をもたらします（Cosmides & Tooby, 1996; Gigerenzer, 1991; Gigerenzer & Hoffrage, 1995）。どのように、そして、なぜこのようなことが起こるのか、双方の説明として、いくつかの要因が寄与しています。まず、最初のほうの例で示したように、頻度はその数の根底にあるサンプルサイズの情報を運んでいます。50%というパーセンテージは、小さなサンプル（2のうち1）かもしれませんし、大きなサンプル（9100のうち4550）かもしれません。このことから、数値形式の中でチェスのクイーンにあたるのが頻度だと言えます。頻度は他のどんな形式にもなれます（変換できる）が、一方で、他の形式はある方向（形式）に変換するのに必要な情報を欠いています。

　本質的により多くの情報を保持していることと、柔軟であることに加えて、度数は生態学的にもより妥当です（例えば，Brase, Cosmides, & Tooby, 1998）。つまり、現実世界の情報は、頻度として存在する傾向にあります。ものを数える最もシンプルな方法は、頻度として数えることです。事象——起こるか起こらないか——は頻度として数えられますし、ある場所を訪れた回数のような活動も、一般に頻度として数えられます。このような情報は他の形式でも表現されるし、記憶に貯蔵できますが、それらは、最初は頻度から求めざるを得ず、変換は世界についての情報を捨てる過程です。

141

現実世界は頻度の情報であふれていて、それは進化的時間スケールで見ても変わらない世界の本質であり続けてきました。したがって、進化によって獲得された、心が世界についての統計的情報に注目する能力は、頻度データを扱うようデザインされていった可能性が高いと考えられます。これが「頻度仮説」です。つまり、頻度はヒトの心に特権的な表現形式として備わっているのです。さらに言えば、頻度がヒトの心的表象として特権的な地位にあるのは、ヒトの心が進化の過程で利用してきた自然環境の中で頻繁に遭遇し、かつ情報量が多いという、頻度の特徴によるものです。

　Brase（2002a）では、実験参加者にいくつかの統計的説明の明確さとわかりやすさを評価してもらったところ、頻度は単一事象が起こる確率よりも、明確でわかりやすいと見なされていることがわかりました。別の筋の証拠が、発達心理学からもたらされました。子どもには、頻度（つまり、自然数）に注目し使用する傾向が備わっており、小学生は、数値情報を解釈する際に、頻度としてのほうが理解しやすいようなバイアスを先天的に持っています（例えば、3分の2という分数を見て、これを「三つのうち二つ」と解釈する子どもは、1より小さい数量として解釈する子どもよりも、分数の理解に苦労します［訳注：Brase（2002a）では、前者は2分の1＋3分の1を、「二つのうち一つ」と「三つのうち一つ」を合わせて「五つのうち二つ」になるから5分の2と誤答しやすい、と説明している（Brase, 2002b; Silver, 1986）］。

　数値情報の表現形式を操作することで、そうした情報の知覚に実用的な影響を与えられることが研究によって示されています。医療情報のシンプルな頻度表現（例えば、100人の患者のうち12人に薬の副作用が出る）は、より明快で理解しやすいようであり（Gigerenzer & Edwards, 2003）、頻度は単一事象確率（例えば、12％の人に副作用がある：Slovic, Monahan, & MacGregor, 2000）よりも影響力がありました。

　しかしながら、頻度仮説、特に頻度は進化的意義のある特権的な表現形式であるという主張については、議論が続いています。用語の混乱や、様々な予測と様々な立場の付随関係に関する混乱は、残念ながらこの分野にはつきものです（例えば、Brase, 2002b; Girotto & Gonzales, 2001, 2002; Hoffrage, Gingerenzer, Krauss, & Martignon, 2002; Johnson-Laird, Legrenzi, Girotto, Legrenzi, & Caverni, 1999）。しか

142

しながら、これらの混乱を解消するために設計された近年の実証研究は、度数仮説を最初に提唱された通りの形で支持しています（Brase, 2008a, 2009）。

個別化仮説

　心が度数に注目し、処理し、記憶するために設計されたという説（つまり頻度仮説）は、莫大な数の研究結果に符合していますが、新しい疑問も生み出しました。そのうちの一つを端的に言えば、数えられるのは何の頻度なのかという疑問です。理論的には、世界に数えられるものの種類はほとんど無限にあります（石、雲、青いもの、草の葉、このページの文字数など）。こうした選択肢すべてを検討するせいで頭がパンクしていないということは、われわれが普段注目し数を数えるものの種類には何らかの制約があるはずです（それ以外のものに注意を払ったり数えたりすることができないと主張するわけではなく、この枠を外れるほど難しくなるということです）。

　個別化仮説（Brase, Cosmides, & Tooby, 1998）は、世界の中のどんな種類のものが頻度として優先的に注目され、処理され、記憶されるのか、それを決める最初の制約として提唱されました。この仮説では、ヒトの心がうまく働くのは、物体や出来事や場所を総体として数えた頻度を扱う場合であり、ものの側面や様相といった恣意的に切り分けたものを扱う場合ではないと考えます。例えば、30ある魚の左右の側面（つまり魚の総体としては15匹）についてよりも、30匹の魚について推論するほうが簡単です。もちろん、かご一杯の魚をさばいて、切り身にしてしまえば、魚の左側と右側を数えることができますが、それこそが個別化仮説の要点なのです。つまり、切り身は今や離散的な物体として個別化されたのです。人々がより困難に感じるのは、魚の側面のような部分に対して、それらがまだ大きなものの一部であるうちに注目することです。Brase *et al.* (1998) は、一連の慎重な実験で、離散的な要素として知覚される部分へと個別化することで、そうした部分についての統計的推論が容易になることを示しました。このことは、関連した認知メカニズムが、離散的で数えられる（つまり頻度）情報をインプットと見なすように設計されたことを強く示唆しています。

　頻度仮説のように、個別化仮説についても反対意見がいくつか存在します。

特に、Fox & Levav (2004) は、より恣意的かつ状況依存的なやり方で世界を切り分ける認知システムについて議論しています。うまくいけばさらなる研究がこの問題を解決してくれるでしょう。

参照数量仮説

また別の方向からの研究では、大規模な度数（例えば100万とか10億）が意思決定に全面的な変化をもたらすという主張もなされています。王暁田（X. T. Wang）と共同研究者たち（Wang, 1996a, 1996b; Wang & Johnston, 1995; Wang, Simons, & Bredart, 2001）は、人々が小集団か家族規模の集団（100人未満）についての意思決定を求められた時、従来観察されてきた意思決定がフレーミングによって影響されるという効果が消失することを見出しました（ここで言うフレーミング効果とは、状況を利得ではなく損失として呈示すると、高リスクの選択をする傾向が高まるというものです：Tversky & Kahneman, 1981）。突如としてフレーミング効果の影響が消え、一貫した意思決定パターンが生じた理由の一つとして、王が指摘したのは、このような小集団はヒトが進化史において繰り返し直接対処してきた数量スケールであることです。

この説明は、参照数量仮説と呼ばれ、ヒトの心は進化史において典型的に経験してきた量——0からおよそ1000まで——を離れた数値スケールを処理できるようにはデザインされていないという考え方です。とても大きな数（例えば一国や世界の人口）やとても小さな数（一つの分子が人体に占める割合）は、過去において進化的に重要なスケールだったことが一度もないのです（人々が住む物理的・時間的スケールをさす「中間の世界」の概念については、Dawkins, 2006 も参照）。

もし参照数量仮説が正しければ、以下の場合に態度と行動の両方に対して全面的なゆがみが生じると予測できます：①非常に低い基準率を大きな参照数量で表現した場合（例えば、世界人口の1％という基準率を実数で表現した場合、他の形式で表現するよりも影響が大きいと予測される）、②非常に高い基準率を大きな参照数量で表現した場合（例えば、ある変化を60億から70億になると表現した場合、他の形式での表現よりも影響力は相対的に小さいと予測される）。Brase (2002a) は、まさしくそれを発見しました。大きな参照数量に占める比率的に小さな集団を

度数として表現した場合（例えば280万、すなわちアメリカの人口の1％）は、同じ情報を別の形式（1％、0.01、100分の1）で表現するよりも、意思決定に与える影響が大きいことを発見しました。同時に、大きな参照数量に占める比率的に大きな集団を度数として表現した場合（例えば2億7700万、すなわちアメリカの人口の99％）、同じ情報を別の形式（99％、0.99、100分の99）で表現した時ほど意思決定に影響を及ぼしません。こうした影響は、後に現実世界の異なる文脈でも実証されていて（例えば、Brase & Stelzer, 2007）、実際の意思決定における行動にも影響を与えていることがわかりました（Brase, 2008b）。

応　用

　人々は生活の中でますます数に注意し、数を理解し、使う必要に迫られていて、しかも単純な方法だけでなく、数学的に高度な方法も求められています（例えば住宅ローンの利率、セールの割引率、医療検査の結果、税率に関する政治的議論、株式市況）。このエッセイは、デニス・クエイドの赤ん坊への不幸な偶発的過剰投与の話で幕を開けました。人々がどのように数を理解するかに関する進化的視点は、このような事故を理解し――将来的には回避する――助けとなり得ます。われわれの心は、ものや、出来事や、場所の量を指す数をうまく扱うように設計されています。このことから、大きな数は物理的に大きい（もしくは時間的に長い）事象を伴うことをわれわれは期待してしまいます。しかし、薬の瓶は単位にかかわらず同じサイズであり、この直感に反しています。このことは、色やラベルを変える以上に、異なる服用量の瓶は、服用量に比例して大きくするべきであることを示唆しています。

　現代の世界をうまく生き抜くには、読み書きができるという意味のリテラシーだけでなく、数をうまく扱う能力、すなわち数的リテラシーが必要です。同時に、様々な数値の形式を理解することは、常に直感的にはいかず、数値情報の理解を容易に（または困難に）する方法があることを認識する必要があります。数を理解するのに苦労するのは、必ずしも単なる勉強不足や努力不足のせいではありません。ヒトの心がどのように量的情報について考えるかには、一定の傾向が実際に存在するのです。進化的視点を活用することにより、どんな状況であれば適切なインプットの呈示によって数的理解を改善できるかが明ら

かになるでしょう。

　最後に、進化的アプローチに、創造論者、文化相対主義者、学問上の純潔主義者が抵抗しているのはまぎれもない事実です（概論として、Rodeheffer, Daugherty, & Brase, 2011）。しかし、理論的に重要で、実用的な応用を伴う研究結果は、いずれ注目を得るでしょう。たとえ最初は結果が見過ごされたとしても、そうした研究にはふつう十分な考察と発展性があり、結果の再現と進展が積み重なるにつれ、やがては注目せざるを得ないものとなるのです。

第3章　認知と発達を進化から考える

3.2　ヒトの理屈はいつだって論理的？──交換と安全の論理

ローレンス・フィディック（Laurence Fiddick）

　ローレンス・フィディックは、カナダのサイモン・フレイザー大学で学士号を得た後、カリフォルニア大学サンタバーバラ校で有名な進化心理学者コスミデスと人類学者トゥービーのもとで学び、博士課程を修了した。その後ベルリンのマックスプランク人間発達研究所の適応行動・認知センターでポスドクとして働き、ロンドン大学の経済・社会研究委員会（ESRC）の経済学習・社会進化センターの上級研究員、そしてアメリカ国立神経疾患・脳卒中研究所の認知神経科学の客員研究員でもあった。後にはオーストラリアのジェームズ・クック大学の芸術・社会科院に勤め、現在はカナダのレイクヘッド大学心理学専攻の准教授である。

　フィディックの研究は、主に推論課題にある。先行研究では、「4枚カード問題」を用いると、ロジック推論課題では大学生参加者の正答率が20％しかないのに対して、社会契約または予防措置の文脈での推論課題では正答率は75％にも上っている。この正答率の大きな違いは多くの心理学者の興味を引いている。フィディックは進化の視点からこの矛盾を分析し、コスミデスの社会契約理論から出発し、ヒトの推論能力は、身体的能力と同じように進化の過程で、特定の適応問題（例えば、社会的交換と契約の中での嘘の見極め）を解決するために「デザイン」されているものと考えた。実験の結果はこの仮説を支持した。「4枚カード問題」の参加者は、自覚的に嘘を見つけることができた。このような互恵的な社会的交換を保証するために進化した見極めの能力は、特定の認知的モジュールに基づくべきだという考えから、フィディックは関連トピックの研究を行っている。

　本節でフィディックは、ある理論上の問題に対して、自分と共同研究者がどのように異なる角度から、異なるアプローチを用いて、様々なレベルの検証を行ったのかについて紹介している。

本人による主な参考文献

Fiddick, L. (2004). Domains of deontic reasoning: Resolving the discrepancy between the cognitive and moral reasoning literatures. *Quarterly Journal of Experimental Psychology*, *57A*, 447-474.

Fiddick, L. (in press). There is more than the amygdala: Potential threat assessment in the cingulate cortex. *Neuroscience and Biobehavioral Reviews.*

Fiddick, L., Cosmides, L., & Tooby, J. (2000). No interpretation without representation: The role of domain specific representations and inferences in the Wason selection task. *Cognition, 77,* 1-79.

Fiddick, L., Spampinato, M. V. & Grafman, J. (2005). Social contracts and precautions activate different neurological systems: An fMRI investigation of deontic reasoning. *Neuro-Image, 28,* 778-786.

　進化心理学にはいくつかの異なる学派がありますが、私がサンタバーバラ学派の適応主義者の系譜に連なっていることは隠しようのない事実です。1980年代、サイモン・フレイザー大学の学部生だった時に、私のメンターだったチャールズ・クロフォード（Charles Crawford）は、当時立ち現れつつあった新しい進化心理学の初期の支持者でした。彼は徐々に、ドン・サイモンズ（Donald Symons）にコスミデスとトゥービーが加わったサンタバーバラと、つながりを持つようになりました。マーティン・デイリー（Martin Daly）、マーゴ・ウィルソン（Margo Wilson）、デヴィッド・バス（David Buss）も進化心理学の発展に重要な役割を果たしましたが、進化心理学という新しい研究プログラムの方向性を描き出したのは、コスミデス、トゥービー、そしてサイモンズでした（Cosmides & Tooby, 1987; Tooby & Cosmides, 1989; Symons, 1987, 1989）。このようにして、1991年、当時あまり知られていなかったコスミデスと、彼女よりもさらにミステリアスだったトゥービーと研究するために、私は、カリフォルニア大学サンタバーバラ校の大学院に出願したのでした。私がサンタバーバラに移って間もなく、コスミデスは「あなたは社会科学の革命に飛び込んだのよ」と私に話しました。"*The Adapted Mind*"（Barkow, Cosmides, & Tooby, 1992）が出版されたのは、1992年のことでした。その時、コスミデスが言った通りに、まさに物事は変わったのでした。

社会契約 vs 予防措置

　コスミデスの最初の学生として、私は当然のように、彼女の有名な研究、ウェイソン・カード選択課題［訳注：別名「4枚カード問題」］における裏切り者検知に立ちはだかる問題に取り組むようになりました。コスミデス自身の博士論文によって提案されたのは、「人々は、裏切り者検知専門のメカニズム――す

なわち、相互交換を行っている中で『裏切り者がいるかもしれない』という可能性に直面した時に働くメカニズム——を持っているのだ」ということでした（Cosmides, 1989）。標準的な条件文推論課題であるウェイソン・カード選択課題に、互恵的交換（本稿では、社会的交換と記述されます）を埋め込むと、それは、社会契約のルール——すなわち、「もしあなたが利益を得るならば、あなたはそのための必要条件を満たしていなければならない」——という形をとることになります。事実の状況を述べているだけの条件つき命題からなる選択課題では、通常、10% 未満の参加者しか正解しません。しかし、コスミデスは、ルールの侵犯、すなわち「利益を得る」かつ「要件を満たしていない」ことが裏切りを意味する、社会契約版の選択課題では、参加者の過半数が正解することを示したのです。彼女はこの結果を、特別な目的を持って進化した「裏切り者検知」メカニズムが存在する証拠と解釈しました。しかし、1992 年の時点で、すでに問題が明らかになっていました。人々は社会契約ルールの侵犯を検出するのが得意なだけではなく、予防措置のルールの侵犯を検出するのも得意なことが示されたのです（例えば、Cheng & Holyoak, 1989; Manktelow & Over, 1990）。予防措置、あるいは安全のルールは、「もし危険が迫ったら、自分を守る行動をとらなければならない」という形式をとり、ルールの侵犯は裏切りを意味しません。この結果は、一見、人々が単に裏切り者を検出する能力を持っているだけではなく、義務や許可に関する推論（何をしなくてはならないか、また何をしてもよいか）という、より一般的な、義務に関する推論の能力を持っているのだという、領域一般的な立場を支持するもののようでした。しかし、コスミデスの選択課題の分析は、そもそも「人々が裏切り者を検出できる能力だけを持っているはずだ」ということを意味するものではありません。事実、彼女は「実証的な証拠として、成績が向上した唯一の課題は社会契約を含んでいた」とは述べていますが、これは「社会契約版の選択課題のみが選択課題の成績を上昇させる」という主張と同じではありません。その当時のコスミデスとトゥービーの考えは、「危険は、社会契約とは異なる適応課題であり、それに対処するために獲得された心理的適応もおそらく社会契約への適応とは異質なものだろう」というものでした。この考えは、人々は社会契約と危機管理に関して異なる認知的適応を持っているのだという、現在のわれわれの考えにつながるもの

です（Fiddick, Cosmides, & Tooby, 2000）。その時から、私はこの考えの検証に着手し、今まで、この研究プログラムを行ってきました。

社会契約と予防措置の乖離に関する初期の証拠

実際に、こうした見かけの類似性に反して、社会契約と予防措置に関する推論が異なる神経認知メカニズムによるものであることを示す、多くの証拠があります。そのような最初の証拠は、私の博士論文（Fiddick, 1998）に示されています。博士課程の研究の一環として、私は反復プライミング法を用いて、社会契約と予防措置に関する異なる推論を切り分けることが可能であると示しました。実験参加者は、社会契約の課題を先に解いている時には、予防措置課題を先に解く時と比較して、より正しく社会契約の推論をすることができました。反対に、先に予防措置課題を解いていた場合には、社会契約課題を先に解いた時と比較して、より予防措置課題をうまく解くことができました。また、社会契約に関する推論はルールの侵犯が偶然起こったのだと記述されるかどうかに影響されやすい一方で、予防措置に関する推論はそうではないことを示しました。最後の知見は、Fiddick（2004）に載っているもので、社会契約ルールの侵犯は第三者としての怒りの反応と関連しているのに対し、予防措置ルールの侵犯は第三者としての恐怖の反応と関連していることを示しました。これらの知見は、その後、オーストラリア、イギリス、インド、日本、シンガポールの参加者で追試され（Fiddick *et al.*, 2009; オリジナルの Fiddick, 2004 の参加者はドイツ人）、また4歳児に対して行った実験でも同じ結果が得られました（Pooley & Fiddick, 2010）。

さらに、道徳の発達に関する研究では、基準判断（criterion judgments: Turiel, 1983）として知られる方法が、異なる領域のルールに関する推論の反対のパターンを区別するのに非常に効果的であることが示されています。例えば、エリオット・チュリエル（Elliot Turiel）と彼の共同研究者たちは、小さな子どもたちに以下のような質問を提示しました。

「私たちの学校では、校長先生が『もし質問したかったら、手を挙げるべきです』と言っています。しかし、私は、校長先生が『質問するのに手を挙げなくてもよい』と言っている学校があると聞きました。質問する時に

は手を挙げなくてもよいのでしょうか？」

　通常、どんなに小さな子どもでも、手を挙げなくてもよいと答えます。しかし、もし、

　　「私たちの学校では、校長先生が『他の子の髪の毛を引っぱってはだめで
　　す』と言っています。しかし、私は、校長先生が『他の子の髪の毛を引っ
　　ぱってもよい』と言っている学校があると聞きました。それでもよいので
　　しょうか？」

と、質問された場合には、子どもたちは以前とは違う答えを返します。校長先
生がどんなことを言っていても、「それは悪い」と返すのです。こうした一連
の質問の目的は、子ども（と大人）が義務ではない社会的慣習と義務である道
徳ルールを見分けていることを示すことにあります。道徳的な義務の基準の境
界を定めることに着目する（そのため、基準判断と呼ばれているのです）、こうし
た多様な質問が提示されるのです。私が同じ方法を用いて大人を対象に予防措
置のルールと社会契約のルールについて検討すると、彼らは予防措置のルール
のほうが「より義務的である」と判断しました（Fiddick, 2004）。この知見は、
オーストラリア、インド、シンガポールといった異なる文化の参加者でも追試
されました（Fiddick, 2007; オリジナルの Fiddick, 2004 の参加者はドイツ人）。

社会契約と予防措置ルールの乖離に関する神経学的証拠

　おそらく、社会的交換と危機管理に関して異なる認知的適応があるとする最
も説得力のある証拠は、神経学的な証拠でしょう。Stone et al. (2002) は、両側
眼窩野および扁桃体に損傷を受けた神経疾患患者 R. M. の結果を報告していま
す。神経学的に正常な、あるいは他の脳部位に損傷を受けた患者の統制群と比
較して、R. M. は社会契約の推論に選択的に障害が見られ、予防措置の推論に
は障害が見られませんでした。続いて行われた一連の fMRI 研究でも、すべて
の研究が、社会契約と予防措置に関する推論の際には異なる脳部位が活動して
いることを示しました（Ermer et al., 2006; Fiddick, Spampinato, & Grafman, 2005;
Reis et al., 2007）。また、前述した感情に関する結果と一致して、社会契約ルー
ルの侵犯に関する推論をしている時には、怒りとの関連が指摘されている（例
えば、Sprengelmeyer et al., 1998）両側のブロードマン 47 野の活性化が見られた

一方で、このような活性化は予防措置ルールの侵犯をしている時には観察されませんでした（Fiddick *et al.*, 2005）。さらに、内側前頭前皮質も、予防措置に関する推論よりも社会契約に関する推論に重要なようでした（Fiddick *et al.*, 2005）。先行研究はこの部位が心の理論課題で活性化することを示しており（例えば、Fletcher *et al.*, 1995）、このことをふまえると、社会契約に関する推論がルールの侵犯が意図的か否かに左右される（Fiddick, 2004; Cosmides, Barrett, & Tooby, 2010）のに対し、予防措置に関する推論にはこれが当てはまらない（Fiddick, 2004）という知見と、この研究結果は一致していると言えます。

　三つの fMRI 研究すべてを通じて、参加者が予防措置について推論を行っている時には、決まって帯状皮質が活性化していました。このことは、ヒトのリスク評価に関する fMRI 研究（Qin & Han, 2009a, 2009b; Qin *et al.*, 2009; Vorhold *et al.*, 2007）や、ネズミの遠隔文脈的恐怖条件づけ（Frankland *et al.*, 2004; Liu, Zhang, & Li, 2009; Zhao *et al.*, 2005）、また、一説に予防の心理メカニズムの機能不全であるとされる、強迫神経症患者を対象とした症状誘発パラダイムによるイメージング研究（Szechtman & Woody, 2004）などの研究と一致した結果であり、帯状皮質が潜在的な脅威に対する反応の神経学的基盤であることを示唆しています（Fiddick, 2011）。

　社会的交換と危機管理のそれぞれに対応する異なる認知的適応の存在を支持する神経学的証拠には、異議が唱えられることもありました。Buller, Fodor, & Crume（2005）は、「裏切り者検知は何も特別なものではなく、義務か義務ではないかという推論が関連しているのだ」という初期の反論を蒸し返し、予防措置は単なる勧告であって義務ではないが、社会契約は義務であることを主張しています。それゆえ、ここまで示してきた神経学的証拠のすべてが示しているのは、義務の推論が通常の命題的推論とは異なるという、論理学者が長く受け入れてきた区別である、というのです。実際には、人々が予防措置のルールを社会契約よりも義務的だと見なすことを示す証拠がある（Fiddick, 2004, 2007）ので、このような主張は通用しないでしょう。

私の研究の将来の展望

　恥ずかしながら、私はつい数年前まで、不安障害という、知覚された危険や

脅威への機能障害反応に特徴づけられる精神疾患があることを知りませんでした。この知識の欠如は、心理学における私の最初の興味が異常心理学や臨床心理学とは全く関係なかったためです。私にとって、人間の心理学は、単に、進化生物学を応用できる領域の中で一番おもしろそうな分野だったのです。言わずもがな、不安障害の存在は、それが予防措置に関する心理メカニズムの本質に豊富な洞察を提供するという点で、私の研究と非常に関連しています。例えば、今ある脅威と潜在的な脅威に対処するのには、異なる神経認知システムがあるようです（Fiddick, 2011）。それゆえ、不安障害を持つ患者たちが、予防措置に関する推論を広く構成するもの（つまり、推論そのものだけではなく、予防措置ルールの評価やその侵犯に対する反応も含めて）に普通とは異なるパターンを示すかどうかに興味があります。不安障害に関しては、膨大で、かつ多様な文献があるので、この疑問からどんな答えにたどり着けるかは見当もつきません。しかし、多くの理論家が強迫神経症の鍵は進化的な領域特化型の予防措置に関する心理メカニズムにあるとすでに提案しているという点で、強迫神経症は、研究の出発点として、一つの有望な対象のように思います（Boyer & Lienard, 2006 を参照のこと）。

　また、こちらも多少の気まずさはあるのですが、最近は個人差の研究にも関心を持っています。気まずさの原因は、進化心理学におけるサンタバーバラ学派の特徴の一つが、個人差の重要性を僅少と見なすことだからです。ある特徴は、その特徴が有利である範囲で、均衡に至るまで集団全体に広がると予測されます。したがって、残された個人差は、非適応的なノイズなのです。非適応的なノイズなんて退屈だと決めつけたのは間違いだったと、私はようやく気づきました。神経疾患や発達障害の患者もこうした非適応的なノイズに含まれますが、だからといって、このような状態を研究することが無意味なわけではありません——むしろ、逆です。進化し、よく組織化されたシステムの中に残された非適応的なノイズは、そのシステムの性質や構成要素について有用な手がかりを与えてくれるのです。したがって、個人差研究の一つの見方は、最適な機能状態からの臨床診断に至らない程度の逸脱に関する研究としてとらえることです。個人差研究は、資金をかけずに認知神経科学を行う手立てであるだけではなく、人口分布の両端に存在する、他の方法では発見できないような神経

学的な障害を見出すことで、臨床的意義のある知見を提供できる可能性を秘めています。

　現在のところ、私は個人差に関連する研究を二つの方向で進めています。一つめは、社会契約と危機管理に関して、決まったパターンの個人差があるかどうかを検証するものです。こちらについては、ブレイズと私は、社会契約のルールと予防措置のルールを侵犯しようとする傾向が個人の中で異なるかどうかを検討しています。今までの結果は、社会契約のルールを破る傾向と予防措置のルールを破る傾向とがあり、それらは区別できることを示しています（Fiddick, 2010）。二つめは、もしこのような傾向があるとすれば、今ある個人差尺度、例えば性格特性質問紙などで、この傾向がとらえられるかどうかを検討するものです。複数の国の研究者たちとの共同研究により、私たちは、Ashton & Lee（2007）の人格の 6 因子モデル（HEXACO）が、第三者として知覚した社会契約と予防措置のルールを侵犯する傾向の個人差を、かなりよく予測することを発見しました。この研究は異文化間で行われ、オーストラリア、インド、日本、シンガポールの実験参加者たちが、社会契約のルールを侵犯する傾向を「正直さ—謙虚さ（honesty-humility）」の低さと、また、予防措置のルールを侵犯する傾向を「誠実性（conscientiousness）」の低さと関連すると捉えていることがわかりました（Fiddick *et al.*, 2008）。今進んでいる研究では、この研究と対応した、自分自身の人格評定が、自分自身の社会契約ルールおよび予防措置ルールを侵犯する傾向についての評定値を予測するかどうかを検討しています。また、大きなサンプルの中で、これらの傾向の分布の両端にいる人々が、社会契約と予防措置について異なるパターンの考えを持っているかどうかを検討しています。

進化心理学の将来の展望

　進化心理学が直面している問題の一つであり、また将来の大きな進展が見込まれるものは、進化心理学の射程の再定義です。理論的に、進化心理学に説明できることは、自然淘汰によって形作られた心理メカニズムに限られています。自然淘汰によって、複雑で機能的に組織されたシステムが生じるにはたくさんの世代を要するので、進化心理学の焦点は過去の適応課題――つまり、自然淘

汰が適応的な解を作るのに十分な時間があったような遠い過去の問題——になります（Tooby & Cosmides, 1990）。しかしながら、現代の人間は、ヒトの祖先が暮らしていた環境と非常に異なる環境に存在しています。過去と現在に連続性がないと言っているわけではありません。連続性はあるのですが、それでも違いのほうが圧倒的なのです。認知的に見て、セメント、コンピュータ、資本利得税など、現代の人間が日常的に受け入れている、新奇な概念はたくさんあります。このような進化上、新奇なものたちを、石器時代に作られた心は、どのようにして扱えているのでしょうか。この問題について進化心理学者はあまり関心を払ってきませんでしたが、認知人類学者（Sperber, 1994）や認知発達学者（例えば、Carey, 2009）、認知神経科学者（例えば、Dehaene & Cohen, 2007）たちは取り組んできました。答えは、単純なことに、自然淘汰がわれわれに与えた心的メカニズムを転用し、その用途を拡張することで、帳尻を合わせてきたというものです。しかし、それが正確にどのようなプロセスで起きたかは今、まさに解明が進められているところです。

　どうしてこのことが重要なのでしょうか。一つには、このことが、転用と拡張のプロセスによって取り扱えるものと、進化的説明を必要とするものとを選別する助けになるからです。例えば、コスミデスの裏切り者検知の知見では、彼女は相互関係のある二者間での交換と、いわゆる社会的法と呼ばれる二つのシナリオを採用していました。しかし、彼女が説明の基盤としていた進化理論が適切に適用できたのは、相互関係のある二者間の交換のみでした（Axelrod & Hamilton, 1981; Trivers, 1971）。飲酒の年齢のルールのような社会的法（「もしあなたがお酒を飲むなら、あなたは18歳になっていなければならない」）は、現実の交換を含んでいません。それらは、コスミデスの説明のもととなっていた進化理論の射程外にありました。Cheng & Holyoak（1989）は、このことを素早く指摘し、理論に反する証拠としたのです。しかし、もしメカニズムの適切な領域——そのメカニズムが動作するように作られた、そもそもの入力領域——と、メカニズムの実際の作動域——メカニズムの入力制約に適合し、適切な入力情報として扱える領域（Sperber, 1994）——を区別できるとするならば、社会的法を裏切り者検知の進化的説明に強制的に入れこむ必要はないでしょう。社会的法は相互交換を扱うために進化したメカニズムが転用され、拡張された領域

の一部なのです。

　第二に、転用と拡張の説明に補完されることによって、進化心理学の関連領域は非常に広がります。あるメカニズムを転用し、拡張させた用途の中に、本来のメカニズムのデザインの何らかの証拠が見られる限り（そして実際、そうした証拠は存在します：Dehaene & Cohen, 2007）、本来のメカニズムが備えるデザインの進化的な成り立ちに関する研究は、現在ある新奇な機能に対しても、価値ある洞察を提供することができます。さらに、転用と拡張の過程は、個人の一生を通じて発達的に発生する（Carey, 2009：ただし、より長期間の、文化進化過程によってなされることも可能）ので、どのメカニズムが何の目的に転用されるのかは、個人差・文化差によるところが大きくなります（Sperber & Hirschfeld, 2004）。それゆえ、転用―拡張理論によって補完された進化心理学は、進化によって形成された人類に共通の本質的特徴に基づいた、真の文化相対主義を説明することが期待できます。言い換えると、進化心理学の展望として私が見ているのは、文化心理学（例えば、Shweder, 1991）や、より一般的な社会科学におけるポストモダニスト的な理論体系（Rosenau, 1992）との再接近なのです。

第3章 認知と発達を進化から考える

3.3 ヒトは何を覚えてきたのか——記憶の進化心理学

スタンレー・クライン（Stanley B. Klein）

スタンレー・クラインはハーバード大学で博士号を得て、現在はカリフォルニア大学サンタバーバラ校の心理学専攻教授であり、進化心理学センターの主要メンバーでもある。また、それ以前にはイリノイ大学アーバナ・シャンペーン校とテキサス州サンアントニオのトリニティ大学の教壇にも立っていた。

クラインの主な研究テーマは、社会的認知、進化心理学、神経生理学、そして哲学である。

本節において彼は、進化理論を用いて記憶システムに対して機能的な分析を行っている。彼の考えでは、心理学者は長い間にわたって情報の符号化や貯蔵、検索についての研究を積み重ねてきたが、記憶は異なる機能ユニットに分割できるものではない以上、このやり方では問題の本質を解決できない。動物の記憶を研究するには、適応問題から着手するべきであり、異なる適応問題は異なる記憶メカニズムや記憶の過程と関連していると考えている。記憶システムは脳の中に存在するだけではなく、環境の中の微細な手がかりにも存在している。これらの手がかりの中には、学習と記憶のシステムを賦活させるようなものもあれば、どのような情報が符号化され貯蔵されるのかを決めるものもあり、また、検索するタイミングに影響するものもある。そのため、記憶を理解するには生態環境を背景にしなければならない。進化と適応問題の視点を用いれば、従来の研究とは異なるデザインの研究を考案できる。例えば、エピソード記憶に関しては、符号化、貯蔵、検索の他にさらに三つの能力が必要となる。①自己主体性（所有感）、つまり自分こそが思考や行動が発生する原因であり、自分の思想や行動は自分に属すると感じること。②内省能力、つまり自分の内的状態に関して自覚を持ち、自分が何を知っているのかについての理解を持つこと。③自己の時間的展望。これらの部分のうちどれか一つが欠けてしまうと、程度に差はあるがエピソード記憶の障害が引き起こされる。クラインは記憶障害の事例を挙げることによって、前述の観点について詳細に論じている。

本人による主な参考文献

Klein, S. B., Cosmides, L., Gangi, C. E., Jackson, B., Tooby, J., & Costabile, K. A. (2009).

Evolution and episodic memory: An analysis and demonstration of a social function of episodic recollection. *Social Cognition, 27*, 283-319.

Klein, S. B., Cosmides, L., Tooby, J., & Chance, S. (2002). Decisions and the evolution of memory: Multiple systems, multiple functions. *Psychological Review, 109*, 306-329.

Klein, S. B., Cynthia E., & Gangi, C. E. (2010). The multiplicity of self: neuropsychological evidence and its implications for the self as a construct in psychological research. *Annuals of the New York Academy of Sciences, 1191*, 1-15.

Klein, S. B., Robertson, T. E., & Delton, A. W. (2010). Facing the future: Memory as an evolved system for planning future acts. *Memory & Cognition, 38*, 13-22.

　この節では、進化が記憶の科学研究の中心コンセプトの一つであることを論証したいと思います。生物システムの機能を理解するのに進化理論が役立つことを本気で疑う科学者はほとんどいないのですから、最も一般的な意味では、これはごく当たり前のことに思えます。しかし、一般論は必ずしも、記憶システムを理解するのに進化理論が必要不可欠であるという結論の根拠にはなりません。すべての生物学的なシステムは共通の基本的特徴を持ちつつ、それぞれのシステムは、進化の歴史を通じて繰り返し生じてきた特定の適応問題群に対処するよう特化した機能的なまとまりでもあるのです。進化が記憶研究の中心的なコンセプトであると論じるためには、記憶がどのような適応問題に対処するようにデザインされてきたのかを考えることで、記憶の起源、機能、そして範囲についてより豊かな理解が得られることが示されねばなりません。

進化生物学は、記憶システムが解決するよう進化した様々な適応問題の理論を提供し、それにより記憶のデザインに関する研究を手引きする

　解剖学者は、臓器を解剖して詳しく調べます。「解剖」とは、適当に切ることではありません。理論に基づいて、身体のパーツを機能的な単位に分ける取り組みです。心理学者は、脳を物理的に解剖することはほとんどありませんが、脳を概念的に解剖します。私自身の研究の目的は、脳の情報処理の構造を明らかにすることです。心を「機能的な単位」に解剖することと言ってもよいでしょう。そのためには、心の機能に関する理論が必要です。しかし、ごく最近になってもまだ、心理学者は記憶の機能や範囲について、極めて貧弱な定義しか持っていません。それは、「記憶とは、情報の符号化、貯蔵、検索を可能にす

るためにデザインされたものだ」というものです。これは間違いなく事実でしょう。しかし、あまりに一般的すぎて、研究の手引きとはなり得ません。その結果として、心理学者は長年にわたって、情報を符号化、貯蔵、検索するプロセスが、どのような領域でも共通するかのように扱ってきました。まるで、記憶リストに羅列された互いに無関連な単語であろうと、パートナーが誰か他の人と恋に落ちたと告白する言葉であろうと、こと記憶に関するかぎり、両者には何の違いもないかのように。もし、すべての記憶プロセスが内容とは関係なく同じなら、実験参加者が記憶する内容は何でも構わないでしょう。単語リストを使った実験は、他の方法に劣らないどころか、より強い実験的コントロールを可能にするとも言えます。この仮定に基づいて、記憶をさらなる「機能的な」単位に解剖することなしに、記憶の「可能性」を探る研究が先導されてきました。

　適応的機能の進化的な理論から話を始めると、研究計画は全く異なったものになります。ヒト以外の動物の記憶を研究する行動生態学者は、常に適応問題を出発点にしてきました。鳥は自分の種の歌を学ばねばならないだろうし、後で食べるためにあちこちに隠した大量の食べ物の隠し場所も覚えておかねばならないだろう、といった具合です。その動物が解決すべき適応問題をはっきりと定義することで、これらの研究者たちはすぐに、記憶において、異なる適応問題からは異なる計算論的要求が生じることに気づきました（例えば、Gallistel, 1990; Sherry & Schacter, 1987）。

　例えば、鳥が歌を学習するには、自らの種に典型的な歌の型の神経的発達や、自分と同じ種がさえずる歌だけに注意を向け、他の歌を無視すること、聴きとった歌サンプルの音分析、周囲の歌ヴァリエーションの符号化、そして、まさに繁殖期に記憶しておいた歌を検索すること、などが必要となります。これらを可能にするためには、歌に特化した注意・学習システムと相互作用するようにデザインされた、同じく歌に特化した記憶システムが必要になります。事実、いくつかの種では、歌の学習に関わる脳核のサイズが、季節によって変化することが知られています。それが必要とされる繁殖期には大きくなり、他の時期には縮むのです（例えば、Nottebohm, 1981）。

　ところで、歌の学習のための記憶システムに必要な機能と、種子の貯食のた

159

めの記憶システムに必要な機能には、違いがあると思いませんか。歌学習のための記憶システムは、数百もの種子の隠し場所を覚えておくためにデザインされた記憶システムほど、膨大な貯蔵能力を必要としません。目の前に配偶者候補がいるかどうかで歌を思い出す必要があるかないかは変化しますが、住んでいる場所がどのような特徴を持っているかでは変化しないでしょう。ところが位置の情報は歌の記憶には無関係ですが、どこに種子を隠したかを覚えておくためには非常に重要です。

　歌の学習と隠し場所の記憶という適応問題には、それぞれに非常に特異的で互いに異なる計算論的要求があり、それぞれの適応問題を解決するために、異なる記憶システムが進化してきました。こうして考えてみれば、記憶プロセスは動物の頭の中だけにあるのではない、ということがわかります。記憶システムは、その動物の生息環境に確実に存在する特定の手がかりを利用して働くようにデザインされています。その手がかりとは、例えば、特定の歌、繁殖期や配偶者の存在の手がかりなどです。これらの中には、学習や記憶システムの活性化に関わるもの（繁殖期の手がかり）、どの情報を符号化し貯蔵するかを決めるもの（歌の型や特徴など）、情報検索のタイミングを左右するものなどがあります（配偶相手や競争相手の存在）。

　つまり、記憶のデザインは、その動物の生態という文脈抜きでは理解し得ないのです。なぜなら、自然淘汰によって形成された記憶のしくみは、その生態の特徴の一部を利用しているからです。それに加えて忘れてはならないことは、符号化、貯蔵、検索といった記憶システムの構成要素は、環境とだけ共進化したのではなく、注意や学習のメカニズムとも共進化してきたということです。そうでなければ、これら記憶の構成要素は意味をなし得ません。そして記憶と同じように、注意や学習もまた、何かしらの適応問題に特化してきたのです。

　適応問題の特定や分析に焦点を当てるこうしたタイプの研究計画は、ヒトの記憶研究の文脈ではほとんど試されてきませんでした（詳しい議論は、Klein, Cosmides, Tooby, & Chance, 2002 を参照）。それどころか、ほとんどの心理学者は、記憶システムが何のためにデザインされたかを問うことなく、無尽蔵にも思える「記憶システムに可能な一連のことがら」のリストアップを続けてきたのです。これは、高度に秩序化され連動した構成要素からなる生物システムの機能

的デザインを解明するには、効率の悪いやり方です。

適応問題から話を始めることで、それぞれが専用の記憶プロセスを持つような、特化した問題解決システムに焦点が当たるようになる

進化的な視点は、システムを構成要素のパーツに分け、それぞれのパーツがなぜ今ある姿になったのか明らかにしていく、理に適った方法をもたらします。つまり、適応問題に焦点を当て、機能的ユニットとしてまとまっているようなシステムを探せばよいのです。それら機能的ユニットは、当該生物が進化の歴史の中で何度も直面した特定の適応問題を解決してきたからこそ、現在存在すると言えるからです。多くの場合、記憶プロセス（データの符号化、貯蔵、検索に特化したプロセス）は、何らかの機能的問題解決システムの一構成要素と考えることができます（詳しい議論は、Klein, Cosmides, Gangi, Jackson, Tooby, & Costabile, 2009; Klein *et al.*, 2002; Klein, German, Cosmides, & Gabriel, 2004 を参照）。こう考えると、記憶システムというものの捉え方に新しい光を当てることができます。つまり記憶とは一連の計算プロセスの「相互作用」であり、その一部に符号化、貯蔵、検索が関わっているだけのことだ、と概念化できます。貯蔵された情報は、多くの心理プロセスの相互作用を経て主観的経験へと変換され、それを私たちは記憶と呼んでいることになります。同じように、これらの共進化したプロセスの相互作用を通じて、過去の経験が私たちの目標を持った行動を生み出す時、それを私たちは学習と呼ぶのでしょう。

続く項では、これまでの議論から含意されることとして、①生物学的システム全般、特に記憶システム、そして、②生存と繁殖に有利な機能的適応のために神経学的、生物学的、生態学的要素が結合したものとして捉えられた広い意味でのシステムについて、論じてみたいと思います。

生物学的レベルの分析による記憶システム

ある生物学的システム（系）は、機能によって定義され、特定の適応課題を達成するのに欠かせない個別プロセスという構成要素と、それらの協調的相互作用の内に存在します。例えば、循環器系は、心臓、血管ネットワーク、弁、肺といった多くの要素から構成され、それらは、そのシステムの属する身体に

おけるエネルギー物質の輸送という適応問題を達成するために、正確に調整されたやり方で相互作用しているのです。各要素は、適応機能を達成するよう進化したシステム内で、その要素が果たす役割によって機能的独自性を持つことになります。心臓にリズミカルに収縮する能力があっても、もし送り出すべき液体と、それを運ぶメカニズムがなかったのなら、心臓はポンプとは言えないのです。身体中に血液を運ぶという機能を持ったシステムの中にあって初めて、心臓はポンプと定義されます。

　この視点から考えれば、記憶は、プロセス要素間の共適応した関係ということができます。それらプロセスの協働によって特定の適応機能が達成されるのです。プロセス要素には、符号化、貯蔵、検索といったおなじみのものも含まれますが、これらに限定されるものではありません。生命体が過去の経験をもとに、より適切に（すなわち、より適応的に）行動するためには、個体が発達過程で獲得した情報をただ検索するだけでは不十分で、それら情報を意思決定や行動に結びつけるメカニズムも、同時に必要です。さらに言えば、意思決定メカニズムや意思決定ルールは、それぞれで必要とする情報が異なることが多く、異なる意思決定ルールは異なるサーチエンジン（検索プロセス）を活性化し、異なるデータシステム（貯蔵システム）にアクセスすることが考えられます。正しい情報を探し、検索することのできるサーチエンジンが存在せず（情報がしかるべき時にしかるべき意思決定ルールに届かなければ）、発達的に獲得した情報を貯蔵するようデザインされた器官は、無意味な付属物となってしまいます。このような観点からは、記憶などというものはないのかもしれません。むしろ、たくさんの記憶システムが存在し、それぞれが特定の問題解決機構と関連しているのかもしれません。

事例──エピソード記憶システム

　エピソード記憶とは、これまでに経験したイベントに関する記憶を、それが自分の過去に起こったのだという自覚とともに保持している状態を指します（例えば、Tulving, 1985; Wheeler, Stuss, & Tulving, 1997）。しかし、科学者がこの種の情報を含む抽象的なカテゴリ──「エピソード記憶」──を主張しているからといって、脳内に存在論的な相関が存在するとは限りません。もしエピソー

ド記憶が生物学的な意味で本当にシステムと考えられるものであれば、エピソード記憶が現在の形で脳内に存在するのは、その神経回路が、進化的過去においてその生命体が何度も直面してきた特定の問題を解決してきたからです。進化は、複雑で機能的に組織化されたシステムという新しい表現型を、偶然生み出すようなものではありません。むしろ、システムは生命体の生存と繁殖の能力に貢献することによって、その機能的まとまりを獲得するのです。

　他著で、エピソード記憶が他の記憶システムでは扱えない機能的問題を扱っているという議論をしたことがあります。その機能的問題とは（もちろんこれだけに限らないのですが）、①協力関係の履歴を覚えておくこと（例えば、社会的交換、裏切り者検知、同盟の相手）、②個人の発言の信用価値を評価すること、③新しい証拠をもとに社会的知識を再評価すること、④他者に関する一般化の範囲を区切ることです（詳細な議論は、Klein, *et al.*, 2002; Klein *et al.*, 2009 参照）。端的に言えば、エピソード記憶は、その持ち主を、複雑なヒトの社会的相互作用の世界で、よりうまくやっていけるよう舵取りするものなのです（例えば、Klein *et al.*, 2002; Klein *et al.*, 2009; Klein, Robertson, & Delton, 2010; Suddendorf & Corballis, 1997 参照）。これは別に、エピソード記憶は社会行動に関連した課題しか遂行できないと言っているわけではありません。すべてのシステムは、その特定の因果構造のゆえに、もともとデザインされたのとは異なる、あらゆる事柄を行う能力があるのです。何を言いたいかというと、心の中で行うタイムトラベルは、他の人々との相互作用を促進するようデザインされた進化的適応が生み出した、機能的な産物だということです。

エピソード記憶はヒトの社会的相互作用の問題を解決するよう進化してきたのかもしれない

　われわれの祖先は、小さな集団で暮らし、同じ人々と繰り返し交流していました。これらの交流の多くは、長期にわたる食料と援助のやりとりを含んでいました（Gurven, 2004）。他にも、長期にわたる求愛や、繰り返される敵対と復讐、将来の脅威に備えた同盟形成などがありました。長期にわたって同じ組み合わせの人々とうまく社会的相互作用を続けていくためには、経時的に存続する心理的に一貫した存在として自分自身を表象することができなくてはなりま

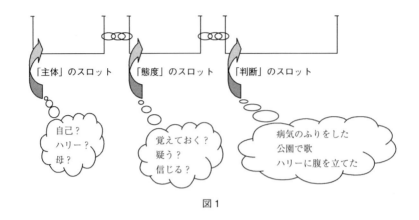

図1

せん。過去の経験は現在の自己に属するものとして記憶されるのです。この能力がなければ、過去の状態と現在の状態を同じ人物の一面であると表象することができないでしょうし、現在の心理状態が、自身が過去に経験したエピソードや状態と関連することを理解したり、そうしたエピソードを他者によって経験されたエピソードと区別したりすることもできないでしょう。このように記憶を経験するためには、従来の3要素である符号化、貯蔵、検索に加えて、最低でも三つの能力が要求されます。

① 自己主体感、自己所有感。自分が自身の思考や行動の主体であるという信念と、自身の思考や行動が自分に属するものであるという感覚。
② 内省能力。自分自身が何を知っているかを知り、自分自身の心的状態を顧みる能力。
③ 自身を中心とした個人的な出来事の連続体として時間を理解する能力。

エピソードを「自身に属するもの」として表象する必要があることと、内省の能力の存在（①と②）は、エピソード記憶が心の理論システムの構成要素の一つとして進化したことを示唆します（Klein et al., 2004）。Leslie（1987）が定義したように、データ、すなわちエピソードを含むイベント情報は、メタ表象に貯蔵され得ます（図1参照）。このメタ表象は、「主体」―「態度」―「判断」という、連動する要素からなる、データ貯蔵構造を持っています。つまり、イベントに関するデータは、特定の主体（この場合は「自己」）にタグづけられた心的ファイルフォルダーに貯蔵されます。その主体は、データに対して特定の

第3章　認知と発達を進化から考える

態度を持ちます。場合によっては、それを「覚えておく」とか、「疑う」とか、そのイベントが起こるよう「望む」などです。これらの態度それ自体も、興味深い動機づけシステムと関連するものです（Tooby, Cosmides, & Barrett, 2005）。あるイベントが生じるよう「望む」ことは、目的志向的な計画プロセスに取り組ませるでしょうし、それが生じたかどうかを「疑う」ことは、情報検索や、自分にそのイベントのことを伝えた人物の信頼性への再評価を促すでしょうし、それを「覚えておく」ことは、それが真実であるという前提に立って行動するに足る、信頼が置けることを意味します。これは、「自分自身の心的状態を顧みる能力」の一つの側面と言えるでしょう。

　内省の二つめの側面は、Leslie（1987）が「分離」と呼ぶものによって、計算論的なパワーが解き放たれることに由来します（Cosmides & Tooby, 2000）。レスリーは、メタ表象に貯蔵された情報は、意味記憶から分離されるということを示しました。例えば、「月はチーズでできている」という表象は意味記憶から分離されていません。なぜなら、この表象は、意味記憶に貯蔵された知識を修正する必要がある――月に関する知識の一部が誤っている――ことを示唆するからです。一方、「アレックスは月がチーズでできていると信じている」というメタ表象は、そうしたことを示唆しません。メタ表象を通じて、われわれは他の主体が信じていたり、覚えていたり、疑ったりしていることについての情報を貯蔵できます。この時、他の主体の信念の内容を、まるでそれが正しいかのように、自分の意味記憶までさかのぼって考える必要はありません。これにより、（意味記憶に貯蔵された）自分自身の世界に関する知識データベースを改変することなく、他の人々の信念や欲求について効果的に推論することができるようになります。また、それだけではなく、妄想的にならなくても（つまり、反実仮想的な状況を事実であるかのように貯蔵しなくても）、自分自身の心的状態について想像上の推論、あるいは反実仮想的な推論を行うことが可能になります（Cosmides & Tooby, 2000）。

　例えば、「自分が覚えている――［ディナーを作った時、アレックスは自慢げだった］」というメタ表象は、「提案する――［アレックスに今晩ディナーを作ってくれるようお願いする］」という、異なる分離した判断を導きます。他の知識や推論をこの分離された表象にあてはめることも可能であり、もしかし

165

たら、「ディナーを早く終わらせる必要があったら、アレックスはやっかいな事態を引き起こすだろう」という表象を引き出すかもしれません。これらはすべて、起こり得たけれども実際には起こらなかったことについての下向きの推論が（それが事実であるかのように）意味記憶までさかのぼらされるのを防ぐというやり方で、隔離された表象システムの内側で生じます。

　メタ表象に関する古典的な考え方に欠けている唯一の点は、時間タグです。時間タグは、長期的な社会的相互作用を効果的に成し遂げるために、エピソード記憶にとって必要不可欠です。主体が表象しているイベントがつい最近起こったことなのか、ちょっと前なのか、だいぶ前なのかは大事なポイントです。あるいは、実際には起こっていないのに、仮定的推論によって、将来の実行可能な行動の方向性として主体が表象する、多くの事柄のうちの一つでしかないのかもしれません。タルヴィングは、エピソード記憶をタイムトラベルにたとえました（例えば、Tulving, 2002; Tulving & Legage, 2000; Suddendorf & Corballis, 1997 も参照）が、タイムトラベルは、時間を表象する何らかの計算上の要素ないしプロセスがなければ不可能なのです（Klein *et al.*, 2004）。

　機能的、システム的視点を採ることで、エピソード記憶を、宣言的知識を自伝的な個人的経験へと変化させる心的能力のきめ細やかな「相互作用」から生じる意識状態として概念化することができるでしょう。そうすると、これらの構成要素（例えば、自己タグ（主体性・所有感）、態度、メタ表象の構造、推論をメタ表象に適用する（内省）能力、主観的な時間感覚など）が損なわれれば、様々な程度で、エピソードの再生に障害が生じるはずです。たとえイベントのデータベースは完全なままであったとしても、内省能力の障害や、主体性・所有感を作り出す機構の障害、あるいは時間感覚の障害によって、健忘状態が生じる可能性があります。原理上、脳損傷、病気、ないし発達障害が、これらの構成要素のうちどれか一つだけに障害を与え、残りは完全なまま保たれることがあります。それぞれが異なったエピソード記憶の機能障害として特徴づけられる様々な健忘症群は、どの構成要素（あるいは構成要素群）が障害を受けるかに依存して生じます（レビューとして、Klein, 2001; Klein *et al.*, 2004 参照）。

　例えば、多くの種類の健忘は、自身の個人的な過去からイベントを検索することができない症状を引き起こします。これは、イベントの表象それ自体か、

あるいはそうしたイベント表象を検索するシステムのいずれかに障害があることを示唆します。時間感覚の障害を引き起こす健忘もあります（例えば、Klein *et al.*, 2004）。まれにではありますが、個人の主体性や所有感、つまり、「これらのイベントが他の誰でもなく、自分自身に生じたのだという感覚」に障害が見つかることもあります（興味深い事例研究としては、Talland, 1964 参照）。エピソード記憶はイベント記憶よりも範囲の広いものです。多くの健忘症患者、例えば患者 K. C.（Tulving, 1993）は、エイブラハム・リンカーンが暗殺されたとか、第二次世界大戦が 1940 年代に起こったとかいった、イベント事実を検索することに問題はありません。そうした健忘症患者は、自己に関するイベント事実でさえ検索できる場合もあります。例えば、患者 D. B.（Klein, Rozendal, & Cosmides, 2002）は、自分が通った小学校の場所についての知識を持っていました。そこで何が起こったかについては一つも思い出せない状態だったのに、です。エピソード記憶は「自分に起こったこと」としてイベントを経験する能力を含みます。メタ表象という観点から見ると、これは、個人的イベントのメタ表象の主体タグに自己要素（あるいは自己概念）を挿入することを意味します。もしも、その主体タグとしての自己に何らかの障害が生じたならば、イベントが「自分に起こったこと」として経験されることなく、思い出されることもあり得ます。このような症例は実在するのでしょうか。

　例えば、交通事故で頭部に深刻な怪我を受けた 43 歳の男性、R. B. の症例を考えてみましょう。事故の直後から、彼は意識的に自分の過去からイベントを検索することができました。しかし、それらのイベントに関するエピソード再生には重篤な障害が生じていました。過去のイベントをエピソードの再生なしに意識的に検索できるという、この明らかなパラドクスは、エピソード記憶を相互作用する複数のプロセスからなるシステムとして位置づけることで解消できます。プロセスの一部は経験の生のデータを担い、また別のプロセスが経験を自分自身のものと感じることを可能にしているのです。問題は彼の経験の質と内容であり、それらの評価は――他の手法が開発されるまでは――彼自身の自己報告が頼りです（例えば、Baars, 1988）。R. B. は、彼自身の言葉で、個人的な所有感を失ったまま、個人的なイベントを思い出すことが一体どういったものかを述べています。

「私が気づいたのは、自分が、事故の前のあらゆる記憶を所有していない
ということでした。私は、事故の前に起こったことについて知識を持って
います。実際のところ、自分の記憶は何年も前の過去に起こったことにつ
いては全く正常なように思えました（事故前後の記憶は混乱していましたが）。
私は、人生の様々な時点で自分が住んでいた場所や、誰が自分の友達であ
るか、通った学校はどこか、自分が楽しんでいた活動についてなど、どん
な質問にも答えることができました。ただ、そのどれ一つとして私ではな
いのです。両親がどうやって出会ったかとか、南北戦争みたいなものにつ
いて持っている記憶と、違いがありませんでした」。

　特定の身体機能（歩行など）のゆるやかな回復について、R. B. は次のように
自分自身を観察しています。

「（経験から個人的な所有感が失われたこと）で、他の不思議な現象にも説明が
つきました。要するに、私は、自分が歩けないことにがっかりしなかった
のです。それは、歩くのを習うのが全く初めてのように思えたからです。
何かを失ったという感覚はありませんでした。そこにあったのは、新しい
技術を身につけているんだ、こういうおもしろくて新しい挑戦をしている
んだ、という感覚だけです。自分が以前歩けたことはわかっていましたが、
以前歩けていたのは私ではなかったのです」。

　彼は続けて、後にエピソード再生の能力が回復したことについて述べていま
す。

「ここ数カ月の間に起こったことは興味深かったですね。時々、突然自分
の過去にあったことについて考えて、それを手に入れるんです。それは実
際に私が実行して経験したものでした。長い時間をかけて、一つひとつ、
いろんな記憶を手に入れてきました。最終的に、だいたい8カ月かそこら
が経った後に、すべてが所有できたように思えました。所有する記憶が一
定数に達すると、すべてに所有感が戻るようでした」。

　R. B. の証言は、けがによって、エピソード記憶のメタ表象の主体スロット
に自己という概念要素を挿入する機構に不具合が生じたという考え方と一致し
ます（ただしけがの前に起こったイベントについてのみですが。詳しい分析は Klein &
Nichols, 2012）。つまり、これらのイベントについての彼の経験は、誰か他の人

第 3 章　認知と発達を進化から考える

に起こったイベントと、何ら違いがなかったのです。彼がこうした機能を回復できたということは、自己要素それ自体は事故によって破壊されなかったということを意味します。また、それは、彼が、記憶に障害を負った事故の後に起こった、現在進行形の経験については、個人的所有感を失わなかったことからも示唆されます。彼の心的機構が、構築中の記憶については主体としての自己タグを挿入できたのに、過去のイベントの記憶についてはそうできなかった理由は不明です。また、その事実は、心が時の流れを実際のところどう表象しているかを理解することが重要であることを教えてくれます（例えば、Dalla Barba, 2000; Klein, Loftus, & Kihlstrom, 2002; Klein Robertson, & Delton, 2010; Tulving & Lepage, 2000）。

　これらの発見や、これらとよく似た他の発見（レビューとして、Klein, 2004, 2010 参照）は、多くの演算プロセス——内省能力、個人的主体感・所有感、自己が時間的枠組みの中に存在しているという意識——が、宣言的知識を自伝的記憶経験に変換する作業に関わっているという結論を支持します。こうした考えに基づけば、エピソードの検索——自伝的記憶経験の生成——は、これらの能力のすべてがそろわないと起こらないと言えるでしょう。記憶に対する機能的システムアプローチを適用することで、記憶を単なる「情報の符号化、貯蔵、検索」と見なす伝統的な考え方では容易に説明できないような現象も、より広い文脈の中で理解することができるでしょう。すなわち、記憶システムは、その持ち主が過去に経験した個人的イベントを時をさかのぼって追体験することを可能にし、それを他者との相互作用に関する現在の意思決定に活かせるようにデザインされているのです。

3.4　ヒトの成長を進化からとらえる

ブルース・エリス（Bruce Ellis）

　ブルース・エリスはミシガン大学で心理学博士号を得て、アリゾナ大学の教授を務めている。彼は進化発達心理学の創立者の１人であり、大学時代からダーウィンの進化理論に興味を持ち、それを人間行動を研究する時の指針とすることを試みてきた。彼は青少年の発達や、青少年から成人への転換期の外部環境に対する感受性とその行動に対する影響について、システマティックな研究を行ってきた。彼は、精神的・生物的反応は環境の影響に対する感受性を反映するととらえ、この生物的感受性は、早い発達段階で得た経験がその後の発達に対する影響を調整するものと考えた。彼は、縦断的研究を通して、父親の子どもに対する投資や家庭内関係が、どのようにして幼児の生物学的ストレス反応や、思春期開始のタイミング、初めての性的経験、妊娠や早期妊娠の可能性に影響を及ぼすのか研究している。また、生活史変数を青少年発達の研究にも応用している。これらの他には、変愛と性的関係についても研究し、社会的排斥や自尊心はどのようにして親密的な関係に対する投資や動機水準を調整するのか、そして人格による男女間の関係への影響についての研究も行っている。

　エリスは、共同研究者との一連の研究を通して、以下の知見を生み出している。①父親の投資の質は、親密な家庭環境における最も重要な特徴であり、女の子の思春期の発達に影響している。②再婚後の義理の父親の存在と、家庭内関係の圧力とは、それぞれ独立に思春期前期の成長に影響する。③両親の投資の質は、親密な家庭環境の中心的な特徴であり、女の子が初潮を迎えるタイミングと顕著に相関している。④生物学上の父親がいない家庭環境で育った女の子は、比較的早く思春期に入る。また、幼少期に家庭内の決裂や父親との別居などといった、父親を原因とした混乱を経験した女の子は、同年代の人に比べて明らかに早く初潮を迎える。

　本節でエリスは、自分と共同研究者による進化発達心理学への貢献をまとめている。

本人による主な参考文献

Ellis, B. J. (2004). Timing of pubertal maturation in girls: An integrated life history approach. *Psychological Bulletin, 130*, 920-958.

Ellis, B. J. (in press). Toward an evolutionary-developmental explanation of alternative reproductive strategies: The central role of switch-controlled modular systems. In D.

第 3 章 認知と発達を進化から考える

M. Buss & P. H. Hawley (Eds.), *The evolution of personality and individual differences*. New York: Oxford University Press.

Ellis, B. J., Boyce, W. T., Belsky, J., Bakermans-Kranenburg, M. J., & van IJzendoorn, M. H. (2011). Differential susceptibility to the environment: An evolutionary-neuro-developmental theory. *Development and Psychopathology*, 23 (1).

Ellis, B. J., Figueredo, A. J., Brumbach, B. H., & Schlomer, G. L. (2009). Fundamental dimensions of environmental risk: The impact of harsh versus unpredictable environments on the evolution and development of life history strategies. *Human Nature*, 20, 204-268.

Ellis, B. J., Jackson, J. J., & Boyce, W. T. (2006). The stress response systems: Universality and adaptive individual differences. *Developmental Review*, 26, 175-212.

　若かった頃、因習を嫌う者として、また、常に大きなアイディアに魅了される者として、私は、進化心理学——ダーウィンの偉大な理論が人間の心理や行動を説明するのに役立ち得るというアイディア——に情熱的な興味を抱きました。このトピックについて教室で初めてのプレゼンテーションをした時に（学部生としてアメリカのカリフォルニア・ポリテクニック州立大学（CalPoly）で性役割の社会学クラスを受けていた時のことです）、これは行けるかもしれないと思いました。私のプレゼンテーションはクラスの教授を、後で 3 時間のゲシュタルトセラピーに送るほどの動揺を引き起こしました。現在、私は自分の学生たちに、もし彼らが自分の教授をセラピーに送り込めるくらい根本的にその教授の考え方に挑戦できるのであれば、彼らはクリエイティブな思考者・学習者としてきちんと仕事をしているのだと常に伝えるようにしています。

　カリフォルニア・ポリテクニック州立大学を卒業した後、私は進化心理学について一般向けの科学書を書こうとしました。それはうまくいかなかったので、私は代わりに大学院に進みました。私はまず、標準的な進化心理学者として、ミシガン大学のバスの研究室でトレーニングを受けました。そこでは、大学生の配偶行動について研究をしました。私の最初の学術論文は、性的ファンタジーに関するもので、『プレイボーイ』誌で大々的に報道されました。けれども、私の初期の研究のどれもが、発達プロセスについてほとんど考慮していなかったのです。そのうち、私はこのアプローチに満足できなくなりました。このアプローチが、繁殖戦略を形作る発達過程における経験の根本的な役割を無視していたからです。私は、発達途上の個人が、初期の繁殖戦略——思春期開始の

171

タイミング、性的経験の開始年齢、繁殖の開始——と社会的・身体的世界（自分たちがその中で成熟していくわけですが）を適切にマッチさせるために、自身の成長経験をどのように利用するかを知りたいと思いました。こうして私は、ヴァンダービルト大学の発達精神病理学部で3年間、ポスドクとしての経験を積むことになり、大人の行動の研究から、子どもや思春期の発達を研究するようになったのです。私が最初にアカデミックな職を得たのはニュージーランドのカンタベリー大学でした。ニュージーランドは、ヒト1人あたり12頭の羊がいる国です。やがて私は、専門家としての素晴らしいポストに就く機会と、もう少し望ましいヒト対羊比率に惹かれて、アメリカへ戻りました。

　私は、教育においても研究においても、生態学的条件や家族関係、そしてそれらが社会的・生物学的発達に与える影響について理解するためには、遺伝と環境を組み合わせて考えることが重要であると強調してきました。アリゾナ大学のノートン寄付講座「父親・子育て・家族」所属の教授として、この領域内で共有される一連のリサーチクエスチョンに関する共同研究を進め、知見を深めていくことが私の目標です。私は進化心理学に基づく統一的理解を心がけています。進化理論は仮説構築を導き、観察したものの何が重要なのか気づかせ、それをまとめ上げるのに役立ち、そして有望な（または見込みのない）研究の方向性を示してもくれるのです。

私の研究

　自分のキャリア全体にわたる目標として、私は進化生物学と発達心理学を融合させた新しい研究分野の創設を掲げています。私とデヴィッド・ビョークランド（David Bjorklund）は、これを進化発達心理学と呼んできました（Ellis & Bjorklund, 2005）。こうした目的に沿って、私は、発達経験の進化モデルの生成・検証に研究の焦点を当ててきました。理論構築のレベルにおいては、家族環境や幅広い生態学的文脈の中に存在する特定の特徴に対する子どもの脳の反応が、進化の過程でどのように形作られてきたかを説明する新たなモデルを検討してきました。この理論研究はアメリカ心理学会からジョージ・A・ミラー賞を2度受賞しました。また、理論検証のレベルにおいては、父親、家族関係、社会生態学的状況が、子どもの生物学的ストレス反応や、思春期発達の開始時

期、また、初めての性的経験や妊娠に与える影響を検証しました。私の研究は、家族や生態学的ストレスがこれらの発達帰結に及ぼす効果を繰り返し示してきていますが、その効果の大きさは、個人によって異なります。要するに、他の子どもたちと比べ、養育経験によってより大きな影響を受ける子どもたちがいるのです。このため、私の研究では、環境的影響に対する神経生物学的感受性（影響の受けやすさ）における子どもたちの個人差を検討することにも焦点を当てています。

生活史戦略理論と性的発達　私の理論的、実証的研究の多くは、子ども時代の経験と思春期発達との間の因果関係を検証するものです。この研究は、ある画期的な理論の肩の上に立っています。それは、ジェイ・ベルスキー（Jay Belsky）と共同研究者が 1991 年に初めて発表したもの（Belsky, Steinberg, & Draper, 1991）で、子ども時代の経験、人間関係の志向性、繁殖戦略を関連づける理論です。この理論では、家族外の環境におけるストレスとサポートのレベルが、家族ダイナミクス（夫婦関係、親子関係）に影響し、そのまま、子どもの初期の情動的・行動的発達形成や、その発達を通じた思春期以降の性的発達や性行動の形成に影響すると提唱しました。さらに、この理論の主張によると、環境に影響を受けるこの発達システムは、個人が自らの置かれた環境に適合する方法として進化してきたのであり、また、その適合プロセスは、様々な生態学的状況下において、生存率と繁殖成功率を高める機能を持つのです。私は、この理論に由来する中心的な命題、特に家族環境と思春期開始時期の関係に関する命題を検討する一連の前向き長期追跡研究において、中心的な役割を果たしてきました（Ellis *et al.*, 1999, 2003; Ellis & Essex, 2007; Ellis & Garber, 2000; Ellis, Shirtcliff *et al.*, 2011; Tither & Ellis, 2008）。

　私と共同研究者たちは、理論的・実証的研究に基づいて、ベルスキーのもともとの理論に、以下のような様々な修正や拡張を加えてきました。まず、家族環境を再分析し、厳しく対立的な家族ダイナミクスと温かく支援的な家族ダイナミクスを区別して、それぞれが思春期発達に与える相対的な効果を調べました（1999 年に発表された論文（Ellis *et al.*, 1999）では、就学前に、より温かく支援的な養育を経験した女の子は、思春期発達が遅いことがわかりました）。また、娘の性的発達を調整する上で、父親やその他の成人男性が果たす独自の役割を強調する、

父親の投資に関する補足的な理論を発展させました（この研究によって、生物学的父親と長い時間一緒に過ごし、父親が養育に多く関わった女の子は、思春期開始が遅く、リスクのある性行動に関与することが少ない一方で、継父との場合は逆の効果をもたらすことが示されています：Deardorff, Ellis *et al.*, 2010; Ellis *et al.*, 1999, 2003; Ellis & Garber, 2000; Ellis, 2004; Ellis, Schlomer *et al.*, 2009; Tither & Ellis, 2008）。さらに、思春期開始タイミングの機能を、家族環境の質と合致するよう子ども時代の長さを定めるメカニズムとして見なす代替理論を提唱しました（Ellis, 2004; Ellis & Essex, 2007）。そして、子ども時代のストレスを、究極的には繁殖戦略の発達を誘導する二つの基本的な次元——厳しさと予測不可能性——によって構成されるものとして再概念化しました（この研究によって、予測不可能な家族環境にさらされることが、早熟な性行動を予測することが明らかになりました：Brumbach, Figueredo, & Ellis, 2009; Ellis, Belsky, & Schlomer, 2010; Ellis, Figueredo *et al.*, 2009）。子ども時代の中でも特に感受性の高い時期に起きる条件の変化の重要性を、初期の思春期発達を左右する決定的要因として理論に組み込みました（この研究から、社会的に逸脱した父親にさらされるという早期の変化が、思春期を早めることが示唆されました：Tither & Ellis, 2008）。社会経済的地位、家庭での心理的ストレス、中期子ども時代の脂肪沈着、思春期の開始を関連づける媒介モデルを構築しました（この研究により、母親のうつと夫婦間の対立が思春期発達を早める効果は、中期子ども時代の BMI の変化を介して作用することが示唆されました：Deardorff *et al.*, 2010; Ellis & Essex, 2007）。

　現在の私の研究は、子ども時代の経験と性的発達に関して、遺伝情報をも含んだ因果関係の検討に焦点を当てています。発達経験についての進化理論では、家族環境は思春期開始タイミングに因果的に影響するとされます。しかし、代替仮説である行動遺伝モデルは、この影響が見かけ上のものにすぎない——機能不全家庭における早熟な思春期発達と関連する特徴の遺伝的負荷が大きいことによるアーチファクトである——可能性を示唆しています。これらの対立仮説を区別するために、私は遺伝的に——そして環境的に——統制されたきょうだい比較手法を開発しました。この手法の主眼は、成長期に生物学的両親の離婚を経験し、離婚後は基本的に母親と生活してきた、年齢が異なり生物学的両親が同じ姉妹を比較することです。仮に、例えばその姉妹が 7 歳離れていると

すると、姉の子ども時代の環境は、生物学的に欠落のない、父親のいる家族と居住していた期間が7年長いという特徴を持ち、一方、妹の子ども時代の環境は、家庭に実の父がいないという生物学的に分断された家族と居住していた期間が7年長いという特徴を持ちます。こうした、姉妹間で異なる家族の分断・父親の不在（姉妹間で共有されない環境要因）への曝露が、性的発達に与える影響について、ニュージーランドで始めた研究を、今もアメリカで継続して進めています。ニュージーランドの研究（Tither & Ellis, 2008）では、この曝露期間の差は、初潮年齢に強く影響していました。また、アメリカの研究では、この曝露期間の差は、姉妹たちのリスキーな性行動に影響していました（Ellis, Schlomer *et al.*, 2009）。私たちは、例えば、父親に社会的逸脱行動の前歴がある離婚家庭において、妹が姉よりも1年近く早く思春期を経験することを発見しました。また、妹は、問題のある父親にさらされなかった妹たちと比べても、やはり1年ほど早く思春期を経験していました。ここから、子ども時代に高いレベルでストレス（社会的に逸脱した父親）にさらされ、その後ストレッサーから解放された（離婚に伴う父親の家庭からの退場）少女は、非常に早い思春期を経験する傾向にあるのです。

状況への生物学的感受性　近年、環境への曝露が遺伝子型・表現型とどのように相互作用しヒトの発達の個人差を生み出すのかについて、研究者たちの理解は大きく進歩しました。個人はそれぞれ異なる特徴を持つものですが、そのことによって、環境中のストレッサーや逆境から（従来の定義でいうメンタルヘルスの問題という形で）どれほどのネガティブな影響を受けるかに個人差が生じるだけではなく、環境中の資源やサポートからどれだけポジティブな影響を受けるかについても違いが見られることがわかってきました（Belsky, 2005; Boyce & Ellis, 2005; Ellis, Boyce *et al.*, 2011）。けれども、最も注目に値するのは、逆境に対して個人を過剰に脆弱にするまさにその特徴が、時に状況に見合ったサポートから利益を得る傾向を高めるものでもあるという結果が繰り返し得られていることです。言い換えれば、特定の特徴を持っていると、よいほうにも悪いほうにも環境的影響を受けやすいということです。トマス・ボイス（W. Thomas Boyce）との共同研究から、そうした特徴の一つは、環境的・心理的課題に対するストレス反応システムの生物学的反応性であることが示され、私たちはそ

れを「状況への生物学的感受性」と呼んでいます（Boyce & Ellis, 2005）。

　生物学的感受性が高い子どもは、親の投資の多寡、学校環境や先生のよし悪し、様々な社会的プログラムや介入によって、より大きな影響を受けます。親のサポート傾向が青年期初期の思春期発達に及ぼす影響は、状況への生物学的感受性に依存する（親のサポート傾向が高く、かつストレス反応性が高いと、初期青年期の思春期発達が最も遅くなる）ことが、最近の研究から示されています（Ellis, Shirtcliff et al., 2011）。私たちは、子ども時代の経験が生活史戦略（例えば、思春期開始時期、初産年齢、子どもの数、親の投資の質）に与える影響の多くが、状況への生物学的感受性に左右されるだろうと予測し、またこの仮説を検証しようとしています。

　私たちは、また、状況への生物学的感受性の発達における個人差に関して、状況的適応モデルを提唱しています。具体的には、初期に逆境にさらされることと、子どもの状況への生物学的感受性の発達は、U字型の曲線で表される関係にあり、非常にストレスフルな初期の家庭環境と非常に保護的な初期の家庭環境の両方で状況への感受性が高まるという仮説を立てています（Boyce & Ellis, 2005; Ellis, Jackson, & Boyce, 2006 も参照）。この曲線仮説は、初期発達と精神病理学に関する二つの研究によって暫定的に支持されています（Ellis, Essex, & Boyce, 2005）。

　私たちは、最近、状況への生物学的感受性の発達理論を修正し、理論の当該部分を適応調整モデル（ACM: Adaptive Calibration Model）と改名しました（Del Giudice, Ellis, & Shirtcliff, 2011）。適応調整モデルは、ストレス反応システムの機能と、それに関連する行動戦略における個人差の進化発達理論です。適応調整モデルによれば、ストレス反応システムは三つの主要な生物学的機能を持ちます。一つ目は、身体的・心理社会的課題に対する生体のアロスタシス反応を調整することです。二つ目は、生体の置かれた社会的・物理的環境についての情報を符号化し、選別することにより、環境からのインプットに対する生体の開放性を調節することです。三つ目は、適応度に関連する幅広い領域（防御行動、競争的リスクテイキング、学習、愛着形成、親和行動、繁殖機能など）にわたって、生体の生理と行動を制御することです。発達期間中にこのシステムによって符号化された情報は、システムにフィードバックされ、その長期的な調整に用い

176

られます。その結果として、反応性の適応的パターンと行動の個人差が生じるのです。私と共同研究者によって現在進行中のいくつかの調査を通じ、養育経験とストレス反応システムの調整の関係について包括的に検討することができるでしょう。

　まとめると、私の行ってきた理論的・実証的研究は、家族環境、ストレス生理、性的発達という、三つの大きな構成概念を関連づけようとするものです。進化理論を指針として、この研究の基本的な目的は、子どものストレス経験の主要な次元と、異なるレベル・異なるタイプの家族ストレス（例えば、温かさの欠如／対立の存在、慢性的に厳しい家庭環境／予測不可能性の高い家庭環境、子ども時代初期の曝露／中期の曝露）がストレス反応システムや思春期発達・性的発達にどのように影響を与えるかを明らかにすることです。

進化心理学者になることについての見解

　進化心理学者として身を立てるのは険しい道のりです。あなたはきっと、その途中で多くの偏見と抵抗を経験することでしょう。自分の分野でまわりの人よりも秀でていなくてはなりません。多くの無知な反応や論文査読者に出会うことでしょう。論文を刊行したり、研究資金を得たりするのは難しくなることでしょう。それでも、一度ダーウィニズムというウイルスがあなたの心のソフトウェアに侵入したら、取り除くのは簡単ではありません。そのウイルスは、最終的にはあなたの世界観を変えてしまうのです。結果として、一度進化的観点の真実が腑に落ちれば、それ以外の世界の観方をするのは難しいのです。

　役に立つかはわかりませんが、何も知らない進化心理学者へのアドバイスを以下に挙げます。第一に、質の高い研究をしてください。労を惜しまず質の高いデータを集め、重要な理論的課題に切り込んでください。進化心理学者に対して非常に大きな偏見がありますから、二流の研究ではどうにもなりません。新しい地平を開くには、強い科学を実行する必要があります。トップクラスの主流の学術誌を狙ってください。それが就職への最善の道です。第二に、自分だけのニッチを見つけてください。私の場合、進化発達心理学者の草分けの1人だったことが成功につながりました。進化的視点を用いることは、多くの場合、様々な古くからの問題・疑問に対して独自の視点をもたらします。世の中

には、進化革命を待っているトピックがたくさんあります。何か一つを見つけて、それに打ち込んでください。他の多くの進化心理学者がすでに研究していることばかりをこれ以上やるのはやめましょう。第三に、自分の旗印を立てましょう。それがあなたのアイデンティティになります。決まったトピックについての継続した研究プログラムを持つことによって、旗印を立てることができます。例えばあなたが思春期について研究しているなら、あなたは「思春期の人」として認知されたいと思うでしょう。誰かがあなたの名前を見た時、すぐに「これは思春期の人だな」と思ってくれるようでなければいけません。思春期について議論している時には、「ああ、そうだ。このトピックについてはXさんの研究を調べればよいよ」と言ってもらえるようでなければいけません。必ず、他の人から、重要で、社会に関連すると思ってもらえる分野で旗印を立ててください（業績と研究費を得る機会を増やすためです）。第四に、海外と強いコネクションを作り、共同研究をしましょう。進化心理学者として、あなたは、あらゆる種類の従来のプロジェクトや研究課題に対して、独自の観点を持ち込むことになります。人とコネクションを作り、知識を共有し、共同作業を始めてください。あなたが大学院生なら、すでに自分の研究分野の主要な人物全員とコネクションを構築し始めていなければなりません。大学院生時代、ポスドク時代に、私はそうしていましたし、それは私のキャリアにとって非常に有益でした。

3.5　思春期の到来と自己欺瞞

ミシェル・サーベイ（Michele K. Surbey）

　ミシェル・サーベイはカナダのサイモン・フレイザー大学で学士号と修士号を得た後、マクマスター大学で博士号を得た。いずれの大学もカナダで最も早く進化心理学コースを始めた大学であり、優れた進化心理学の研究環境を持っている。

　サーベイは進化心理学という新しい領域の創立と発展を経験したことや、この領域において独創性と情熱にあふれる学者たちと出会えたことを幸運に思っている。彼女はトロント大学、マウント・アリソン大学、セント・トーマス大学の教職を経て、現在はオーストラリアのジェームズ・クック大学で教育と研究を行っている。

　彼女は広い研究領域と関心を持ち、個人の発達現象の進化や、協力における自己欺瞞、個人の抑圧、パーソナリティとヒトの配偶行動・配偶者選択との関連などについて研究している。また、ビクトリア時代の科学現象（特にダーウィニズム）と当時のイギリスと他の植民地、他の国家の社会現象の関連に対しても興味を持っている。

　本節でサーベイは、思春期が始まるタイミングと自己欺瞞の効果の研究を例にして、どのように進化的アプローチを用いて研究テーマの設立と実証をするのかを説明している。

本人による主な参考文献

Surbey, M. K. (1990). Family composition, stress, and human menarche. In T. E. Ziegler & F. B. Bercovitch (Eds.), *The socioendocrinology of primate reproduction* (pp. 11-32). New York: Wiley-Liss.

Surbey, M. K. (2004). Self-deception: Helping and hindering personal and public decision making. In C. B. Crawford & C. A. Salmon (Eds.), *Evolutionary psychology, public policy, and personal decisions* (pp.117-144). Hillsdale, NJ: Erlbaum.

Surbey, M. K., & Brice, G. R. (2007). Enhancement of self-perceived mate value precedes a shift in men's preferred mating strategy. *Acta Psychologica Sinica* [*Special Issue: Evolutionary Psychology*], *39*, 513-522.

　ダーウィンの自然淘汰の理論を表すために「適者生存」というフレーズを最初に作ったハーバート・スペンサー（Herbert Spencer）は、「最も価値のある知

識とは何か」と問うています。スペンサーにとって、その答えは「科学」でした。基礎的な科学的知識こそ、人間の洞察や社会、幸福を促進するのに最重要だと考えたのです。スペンサーは、「必然的かつ永久に真実である科学的知識は、すべての時代のすべての人間に関わるものだ」（Spencer, 1861, p.53）と述べています。特に、スペンサーは、「生命の科学」すなわち生物学はきわめて重要であり、また、化学、物理学、地質学を含めた他のすべての科学は生命の科学の鍵であると見なせると考えていました。スペンサーの言葉で言えば、生命の科学を理解する価値を、最も適切に活かせる分野は心理学に他ならないでしょう。心理学の研究やその応用は、生命についての最も強力な理論すなわち進化理論との統合を通じて、素晴らしい推進力と洞察を得てきました。そのことは、進化心理学という新たな分野に急速に関心が高まり、研究が増え続けていることからもわかります。

　この本の共著者たち同様、私も、幅広い自然界の法則の中で人間心理を考え、理解することに長年興味を持ってきました。社会生物学や進化心理学が、確立され、よく知られた、物議をかもす領域になる前には、動物行動学、生態学、比較・生物・生理心理学、人類学、そして進化生物学のクラスを取る必要がありました。こうした勉強を通じ、後に重要な踏み石となる広範な研究や理論の背景知識を得た私は、やがて社会生物学と進化心理学の道に進みました。進化心理学は、ヒト以外の生物世界を支配しているのと同じ基本的な理論や原理を用いて心理現象を説明しようとする点で、他の心理学分野とは異なります。重要な理論的アイデアは、自然淘汰（Darwin, 1859）、包括適応度（Hamilton, 1964）、性淘汰（Darwin, 1871）、生活史戦略（Stearns, 1992）、親の投資（Trivers, 1972）、差別的な養育態度（Daly & Wilson, 1980）、親子間葛藤ときょうだい間競合（Trivers, 1974）、親の操作（Alexander, 1974）、ゲノム内競合とゲノム・インプリンティング（Bartolomei & Tilghman, 1997; Cosmides & Tooby, 1981; Eberhard, 1980; Haig, 1993; Trivers & Burt, 1999）、領域固有性（Cosmides & Tooby, 1992）などです。基本的な進化概念について基礎を押さえておくことは、進化心理学の研究の批判的評価と生産的な拡張、両方で重要となります。「己の理論を知れ！」というのは、150年以上前のスペンサーのアドバイスから導かれる、進化心理学分野の新しい学生や研究者に対する一つの忠告です。現在に至るまで、進化

理論と進化的概念は、心理学者が興味を持つ多くの様々なトピックにうまく適用されてきています。以下では、私個人の興味と、今後数十年の間、わくわくするような研究分野であることを約束されている分野での、私自身の研究経験とその結果について、いくらか書いてみようと思います。

進化と発達

「発達と発生学。これは、自然史全体の中でも最も重要なテーマの一つである」（Darwin, 1888, p.386）。ダーウィンは、個体の発達に関する研究が、種の系統発生についての大きな洞察を与えてくれると示唆しました。数世紀の間、哲学者も科学コミュニティも、個体発生と系統発生のプロセスは、相互作用し補完し合うという考えを信じていました。しかしながら、ダーウィンも、また彼と同時代の研究者も、個体の発達と系統発生の複雑な関係を、自然淘汰理論に基づいて十分に体系化することはできませんでした（Charlesworth, 1992）。発達と進化プロセスを一致させるという注目すべき取り組みは、エルンスト・ヘッケル（Ernst H. P. A. Haeckel）によって始められ（Haeckel, 1866）、スタンレー・ホール（G. Stanley Hall）、ジークムント・フロイト（Sigmund Freud）、ジャン・ピアジェ（Jean Piaget）の発達段階理論の中で具体化されましたが、彼らの前提とする理論的な観点、すなわち反復発生理論あるいは生物発生原則は、本質的にはダーウィン主義ではなかったのです。初期の発達心理学者はLamarck（1809）の観点も理論に取り込んでいましたが、ラマルク主義、そして生物発生原則は、後に発生学の進展および遺伝の粒子特性の発見とともに失墜しました。それ以降、多くの心理学者は、人間行動の進化的な説明に背中を向け、行動主義を採用するようになったのです。Baldwin（1902）など、少数の発達心理学者は発達と進化のプロセスを関連づける理論を提唱し続けましたが、いずれもラマルク主義あるいは生物発生原則のインパクトを超えることはありませんでした。こうして、発達、特に発達心理学への進化的視点の応用は、いくつかの試みと失敗というスタートを経験することになったのでした。

ここ30年、進化心理学の成長によって、発達への進化的アプローチが復興しつつあります。この間に、進化的視点からヒトの発達の側面に焦点を当てた著作が数多く刊行されました（例えば、Bjorklund & Pelligrini, 2002; Burgess &

MacDonald, 2005; Butterworth, Rutkowska, & Scaife, 1985; Chisholm, 1988; Ellis & Bjorklund, 2005; Fishbein, 1976; MacDonald, 1988a; Segal, Weisfeld, & Weisfeld, 1997; Weisfeld, 1999)。そこで生まれた発達についてのコンセンサスは、個人が生涯を通じて経験する一連のステージは、いずれもその時点での環境状況への何らかの形での適応である、というものです。ヒトの発達について進化の知見を取り入れた理論を生み出そうとする最新の試みは、発達システム理論（Oyama, 1985, 2000）と生活史理論に立脚しています。これらのパラダイムは、発達上の現象と進化の間にあるリンクを検討する上で新鮮な推進力を生み出してきましたが、限界がないわけではありません（Surbey, 2008）。発達システム理論と進化理論の接点は、発達システム、すなわちライフサイクルは進化の産物であり、系統発生はある意味で、進化によって形成された個体発生の集積であると考える点にあります。生活史理論は、生物が、成長、生命維持、繁殖にどのように投資を分割するかについての洗練されたモデルです。この観点からは、生物の発達は、個体発生に対して働く長い淘汰プロセスによって形作られ、その結果として種の生活史が存在すると考えられます。

　思春期の開始は、発達の文脈で少なからぬ注目を浴びてきた生活史イベントの一つです。ヒトの思春期開始時期の先行要因と帰結に関する私の興味は、動物行動学と生活史理論という私の学問的バックグラウンドに由来します。思春期開始時期は、多くの世代を経た自然淘汰によって形作られてきた、重要な生活史上の特徴で、その種や個体による違いには一定のパターンがあります。学部生の時、私は、ヒト以外の生物の発達・繁殖機能に、社会的環境がどのように影響するかを知りました。例えば、血縁関係のない大人オスまたはその匂いにさらされたメスのラットは、メスのみのグループで過ごしたメスのラットよりも、早く成熟します。これは、ヴァンデンバーグ効果と呼ばれる現象です（Vandenbergh, 1969）。私は、1980年代に、ヒトの思春期開始時期の先行要因について検討することで、ヒト以外の生物の研究成果の一部をヒトの研究領域まで拡張しようと試みました。私の目標は、ヒトの思春期開始時期の個人差が、特定の環境イベントに対する適応的な反応として個体の発達における差異をとらえる、より広範な進化モデルと適合するか究明することでした。思春期は自己概念や社会行動の変化を伴いますし、また、少女における初潮の早さは、早

第 3 章　認知と発達を進化から考える

期の性行動・妊娠・非行の予測因であり、少女の拒食症や性的虐待への脆弱性を増す可能性があることからも、思春期開始時期が変動する要因を理解するのは重要なことでした。

　少女の思春期開始時期と関連する要因を研究するため、私は、カナダ東部で1000 人以上の女性とその母親に対して調査を行い、子ども時代に生物学的な父親が不在かつ高いストレスを受けたと報告した女性は、他の女性に比べ、初潮を経験するのが半年程度早いことを発見しました（Surbey, 1990）。私はまた、ヴァンデンバーグ効果と同様に、継父のいる家庭で育った少女は、継父のいない家庭で育った少女と比べ、成熟が早いという傾向を見出しました。こうした知見は、他の研究者によって全体または一部について追試され、拡張されてきましたし、その進化的意義についての議論や理論化はかなりの数になっています（例えば、Belsky, Steinberg, & Draper, 1991; Belsky *et al.*, 2007; Bogaert, 2008; Campbell & Udry, 1995; Chisholm, 1999; Ellis, 2004; Ellis & Essex, 2007; Graber, Brooks-Gunn, & Warren, 1995; Kim, Smith, & Palermiti, 1997; Moffitt, Caspi, Belsky, & Silva, 1992; Wierson, Long, & Forehand, 1993）。

　私は、父親の不在と初潮の早さの関係は、母親の初潮年齢によって部分的に説明できることに気づきました。成熟の早い女性は、早く結婚する傾向と、早熟かつ父親のいない娘を持つ傾向があります。これは、初潮が遺伝的であり、また、早い結婚は遅い結婚よりも離婚に終わる可能性が高いためです。私は、ストレスへさらされることが増えるのも、父親の不在と初潮の早さの関係を一部説明するかもしれないと提案しました。繁殖を適切な環境条件下で行うために、ストレスにさらされると、通常は思春期が遅れるか、繁殖活動が停止します。しかしながら、特定の条件下では、ストレスにさらされることにより、補償反応が引き起こされるのかもしれません。ちょうど病気や栄養失調から回復した子どもで見られる追いつき（キャッチアップ）成長のように。私は、他の哺乳類で観察されるフェロモン効果もまた、父親不在あるいは継父と住む少女の思春期の早さを引き起こすのではないかと考えました。研究者たちは、こうした可能性について思いをめぐらし、これらの知見を広範な進化モデルへ統合する取り組みを続けています。このトピックに関する研究は、理論と観察の間にあるリンクについて深く広い理解を得ようと努力することが重要であると示す

183

よい例です。"多元的アプローチを忘れないこと"、あるいは特定の見方に執着したり教条的になったりしないように努めること。こういった複雑な現象を研究する時には、これを肝に銘じておくと有益でしょう。多元主義とは、帰無仮説——すべての現存する現象が適応ではない、あるいは直接的に進化プロセスによって説明されるわけではない——について考えることも含みます。

自己欺瞞メカニズムの機能的価値

一般に、意識と自己認識は、ヒトの進化における基軸と考えられています。合理主義や意識的で意図的な情報処理には非常に多くの利益がありますが、意識にコストが伴わないわけではなく、利益には限界があるでしょう。自己欺瞞とは、一般に、情報を意識下に押し込め、意識に上らせなくするようなプロセスをさします。ロバート・トリヴァース（Robert Trivers）は、他個体の判断を誤らせたり欺いたりすることで適応的利益を得られるならば、自己欺瞞の主要な機能は他個体をうまく欺くことであると提案しました（Trivers, 1976, 1985）。トリヴァースは、欺く側と欺かれる側の間には共進化闘争が存在する、つまり、欺きの頻度が増せば欺きの検出に対する正の淘汰が強まり、検出能力が広がればそれ以上の欺きに対する正の淘汰が強まる、と示唆しています。自己欺瞞は、欺きを無意識に行えるようにするため、罪の意識によるかすかな兆候——これは、欺き側の利己心を、欺かれる可能性のある側に警告する——を取り除くのです（Trivers, 1985）。トリヴァースは自己欺瞞は欺きを促進するために生まれたと示唆しましたが、自己欺瞞は、認知負荷を減らす、家族の絆を強める、脅威となる思考や記憶を抑圧する、心身の健康を維持する、互恵的利他行動や非血縁との協力行動を促すといった、他の目的のために組み込まれたのかもしれません（Alexander, 1987; Krebs & Denton, 1997; Lockard, 1978; Nachson, 2001; Nesse & Lloyd, 1992; Slavin, 1985; Surbey, 2004; Taylor & Brown, 1988）。

われわれが、協力を促進するために自己と他者の意図について自分自身を騙すという可能性を検討すべく、私たちは、自己欺瞞質問紙（Self-Deception Questionnaire: Sackeim & Gur, 1978）を150人の参加者に実施し、彼らの自己欺瞞の程度を測定しました（Surbey & McNally, 1997）。さらに、囚人のジレンマゲームのフォーマットに一致させた一連の場面への参加者の反応を、協力傾

184

第 3 章　認知と発達を進化から考える

向・非協力傾向の指標として収集しました。予測通り、参加者は非血縁者よりも血縁者とより協力すると表明しました。さらに重要なのは、自己欺瞞の程度の高い参加者は、低い参加者よりも、より協力的な反応を選んだのです。最近になって、私は自己欺瞞とうつ、そして協力の間の関係について検討しました（Surbey, 2011）。この研究の主要な目的は、抑うつ的な人は、自己欺瞞と協力の指標両方が低いのかを確かめることでした。また、自己欺瞞とうつに典型的な意識的帰属、自己欺瞞と協力促進の関係についても検討を行いました。研究に参加した大学生 80 人は、自己欺瞞、印象操作、うつ、帰属スタイルに関する指標に回答しました。協力傾向は、囚人のジレンマゲームに基づいた社会的ジレンマゲームへの反応によって測定しました。結果からは、予測した通り、自己欺瞞得点の高い人は低い人よりもよく協力し、また、抑うつ傾向も低いことが示唆されました。自己欺瞞得点は、いくつかの帰属スタイルと有意に関連がありましたが、総体的なうつの症状をそれらとは独立に予測しました。抑うつ傾向の人は自己欺瞞と協力の指標両方が低い傾向を示したことについて、うつの進化的意義に関するいくつかのモデル、特に Hagen（1999, 2002, 2003）の提唱するうつの交渉モデルに照らして考察しました。彼は、閉ざされた相互依存的社会システム、つまりグループ内全員の協力がきわめて重要な場所では、うつは、労働組合のストライキのように、利益の適正な分配を受けていない働き手の価値を強調する役割を果たすのかもしれないと示唆しています。生産性あるいは互恵性を引き下げることによって、うつの人は集団内での自身の価値に注意を引くのです。これにより、うつの人は自分に有利な形で社会契約の再交渉を行うのに必要な交渉力を手に入れるでしょう。

　自己欺瞞には、その定義上、アクセス不可能な過程である潜在意識が含まれます。それゆえ、自己欺瞞を研究することは困難であり、また懐疑的にも見られがちです。私の研究は、自己欺瞞がヒトの心理の生得的な特徴であるという仮説を前提としています。他の心理的特徴と同様に、個人差があるかもしれませんが、状況に応じて変化し得るものでもあるでしょう。トリヴァースは自己欺瞞を「個人内の偏った情報の流れ」と表現しました（Trivers, 2000, p.114）。最近では、Kurzban & Aktipis（2007）が、自己欺瞞は本質的にはモジュール性の副産物であり、そこでは、情報のカプセル化の結果として、現実と自己との間

にある矛盾する表象が共存しているのだと提案しています。彼らは、社会的相互作用と関連した表象を貯蔵する機能を持つシステムである社会的認知インターフェイス（Social Cognitive Interface: SCI）が、ポジティブな自己表象を優先的に利用することで、社会的相互作用を有利に進めるように進化したと主張します。このように、過剰にポジティブな表象への選択的なアクセス、あるいはよりリアルな欺きのための偏った現実の認知の結果として自己欺瞞を概念化すると、心をモジュールとして考える観点と相互に矛盾しません。しかしながら、自己欺瞞は、モジュール性の単なる副産物というよりは、目的のあるモジュール性の派生物であり、情報へのアクセスを制御するメカニズムの進化の結果でありそうです。

ヒトの配偶者選択

　ヒトの配偶者選択研究は、確立された理論である、性淘汰理論（Darwin, 1871）、親の差別的投資理論（Bateman, 1948; Trivers, 1972）、性戦略理論（Buss & Schmitt, 1993）に基づいています。研究の多くは、メスの選択、配偶者への好み、オスの配偶ディスプレイ、対称性のゆらぎ、ペア外配偶、精子競争、配偶者選択の模倣に関するヒト以外の生物の研究の拡張として興味深いものです。この分野は進化心理学で最もよく研究されているトピックですから、「オリジナリティを勝ちとれ」という箴言に従うことは、この分野に重要な貢献をしたいと考えるなら、特に必要となるかもしれません。

　このトピックに進出するにあたり、私たちは、潜在的な配偶相手について、攻撃的でない、あるいは親らしいと形容することが、どのように女性の配偶者選択に影響するかを検討しました（Surbey & Conohan, 2000）。当時すでに、男女ともパートナーに最も望む特徴は、「親切で理解がある」ことであるという知見は確立されていました（Buss, 1989 参照）。この知見は、こうした特性への評価には男女差がないことを示唆しますが、私たちは他の説明を考えました。「親切で理解がある」という言葉の意味合いに男女差がある、という可能性です。特に、女性にとって、この描写は、男性が優しく身体的な危害を及ぼさない、あるいは愛情深く世話をし、よい父親になりそうだという意味になるでしょう。私たちは、パートナーの身体的攻撃リスクの低さと親としての資質は、

男性からよりも女性から、より高く評価されるだろうと予測しました。なぜなら、一般的に男性は、女性と同様の身体的危害や性的強制のリスクに直面することはないからです。さらに、男性は、典型的な親らしさを身につけていない女性を好むかもしれません。これは、通常男性に好まれる特徴である、若さと性的な未熟さを示すからです。私たちは、200 人の大学生に、架空の異性と一時的な性的経験をしたいと思う程度について報告してもらい、配偶相手の好みについて検討しました。質問紙を使い、長期にわたる関係を構築する可能性について操作し、病気、妊娠、露見のリスクは全条件において存在しないものとしました。

　加えて、架空のパートナーの魅力度、性格、行動特性にそれぞれ差をつけました。架空のパートナーは、親としての資質があるように形容されたり、身体的攻撃がないように形容されたり、あるいは何の記述も与えられませんでした。予想通り、男性は女性よりもすべての条件において性交渉への高い意欲を示しました。また、長期的な関係を構築する可能性は、女性の性交渉への意欲を高めましたが、男性では効果が見られませんでした。架空のパートナーの魅力度は、参加者全体の回答に有意にポジティブな効果がありましたが、相対的な魅力度の低下は、男性の反応に対して、よりネガティブな効果を示しました。パートナーの親としての資質への言及は、女性の性交渉への意欲を増加させましたが、男性では効果が見られませんでした。架空のパートナーが非攻撃的（安全）であるという記述は、女性の意欲を少しばかり高めましたが、男性の反応には影響しませんでした。

　他の研究で、私たちは、配偶相手としての価値の自己認識（self-perceived mate value: SPMV）を操作し、これが男性の配偶戦略を変えるかを検討しました（Surbey & Brice, 2007）。男性は一般に短期的配偶戦略に偏っていましたが、それが成功するかどうかは、女性の好みによって左右されます。

　私たちは、男性は、自分の配偶相手としての価値が平均を上回ると認識している場合、つまり異性への自分の魅力度が高いと思っている場合には、配偶戦略を短期的配偶に変更するのではないかと考えました。73 人の参加者が SPMVと配偶戦略の選好を測定する質問紙に 2 度回答しました。最初の回答はベースラインとして用いられました。2 番目のテストセッションの開始時、参加者の

SPMV を上げる操作として、参加者は、彼らの配偶者としての価値について、架空のポジティブな評価を受け取りました。高い SPMV と行きずりの性行動への賛同や希求は、最初のセッションで男性において正の相関が見られると予測され、男性の SPMV を上げる操作によってこの配偶戦略へのバイアスは強まると予測されました。SPMV と配偶戦略の強い関係は、女性に関しては予測されず、SPMV の上昇が女性の配偶戦略を変えるとも予測されませんでした。私たちの予測通り、ベースラインの SPMV の高さは、男性が行きずりの性行動を支持する程度と正の相関があり、操作によって高まった SPMV は、男性において、この配偶戦略の選択の増加と関連していました。私たちの結果は、男性の配偶戦略における個人差のかなりの部分（10 〜 20%）は、配偶相手としての価値の差異によって説明できることを示唆しています。これに対し、女性では、ベースラインの SPMV や SPMV の増加が、行きずりの性関係への賛同や希求と関連するという証拠はほとんど得られませんでした。むしろ、高い SPMV を持つ女性は、低い SPMV を持つ女性に比べ、より厳しい基準を課しているようでした。今後、このトピックについて実験的に検討することには、意味があるでしょう。

進化理論の歴史と国内外の心理学

　進化心理学は、20 世紀の最後の四半世紀に北アメリカで花開いた新しい研究分野だと思われているかもしれませんが、そのルーツは多くの国の哲学や思想史まで広がっています。自分の学問領域がどのように始まり、また発展したのかを理解するのは、学問の重要な要素であり、また、それ自体が興味深い研究です。例えば、中国における心理学の歴史はユニークですが、国際的な科学思潮と興味深い結びつきを保っています（Blowers, 2006 参照）。比較心理学、学習・実験心理学——進化心理学の基礎を築くのに貢献した心理学の下位領域——は、他の地域と同様、中国でも 20 世紀初頭に確立されました。現在では「時代遅れ」と見られがちな研究を読んだり、認めたり、評価したりすることは、現代の学者にとって最初は魅力的ではないかもしれませんが、まだスキャンされ電子ライブラリーに追加されていない、古くてかび臭い本や学術雑誌を開くのを恐れてはいけません。予期せぬ発見に驚き、またダーウィンをはじめ

とする、昔の学者たちの個性的な文体を楽しめることでしょう。

　何年も前、ロンドンのブルームスベリーの古本屋で掘り出し物を探していた時、私は、タイトルに「進化心理学」を含む最初の（と私は信じているのですが）本に出会いました。この本、*Studies in the Evolutionary Psychology in Feeling*" (Stanley, 1895) は、ダーウィンの表情に関するアイデアを拡張しようとする初期の試みであり、現代の進化心理学の発展を、タイトル以上に予兆する内容でした。研究者が提示する新たな理論や知見は、時に、彼らが知らないはるか以前の研究成果の再発見のことがあります。「自分の歴史を知る」ことは、特に価値があるかもしれません（さもなければ、そうしなかったという記録を永遠に残すリスクを冒すことになります）。進化のプロセスを理解することは、心理学領域および社会に多くの知見をもたらす力があります。同様に、進化理論と心理学の融合の豊かな歴史を理解することも、ユニークで生産的な科学領域である進化心理学の将来を、豊かで安定したものにするのです。

コラム3 「あたりまえの根っこ」としての進化理論

橋彌和秀

　虫や魚を捕まえて飼ったり土器の欠片や化石を探しまわったりという子ども時代を過ごしたが、高校の時に漠然と興味を抱いたのは臨床心理学だった。当時、河合隼雄さんがいた京都大学の教育学部を受験したが、入学前に一浪している間に、予備校の英語の講師がジュリア・クリステヴァやミハイル・バフチンをテキストにするような人だった影響もあって、「ことば」や「科学」という営為に興味を持ちだした。かといってその時点で「臨床とは何か」「科学とは何か」について見識を持っていたはずもない。

　学部の間はほとんど講義にも出ずに鴨川端を自転車でふらふらし、本を読んだり週に3日は友達と研究会を開いて議論したりというのが日常だった。花街のバーテンや家庭教師のバイトをして、夏休みにはヒマラヤを歩いたり、アフリカでキリマンジャロに登頂したりした。こういう生活はある意味で自分が思い描いていたような「大学生活」そのものだったが、興味があったはずの「臨床心理学」と「科学」との間に自分なりの折り合いがつかず悶々としていたのも確かだ。

　3回生になった前後で、リチャード・ドーキンスの『利己的な遺伝子』と、立花隆が（ノーベル賞受賞直後の）利根川進へのインタビューをまとめた『精神と物質』を読んで、前者では、キャッチフレーズにはまとめ切れない膨大な知見が紡がれるおもしろさと、その延長上で「自己意識」や「文化」までも論じてしまう大胆さに興奮し、後者では、結果を導く分子生物学の実験デザインの美しさに痺れた。ちょうどその時期に松沢哲郎さんの集中講義があって、初めてチンパンジーの心理学的研究の話を聞いた。紹介される実験も美しいと思った。霊長類研究所に見学に押しかけて実験を見せてもらった時に、当時大学院生だった伏見貴夫さんに「これぐらい読んどけ」と教えてもらって、蒼樹書房から出ていたジョン・R・クレブス＆ニコラス・B・デイヴィスの『行動生態学』の輪読会もした。

　この頃に至ってようやく、「臨床心理学は科学ではない（だから善し悪しということでなく）」ということと、「臨床的な態度は自分に向かない」ことに気づいた。それでも「ヒトという生物」には好悪を超えた興味があったので、いっそ少し離れたところから見てみたいと思って、霊長類研究所の大学院に進んでチンパンジーの心理学実験を始めた。碌な学生ではなくて方々にご迷惑をおかけしたが、進化心理学との関わ

190

第3章　認知と発達を進化から考える

りについて言えば、院生同士の読み会で『種の起源』をそれなりに精読して、ロジックのシンプルさと古びない強靱さに感動したのはこの時期のことだ。ポスドク以降は主にヒトの赤ちゃんや子どもを対象にした研究に移行して今に至る。コミュニケーションや「こころという内的情報処理システム」の進化・発達的基盤に行動実験の手法でアプローチしているというのが現在の自己紹介だが、自分が「進化心理学者」だと思ったことはない。

　例えば、デイヴィッド・プレマックとニコラス・ハンフリーとダン・スペルベルを思い浮かべる。衒いも込みで告白するならこの3人は、今もって私の「ヒーロー」だ。Theory of Mind 研究も一見迷宮のような名著『ギャバガイ！』（プレマック著、勁草書房、2017年）も、『内なる目』（ハンフリー著、紀伊國屋書店、1993年）や社会的知性仮説も、最初にふれたのは霊長類研究所の院生部屋かそのまわりでだべっている最中だった。『関連性理論（第2版）』（スペルベル他著、研究社出版、1999年）の存在は金沢創さんから教わった。ともあれ、この3人の巨人に共通しているのは、明晰な哲学的思考と自然科学的な方法論とを両立させて独創的な研究を成し遂げつつ、かつ、真っ当な自然淘汰理論がそれぞれの根幹にあることだと思う。これはあたりまえのことのようでいてとても貴重なことだ。しかし一方で、彼らを「進化心理学者」と呼ぶ人はいない。

　（せめて方向性としては）自分もそうありたいと思う。進化心理学者を名乗らなくても、自分なりの思考の基盤としての進化理論と方法論とを内に根づかせて、オリジナルな研究をささやかに提示する、あたりまえの自然科学者のひとりでありたいと思っている。

本人による主な参考文献
橋彌和秀（2015）．こころというセオリー――あるいは，Theory of Mind ふたたび――
　　木村大治（編）動物と出会う2　心と社会の生成　ナカニシヤ出版　pp.77-83.
橋彌和秀（2016）．まなざしの進化と発達　子安増生・郷式徹（編）心の理論　第2世代
　　の研究へ　新曜社　pp.27-38.
プレマック，D.　橋彌和秀（訳）（2017）．ギャバガイ！――「動物のことば」の先にある
　　もの――　勁草書房
トマセロ，M.　橋彌和秀（訳）（2013）．ヒトはなぜ協力するのか　勁草書房

第4章

意思決定と組織運営を進化から考える

4.1　ヒューリスティクス——不確実な世界を生き抜く意思決定の方法

ゲルト・ギゲレンツァー（Gerd Gigerenzer）

　ゲルト・ギゲレンツァーは、近年最も影響力のあるドイツの心理学者と言える。1995年からドイツ、マックス・プランク人間発達研究所の適応行動・認知センター所長を務め、心理学・経済学・生物学・数学・コンピュータサイエンスなどの領域の専門家を率いて、ヒトの認知と適応行動についてシステマティックな研究を行い、専門書を多数出版している。著書の *Adaptive Thinking: Rationality in the Real World* や *Simple Heuristics That Make Us Smart* は、中国語にも翻訳出版されている。

　ギゲレンツァーの主な研究内容は、ヒトの思考と意思決定のモデルであり、限定合理性や生態学的妥当性、社会的合理性の理論的研究と実験研究を多数行い、意思決定と判断のヒューリスティクスや社会科学の歴史と方法論についても研究している。これまでの数十年を通して、いくつもの高引用率を誇る論文を発表し、評判の高い専門書も多数出版している。よくある難解な専門書とは違い、彼は簡単明快な言葉で複雑な計算方法を説明するため、専門外の読者からも好評を得ている。

　ギゲレンツァーは、1947年9月に生まれ、1974年にミュンヘン大学で心理学学士号、1977年に同博士号を得た。1977〜82年は、ミュンヘン大学で助教を務め、1982〜84年は同大学の心理学科で上級講師として教え、1984〜90年はコンスタンツ大学の心理学教授、1990〜92年はオーストリアのザルツブルク大学の心理学教授、1992〜95年はアメリカのシカゴ大学科学技術概念基金委員会の委員と心理学教授、1995〜97年はミュンヘン心理学研究所マックス・プランク機構の主任を務めた。1998年から現在までは、ドイツ、ベルリンのマックス・プランク人間発達研究所の適応行動・認知センターの主任を務めている。

　彼は、1985年にドイツ社会科学論文評定においてフリッツ・ティッセン基金賞を受賞し、*Psychological Review* に発表した 'From tools to theories: A heuristic of discovery in cognitive psychology' は、1991年度のAAAS（アメリカ科学振興協会）の行動科学研究賞を受賞した。著書 *Calculated Risks: How to Know When Numbers Deceive you*（リスク・リテラシーが身につく統計的思考法）" のドイツ語版は2002年度の科学書籍賞を受賞している。

第4章　意思決定と組織運営を進化から考える

　2002 年のノーベル経済学賞を得た心理学者のダニエル・カーネマン（Daniel Kahnemen）やエイモス・トベルスキー（Amos Tversky）との間には、有名な論争が行われた（Kahnemen & Tversky, 1996; Gigerenzer, 1996 を参照）。論争の争点は、誤った意思決定がされてしまう根本的な理由が、認知的な誤りにあるのか、それとも課題の情報と認知メカニズムの不一致にあるのかにある。ギゲレンツァーは、カーネマンらが示してきた様々な意思決定の誤りは、間違った認知からきたものではなく、研究者のほうが意思決定の限定合理性や生態学的妥当性を見落としてしまっているため、認知的メカニズムと整合できない情報を提供したからだと主張した。つまり、十進法のコンピューターに二進法の数字を入力してもデタラメな結果しか出ないのと同じようなことが起こったのだ。例えば、確率的判断は、人間進化の生態環境においては、ある出来事が発生する頻度（7 人中 3 人が病 A を患った）で計算されるべきであり、一つの出来事の発生確率（どの人も 0.429 の確率で病 A を患う）で計算されるべきではない。実験の結果、出来事が発生する自然頻度で記述されると、確率判断の誤りが消えた。

　"Smart Heuristics: the Adaptive Intelligence of the Unconscious" などの著書では、人間はいかにして不確実性に立ち向かうべきかが取り上げられている。科学革命より前では、決定論が主流な考え方であり、宗教信仰は不確実性を否定し、多くの人は自分の家族または肌色は神によって選ばれしものだと考えた。人間はいつからそのような思考様式から脱出し、世界の根底には不確実性が存在することを意識するようになったのだろうか。そして私たちはいかにして確実性に対する幻想を回避し、不確実性こそが物事の基本的な元素であることを理解するようになれるのか。

　過去に刊行された多くの意思決定の著書は、すべての情報を考慮し、最適な結果を計算するべきだと説き、必要とあらば統計ソフトなどの道具も利用すべきだという。ノーベル経済学賞を受賞した研究もそのほとんどが、個人がすべての情報を入手し、問題の最適解を導くことができることを前提としている。しかし、現実世界では、どうすれば限られた時間と情報の中で最良な結論にたどり着けるのだろうか。多くの本は、人々がどうして認知的な過ちを犯すかについて論じているが、ギゲレンツァーは、脳がどのようにして認知を最適化しているのかについて、新しい考え方を提示してくれた。長年の試行錯誤を経て、簡潔かつ迅速なヒューリスティクスを用いた意思決定についての研究が、有効なアプローチとして考えられるようになった。不確実な世界でよい意思決定にたどり着くためには、時として情報を無視する必要もある。知らなくてもよいことが何かを知るのは、生態学的妥当性に基づいた意思決定のエッセンスである。これらの簡潔かつ迅速な方略には、冠動脈ケアユニットで下される決定や、人事に関する選択、株売買での選択などが含まれている。

195

本節でギゲレンツァーは自分のチームと行った生態学的妥当性の実験研究を紹介し、ヒトの認知とその生存環境との間の合致について論じている。

本人による主な参考文献

Gigerenzer, G.（2000）. *Adaptive thinking: Rationality in the real world*. New York: Oxford University Press.

Gigerenzer, G.（2007）. *Gut feelings: The intelligence of the unconscious*. New York: Viking Press.（小松淳子（訳）（2010）. なぜ直感のほうが上手くいくのか？ 合同出版）

Gigerenzer, G.（2008）. *Rationality for mortals*. New York: Oxford University.

Gigerenzer, G.（2010）. Moral satisficing. Rethinking moral behavior as bounded rationality. *Topics in Cognitive Science, 2*, 528-554.

Gigerenzer, G., & Brighton, H.（2009）. Homo heuristicus: Why biased minds make better inferences. *Topics in Cognitive Science, 1*, 107-143.

Gigerenzer, G., Gaissmaier, W., Kurz-Milcke, E., Schwartz, L. M., & Woloshin, S. W.（2007）. Helping doctors and patients make sense of health statistics. *Psychological Science in the Public Interest, 8*, 53-96.

Gigerenzer, G., Hertwig, R., & Pachur, T.（Eds.）（2011）. *Heuristics: The foundations of adaptive behavior*. New York: Oxford University Press.

Gigerenzer, G., Todd, P. M., & the ABC Research Group.（1999）. *Simple heuristics that make us smart*. New York: Oxford University Press.

　人間行動に対する進化学的アプローチは、以下の二つの問いを重視するものです。①意思決定の基盤となる至近的メカニズムは何か。②行動はどのような至近的メカニズムと環境に起因するのか。自然淘汰の対象は至近的メカニズムであり、これはレダ・コスミデス（Leda Cosmides）とジョン・トゥービー（John Tooby）によってダーウィン的アルゴリズムと呼ばれています。私は、このアルゴリズムがわずかな情報だけを使って残りは無視する「迅速で簡便なヒューリスティクス」である点について話したいと思います。私たちの知る限り、動物もヒトも適応問題を解決するためにいつもヒューリスティクスを頼りにしています。

　配偶者選択において、クジャクのメスは、彼女の注意を引こうとアピールするオスのうち3、4羽のみを目にかけ、羽の目玉模様が一番多いオス1羽を選びます［訳注：ただし、この研究結果については、長谷川寿一の研究チームにより疑問が呈されている］。このヒューリスティクスは、古典的意思決定理論（すべてのオスを探索して、関連するすべての特徴について重みづけをし、期待効用が最も高くなる

もの一つを選ぶ）とは極めて大きく異なるものです。進化が生んだ経験則の多くは、驚くほどシンプルで効率的です（Gigerenzer, 2008, 第3章参照）。同じことはヒトの意思決定についても言えます。敏腕経営者が、これ以上買い物する気がない顧客にカタログを送るコストを削減する（かつ買い物する気のある顧客にもれなくカタログを送る）ために、どの顧客が買い物に積極的かを予測する方法を考えてみましょう。経営科学では複雑な統計モデルが推奨されてきましたが、現実の経営者たちは中断ヒューリスティックと呼ばれるたった一つの優れた手がかりだけを用いています。すなわち、「顧客が最近9カ月以内に買い物をしていれば買い物に積極的な顧客、そうでなければ買い物に積極的ではない顧客とする」といった分類です。中断ヒューリスティックの特徴は、他のすべての情報（例えば、顧客が買い物にいくら使ったか、どのくらいの頻度で買い物したかといった情報）は無視するところにあります。これまで検証した結果、中断ヒューリスティックは平均して、パレート／NBD モデルやそれと似た複雑な合理的モデルよりも、将来の購買について優れた予測力を持つことが示されています（Gigerenzer *et al.*, 2011）。これらの例は、ヒューリスティクスは非合理的ではなく、また必ずしも次善の策でもないこと、ヒトや他の動物が情報の一部を無視するのにはきちんとした理由があることを示しています。

　ヒューリスティクスの科学が投げかける一つめの問いは、記述的問いです。つまり、「個体あるいは種は、自分の意のままに使えるヒューリスティクスとしてどのようなものを持っているのか」という問いです。この問いに関する研究は、適応的道具箱についての研究と呼ばれます。二つめの問いは、規範的問いです。つまり、「ある現実世界の問題に対処する上で、たくさんのヒューリスティクス（あるいは複雑な戦略）のうち最も優れているのはどれか」という問いです。二つめの問いについての研究は、生態学的妥当性についての研究と呼ばれます。この研究分野では、ヒューリスティクスが有効に使われる環境構造を特定することが求められます。例えば、（先のクジャクや経営者の例のように）一つの手がかりのみに頼る方法は、冗長性が高く予測可能性が低い場合（すなわち、手がかり同士が非常に強く相関しており、基準の推定が困難である場合）においては、すべての手がかりを重みづけして利用する方法よりも優れた成績を挙げる傾向にあります。

私たちが最初に発見したヒューリスティクスは、「テイク・ザ・ベスト」です。これは意思決定の際に、一つの手がかりのみに頼るシンプルなヒューリスティクスで、重回帰モデル、神経ネットワークモデル、他の複雑なモデルよりも優れた予測力を上げるヒューリスティクスです（Gigerenzer & Brighton, 2009; Gigerenzer *et al.*, 1999）。初期の研究では、シンプルなヒューリスティクスの使用こそがヒューマンエラーの原因であるという解釈が主流でした。例えばカーネマンとトベルスキー、およびその後継者たちによる「ヒューリスティクスとバイアス」プログラムの研究などがこれにあたります。しかし今では、この解釈は誤りであり、不確実な世界で優れた意志決定を下すにあたっては、関連情報の一部を無視する戦略がうまく働くことがわかっています。ヒューリスティクスの頑健性の数理的根拠は、統計学におけるバイアスと分散のジレンマや生態学的合理性の研究によって説明されています（Gigerenzer & Brighton, 2009）。

　これまで、行動を説明する上で、内的傾向（特性、態度、選好、さらに近年では神経プロセスも挙げられている）からの説明が一般的に受け入れられてきました。ヒューリスティクスの科学は、これとは異なる説明を提供します。私は行動を内的要因と外的要因両方の帰結ととらえ、これを生態学的合理性の研究として定式化しました。例えばヒトは、多数派模倣やしっぺ返し戦略といった社会的ヒューリスティクスをよく利用します。しかし、その結果として生じる行動は、ヒューリスティクスのみではなく、ヒューリスティクスと環境の両方によって定まります。若者が、仲間として受け入れてもらえるよう、また変わり者と思われないように多数派の行動をまねる場合にしても、ある行動が道徳的に正しいか悪いかは仲間の行動に依存して決まります。同じように、しっぺ返し戦略についても協力と非協力どちらの行動が生じるかは、やりとりする相手の行動に依存します。これらの例はまた、社会的ヒューリスティクスに基づいて道徳行動が生じる可能性を示しており、同一人物内で道徳性が一貫しない理由の説明にもなります（Gigerenzer, 2010）。生物の適応的道具箱の系統発生についてはまだ十分に研究がなされていません。しかし、ヒト以外の霊長類は、概してヒトほど正確に模倣をしない、さらにしっぺ返し戦略はほとんどの生物種において見られないという事実は、注目に値すると言えます。

　生態学的アプローチはまた、統計的思考やリスク認識における古典的問題に

第 4 章　意思決定と組織運営を進化から考える

対して、新たな解決策を提供します。例えば、多くの医者が直面する次のような状況を考えてみましょう（Gigerenzer *et al.*, 2007）。

　あなたはある地域で、マンモグラフィーを使った乳がんの検査をしているとします。この地域の女性たちについて、以下の情報が与えられているとします。
　　女性が乳がんに罹患している確率は 1% である（有病率）。
　　・もし、ある女性が乳がんに罹患していれば、彼女が検査で陽性と診断される確率は 90% である（陽性の確率）。
　　・もし、ある女性が乳がんでなければ、彼女が検査で乳がんでないにもかかわらず陽性と診断される確率は 9% である（偽陽性の確率）。

　ある女性が検査で陽性の診断を受けたとします。この検査の結果は自分が本当に乳がんであることを意味しているのか、つまり、自分が乳がんである確率を彼女は知りたがっています。次の四つのうち、どれが正しい答えでしょう：1%、10%、81%、90%。

　マンモグラフィーで陽性と診断された人が乳がんである確率は「10%」であると、正しく理解していた医師は、ドイツの婦人科医 160 人のうち 21% しかいませんでした。19% が答えは 1% であると思っており、ほとんどが 81% もしくは 90% だと思っていました。検査の結果、陽性と診断された女性たちは、医師によって不必要な恐怖を植えつけられることが想像できるでしょう。私が行ったリスクリテラシー研修に参加した約 1000 人の医師のほとんどが、検査法の感度（本当に病気にかかっている患者に正しく陽性の診断を下す確率）と条件つき確率に惑わされていました。世界中で行われている医学部教育は、医師たちへの統計的思考の教育に失敗しているというのがはっきりわかります。それでは、どうすればよいのでしょうか。何十年にもわたって、あきらめるしかないと考えられていました。古生物学者スティーブン・J・グールド（Stephen J. Gould）の言葉を借りれば、われわれの心は（どのような理由にせよ）確率の規則に沿って働くようにはできていないのです。これに対し、生態学的アプローチはこの失敗を内的要因だけに求めるのではなく、外的要因である情報のフレーミングとの交互作用としてとらえます。条件つき確率は、ヒトの歴史の中でかなり新しいものなのです。人々は共起性を一つひとつ理解する場合には、（自然）頻度の問題としてとらえています。つまり、病気に罹患していて、かつ陽

199

性診断を受けた人の数といった、合計頻度に着目しているのです。以下に同じ情報を頻度に置き換えたものを示します。

・1000 人の女性のうち、10 人が乳がんに罹患している。

・乳がんに罹患しているこれら 10 人の女性のうち、9 人が検査を受けて陽性と診断される。

・乳がんではない 990 人の女性のうち、89 人ががんに罹患していないにもかかわらず陽性と診断される。

　同じ 160 人の婦人科医に、頻度に置き換えて同じ情報を呈示したところ、87% が正しい答えである 10 人中 1 人（10%）を選びました（Gigerenzer *et al.*, 2007）。このような頻度の概念は、根拠に基づいた医療（科学的根拠に基づいた医療）においてスタンダードになっており、医学部でもこの方法で学生の教育がなされ始めています。さらに、われわれの研究グループは、いかなる外的情報の提示が洞察を促すのか、またなぜ促されるのかを研究しています。これらの技術は、裁判官、弁護士、ファイナンシャルアナリストといった専門家にも利益となるものです。私自身、これまでに約 50 人の連邦判事を対象に、こうした心理学的ツールを用いた研修を実施してきました。そのことによって判事らは、法廷で提出される統計的証拠をよりよく理解できるようになったのです。

第 4 章　意思決定と組織運営を進化から考える

4.2　進化心理学へのシンプルな道

ピーター・トッド（Peter Todd）

ピーター・トッドはオーバリン大学の数学専攻に所属し、1985 年に学士号を得た。1985 〜 86 年はケンブリッジ大学で機械言語と言語処理関連の研究を行い、哲学の修士号を得た。1986 〜 87 年はカリフォルニア大学サンディエゴ校で研究し、心理学の修士号を得た。さらに、1987 〜 92 年はスタンフォード大学で学習の汎化の研究を行い、心理学の博士号を得た。博士課程を出た後、ケンブリッジ大学ローランド研究所やアメリカのマサチューセッツで研究を行い、その後、デンバー大学で心理学准教授として務めた。1995 年、ドイツ、ミュンヘンで研究を始め、適応行動・認知センターの設立に携わり、1997 年に同センターとともにベルリンに移動し、ヒトの発達研究を始め、2001 年には上級研究員となった。2005 年から現在まではインディアナ大学ブルーミントン校で認知科学の教授を務めている。

トッドの研究には、意思決定におけるヒューリスティクス思考の役割や、環境に存在する情報の利用、進化心理学とコンピュータシミュレーションを用いた行動認知進化の研究、ヒトが時間的・空間的に食料や配偶者を探索する時の戦略などが含まれている。

1995 年、ドイツのマックス・プランク研究所で適応行動・認知センターの設立に参加し、そこで一連の高速倹約ヒューリスティクスに関する研究を行い、チームの他の研究成果とともに *Simple Heuristics That Make Us Smart* としてまとめ、1999 年に出版した。2005 年から、インディアナ大学で新たに適応行動と認知研究のチームを結成し、意思決定と資源探索に関する研究を続けている。同書においてトッドは、コンピュータシミュレーションなどの手法を用いて、ヒトや他の有機生命体がどのように有限の時間と情報のもとで、簡潔かつ有効なヒューリスティクスを使って、賢く決定・分類・予測を行うのかについて論じ、関連領域の広い関心を惹きつけた。

その他の著書である *Music of Connectionism* と *Musical Networks: Parallel Distribute Perception and Performance* は神経ネットワークモデルを用いた音楽研究の論文集であり、*Computer Music Journal* で発表された一連の論文をもとに、神経ネットワークモデルの音楽における応用を紹介し、音調の知覚や、和音演奏の指法、計算作曲などの内容や最新の研究成果を紹介している。

本節でトッドは、自分が進化心理学において歩んだ道や、どのようにチームととも
に生態的合理性における意思決定のヒューリスティクス研究を行ったかについて述べ
ている。

本人による主な参考文献

Hertwig, R., & Todd, P. M. (2003). More is not always better: The benefits of cognitive
limits. In D. Hardman and L. Macchi (Eds.), *Thinking: Psychological perspectives on
reasoning, judgment & decision making* (pp. 213-231). Chichester, UK: Wiley.

Todd, P. M. (2007). Coevolved cognitive mechanisms in mate search: Making decisions in
a decision-shaped world. In J. P. Forgas, M. G. Haselton, & W. von Hippel (Eds.),
Evolution and the social mind: Evolutionary psychology and social cognition (Sydney
Symposium of Social Psychology series) (pp. 145-159). New York: Psychology Press.

Todd, P. M., & Gigerenzer, G. (2007). Mechanisms of ecological rationality: Heuristics and
environments that make us smart. In R. Dunbar & L. Barrett (Eds.), *Oxford handbook
of evolutionary psychology* (pp. 197-210). Oxford: Oxford University Press.

Todd, P. M., Hertwig, R., & Hoffrage, U. (2005). Evolutionary cognitive psychology. In D.
M. Buss (Ed.), *The handbook of evolutionary psychology* (pp. 776-802). Hoboken, NJ:
Wiley.

私は、配偶者選択や食料の探索のような適応上重要な場面において、人々が
どのように意思決定するのかに興味を持っています。私がいかにして進化心理
学におけるこれらの領域を研究するに至ったのかはシンプルです。自然や動物
の行動（生物学）について純粋に興味があったのと、ものの機能（工学）につい
ても非常に興味があり、幸運にもそれらの興味を長い時間かけて追究する機会
に恵まれていました。私が（今のところ）行き着いたところもシンプルです。
それは、人々はわずかな情報・計算によるシンプルな意思決定メカニズム——
ヒューリスティクス——を使って、いかにしてよい選択をすることができるの
かを探ることです。これらのヒューリスティクスは、利用可能なもの——ヒト
が置かれた環境の豊かな情報構造——を利用することによって、有効に機能す
ると言えます。この節では、人々がいかにして適応的な意思決定を行うのか、
そのプロセスをいかにして学習するのかについて、私がたどってきた道と、そ
の中で共同研究者たちとともに学んできたことを示したいと思います。

1980 年代の前半、私は大学で数がどのようにふるまうのか理解するために
数学を、そして私が自分で挙動をコントロールできるものを作るためにコンピ

ュータサイエンス——特に人工知能とコンピュータ音楽——を学びました。人間行動にも関心がありましたが、普通のトピックはあまりおもしろく思えなかったので、心理学の授業は一つも取っていませんでした。大学院への進学を出願した時、ようやく認知科学にこそ私を魅了することのほとんどが集まっていて、行動のしくみのモデル構築という形でまとめあげられていることに気づきました。ケンブリッジ大学の修士課程にいた頃、私は偶然にもドン・ノーマン（Don Norman）と出会い、二つのことを教わりました。一つは、われわれの思考や行動に環境がきわめて重大な役割を果たしているというアイディアです。もう一つは、カリフォルニア大学サンディエゴ校の認知科学の研究プログラムで、私はそこでデヴィッド・ラメルハート（David Rumelhart）の指導のもと、博士課程をスタートすることになりました。ラメルハートと私は、学習と意思決定のモデル構築のために神経ネットワークについて研究しました。また、リック・ブリュー（Rik Belew）と一緒に進化的探索プロセスのモデル構築のために遺伝学的アルゴリズムについて研究しました。1年後、ラメルハートの研究グループはスタンフォード大学に移り、そこから本当の成果が見え始めました。

　スタンフォードで、私は同じ大学院生のジェフリー・ミラー（Geoffrey Miller：本書の彼のエッセイもぜひ見てください）と友だちになりました。彼はロジャー・シェパード（Roger Shepard）と共同研究をしていました。シェパードは、ヒトの心や知覚システムの構造が物理世界の永続的パターンをいかに反映しているか（例えば、太陽からの放射線の分布が色の知覚と一致するか）について深く興味を抱いていました。シェパードが2人のポスドク——コスミデスとトゥービー——を受け入れるや否や、心理学部全体でヒトの認知の形成における進化の役割について議論や論争がなされるようになりました。大部分の心理学者は、ヒトの心が進化の産物であることには同意していましたが、その洞察が心理学の進歩にどうつながるかを理解できていませんでした。心は進化の産物であるのはよいとして、その進化を実際に観察できないのに、そこからどんな新しい発想、研究成果、理解が得られるというのでしょう？　この問いに対して、私は一つの答えを見つけました。人工の心の進化なら、コンピュータシミュレーションを通して観察できる、というものです。

　心理学部のこの熱気にあふれた雰囲気の中で、ジェフリーと私は、私がこれ

まで学んできたシミュレーションモデリングの技術（神経ネットワークと遺伝的アルゴリズム）を活かし、シンプルな脳の進化をコンピュータ上でモデル化して研究しました。当時のスタンフォードとシリコンバレーは、あらゆる分野の研究を行う上での技術があふれているという意味でも、非常にエキサイティングな場所でした。私たちは、20 台のサン製のワークステーションコンピュータを使って、高度な演習が必要な進化シミュレーションを実施することができました。それらのワークステーションのおかげで、シミュレーションは格段に高速化しました（とはいえ、シミュレーションでマシンを占領して、他の学生たちがマシンを使えない状態にしてしまったせいでトラブルも生じましたが）。複雑な人間行動のモデル化には程遠いものではありましたが、われわれは連合学習（Todd & Miller, 1991a）、鋭敏化や馴化（Todd & Miller, 1991b）がどのような環境で生じるのかなど、学習の重要な要素の進化を研究しました。また、私たちは、配偶者選択と性淘汰は行動の進化や新種形成を促す重要なものであると考えるようになり（Todd & Miller, 1993）、それをもとにジェフリーは性淘汰がヒトの心の形成にどう作用したかをテーマに学位論文を書き上げ、研究成果は最終的に彼の著書 *The Mating Mind*（恋人選びの心）"（Miller, 2000）としてまとめられました。私たちはこの研究成果を、適応行動・人工生命シミュレーション学会の初回大会で発表しました。その学会は、シミュレーション上の人工生物のモデルに関心があり、動物の行動の進化や機能をゼロから創造することで理解しようという野心的な目標を掲げた心理学者・生物学者・コンピュータ科学者が一堂に会するエキサイティングな学会でした。スタンフォードに戻ってから私は、これらのシミュレーションモデルは、動物（ヒトを含む）心理学だけではなく、他の社会科学の分野においても、複雑な社会システムに関する理解を促すツールとして使えるのではないかとジェフリーと一緒に議論しました（Todd, 1996）。

　1989 年、スタンフォードで二つの衝撃が起きました。一つは、心理学部の建物、大学周辺の建物に損壊を引き起こすほどの大地震という物理的な衝撃。もう一つは、行動科学高等研究センターに新たに共同研究グループが設立されるという知的衝撃で、彼らは後に進化心理学の勃興の中核を担うことになりました。コスミデスとトゥービーに、マーティン・デイリー（Martin Daly）、マーゴ・ウィルソン（Margo Wilson）、デヴィッド・バス（David Buss）、ギゲレンツ

第 4 章　意思決定と組織運営を進化から考える

ァーらが加わり、彼らとスタンフォードのキャンパスを見渡す丘でともに研究しました。私とジェフリーは、毎週行われる彼らのミーティングや議論に幾度となく参加することができました。大学院生は普通、自分の授業を持つことはできませんが、私たちは 1990 年にスタンフォードで初めて進化心理学のセミナーで教壇に立つという洗礼を受け、その経験は、当時まわりで議論されていたいくつものアイディアを一貫した形で自分なりにとりまとめるのに役に立ちました。新たな学問分野の誕生に立ち会えたこと、たくさんのアイディアが一点に収束するのを感じたこと、猛烈な抵抗や批判とそれに対する返答を目の当たりにしたことは、非常に貴重な機会であり、その後の私の研究の視点や方向性を決定づける経験となりました。

　スタンフォードでは、三つの、時には二つだけの神経単位を用いたニューラルネットワークモデルの進化というシンプルな研究をし続けていました。その理由は、進行中の出来事を分析したり理解したりしやすいように、また多数の世代交代を経る進化のシミュレーションを 1 週間以内に終えられるように、との考えからです。マサチューセッツ州ケンブリッジのローランド研究所でのポスドク時代はさらにシンプルな研究をしていました。私は人工生命のシミュレーションで行動の進化の研究を続け、研究のスピードアップのため、今度はマサチューセッツ工科大学に残っていた最後のコネクションマシンⅡ（スーパーコンピュータ）のうちの一つを使いました。適応行動の基本原理に到達するという目標のもと、私は感覚を持たない（生涯において環境からのインプットを受けず、特定の生得的行動パターンの進化をするのみの）人工生命を作りました（Todd & Yanco, 1996）。その後、行動は全く対象とせず、人工的な死について研究しました（Todd, 1994）。そして、行動に回帰しようということで、食料の探索や配偶者選択に立ち返って研究を続けました。

　私はデンバー大学の心理学部で教授に着任し、進化心理学の研究として人工生命のエージェント・ベースド・シミュレーションを使った研究を続けました。しかし、1 年と経たないうちに、ギゲレンツァーから連絡があり、私は思いがけないオファーを受けました。彼はスタンフォードにいた時の私のことを、そしてヨーロッパまで彼に会いに行った私のことを、リスクを恐れず新しいことに挑戦する（だから、ザルツブルクのレストランでは、彼が勧める名物のブラッドソ

205

ーセージにトライした）人物として覚えていてくれたのです。彼はドイツ、ミュンヘンのマックス・プランク研究所の新しい心理学研究チームの立ち上げに私を誘ってくれました。それはデンヴァーで手にしたばかりの終身雇用職を辞すということを意味していましたが、これほどの絶好の機会を断ることなどできませんでした。なにしろ、数年間は研究資金の応募や授業を受け持つことに頭を悩ませることなく、影響力のある新しい研究センター、そして新たな研究の方向性の立ち上げを手伝えるのです。私は仕事のためにヨーロッパに移住するとは全く思いもしていませんでしたし、ましてやそこで 10 年間も過ごすとは思いもしませんでした。しかし、素晴らしい選択だったと思っています。この選択は、それぞれの選択によって生じるすべての結果を考えたり計算したりして決めたものではなく（結果を前もって知ることもできませんし）、新鮮でエキサイティングなほうを選ぶというシンプルな意思決定でした。

　その後の 10 年で、私は（俗に ABC グループとして知られている）適応行動・認知センター（Adaptive Behavior and Cognition Center）で、シンプルでありながら効果的な意思決定について研究しました。限られた知識・時間・計算能力の制約のもとで、ヒトや他の動物はどのようにして適切な選択をするのか。私たちが見つけた答えは、よい意思決定というのは、特定の環境で入手可能な情報構造にマッチした、シンプルなヒューリスティクスや経験則によって導かれるというものでした。二つの構造——心に内在する意思決定メカニズムと世界に存在する情報の構造——がぴったり合わさった時、これら二つの構造はわれわれが生態学的合理性（周囲の情報環境の重要なパターンを利用する適応的意思決定の合理性: Todd & Gigerenzer, 2007）と呼ぶものに達します。この枠組みの中で、私はシンプルさについて、単にシミュレーションを行う上で便利な方法論的アプローチであるだけでなく、実際に生物が意思決定の際に追求していることなのだと考えるようになりました。シミュレーションのモデリングのガイドラインとして採用するだけではなく、私はシンプルさそのものについて研究し始めました。シンプルさが、優れた意思決定につながるしくみとして、例えば、ある状況を他の状況にも一般化させる際に、複雑な意思決定戦略よりも有用であることを、私たちは発見しました。ABC グループがベルリンに移った後、私たちは研究成果を、後に 3 部作となる書籍の第一弾として、“*Simple Heuristics*

That Make Us Smart"（Gigerenzer, Todd, & the ABC Group, 1999）にまとめました。同書は、私たちと 1 年以上にわたって一緒に研究していた劉永芳（Liu Yongfang）によって、中国語にも訳されています（Liu, Gigerenzer, & Todd, 2003 も参照のこと）。

　私たちの研究グループは非常に学際的で、心理学者・生物学者・哲学者・人類学者・コンピュータ科学者・経済学者・航空エンジニアたちが一緒になって、共通した一つのテーマを各分野の多種多様なアプローチとツールを使って研究していました。このように分野がバラバラでありながらも統一された研究グループを作ることは、（伝統的な大学の学部のような）他の施設では簡単にはできない、マックス・プランク研究所が与えてくれたユニークな機会でした。しかし、グループで一緒に研究がうまく進むように、またできるだけアイディアを共有できるようにするため、私たちが自身の研究から発見した環境の重要性を応用して、人々が話しやすくインスピレーションが湧きやすい環境作りをする必要がありました。まず、私たちは、人探しの労力を減らして廊下で偶然顔を合わせる確率を上げるために、できるだけお互いが近くになるようにグループのメンバーたちのオフィスを同じフロアに集めました。次に、会話をしやすくするために、できるだけオフィスのドアを開け放しておくオープン・ドア・ポリシーを採用しました。さらに、週 1 回の研究ミーティングに加え、毎日みんなが 30 分間集まって話をする午後のティータイムを設けました。誰かの論文が受理されたり刊行された日には、ケーキを持ち寄って一緒に食べるのが恒例で、それも一つのインセンティブとなって、みなが集まって近況報告を交わすようになりました。これらのような環境構造のアイディアは、あらゆる研究グループに適用可能で、私たちの様々な分野横断型共同研究はそうして生まれ、その成果が論文や書籍となって実を結んだのです（Gigerenzer *et al.*, 1999; Todd, Gigerenzer, & the ABC Group, 2012; Hertwig, Hoffrage, & the ABC Research Group, 2013; またグループのウェブページも参照のこと〈http://www.mpib-berlin.mpg.de/en/forschung/abc/index.htm〉）。

　ある意思決定メカニズムの生態学的合理性を研究するために私たちが ABC グループで築いた戦略は、Cosmides & Tooby（1987）から始まる進化心理学の研究計画を踏襲して段階的に進めました。これは、意思決定を行う環境とそこ

で入手可能な情報構造の分析から始まり、あるヒューリスティクスが特定の環境でうまく機能するかを検証するヒューリスティクスメカニズムのシミュレーション、ヒューリスティクスがうまく機能する（あるいは機能しない）情報構造の数理的解析、人々が実際にそれらのヒューリスティクスを使うのはいかなる場合かについての実証的研究へとつながっている戦略です。この過程で私たちは、あらゆる環境で個体（または集団）が直面する問題の解決のために使われる様々なシンプルなヒューリスティクスや（複雑で入念な計画も含めた）意思決定方略で構成される、心の適応的道具箱の青写真を作り上げました。

　ABC グループでの私の研究の方向性は、適応上重要な意思決定領域のためのシンプルなヒューリスティクスに興味を持って研究をしていた時と同じような方法論をたどっていました。すなわち、シンプルな順次探索戦略において配偶者選択をいつ停止すべきかという問題を研究するために、シミュレーションに着手したのです（Todd & Miller, 1999）。私たちは、どのようにして、ある人が配偶相手として全体的に満足できる相手だと判断して、相手探しをやめることができるのでしょうか。私は大学院生だった時、参加者を座らせて 1 時間も抽象的な課題をさせることに違和感を覚えた経験から、当時はヒトが参加する実験をできる限り避けていました。しかし、シンプルな意思決定戦略を実際に人々が使うかどうかを検証するには、実証的なデータが必要でした。私は最初、婚姻関係の人口学的パターンに関する既存の記録を解析したので、実験なしで適切なデータを入手することができました（Todd, Billari, & Simao, 2005）。しかし、参加者たちに興味を持たせて楽しみながら参加させることができ、かつ自然な形で動機づけられた行動とよいデータを取れる方法に気づいてからは、実験を利用するようになりました。

　私たちはこのような実験手法として、スピードデートを使って順次配偶者選択を研究しました。これは、恋愛対象になり得る相手と順番に出会ってそれぞれと 3 分間話をし、次のミニデートに移る前にその人ともう一度会いたいかを決めるという内容です。この実験で私たちが調べたかったアイディアは、祖先が置かれた環境では集団間の接触パターンに変動があり、各個人は配偶者になり得る複数の相手に時折遭遇するけれども、将来再び配偶者選択の機会があるかどうかは予測できず、また過去に却下した相手のもとに戻ることは通常は不

可能だっただろうというものです。このような、将来についての知識がなく、かつ過去のパートナーにアクセスできない順次探索状況において使われる最適なヒューリスティクスとして、ハーバート・サイモン（Herbert Simon, 1999）は満足化というものを提唱しました。満足化とは、閾値（aspiration level）を設定し、閾値を超えるもの（配偶者選択の場合ならば配偶相手）が見つかったら探索をやめるというものです。配偶者探しが相互的である場合、閾値を自分自身の配偶相手としての価値と等しく設定すると探索の成功率が高くなります。そのために必要なのは、配偶者候補との最初の数回の遭遇時に、自身の配偶相手としての価値を学習することです（Todd & Miller, 1999）。スピードデートは本質的にはこの拡張型順次探索プロセスをスピードアップさせた現代版であり、私たちはこのスピードデートを利用して、人々は閾値を学習した後、その閾値を超えた相手にデートを申し込むかどうかを検証しました。この戦略は、セッションを通して固定した閾値を使うといった他のヒューリスティクスよりも参加者の選択をよりよく説明できました（Beckage, Todd, Penke, & Asendorpf, 2009）。

　参加者たちがとても積極的に参加したこのスピードデートのパラダイムは、豊富なデータを産出し、私たちはまだデータ解析を続けながら、人々がどのように配偶者を選ぶのかの理解に努めています（例えば, Todd, Penke, Fasolo, & Lenton, 2007）。スピードデートと同じく、私たちは参加者の興味を引く工夫をこらした実験状況を他にも開発しています。コンピュータゲームで資源を探す実験を通して食料の探索について、カードゲームを通して探索の中止について、Twitter を使った食事記録や一人前の量を見ることができない暗いレストランでの食事を通して食物や食事量の選択について、研究しています。

　ABC グループで 10 年を過ごした後、私はアメリカに戻り、インディアナ大学の新しくできた情報科学部に移り、認知科学研究プログラムの一員となりました。そこは学際的交流と共同研究の文化がとても強く、私は意思決定のメカニズムとモデリングという自分の研究を、新しい方向性で続けることができました。私は心理学者や生物学者との共同研究を通して、ヒトの認知メカニズムは、これまで考えていたよりもある意味ではよりシンプルなのかもしれないと考えるようになりました。私たちは、様々な異なる環境で機能するたくさんのシンプルな道具——ヒューリスティクス——で構成されている心の適応的道具

箱というものを考え出しました。しかし、食料や配偶者の探索といった異なる適応的領域ごとに必ずしも異なる道具が求められるとは限りません。情報環境の構造が類似していれば、道具は共通かもしれないのです。トーマス・ヒルズ（Thomas Hills）とロブ・ゴールドストーン（Rob Goldstone）と私は、空間的食料探索と（パズルの答えを見つける、あるいは様々な種類の動物を思い出すといったような）記憶探索のための道具は本質的に共通のメカニズムに根ざしていることを、一方の領域における探索が他方の領域における行動をプライムするという研究結果によって示しました（Hills, Todd, & Goldstone, 2008）。現在は、大学院生のコー・サン（Ke Sang）と一緒に、「探索を続けるか、今ある資源を利用するか」に関する意思決定は、異なる領域においても共通のメカニズムに基づいて行われる、という可能性について検討しています。この研究は、進化が形成した心の働きは一般的な意味で領域固有的なのではなく、環境構造の特定のパターンに特化したメカニズムの集合体であり、領域の外にも予測可能な影響を及ぼすという見方につながるでしょう（環境固有性というパースペクティブは、古代の環境構造と現代の環境構造とのミスマッチを理解し、望ましい方向へ行動を後押しするように現在の環境を変えるといった形で、研究成果を現代社会に還元するのにも役立つでしょう）。

　これまでの研究生活を通して私がたどったシンプルな道筋を振り返ってみると、最先端の、あるいはお金になる単なる流行に乗るよりも、自分自身の興味の赴くままに進むこと、突然予期せず現れる新たな方向性にその興味をつなげるチャンスを追い求めることが大事だと思います。あなたが興味を抱いている疑問について研究しましょう。（進化理論を含む）よい理論を研究の基盤としましょう。答えを得るための新しい方法を探しましょう。ただ、方法論に囚われるのではなく、疑問や解決方法に目を向け続けるのを忘れないように。あなたの疑問が適応的に重要な領域（ヒトの存続になくてはならないもの、例えば、採食、育児、協力、闘争など）に関するものなら、それは科学者か一般人かを問わず多くの人々に関係するということですから、その好機を活かして、あなたの発見を広く一般に伝えましょう。自分の研究を多くの人々に伝えることは、サイエンスの興奮と楽しさを伝える意味で、人々に自分自身や世界のことをよりよく理解することを手助けする上で、またあなたがやっていることの価値を研究資

第4章　意思決定と組織運営を進化から考える

金の提供者に示す上で大事です。また、あなたの研究がどう表現されて伝えられるのかについて責任を持つことも大事です。一般報道機関の記者と話したり、自分でプレスリリースを出したり、よいウェブページを維持しましょう（できればブログも）。これは結果の解釈をゆがめられることの多い進化心理学のような分野では特に必要なことです。よいサイエンスをしましょう。人々に、ヒトのシンプルかつ複雑な美しさに気づかせましょう。世界に発信しましょう。

4.3　究極の選択を迫られた時

王暁田（X. T. Wang）

　王暁田は、最も早く進化心理学を行動意思決定研究に応用した研究者の1人である。彼の研究で用いられている理論と実験方法は、心理学、生物学、経済学、神経科学などの、複数の学科領域をまたいでいる。

　王は、北京の知識人の家庭に生まれ、北京医科大学実験医学専攻と広州にある暨南大学医学院病理生理学専攻での勉強を経て、暨南大学に教職を得た。1987年からアメリカに留学し、1993年にアメリカのニューメキシコ州立大学で認知心理学の博士号を得た。1993年から現在までは、アメリカのサウスダコタ大学心理学専攻で助教、准教授、教授の職を順に経験している。また、ドイツ、ベルリンのマックス・プランク研究所人間発達研究センターの客員教授、香港科学技術大学ビジネス・マネジメント学院、北京大学光華マネジメント学院や中欧ビジネススクールの訪問研究員も経験している。

　彼の研究テーマには社会、組織、マネジメント、そして多文化環境における意思決定行動、リスク認知とリスク管理、意思決定の合理性原則、リスク行動と傾向の測定、消費と選挙行動、リスク意思決定の感情的メカニズムなどが含まれている。研究成果は多くの学術誌に発表され、アメリカの*"Time Online" "Science News" "Science Daily"* などではその研究を報道する文章が掲載され、ウィキペディアやAFP通信、ヤフーニュース、*"Wall Street Journal"* をはじめ、欧米の多くのインターネットサイトでも彼の研究を紹介している。

　進化心理学の枠組みの中で、彼の研究テーマはいくつかのレベルの問題と関連している。まず、人間進化の過程における典型的なリスクと課題に焦点を当てた研究がある。例えば、アメリカのミシガン大学のダニエル・クルーガー（Daniel J. Kruger）とドイツのマックス・プランク研究所のアンドレアス・ウィルケ（Andreas Wilke）と共同開発した五つの進化領域のリスク尺度（Kruger, Wang, & Wilke, 2007）がある。五つの典型的なリスク領域とは、集団内の協力と競争、集団間の協力と競争、自然リスク、配偶者選択と資源分配、そして繁殖のリスクである。次に、人間進化の過程における典型的なリスクや課題の心理的特徴を探索する研究である。例えば、認知的錯視と意思決定の誤りが、進化的に典型的な環境と非典型的な環境においてどのように

現れ、また消えるのかを研究し、理論的に新しい展開を提示した（Wang, 1996, 2008）。リスク感応的な採餌戦略理論を用いて、意思決定の参照点としての最低要求水準を強調し、繁殖における分散としてのリスク仮説や、リスク下の意思決定の三つの参照点（目標、現状、ベースライン）理論を提唱している（Wang, 2002, 2008）。三つめは、現在環境のもとで適応的心理メカニズムを触発、もしくは抑制する要因についての研究である。例えば、ライフヒストリー変数（性別、年齢、出生順位、きょうだいの数、繁殖済みかどうか、繁殖目標の高低、寿命の主観的予測など）がリスク傾向に対する影響なども含まれている。四つめは、適応的行動と直接関連するメカニズム（情緒的、神経生理的、代謝的メカニズム）についての検討がある。例えば、fMRIを用いて、意思決定においてリスクと関連する様々な社会的手がかり（リスクに関わる集団のサイズや人員構成など）を処理する脳部位の特定などがある。最近、*Psychological Science* 誌に発表された研究（Wang & Dvorak, 2010）では、時間をまたぐ選択における遅延割引の生理的代謝メカニズムについての研究が報告されている。遅延割引とは、人々が「将来を割り引いて考える」傾向を持つことを言う。つまり、即時にもらえる報酬と将来にもらえる報酬の絶対量が同じであっても即時の報酬を高く見積もることや、相対的に少なくても即時にもらえる報酬を、より多くても将来にしかもらえない報酬より好むことをさしている。彼は、身体的エネルギーの蓄積が将来と即時の報酬の相対的評価に影響を与えると仮定し、そうであれば血糖値のレベルが遅延割引に影響するはずであると考えた。実際の研究結果は、進化心理学的な仮説と合致するものであった。すなわち、身体的エネルギーの蓄積が多ければ多いほど、個人は遅延のある大きな報酬を好むようになるのだ。エネルギー予算原則に基づくと、体内のエネルギーが十分な時、個人はより将来を考慮した戦略を取り、繁殖の成功率を高めようとするが、代謝的に余裕がなくなると、個人はより現在の資源を重視する方向にシフトすることで自分の生存を確保しようとする。つまり、現在のエネルギー水準に応じて将来をどれくらい割引し、どの報酬を選ぶのかが変わってくる。

　本節において王は、意思決定の誤り（「フレーミング効果」）についての一連の行動実験を紹介し、どのようにして進化的・適応的理論を用いて、複数のレベルからある心理的現象の本質に迫るのかについて述べている。

本人による主な参考文献

Wang, X. T.（1996）. Framing effects: Dynamics and task domains. *Organizational Behavior and Human Decision Processes, 68*, 145-157.

Wang, X. T.（2002）. Risk as reproductive variance. *Evolution and Human Behavior, 23*, 35-57.

Wang, X. T.（2008）. Risk communication and risky choice in context: Ambiguity and ambivalence hypothesis. *Annals of the New York Academy of Sciences, 1128*, 78-89.

Wang, X. T., & Dvorak, R. D. (2010). Sweet future: Fluctuating blood glucose levels affect future discounting. *Psychological Science, 21*, 183-188.

Wang, X. T., Kruger, D., & Wilke, D. (2009). Life history variables and risk taking propensity. *Evolution and Human Behavior, 30*, 77-84.

　1986年のことでした。ニューメキシコ州立大学の心理学部から、大学院プログラムへの出願の受理を知らせる手紙が届きました。当時私は、中国の広州にある暨南大学で教え始めて2年目でした。そして、アメリカの大学の医学部で大学院トレーニングを続けようと、あちこちに申請しているところでした。なので、心理学部からの手紙を受け取って私は混乱しました。しかし一方で、これは人生を変える一大チャンスではないかとも思ったのです。おそらく、生理学、薬学、もしくは神経科学の大学院コース宛に書いた手紙のどれかが、大陸間を旅する途中、手違いか何かで、心理学部のメールボックスに配達されたのでしょう。そして、私のキャリアの道筋はがらりと変わりました。心理学への情熱、そして根拠のない自信に基づいて、ありとあらゆる合理的・効用主義的な計算に反した、直感的かつ難しい決断を、私は下しました。医学から心理学に専門を変えたのです。こんなリスキーな決断を下すにあたって、私はそれぞれの選択肢（すなわち大学院コース）のメリットとデメリットを洗いざらい検討することも、様々な付帯条件（手当、将来性、立地条件）について、自分にとっての重要度や、それが起きる確率を計算することもありませんでした。言い換えれば、私は標準的な意思決定理論で言うところの、期待効用の最大化を、全くしなかったのです。

　なぜ、標準的意思決定モデルは、意思決定公理や確率公理に反する私の決定（そして多くの他の人の決定）を、予測も記述もできなかったのでしょうか。理由の一つは、現実の意思決定を生む直感は、論理的妥当性や合理的一貫性などではなく、自然淘汰と性淘汰によって作られたものだからです。そのため、ヒトの合理性を特徴づける論理ルールや意思決定公理では、「直感」を把握することができないのです。

　私はまさに、こうした疑問に研究上の興味を持っています。進化の視点でヒトの意思決定を扱う私の研究プログラムは、相互に関連する次の四つの要素か

らなります。①ヒトの進化の歴史の中で何度も繰り返し現れたであろう、リスクと意思決定上の問題を明らかにすること、②そうしたリスクと問題に対処するのに必要な特徴を見出すこと、③リスク状況下で適応的な意思決定をもたらす（「もしAならBする」といった形の）生成規則やヒューリスティクスを調べること、そして、④多種多様な選択メカニズムを駆動したり抑制したりする社会的、性格的、生理的な要因を検討すること、です。

　以下ではまず、進化の視点が欠けているために生じている、意思決定研究の問題点をいくつか指摘します。それから、リスク選好と意思決定におけるバイアスに関する私の研究を、上記のプログラムの四つの側面に沿って紹介します。

　標準的な意思決定モデルは、合理的経済人（ホモ・エコノミクス）を想定しています。この人は、無限の認知資源をもって、ありとあらゆることの確率計算を行い、それによって期待効用（EU: Expected Utility）を最大化するものとされています。期待効用とは、様々な事象が起きる確率（P）と、その事象の価値（u (v)）をかけ合わせたものの合計です。式にすると次のようになります。

$$EU = \Sigma p_i \cdot u\,(v_i)$$

　このような効用最大化の公式は、「標準社会科学モデル」（Tooby & Cosmides, 1992）と呼ばれる、ヒトの知性と合理性に関する伝統的な見方から生まれたものです。このモデルでは、心はまっさらな石盤であって、そこには「経験」が書き込まれるまで中身はないに等しいと考えられています（Pinker, 1997）。そして、このモデルの中心となる前提は、ヒトの学習、推論、意思決定の大部分は、どんな問題にも等しく使える汎用的な知性によってもたらされる、ごく少数の論理ルール、確率原理、そして合理性公理によって行われているというものです。しかし、ヒトの心がそのようなデザインを持つことは、進化的に考えるとあり得ません。なぜなら、適応を生み出すのは、こうした規範ルールではなく、生存と繁殖に関わる領域固有の問題だからです。

　最近は行動経済学において、標準的効用モデルの問題点を克服しようとする試みが見られます。しかし、そこでは新たなパラメーターを追加して、意思決定データに合致する心理的メカニズムがあたかも存在するかのような議論をするばかりで、モデルをいたずらに複雑化させる一方、実証的な裏づけに欠けて

います（Berg & Gigerenzer, 2010）。

　社会環境や物理環境への適応という視点の欠如は、ヒトの意思決定への「心理―物理的モデル」を目指す執拗な追求にも見て取れます。そこでは意思決定は文脈に依存せず、内容には無関係で、心理過程は存在しないとされます。そうした還元主義者の夢とも言える領域一般的合理性のモデルでは、効用の最大化を目指す者は、様々な選択肢の中から最大の効用を持つものを選ぶことができますが、この効用の値は、それぞれの選択肢から期待される結果の分布という、生態学的に重要な情報を切り捨てて算出されるものです。ダーウィン的な視点からすれば、確率的結果と、その主観的価値は、繁殖上の適応度への影響によって評価されるべきです。進化それ自体が、繁殖成功の分散を大きくする（リスクテイキング）、あるいは小さくする（リスク回避）プロセスです。もしリスクを繁殖上の適応度の分散という観点から見れば、リスクとリスキーな選択は、経済法則だけでなく、進化と生物学の原則に基づく分析の対象ともなります（Wang, 2001, 2002）。繁殖上の利得の分散という概念は、いくつかの近年の進化的行動分析において、中心的な役割を果たしてきました（例えば、Daly & Wilson, 1997）。

　リスキーな選択を考える上で、社会的状況や環境制約を無視して、論理的一貫性と自己利益だけにフォーカスした公理的な計算が心理プロセスよりも優先するとしたモデルは、ヒトの直感をとらえそこねてしまうでしょう。その結果、汎用無限合理性に依拠した意思決定モデルの熱烈な信奉者でさえ、自分自身の個人的な意思決定では、そのモデルに従わないといったことが生じます。それを端的に表したのが、Thagard & Milgram（1995）で紹介されている、ハワードのジレンマです。

　著名な科学哲学者が、大学の廊下で高名な意思決定理論家に出会いました。意思決定理論家は「どうしよう。どうすればいいんだ」とブツブツつぶやきながら、廊下を行ったりきたりしていました。哲学者は「どうしたんだい、ハワード」と尋ねました。意思決定理論家は、「大変なことだよ、アーネスト。ハーバードから誘われたんだ。受けるべきだろうか。自分でもわからないんだ」と答えました。「なんだってまた」と、哲学者は言いました。「君は意思決定の専門家なんだから、意思決定ツリーを書き出して、

確率と期待される結果を計算して、どっちが君の期待効用を最大にするか選べばよいだけじゃないか」。イラついた調子で意思決定理論家は答えました。「アーネスト、わかってくれ。これは真面目な話なんだよ」。

意思決定についての無限合理性モデルに疑念を抱いたハーバート・サイモン（Herbert Simon）は、限定合理性という概念を提案し、意思決定問題の生態学的側面を、意思決定者の心理的プロセスと結びつけようとしました（Simon, 1956, 1990）。彼は、「課題環境の構造と、行為者の演算能力という、二つの刃からなるハサミによって、ヒトの合理的行動は形作られる」（Simon, 1990, p. 7）と主張しました。それ以来、認知心理学は、ヒトの情報処理能力には限界があり（例えば、Miller, 1956）、時に記憶を誤り、また記憶に裏切られ（例えば、Schacter, 2001）、一貫した判断ミスや体系的な意思決定バイアスに陥りやすいこと（例えば、Kahneman, Slovic, & Tversky, 1982; Kahneman & Tversky, 2000）を明らかにしてきました。これらの研究は主に、情報処理における認知的制約、つまり限定合理性というハサミの一方の刃に焦点を当てたものでした。

また、別の行動科学の研究領域における近年の発展により、社会的および生態学的制約を伴った、リスク下における意思決定についての研究に目覚しい進展がもたらされました。行動生態学者たちは、採餌中のミツバチや鳥が、体に蓄えたエネルギー量をもとに、リスク感応的な意思決定や、かなり正確なベイズ的確率判断を行っていることを明らかにしてきました（例えば、Real, 1991; Stephens & Krebs, 1986）。進化心理学者は、ヒトの心が進化してきた典型的な課題環境を特定し、これを進化的適応環境（Environment of Evolutionary Adaptedness: EEA）と名づけました。ヒトのEEAは主に狩猟採集社会の環境であり、そこでは特定の認知的および情動的適応が求められました。こうした進化的視点からすれば、ヒトの心は、EEAに特有の問題を解決するための適応的ツールである、多数の課題特異的ヒューリスティクスや計算論的アルゴリズムの束からなると考えられます。EEAにおける具体的な問題としては、社会的交換、配偶、親による投資、集団内競争、集団間競争、血縁関係、道徳、採食などが挙げられます（例えば、Cosmides & Tooby, 1996; Gigerenzer & Selten, 2001; Wang, 1996a）。EEAにおいて繰り返し継続して立ち現れた課題は、人間心理を形成する上での普遍的な文脈だと考えられます。したがって、意思決定の

問題が起こる文脈が重要なのです。

　このことをより深く掘り下げるために、フレーミング効果と呼ばれる有名な非合理的意思決定バイアスについて考えてみましょう。Kahneman & Tversky (1981) が初めてフレーミング効果を示した時の課題は、「アジア病問題」と呼ばれるものでした。課題の前提として、参加者は次のような状況を想像するよう指示されました。「アメリカは、600 人の死亡が予測される、恐ろしいアジア病の流行に備えています。この病気に対抗する二つの対策が提案されました」。ここで、二つの対策の結果が、異なった表現（フレーム）で呈示されました。「ポジティブフレーム」では、「対策 A がとられた場合、200 人が助かります。対策 B がとられた場合、3 分の 1 の確率で 600 人全員が助かり、3 分の 2 の確率で誰も助かりません」と表現されました。A と B のどちらかを必ず選ぶ課題で、参加者の過半数（72%）はリスク回避的でした。つまり、確実な選択肢（対策 A）を選好し、リスキーな賭けである選択肢（対策 B）を避けたのです。しかし、同じ結果を「ネガティブフレーム」で失われる人命として表現すると、結果が逆転しました。すなわち「対策 A がとられた場合、400 人が死亡します。対策 B がとられた場合、3 分の 1 の確率で誰も死亡せず、3 分の 2 の確率で全員が死亡します」とすると、参加者の過半数（78%）はリスクを冒し、確実な選択肢よりも、賭け（ギャンブル）となる選択肢を好んだのです。

　カーネマンとトベルスキーの古典的なフレーミング効果が、非合理的な意思決定バイアスであり、認知的錯視とされるのは、それが期待効用理論の不変公理に反するためです。不変公理によれば、合理的意思決定者は、同じ見通しを持つ選択肢であれば、それがどのように呈示されるか、どのように表現されるかによらず、一貫した選好順位を持つとされます。何が、この非合理的な選好の逆転をもたらしたのでしょうか。

　私が大学院の認知心理学の授業で、初めてロジャー・シュベーンベルト（Roger Schvaneveldt）教授から、このアジア病問題とフレーミング効果について学んだ時、ちょうど私は指導教員であるニューメキシコ州立大学のヴィクター・ジョンストン（Victor Johnston）教授から進化心理学を学んでいるところでもありました。トベルスキーとカーネマンのシンプルにして美しい実験デザインに感嘆しつつ、一方で私は、この認知的錯視は、リスク問題が生じている

218

第 4 章　意思決定と組織運営を進化から考える

社会的文脈と何か関係があるのではないかと思いました。私がこの課題の中に
見出した、進化史において繰り返し現れた問題とは、協力と互恵性のための社
会集団生活です。ヒトは進化の歴史の 99％以上の期間、常に小さな狩猟採集
者の集団で暮らしてきました。そのため、アジア病問題で危機にさらされてい
る人命の数が、隠れた重要な変数なのではないかと、私には思えたのです。

　この発想を糸口に、文献をあたり、分析を行って、小集団における意思決定
には二つの普遍的なデザイン上の特徴が関わっていそうだとわかりました。そ
の二つとは、集団サイズと血縁関係です。狩猟採集社会の集団サイズが 100 人
を超えることはほとんどありません。これは現代の狩猟採集社会も、化石記録
からも言えることです（詳しくは、Dunbar, 1988, 1993 参照のこと）。ヒトの大脳新
皮質にとって無理なく効果的な社会的相互作用を行える人数の上限は、約 150
人とされます（これは今ではダンバー数として知られています）。一部の研究者は、
面と向き合ってつき合うことのできる小集団（15 ～ 30 人の集団）こそが、淘汰
圧の主要な対象だったと主張しています（Caporael, Dawes, Orbell, & Van de
Kragt, 1989）。第二のデザイン上の特徴は、ヒトは主として血縁関係と互恵関
係によって構成された小さな社会集団で暮らしてきたことです（Knauft, 1991;
Lee & DeVore, 1968; Reynold, 1973 参照）。こうした長期にわたる進化的環境が、
ヒトの意思決定メカニズムを、親類縁者の関係と、集団サイズに関する手がか
りにとりわけ敏感なものにしたのかもしれません。だとすると、危機に瀕して
いる人々が誰なのか（例えば、見知らぬ他人なのか、血縁者なのか、友人なのか、外
国人なのか）は、重要な問題です。

　こうした認識から、私は新たなリサーチクエスチョンを得ました。危機にさ
らされている集団のサイズが、フレーミング効果に何らかの影響を及ぼすので
はないだろうか。Tversky & Kahneman（1981）が用いた、もともとのアジア
病問題では、生命の危機にさらされている 600 人の属性についての言及はあり
ませんでした。そして、もし生命の危機にさらされているのが 600 人ではなく、
6000 人だったら、はたまた 6 人だったら、どうなるでしょうか。

　三番目に、社会集団の文脈において、生死に関わる意思決定を行う際の（も
し A なら B といった形の）生成規則とヒューリスティクスについて仮説を立て、
検証しました。われわれの仮説は、親類縁者向けの合理性は、EEA において一

219

般的だった生態学的および社会的手がかり、例えば集団構造やサイズに合わせて調整されている、というものでした。ヒトの情報処理戦略は、ある社会状況における個人の集合体を、上記の手がかりをもとに「集団」として扱うようにデザインされています。つまり、ある「現実の集団」は、親類縁者の関係、もしくは数人（家族や友人）から 100 人（バンドまたは部族）程度の小さな集団サイズという、いずれかの特徴を付与されるのです。人数がこの数値を超えると、行動選択方略は、「生きるも死ぬも一緒」の原則から離れ、より利己的なゲーム的戦略に変わるでしょう。

　社会的存在であるヒトが自動的に探し求めるのは、進化史において身近で、生態学的・社会的意義のある手がかりであり、例えば血縁関係や捕食者、配偶機会のシグナルがこれにあたります。選択問題が文脈から切り離されると、意思決定主体にとっては意味が不明瞭になります。選択肢間の好みに関する不明瞭さを減じるために、意思決定主体は、手に入る二次的な情報を利用することになるでしょう（例えば声のトーンや、選択結果を表現する際の言語的フレーム）。

　社会集団のサイズは、その集団の構造と関係についての、有用かつ節約的な手がかりとなるでしょう。集団サイズに関する情報は、集団メンバー間の社会関係、相互依存性、投資パターン、危機管理スタイル、序列や親和的関係の構造、他集団との関係、そして社会交換や互恵的相互作用における共有契約のあり方について、ヒントを与えるものとなります。そして、集団サイズがもたらす暗黙的な知識は、リスク知覚とリスク選好に影響すると考えられます。

　私たちは一連の研究（Wang, 1996a, 1996b）によって、集団サイズ（生命の危機に瀕している人数の合計）をシステマティックに操作することで、フレーミング効果が現れたり消えたりするかを検討しました。同じ生きるか死ぬかの問題が、助かる人命または失われる人命というフレームで呈示されました。集団サイズは 6、60、600、6000 人のいずれかでした。各々の回答者は、いずれかの生死の問題 1 問だけに回答しました。実験の結果、問題となる集団のサイズを変えることで、フレーミング効果は大きくなったり小さくなったりすることが、安定して観察されました。古典的なフレーミング効果（すなわち、非合理的な選好の反転）も確かに見られましたが、それは、集団サイズが大きく、メンバーが匿名で、そのため集団の成り立ちが曖昧な、600 人または 6000 人の生命に関わる

220

問題の時だけでした。危機に瀕した集団のサイズが2桁に収まる時、すなわち家族や友人などの集団であった時には、フレーミング効果は消失し、回答者の過半数はどちらのフレーム、すなわち「助かる人命」でも、「失われる人命」でも、はっきりとギャンブル的な選択肢を選好しました。これらの結果は、小さな集団サイズと血縁関係が、メンバー間の強い相互依存関係を想起させ、「生きるも死ぬも一緒」という親類縁者に適用される合理性が発揮されたと解釈できます。この小集団効果と血縁効果は、どちらも二つの構成要素から成ります。それは、①リスク志向の高まりと、②フレーミング効果の消失です。反対に、匿名の大集団という文脈で、集団に関するより優先度の高い手がかりが失われると、意思決定主体のリスク選好の一貫性が失われました。リスク選好が曖昧になると、言語的フレーミングなどの二次的な手がかりが意思決定に用いられるようになりました。これらの発見がきっかけとなって多くの実験が行われ、この研究は200を超える研究論文や書籍に引用されました。

　これらの結果は、期待効用理論の標準モデルから導かれる予測とはきわめて対照的です。つまり、同じ形式の生死の問題では、同じ選好が見られるだろうという予測です。期待効用理論の独立公理（Savage, 1954）によれば、もしある人が確実な1/3U（600）という選択肢を、ギャンブルU（1/3 × 600 + 2/3 × 0）という選択肢よりも好むのであれば、その人は同様に1/3U（6）を、ギャンブルU（1/3 × 6 + 2/3 × 0）よりも好むはずです。初めの二つの選択肢に1/100をかければ、二つ目のペアになります。つまり、標準モデルでは集団サイズの効果は予測されないのです。しかし、意思決定における参照点（目標および／もしくは収益）に対するリスク分布を考慮せずに効用が最大となる選択肢を選ぶホモ・エコノミクス（経済合理的なヒト）とは異なり、ホモ・サピエンス（すなわち、賢いヒト）は、課題特有の参照点に対する結果の分布（リスク分散）に基づいて意思決定を行います。生死の問題における選択について言えば、6人集団の2人を確実に助ける（または、4人を確実に失う）という1/3U（6）の選択肢は、その集団の実質的な死を意味する可能性があり、それゆえ、最低要件を下回ることになります。このような、リスク感応的かつ参照点依存の意思決定メカニズムは、リスク希求的な選好を示すことになります。

　これらの結果に基づき、われわれはフレーミング効果の活性化や抑制に関わ

る認知および脳内メカニズムについて、新たな問題設定をして、研究を進めました。生死の問題におけるフレーミング効果の出現と消失については、別の説明も可能です。600は6より大きい数字なので、選択問題の認知的負荷がより大きく、それゆえバイアスを見せやすい、というものです。さらなる分析の結果、集団サイズの効果は単なる数字の大小（例えば6と600）と、計算負荷の問題とは考えにくいことが示されました。第一に、フレーミング効果は600人と6000人の大集団で生じ、6人と60人の小集団では消失しました。しかし、600人と6000人の間の10倍差、6人と60人の間の10倍差が、選好に影響を与えることはありませんでした。さらに、Wang, Simons, & Brédart（2001）の研究で、フレーミング効果は60億の人命についての問題では生じましたが、60億の地球外生命体の命についての問題では、見られませんでした。つまり、フレーミング効果は数字の大きさの問題ではなく、ヒトの集団サイズへの反応なのです。

　より最近の研究では、ポジティブおよびネガティブなフレーミング条件におけるリスク選好への集団サイズの効果をもたらす脳内基盤の探求を行いました（Zheng, Wang, & Zhu, 2010）。この研究で、集団サイズが文脈上異なると、異なった神経パターンが見られました。全体として、大集団の手がかりは、右半球の中前頭回（Right Middle Frontal Gyrus: RMFG）の活性化と関連しており、これは小集団手がかりでは見られませんでした。さらに、RMFGの活性化の程度は、大集団に関する意思決定の際のフレーミング効果による典型的な選好変化を、正確に反映していました。どういうことかというと、まずポジティブフレーム条件では、確実な選択肢を選んだ場合のほうが、ギャンブル選択肢を選んだ場合と比べて、RMFGがより活性化していました。一方でネガティブフレーム条件では、ギャンブル選択肢を選んだ時のほうが、RMFGがより活性化していたのです。ここから、RMFGがフレーミング効果の裏にある言語的手がかりの潜在的な認知処理を担っている可能性が示唆されます。なお、RMFGは右半球におけるブローカ野の相同領域です。対照的に、小集団文脈ではフレーミング効果が消失し、その時に右の島という部位に有意な活性が見られました。このことは、選好がフレーミングに左右されるものから、親類縁者に適用される合理的意思決定に基づく、一貫したリスク選好へと変わる、情動的切り替えが起き

たことと一致します。Damasio（1994）のソマティック・マーカー仮説は、リスクの手がかりはソマティック・マーカー（身体マーカー）と、それに続く情動と感情を惹起し、それらが意思決定の必要要素として働く、としました。私たちの考えは、RMFGと島はいずれも、意思決定問題のフレーミングを符号化し、それに反応することで、言語的・社会的手がかりを、リスク状況における「もしそうなったら、どう感じるだろう」という身体的状態と結びつける、というものです。そのような感情に基づいた予測は、意思決定主体が危機的状況において、素早く、迷いなく反応することを可能にするでしょう。

　進化心理学は、古典的な意思決定合理性モデルが示唆するような、ヒトの心は領域一般的な汎用の問題解決デバイスであるという考えを否定します。同時に進化心理学によって、あり得るすべての手がかりと選択肢をあてもなく探し求めるのではなく、われわれの心が適応進化するにあたって、社会的および生態学的環境がどのような制約を課したのかを探るための有用な概念的枠組みがもたらされるのです。例えば、血縁淘汰と利他性に関する、Hamilton（1964）の重要な公式は、利他行動が進化するための前提条件は$C < Br$であるとしています。これは利他者にとっての適応度上のコスト（C）が、受け手にとっての適応度上の利益（B）、それも両者の遺伝的関連性（血縁度r）によって割り引かれた利益を下回る必要があるということを意味します。進化心理学という心の科学の分野は、生物学、人類学、集団遺伝学、行動生態学の知見をもとに、意思決定問題の解決や心的適応に必要なデザイン上の特徴に関する洞察をもたらします。心理学と人間行動へのこのアプローチは、心理学的適応について、帰納的な仮説構築と、演繹的な仮説検証の両方を可能にするものなのです。

4.4 男と女が無理する理由

サラ・ヒル（Sarah E. Hill）

　サラ・ヒルは、近年注目を浴びている若い進化心理学者である。彼女は人類学の学士号を得た後、著名な進化心理学者のバスのもとで学び、テキサス州立大学で心理学博士号を得ている。現在はテキサス・クリスチャン大学の心理学科に勤めている。

　ヒルはヒトの社会的行動と社会的認知プロセスを研究対象としている。彼女は進化心理学の理論を応用し、その視点からヒトの社会的行動、特に社会心理学と関連する適応メカニズムや、人間関係、社会的意思決定の一部を説明することを試みている。現在では配偶者選択と有限資源（配偶者、富、社会的地位など）にまつわる社会競争についての研究に注力している。

　彼女は進化心理学の視点から情緒、決定のヒューリスティクスなど一連の社会的行動と社会的認知プロセスについて研究を重ねてきた。進化心理学を研究の理論的基礎とし、人間関係や社会的認知の持つ適応上の機能を強調している。これらの研究は、社会的判断、意思決定、リスク認知などと関連し、配偶者選択行動や配偶者選択における戦略、人間関係における協力と衝突、社会的競争を調整するような動機システム（不満や嫉妬、他人の不幸を喜ぶなど）、ヒトの配偶者選択行動の進化、自尊心の進化的機能などといった内容を含んでいる。

　例えば、Hill & Reeve（2004）は、オークションゲームを用いてヒトの配偶者選択行動を研究し、数学モデルを通して女性の配偶者価値と男性が配偶者との関係を獲得・維持するために必要な資源量との関連を探索した。Hill & Buss（2006）では、地位の選好と嫉妬の二つの特殊な認知適応的構造の特徴に対して、新しいデータを提供した上で、それらの経済学者やマネジメント関係者に対する意義について議論した。

　本節では、彼女自身が進化心理学における意思決定行動について行った研究を紹介している。

本人による主な参考文献

Hill, S. E. (2007). Overestimation bias in mate competition. *Evolution and Human Behavior, 28*, 118-123.

Hill S. E., & Buss, D. M. (2008). The mere presence of opposite-sex others on judgments of sexual and romantic desirability: opposite effects for men and women. *Personality* and Social Psychology Bulletin, 34, 635-647.

Hill, S. E., & Buss, D. M. (2010). Risk and relative social rank: Context-dependent risky shifts in probabilistic decision-making, *Evolution and Human Behavior, 31*, 219-226.

Hill, S. E., & Durante, K. M. (2009). Do women feel worse to look their best? Testing the relationship between self-esteem and fertility status across the menstrual cycle. *Personality and Social Psychology Bulletin, 35*, 1592-1601.

Hill, S. E., & Durante, K. D. (in press). Courtship, competition, and the pursuit of attractiveness: mating goals facilitate health-related risk-taking and strategic risk suppression in women. *Personality and Social Psychology Bulletin.*

　進化心理学の主な主張の一つは、心は、直面している適応上の問題に特有の（生理的、行動などの）アウトプットを生み出す多くの領域特異的なメカニズムからできているということです。この洞察は、行動と認知は、特定の適応上の課題や機会に対応する社会環境の変化に基づいて、予測可能な方法で変化するはずだということを示唆しています。私と私の研究室のメンバーは、この一般的な洞察を援用し、社会心理学の様々なトピックの研究に取り組んでいます。広く言えば、私たちは、適応に関連した個人の特徴（例えば、個人の情動の状態）や状況（例えば、配偶を目的として意識させる社会的文脈）を実験的に操作すると、どのように行動に機能特異的な変化が起こるかを調べています。この研究は、心のデザインを明確にする一助とするために行われました。以下、私が取り組んできた研究のより具体的な領域をいくつか概観します。

リスクを伴う意思決定の心理学

　長らくヒトの意思決定は単一の「効用最大化」アルゴリズムによって左右されていると信じられてきました。しかし進化理論家は、特定の適応に関する問題を解決するための、淘汰によって形作られた莫大な数の意思決定ルールと認知ヒューリスティクスが働いていることを示す証拠を蓄積し始めていました（例えば、Brandstatter, Gigerenzer, & Hertwig, 2006; Gigerenzer & Selten, 2001）。この見方では、進化の時間を通して安定して適応度を増加させてきた結果を好むように、ヒトの意思決定は適応的に調整されているとされます（Cosmides & Tooby, 1996; Farthing, 2005; Wang, 1996a, b; Wang, Kruger, & Wilke, 2009）。特にリスク行動に関して、この視点から、ある行動について安全な選択肢とリスクを伴

う選択肢のいずれを好むかには、それぞれに伴う適応度上の利益の見込みに影響を与えるような文脈上の変数が影響するはずであると予測できます。

　私の研究では、この一般的な洞察をもとに、個人がどんな文脈で行動戦略を安全志向からリスク志向に切り替えるかを検討してきました。例えば、ある研究は、社会的な競争相手と比較した時の自分の優劣の評価によって、安全な結果とリスキーな結果への選好がどう変化するかを検討しました（Hill & Buss, 2010）。多くの領域で、ある人が個人的な結果から得る適応度上の利益は、他者の結果に左右されます（例えば、Frank, 1999 を参照）。したがって、相対的地位への関心は金銭的リスクをとる意欲を高めると、私たちは予測しました。ここでは、分散の大きな（高リスクの）結果には社会的競争相手を上回る可能性があるのに対し、分散の小さな（安全な）結果にはその可能性がないものとしています。事実、結果は予測を支持し、従来は確実性効果が理論上予測され、実際に繰り返し裏づけられてきた領域においても、相対的地位への関心によって選好が反転することが示されました。特に、私たちは、金銭の獲得額で競争相手を上回る可能性がある場合に、人々がますますリスクの高い結果を好むようになることを発見しました。競争相手を上回る金銭的利益に対する選好は、通常観測される安全志向が競争相手を下回る結果につながる場合、それを打ち消す効果を持ちました。加えて、私たちは、損失が生じる可能性のある二つの選択肢のどちらがより好ましいかを判断する際には、他者の損失に関する社会的比較の情報を無視する（つまり、確実だが小さな損失よりも不確実だが大きな損失を選好する）こともわかりました。これは、損失が適応度に及ぼす負の効果の非対称性から予測されるパターンと一致する結果です。現在、私の研究室では、順位が関係する、様々な適応上の目標の顕在化に対する反応であるこのような戦略転換について、さらに研究を進めています。

　リスクテイキングを促進する文脈についての別の研究では、異性間の求愛と同性間の競争に関する目標を顕在化すると、女性が自身を魅力的に見せるための健康リスクを冒すようになるかを調べてきました。一連の研究の中で、私たちは、配偶上の目標を強調すると、若い女性によく見られる二つの行動という形で、魅力度増大のためにリスクを冒す傾向が高まることを示しました。それは、日焼けサロン通いと、危険なダイエット薬の服用です。私たちは、配偶上

の目標が活性化されている時、女性が二つの行動に伴うリスクに鈍感になるためにこのような結果が生じることを発見しました。これらの発見から、積極的に配偶上の目標を追っている時、女性たちは、そうした行動がもたらす悪影響（例えば、後の人生で皮膚がんや心疾患を抱えるなど）に苦しむ可能性が低いと実際に信じていることが示唆されます。この戦略的なリスクの抑圧は、適応度上の大きな見返りを得られる可能性がある場合はリスク希求傾向を強めるように、淘汰を通じて形成されたメカニズムであると、私たちは主張しました。現在は、その後の研究では、この仮説が複数の領域の意思決定におけるリスクテイキングに当てはまるかを検証しています。

認知と知覚の処理における感情の状態の役割

　現在の感情状態の変化が、どのように認知処理と行動に影響を与えるのかについても、私の研究室で研究中です。例えば、私たちは現在、嫉妬の認知処理への影響を調べています。嫉妬は苦痛を伴って経験される感情であり、個人の関心領域において、自分よりも優位にある他者との社会的比較に対する反応として生じます。嫉妬は一般的に、複数の情動（劣等感、不公平感、怒りなど）が混在する状態として経験され、それらはいずれも意図的に他者から隠される傾向にあります（総説として、Smith & Kim, 2007）。嫉妬は不愉快なものと自覚され、破壊的行動の引き金にもなり得ることから、私たちは進化心理学的アプローチにより、この不愉快な感情がヒトの社会生活において機能を持っているとすれば、それはどんなものなのかを検証しました。

　進化の視点から見た感情の機能は、一般に、環境内で起きた警戒が必要な何かについて注意を促し、起こったことに適応的に反応するために必要な心理的・生理的プロセスを活性化させることです（Buss, 1989b）。これを嫉妬に当てはめると、歴史的に生存と繁殖の成功に関連してきた領域で優位にある他者に対しての、主観的には不愉快でも、機能的ではある反応だろうと推察できます（DelPriore, Hill, & Buss, under review; Hill & Buss, 2006, 2008）。自然淘汰のプロセスは相対的な結果に働きます。したがって、適応度に関連した目標を達成する見込みは、自身が持っている質や才能だけでなく、関連した社会的競争相手の質や才能にも依存しています。自分が望んでいる優位性を手にしている他者へ

227

の反応として嫉妬を経験した人は、心理的苦痛の原因（すなわち他者がリードしている状況）への対処に集中しやすくなり、それによって同じ結果を成し遂げるために必要なステップを見定めたり（つまり、自身の地位を改善することを目的とした良性の嫉妬）、圧倒的な差から来る効果を軽減するために、他者の地位を傷つけたりする（つまり、悪性の嫉妬）でしょう（van de Ven & Pieters, 2009）。

　私たちは現在までにこの推論に基づいていくつかの研究を行ってきました。それらの結果はすべて、嫉妬の重要な役割は、適応度に関係する領域で、他者が保持している優位性に個人の注意を向けさせることであるという仮説に一致しています。具体的には、嫉妬を引き起こしやすいある種のアドバンテージは、ヒトが進化の歴史において直面してきた課題の主要カテゴリーに一致することや、嫉妬を抱く領域には進化理論から予測されるとおりの性差が見られることが示されました（Hill, DelPriore, & Vaughan, 2011）。私たちは現在、これらの研究成果の発展として、協力と罰の行動における嫉妬の役割を調べています。この研究に加えて、私の研究室で進行中の研究では、恋愛感情と対人関係、自制的行動（食べ物の摂取など）に関連する認知処理、消費行動、女性の同性間競争など、様々なトピックに焦点を当てています。

むすびに

　10年前、私が最初にこの領域に入った頃、進化心理学はまだ異端科学の類と見なされていました。多くの人は、その理論的前提にまだ懐疑的でしたし、進化心理学者はよからぬ動機で研究していると疑われることもしばしばありました。当時は、主流の心理学誌に、このアプローチを用いた論文が掲載されることはまれでした。心理学の領域には、進化の知見に基づく研究を評価しようとしない向きもまだありますが、現在の実験心理学において、進化心理学はますます定着してきています。このように徐々に態度が変化してきたのは、進化理論がもたらした理論的なツールを用いて研究者たちが世に送り出した新しい研究の量と質それ自体によるものです。もはや、進化的視点に立った研究が主流の心理学誌に掲載されることもめずらしくありません。私は、勝手知ったる地元の、生存と繁殖の成功に役立つ資源を豊富に提供する街［訳注：おそらくダラスのこと］の近くで、好きな学科に職を得ていること［訳注：保守的なテキサス

第 4 章　意思決定と組織運営を進化から考える

州の、しかもキリスト教系の大学で進化心理学を教えている状況についての言及と思われる〕を感じています。進化心理学者になるにはうってつけの時代です。

4.5 医者の不養生——産業組織心理学者がルールを守らないわけ

スティーブン・コラレッリ (Stephen M. Colarelli)

　スティーブン・コラレッリは、1973 年にノースウェスタン大学政治科学専攻を卒業し、1979 年にはシカゴ大学で社会組織心理学の修士、1982 年にはニューヨーク大学で産業組織心理学の博士の学位を得ている。

　彼は多数の大学における教職歴を持ち、1985 年から現在までセントラルミシガン大学の心理学科助教、准教授、教授を歴任し、かつ産業組織心理学大学院プログラムの主任を長年務めている。1995 年にはフルブライト・プログラムのサポートのもと、ザンビアの首都ルサカにあるザンビア大学心理学科で教職を務めた経験もある。

　コラレッリは、進化心理学による産業組織心理学 (I/O) への影響と変容についての研究や実践に興味を持っている。彼は最も早く進化理論の観点を産業組織心理学に応用した研究者の 1 人である。その研究は、主に下記の三つの領域と関連する。①進化心理学の文脈から見た現代的な人材管理技術の利用。②ヒトの進化的行動傾向とより一致させた人材管理技術の改変。③組織（そして社会）変革における進化的ダイナミズムへの理解。主な研究成果には進化心理学と職場の融合の研究があり、例えば人材の選定・トレーニング、アファーマティブ・アクション［訳注：弱者集団への積極的差別の是正措置］、ジェンダーと権力、セクハラ問題、営業行動と組織的関与などが挙げられる。その他にも基礎研究関連の研究として、利他行動のコストや出生制限による利他行動への影響などがある。

　本節では、産業組織心理学の領域に進化心理学の概念とアプローチを応用した経験を紹介し、彼自身の研究に対する心得と教育の経験を述べている。

本人による主な参考文献

Colarelli, S. M. (2003). *No best way: An evolutionary perspective on human resource management*. Greenwich, CT: Praeger.

Colarelli, S. M., Spranger, J. L., & Hechanova, M. R. (2006). Women, power, and sex composition in small groups: An evolutionary perspective. *Journal of Organizational Behavior, 27,* 163-184.

Colarelli, S. M. & Thompson, M. (2008). Stubborn reliance on human nature in employee selection: Statistical decision aids are evolutionary novel. *Industrial and Organizational*

第4章 意思決定と組織運営を進化から考える

Psychology: Perspectives on Science and Practice, 1, 347-351.

Yang, C., Colarelli, S. M., & Han, K. (2008). Immigrant entrepreneurship from a neo-Darwinian co-evolutionary perspective. *Journal of Business Management and Change, 3*, 53-70.

Yang, C., D'Souza, G., Bapat, A., & Colarelli, S. M. (2006). A cross-national analysis of affirmative action: An evolutionary psychological perspective. *Managerial and Decision Economics, 27*, 203-216.

　この短いエッセイで、私は組織心理学者の視点から、進化心理学への旅について書こうと思います。現在の進化組織心理学でのアイディアを伝えるとともに、私の将来への展望について述べたいと思います。

　私がコンサルタントとして働いていた1980年代、ほとんどの組織は私が大学院時代に学んだ最先端の人材管理手法を利用していませんでした。採用面接、推薦状、ニーズ分析なしの研修といった、私たちが研究によって非効率であることを示してきた伝統的な手法が好まれていたのです。数年後、教授の職に就いた私は、産業組織心理学の同僚たち自身も同じように、学生に教えている最も優れた方法よりも、伝統的な方法を利用していることに気づきました。私たちは学生に構造化面接を用いるように教えましたが、私たち自身は新しい教職員を雇う時に構造化面接を用いていませんでした。私たちは推薦状はあてにならないと学生たちに言ってきましたが、学部の職や大学院への応募者全員に推薦状を出すよう求めていました。私たちは認知能力テストは能力の予測因子としてベストであり、すべての予測因子を単一の機械的（統計的）な方法で統合しろと学生に教えていましたが、教員たちは大学院入学志願者の判定にあたって、玉石混交の予測因子を場当たり的に統合していました。私たちはまた、学生に新しい研修技術の知識を得るように強く要求しましたが、私たちのほとんどは教育の場で伝統的な講義＋ディスカッションの手法を使い続けています。

　これは、単に新たな方法を採用する際に一般的に見られる抵抗の表れなのでしょうか。それとも、人材管理への現代的アプローチだけに見られるものなのでしょうか。私は、ここには根本的な何かがあるはずだという問題意識を持ちました。たいてい新たな試みには抵抗がつきものですが、現代的人材管理手法の利用に対する根強い抵抗は、より深い問題を反映しているのではないかと、私は不安を覚えたのです。長年の間、この現状に対する産業組織心理学者のス

231

タンダードな説明は、経営者の教育がまだ不十分だ、というものでした。しかし、同じ言い訳を数十年も続けているのですから、滑稽で説得力に欠けています。単純に教育の問題ならば、経営者たちはとっくの昔に理解しているはずです。経営者たちはあらゆる革新的な管理方法（アウトソーシング、ダウンサイジング、ジャスト・イン・タイム方式）やテクノロジー（コンピュータ、スマートフォン）を真っ先に取り入れています。私は、多くの伝統的な人事手法（面接や伝統的トレーニング）には何らかの実用性があり、私たちはまだそれがどのように実用的なのか理解できていないだけではないのか、そして、産業組織心理学のスタンダードな方法のうちいくつかは、私たちの気づいていないところで実用性に欠けているのではないか、と考えるようになりました。

　私が初めてこうした考えをまとめるひらめきを得たのは、ドナルド・キャンベル（Donald Campbell）による伝統的な社会的慣行の機能知についての論文（Campbell, 1975）を読んだ時でした。キャンベルは、多くの社会的慣行は歴史の審判をくぐり抜けてきている分、新しい心理的介入手法よりも有効性は確かだと主張しています。私は進化理論、生物学、歴史学をバックグラウンドとしていたので、キャンベルの論文（それに進化全般）が組織心理学にとって重要なものであることをすんなり受け入れることができました*。ランダムな変異と選択的な維持による進化的変化は、人事手法の利用（および忌避）を理解するのに最適な方法だと、私は思いました。進化的視点は産業組織心理学により強固な理論的基盤を提供するでしょう。人材資源への介入法もまた、進化の論理に従っているように思えます。効率的な介入は用いられ続け、効果のない介入は捨てられるというように。これは、Dawkins（1976）やBlackmore（1999）がミームや文化伝達として述べたロジックと、本質的に同じであると言えます。私が初めて行った進化と組織心理学の融合研究は、なぜ伝統的な方法が広く用いられ、現代の産業組織的介入が定着しないのかを、文化進化を通じて理解し

＊私は、産業組織心理学者の中でも非伝統的なバックグラウンドの出身と言えるでしょう。学部時代はノースウェスタン大学で政治科学を専攻し、歴史学と生物学も学びました。そして、シカゴ大学で社会組織心理学の修士号を取得しました。シカゴ大学での研究は、社会心理学、組織・コミュニティ心理学、そして人類学や社会学とも融合した学際的なものでした。また、著名な生物学的心理学者、マーサ・マクリントック（Martha McClintock）のリサーチ・アシスタントを務めました。これらの経験はすべて、私に学際的な志向と多様な理論的視点を与えてくれました。ニューヨーク大学の博士課程で産業組織心理学を学び始めた際も、その後もずっと、私はこうした姿勢を保ち続けています。

ようという試みでした（Colarelli, 1996, 1998; Colarelli, Hechanova-Alampay, & Canali, 2002; Colarelli & Montei, 1996）。

　人事慣行は、何らかの実用性がある（あるいはあった）ため、組織に存在しています。社会─文化進化の観点からは、慣行はその組織の文脈において機能を果たしているがために用いられていると考えられます。例えば、組織におけるトレーニング量は、実用性のロジックに従うようで、離職率が高いと減少します（トレーニングに大きな投資をしても、人々がその職場に長くとどまることがないなら無駄になるからです：Colarelli & Montei, 1996 参照）。同様に、（顔を突き合わせたつき合いがかなり必要とされる）上級職を雇う場合、標準的な試験よりも面接が用いられます。しかし、その場合でも、選考の効率が重要となる時は（例えば膨大な数の応募者をさばく場合など）、標準的なテストのほうがより頻繁に使われます（Colarelli, 1996）。面白いことに、一般的に使われている八つの伝統的雇用法の平均妥当性係数（.36）は、現代の八つの分析的手法の平均妥当性係数（.35）とほとんど同じでした（Colarelli, 2003）。このことから、歴史の審判をくぐり抜けてきた社会慣行は、おそらく進化の厳しい試練に耐え、何らかの機能のおかげで選択されてきたものであり、それと同時に、進化によって形成された私たちの心理メカニズムにも適合するものなのだと考えられます。

　進化心理学をより深く学ぶにつれ、私の研究は、進化の過程で身につけた心理メカニズムが組織内での行動に及ぼす影響についての研究にシフトしました。私は学生と一緒に、セクシャルハラスメント（Colarelli & Haaland, 2002）、アファーマティブ・アクション（Colarelli, Poole, Unterborn, & D'Souza, 2010; Yang, D'Souza, & Colarelli, 2006）、組織における集団行動の性差（Colarelli, Spranger, & Hechanova, 2006）、移民の起業家（Yang, Colarelli, & Han, 2008）、人事選考における標準的テストの使用／不使用の決定（Colarelli & Thompson, 2008）について、進化心理学的解釈を試みる研究を続けてきました。私たちは現在、ミスマッチの概念とそれが組織デザインに対して与える含意について研究しています。ここで言うミスマッチとは、現代の組織のほとんどの側面が、進化が形成したヒトの心理や生理に合致していない、という発想です。例えば、ヒトの身体的・精神的健康のためにはビタミンＤが必要であり、ヒトは日光を直接浴びることでビタミンＤを作ることができます。しかし、現代の組織で１日８〜10時

間働く人々は、日光を直接浴びることがほとんどありません。

　現在、進化心理学的な視点を備えた組織心理学者や経営学者は、依然として少数ながら、増えつつあります。彼らが中心となって、進化心理学を組織心理学・経営科学と結びつけるために、過去数十年間にわたり研究を重ねてきました。現在のところ進化志向の組織心理学者が一大勢力を形成している大学はありません。この献身的な学者たちは、世界のあちこち（シンガポール、イギリス、オランダ、カナダ、オーストラリア、アメリカ）に、たいてい1学部につき1人という形で散らばっています**が、国を越えたコミュニケーションや移動が容易になったことで、進化学的な視点を組織心理学に取り入れようという志を共有する学者たちは、ゆるやかなネットワークを形成し、頻繁に共同研究を実施しています。

　しかし、ここまでの道は逆境の中での悪戦苦闘でした。今でさえ、産業組織心理学や経営科学の主流な論文誌は、進化心理学的視点を取り入れた論文をほとんど刊行していません。進化心理学者が進化心理学と他の心理学の分野との融合についてのレビューを書く時でさえ、産業組織心理学との関わりについて言及することはほとんどありません（例えば、Fitzgerald & Whitaker, 2010）。なぜ進化心理学と産業組織心理学・経営科学との融合の歩みが遅いのか。おそらくいくつかの理由があります。ほとんどの産業組織心理学者・経営科学者は、生物学あるいは進化心理学のバックグラウンドを備えていません。組織行動の進化心理学を効果的に研究するために、研究者たちは学際的な視点に柔軟となり、進化心理学を積極的に学ぶべきです。また、産業組織心理学や経営科学の主流派には、やや職業専門学校的な、応用や実践を重んじる傾向があります。そのため、進化心理学が基礎科学と見なされる限り、産業組織心理学の主流派は進化心理学が組織介入に関連するとは考えないかもしれません。彼らは、クルト・レヴィン（Kurt Lewin）が述べた、優れた理論と現実との関わりについての洞察——優れた理論ほど実践的なものはない——を思い出す必要があります。ヒトの性質の進化的基盤に強固な理論的土台を据えることで、人々の組織行動や、人々を組織に／組織を人々に適合させる効果的な介入デザインの理解が進

＊＊注目すべき例外の一つが、シンガポール国立大学の経営学部で、複数の大学教員が組織行動の生物学的基盤に興味を持ち、論文も出しています。

第 4 章　意思決定と組織運営を進化から考える

むでしょう。これ以上に実践的なものはありません。

　進化心理学の産業組織心理学への浸透が進んでいない現在、私のような教員
は、大学院生の指導にあたってある種の道徳的ジレンマに直面します。産業組
織心理学を専攻する大学院生に進化的アプローチを取り入れた組織心理学を推
進してほしい一方で、進化志向を身につけた彼らは（アカデミアでの）職探しの
際、従来の産業組織心理学トピックに取り組んだ場合より苦労するのではない
かと心配なのです***。そのため、私は大学院生と研究をする場合には 2 方面
戦略を取っています。私は産業組織心理学を専攻する学生に、応用心理学にお
ける進化的視点を紹介するにとどめ、後は様子を見るようにしています。進化
の視点で組織心理学の研究を進める意欲がある学生には、それを後押ししてサ
ポートしますが、この分野で進化的視点の受容が進んでいない現実も正直に話
します。私の戦略のもう半分は、同じ学科の実験心理学プログラムと交流を持
ち、進化心理学を専門に学んでいる大学院生と共同研究ができる環境を作るこ
とです。これにより、私の研究室は、産業組織的研究を行う産業組織心理学専
攻の大学院生、産業組織と進化心理学の両方を学ぶ産業組織心理学専攻の学生、
さらに進化心理学の基礎的研究を行う実験心理学プログラムの学生が混在する
活きいきとした学際的な研究室となっています。多くの学生たちと多様な視点
が集まることがよい刺激となって、クリエイティブなアイディアや研究が生み
出され、専攻の異なる学生たちがお互いから学べるようになっています。

　20 世紀は物理学の時代でしたが、21 世紀は生物学の時代になるでしょう。
私は今世紀のうちに進化心理学的な（より広く言えば生物学的な）視点が組織心
理学や経営科学の理論的基盤になるだろうと楽観的に考えています。転機はお
そらく、（ほとんどが進化心理学に対して中立的あるいは敵対的な）年輩の教員が引
退して、生物学的・進化学的な志向を持ち合わせた若い研究者と入れ替わる時
でしょう。進化心理学は今や学部生たちにはポピュラーであり、進化学的・生
物学的視点は今や多くの行動科学・社会科学の一部となっています。若い人は、
応用心理学にも進化心理学が関係することへの理解と受容、心地よさとともに
キャリアの第一歩を踏み出せることでしょう。

***幸いにも、進化心理学的な視点から産業組織を研究している私の学生のすべてが、アカデミア
やコンサルタントの世界で職を得ています。

235

4.6 仕事と性差

キングスレー・ブラウン（Kingsley Browne）

キングスレー・ブラウンは、現在、アメリカのミシガン州デトロイト市にあるウェイン州立大学法科大学院の法学教授である。彼は最も早く進化心理学の視点から性差の問題に取り組み、そして男女間の違いを労働と就業立法の理論研究に応用した学者の1人である。

彼は1950年に生まれ、1968〜70年、サウスカロライナ大学で学んだ後、ジョージワシントン大学の人類学専攻に転校し、1975年に学士の学位を得た。1975〜79年はコロラド大学の人類学専攻に所属し、1976年に修士号を得た後も継続して関連の博士課程で学んだ。その後はデンバー大学で法学の博士課程に入学し、在学期間中には大学の法学雑誌の編集者としても活躍し、1982年にクラス首位の成績で卒業、法学の博士号を得た。その後、彼はコロラド州の最高裁判所の裁判官ルイス・ロヴィーラ（Luis Rovira）とアメリカ連邦最高裁判所の裁判官バイロン・ホワイト（Byron White）の助手を務めた。さらにサンフランシスコにあるモリソン&フォースター法律事務所のパートナーとして働き、特に労働雇用法に長けていた。1989年はウェイン州立大学法科大学院に加わり、1993年には常勤教職を得て、1997年には教授となった。

彼は、主に就業における男女差別の立法に関することや、男性と女性の進化的違いが持つ法学的意味に研究上の関心があり、長年の間、男女平等の意味やその立法における表れに興味を示してきた。1990年代頃からは、進化心理学を立法における男女平等のテーマに応用し、数多くの法学雑誌で研究成果を発表してきた。彼は、男女の間には気質と認知的能力に違いがあるため、職場において不平等な現象が生じていると考えている。例えば、女性の昇進を阻害する「ガラスの天井」効果に関する研究からは、女性が差別されるような社会的障壁は見つからなかった。そのため、問題の根源は社会的構造ではなく、男性と女性の気質と認知の進化生物学的差異にあると考えられる。その他にも、女性の職場での地位問題や職場におけるセクハラ問題などについて、進化的アプローチを用いて議論している。これらの研究をまとめた本は、2002年に *Biology at Work: Rethinking Sexual Equality* というタイトルで出版され、*Choice* 誌の「2002年度優秀学術著書」に選ばれ、2002／03年度のウェイン州立大学学術賞も受賞している。彼の一連の研究と理論的貢献は、立法、公共意思決定などの

領域から注目され、欧米社会においてヒューマニズムの進歩の現れとして見られてきた性別平等の概念に対する再考を促す他、フェミニズムに対しても衝撃を与えている。

ブラウンの最近のテーマは、性別間の進化的差異をアメリカ軍構築と人員管理に応用することに集中している。2007年に出版された著書 "Co-ed Combat: The New Evidence That Women Shouldn't Fight the Nation's Wars" では、男性と女性の生理的・心理的差異を議論し、それらの違いがいかに軍隊の戦闘能力に影響するかについて考察している。男性のみの軍隊と男女混合の軍隊が任務を遂行する際のパフォーマンスを比較した結果は、女性が戦闘に加わることは軍隊の実力を低めてしまうという結論に至るものであった。また、彼は中国国際ラジオ局の番組 'Today on Beyond Beijing' にゲスト出演し、女性が軍隊に参加し戦闘することについて述べている。

本節においては、進化の理論を用いて男性と女性の職場における違いと、それらの違いの立法的意義について紹介する。

本人による主な参考文献

Browne, K. R.（1998）. *Divided labours: An evolutionary view of women at work.* London: Weidenfeld & Nicolson（American Edition, Yale University Press, 1999）.

Browne, K. R.（2002）. *Biology at work: Rethinking sexual equality.* Rutgers University Press.

Browne, K. R.（2006）. Sex, power, and dominance: The evolutionary psychology of sexual harassment. *Managerial and Decision Economics, 27*, 145-158.

Browne, K. R.（2006）. Evolved sex differences and occupational segregation. *Journal of Organizational Behavior, 27*, 143-162.

Browne, K. R.（2007）. *Co-ed combat: The new evidence that women shouldn't fight the nation's wars.* Sentinel（Penguin USA）.

私は心理学ではなく法学を専門的に学んだので、進化心理学との出会いは普通とは異なっていました。大学院で自然人類学を研究した後、法科大学院に通い、その後はサンフランシスコで労働と雇用に関する法律、特に性差別に関わる案件を扱う弁護士として働きました。数年後、雇用差別法を専門とした法学の教授となりました。

法科大学院時代と弁護士時代、非常に驚いたことがありました。それは、訴訟でも、あるいは一般的な社会の風潮でも、男性と女性は根本的に同じであり、特に職場で見られる行動の性差は、性差別主義的な社会化や差別そのものによって生じたものであるという思い込みが広がっていたことです。この思い込み

は、私が人類学の教育を受けていた時に観察したこと（教わった内容に関しては必ずしもそうとは言いきれません）や、日常生活で観察していることとは食い違っており、単なるこじつけのように思われました。私は法科大学院を卒業した直後、生物学的な性差と法をテーマとした、私にとって最初の論文を1984年に公刊しました（Browne, 1984）。そして、進化心理学者によって収集された一連のデータや理論によってより強化された議論をもって、1995年に再びガラスの天井や報酬におけるジェンダー・ギャップに関する論文を公刊しました（Browne, 1995）。それ以降、職場あるいは軍における生物学的な性差の関わりをテーマとした様々な研究を公刊してきました。以下に私の研究を簡単に紹介しましょう。

職場における性差

標準社会科学モデル（SSSM: Standard Social Science Model）は普通、ヒトを進化の歴史から独立した存在と見なし、人間の本性など一切存在しないという極端な前提に立つことさえめずらしくありません（Tooby & Cosmides, 1992）。この見方に基づくと、ヒトは自身の所属する社会に存在する様々な行動パターンをただ恣意的に自分の中に取り込み、そうした社会化のプロセスがヒトの行動を説明すると考えます。もしSSSMの支持者が人間の本性の存在を信じないのであれば、彼らは人間の二つの本性、男性性と女性性の存在については、さらに頑なに否定するでしょう。その結果、彼らは二つの性の違いに見えるものは社会化の差異や差別という外的な強制力によって生じた結果だと見なします。

一方、現代の心理学は、性差に関して適切に包括的な記述を行い、そして進化心理学者はそれらに対して理論的な説明を与えました（Geary, 2009）。ヒトの身体と同様、心も男女で同じではなく、性的二型を示します。さらに、身体的な二型と心理的な二型は無関係ではありません。例えば、男性の体の大きさや強さは男性間の競争に由来する遺物だと考えられていますが、同様に、男性間の競争は、男性の身体的攻撃性の高さやリスク希求傾向、地位上昇志向をもたらしたとも考えられています。社会的な地位を高めることに成功した男性や、狩りや戦争において功績を上げた男性は、そうではない男性よりも高い繁殖上の成功を獲得しました。男性の空間認知能力の高さや大規模な集団を形成する

傾向も同様に、進化史において協力的な狩りや戦争のために長距離を移動して
きたことに由来する遺産だと考えられています。女性も同様で、出産し、子ど
もを育てることに関連した女性の体の特徴は、女性の男性よりも世話好きで共
感性の強い心理傾向と密接な関連があります。これは、自分の子どもに対して
献身的で子どもとの結びつきが強い女性は、そうでない女性よりもたくさんの
孫に恵まれる傾向にあったためです。こうした性的二型形質は、性ホルモンの
働きと関連することが、豊富なデータによって示されています。

　SSSM の観点は、社会科学だけでなく公共政策の分野でも長らく支配的な立
場を保持していましたが、職場で生じる性差の議論ではそれが顕著でした
(Browne, 2002)。この見方では、男性が企業の幹部になるのは女性が昇進に関
する差別を受けているからであり、男性が女性よりも多く稼ぐのは女性が賃金
差別を受けているからであり、女性がある職業では多数を占める一方で他の職
業では少数となるのは、女性が採用に関して差別を受けているからなのです。
こうした現象はすべて、職場における女性の成功を妨げるような性差別主義的
社会化を背景として生じる、と説明されます。一方、進化心理学的な観点では、
差別が職業上の違いの原因であるという見方を全否定するわけではないにせよ、
先述した性差が平均的には男女で異なる能力や好みをもたらし、それらが男女
は職場において異なる選択をするように動機づけられることに注目します。こ
の観点に従えば、性差別を完全に解消したとしても、男女の結果は同じにはな
らないはずです。

ガラスの天井

　ガラスの天井という言葉は、企業幹部に占める女性の割合が比較的低い理由
を説明する比喩です。天井は、女性がそれ以上昇進できない役職を比喩してお
り、ガラスはそうした女性の昇進を阻む障壁が不可視であることを比喩してい
ます。したがって、この比喩は、外部から女性に働きかけるいくつもの障壁が
女性幹部の少なさの原因であると、それらの障壁が具体的に何なのかも不明な
ままに決めつけているのです。ところが、実際には、おなじみの性差によって、
企業幹部における男女の不均衡の大部分を説明することができます。

　男女問わず、成功した企業幹部は男性的な特徴を多く持っています

(Morrison *et al.*, 1992)。幹部たちは競争的であり、自己主張が強く、野心的で、昇進のためにリスクをとる人たちです。さらに、出世に集中するために、家族を含めた生活の他の要素を二の次に考えます。成功した幹部の顕著な特徴の一つは、リスク志向です。成功のチャンスは多くの場合、損失の可能性を伴うため、リスク回避型の人にとっては脅威に感じられ、出世に大きく影響する職場の選択につながるのです。例えば、企業利益に直接影響するライン職、すなわち工場長や部門責任者は、スタッフ職である人事や広報よりも大きな職務上のリスクを伴います。幹部昇進にはしばしばライン職の経験が不可欠であるにもかかわらず、様々な理由から女性はそれを避け、スタッフ職を望む傾向があります。

企業における最も高い地位を獲得するためには、それにふさわしいパーソナリティ以上のものが要求されます。そのためにはしばしば、長時間労働、出張、転勤といった形で何十年も仕事に身を捧げなくてはなりません。女性は男性ほどそうしたことをしたいとは思いません。最高権力者になることが男性にとってほど女性には魅力的でなく、また家庭生活を犠牲にすることがしばしば必要になるためです。転勤が出世の必要条件であったとしても、女性は社会性が強いために、新しい都市に移ることによって友人や親類とのつながりが絶たれることを望みません。

結婚や出産も、男性と女性に異なる影響を与えます。女性は、結婚した後、また特に出産した後は、仕事に対する関わりを減らそうとします。一方、男性は増やそうとします。男女の行動はどちらも親の投資に含まれますが、異なる形式で表出されるのです。多くの女性は、出産後長期間にわたって離職しますし、仕事に復帰したとしても、しばしば仕事量を減らします（Schwartz, 1992）。進化的な観点で見ると、哺乳類の母親にとって、わが子と離れて過ごすのが感情的に受け入れがたいというのは驚くにあたりません。しかし、その抵抗感こそが、女性の幹部昇進を妨げる障壁の一つではないかと考えられます。

報酬におけるジェンダー・ギャップ

企業トップの女性を少なくするのと同じ特性が、女性が男性よりも低い報酬を得る原因ともなります（Browne, 2002）。報酬におけるジェンダー・ギャップ

という言葉は、女性の常勤労働者は男性の常勤労働者よりも賃金水準が低いという事実を指し示しています。アメリカにおける男性に対する女性の年収比率は約.78です。これは、平均的な女性の常勤労働者は男性が1ドル稼ぐごとに78セントしか稼いでいないということを意味します。ジェンダー・ギャップは通常、単純に賃金差別の証拠として引き合いに出されますが、それには様々な要素が関わっており、その多くはガラスの天井をもたらす要因と同じく、心理的傾向の性差を反映しています。一般的に、男性は地位や財産を手に入れるために仕事に没頭しますが、女性は職場よりも家庭に自身の資源を注ぎ込みます。男性のほうが稼ぎが多いのは、主に彼らが仕事に多くの時間を費やし、リスクの高い職業に就き、快適ではない環境の仕事をこなし、職業に関連した教育や訓練を受け、長期離職をあまりしないためです。労働市場も経済学における需要と供給の法則に支配されているので、より高いレベルの訓練が必要な職がより多く稼げるのと同様に、リスクが高く快適ではない職のほうがより稼げる傾向にあります。さらに、より長い時間働けばより多くお金を得ることができます。

　ガラスの天井と同様、賃金格差の大部分は婚姻関係や家族の状態と関わっています。アメリカにおいて、独身女性は独身男性とおおよそ同程度の賃金を得ていますが、結婚して子どもを産んだ女性は結婚した男性の約60％の賃金しか得ていません。報酬におけるジェンダー・ギャップのほとんどは幻想です。報酬に影響する妥当な要因の効果を統制すると、格差の大部分は消失しますし、そうした要因の多くは進化的起源を持つ性差に関連するものです。以下では、これらの要因と職業興味や認知能力における平均的な男女差が、個人の職業選択にも影響することを見ていきます。

職業分離──従事する仕事における性差

　アメリカでは性差別を禁じる法律が半世紀にわたって施行されてきたにもかかわらず、男性と女性は多くの場合、異なる仕事に従事し続けています。例えば、銀行の窓口係、会社などの受付係、正看護師、そして幼稚園教諭の90％以上が女性であり、電気技師、消防士、整備士、そして害虫駆除業者の90％以上が男性です。女性はいまだに数学や物理、工学といった科学分野ではごく

少数ですが、医学における新規参入者の割合は男性とほぼ同じ割合に近づき、新規の薬剤師の約3分の2と新規の獣医の4分の3は女性です。ある種の職業に限って進展していると言えるこのパターンは、家父長制度あるいは性差別主義的社会化が職域選択における性差の原因だと考えているSSSMでは容易に説明できません。家父長制度が医師や弁護士といった高地位の職に女性を受け入れる一方で、整備士や害虫駆除業者といった職業からは女性を締め出す理由が説明されることは、ほとんどありません。

　職業分布のパターンは、すべてとは言わずともその大部分が、進化史を通じて受け継がれた価値観、興味、そして能力における性差を反映しているものと考えれば、容易に理解することができます。職業的な興味を人間から事物への連続する一次元上で眺めた時、女性は人間の極に集中し、男性は事物の極へ集中する傾向にあります（Su, Rounds, & Armstrong, 2009）。男性は女性よりも空間課題において秀でており、また最高成績を比較した場合、男性の数学的能力、とりわけ抽象的思考を伴う推論能力は女性を上回ります。こうした推論能力と空間把握の能力は、部分的に関連しています。男性はまた、工学的な能力や興味において女性をしのいでおり、それらもまた空間能力と重なります。したがって、高度な空間的、数学的、工学的スキルを必要とする職業において男性が優勢になることは驚くことではありません。さらに、男性のリスクをとる傾向は、男性が企業内の高い地位に就いたり、より多く稼いだりする原因となるだけでなく、身体的危険を伴う職業において男性が優勢となる原因にもなります。一般則として、仕事が身体的に危険であるほど、その仕事に従事する男性の割合が高くなりますし、ある仕事において女性が占める割合が高いほど、その仕事が危険の大きい（あるいは負担の大きい）ものである可能性は低くなります（Kilbourne & England, 1996）。例えば、アメリカとイギリスにおいて、毎年就業中に死亡する人の90％を男性が占めています。一方で、女性は高い社会性や養育に対する志向性を持っていますので、看護師や社会福祉などのケアの仕事で優勢となります。科学の分野では、女性は数的処理能力の要求が高くない代わりに社会的要素が強い分野において活躍する傾向があります。例えば、女性の物理学者よりも女性の生物学者のほうがはるかに多いですし、女性の心理測定学者よりも女性の児童心理学者のほうがはるかに多いです。

性差は、民間職における男女分布だけでなく、軍で戦闘を担う職務への関心と適性にも影響を与えます。

戦闘での女性

いかなる時代においても、暴力的な集団間葛藤に戦闘員として参加するのは男性の責任だと、ほぼ通文化的に見なされてきました。戦争が男性の仕事だというだけでなく、戦争に参加することは男らしさの典型であり、戦争で殊勲を立てることは一人前の男として認められる必要条件であると、様々な形で言われてきました。こうした歴史にもかかわらず、多くの現代国家は男性と戦争の間の長年にわたるつながりを断ち切ろうとする政策に舵を切っています。カナダやノルウェー、オランダなどの国々では、女性の戦闘参加への制限がすべて撤廃されましたが、女性の地上戦部隊志願者はごくわずかしか出てきていません。アメリカやイギリスなどの他の国では、以前は女人禁制だった戦闘を担う職務の多くを女性にも開放する一方で、攻撃的な地上戦に女性が参戦することを禁止し続けています（Browne, 2007）。

地上戦部隊に女性を採用する動きは通常、事実に反する仮定に基づいています。それは、過去において戦闘から女性が排除されてきた唯一の正当な理由は、女性が身体的強さで男性に劣るためだったというものです。現在、軍における男女の統合の支持者は、戦争の性質は筋力の争いから知力の争いへと進化しており、戦闘において性別はもはや無意味だと主張しています。この見方では、統合の最大の障害は、「男同士の絆」に女性が加わることに抵抗する男性の時代遅れの性差別主義的態度にあるとされます。しかし、その暗黙の前提である、身体的な違いを除けば男女は同質であるという考えは、間違いであることが明らかになりました（そして、近年の武力紛争の経験から、身体的な能力はもはや戦闘と関連しないというのも間違いだということが示されました）。

戦闘任務では、民間の職場以上に男女の心理学的差異の影響が大きくなります。戦闘に関係する性差のある心理特性には、身体的攻撃性（相手を殺す意志の強さも含みます）や、身体的リスクに進んで身を投じる傾向、恐怖の程度などがあります。思いやりや共感といった女性らしい特徴も、戦闘員の成果に影響します。共感性が強いほど、殺しを躊躇するだけでなく、相手を殺すことの心

理的コストが増大するのです。こうした特性のほとんどは、実際の戦闘の前に意味のある形で測定するのは難しく、どの新兵が将来戦場でよりよい戦果を挙げるかを予測することもまた困難です。

しかし、測定可能な個人の心理特性以上に重要なのは、たとえ、ある女性が強さ、勇気、身体的攻撃性といった有能な戦士の資質をすべて備えていたとしても、彼女はやはり女性であり、女性が所属しているという事実そのものが、部隊の能力に多くの影響を与えるということです。有能な戦闘部隊は凝集性が高いものですが、女性を採用することで、性的な競争や嫉妬、ひいき、フラストレーションが生じて凝集性が阻害されたり、女性を守ろうとする男性の傾向によって戦闘任務の遂行が妨げられたりする恐れがあるのです。

全員が男性の集団は、全員が女性あるいは男女混合の集団とは異なる機能を発揮します。男性も女性も、それぞれ自己組織化によって性別で分かれた集団を作り、その一員であることを心地よく感じる傾向があります。男性の人間関係は広く浅く、そして活動が中心となっていますが、女性は狭く深く、そして感情が中心です。男性は大規模な協力的集団を構築するための閾値が低く、集団の維持に低レベルの投資しか必要としません。そして、男性集団は集団内に葛藤が存在していたとしても存続します（Geary & Flinn, 2002）。一方、女性の人間関係は感情的に深く、葛藤によって破綻しやすいのです。女性は葛藤や対人的な侮辱に対して非常に敏感で、排他的な連合を形成したり、集団から成員を排除したりする傾向があります（Fisher, 1999）。男性の集団形成は戦争や大型獣の狩りが目的であったため、無視や排除は男性の大規模な連合に対しては有害な効果があったのでしょう。

男性兵士の集団に女性が加わることによって生じる凝集性の低下は、部分的には、男性の女性の仲間に対する信頼の欠如に原因があるでしょう。そして、その信頼の欠如には進化的な起源があると思われます。戦争や大物狩りにおいて他者を仲間として信頼するかどうかという意思決定は、進化的な時間軸において何度も繰り返されてきたことでしょう。戦士や狩人は行動をともにするグループメンバーの失敗によって被害を受けますから、仲間の特徴に対して無関心ではいられません。したがって、強さや勇気、支配性といった、優れた戦士や狩人の指標が、配偶相手を探す女性にとって魅力的とされるのと同様、戦友

244

第 4 章　意思決定と組織運営を進化から考える

を求める男性にも望まれるのです。配偶者以外の仲間の重要性を考えれば、配偶者の好みだけが自然淘汰を通じて進化したとは考えにくいでしょう。実際、ヒト以外の動物の多くが、採食や対捕食者行動のパートナーの好みにバイアスを持っていることがわかっています（Dugatkin & Sih, 1995）。

　もし、男性が仲間への信頼を高める至近因的な要因が相手の男らしさにあるならば、男性兵士が女性兵士に対して抱く不信感を克服することは難しいでしょう。したがって、女性戦闘員に対する男性の反感は、適切なリーダーシップや訓練によって克服できる障害というよりも、むしろ男女混成の軍隊に永遠についてまわる特徴なのかもしれません。

結　　論

　進化心理学は、公共政策に関わる多くの問題を分析する上で重要な道具となります。それは社会の中のパターンを理解する基礎を提供し、ある種の政策介入が望ましいかどうかを判断するのに役立ちます。例えば、ある種の職場環境の改変がどういった性質を持ち、また望ましいか否かは、SSSM を内面化している人々と、現代の心理学が明らかにしてきた性差を認識している人々とでは、見方が大きく異なるでしょう。進化心理学はまた、ある種の公共政策の成功の見込みに関しても洞察を与えます。例えば、男性と女性の心理にはある程度の違いがあることを認識していれば、男女混成の戦闘部隊には恒常的な課題がつきまとい、それは男性兵士の教育だけでは解決できないとわかるでしょう。したがって、ヒトの本性は政策立案者にとって根本的に重要であり、それを無視すれば大きな危険を招くものなのです。

245

4.7 ビジネスとマネジメントに進化心理学を導入する

ナイジェル・ニコルソン（Nigel Nicholson）

　ナイジェル・ニコルソンは、ロンドン・ビジネススクールの組織行動学教授である。彼の研究内容は、ビジネスにおける協力、リーダーシップ、家族企業、上級管理職の発展、組織の変革、管理職の職業流動性、リスクとマネジメント意思決定である。

　彼は16歳の時に学校を出て地元の新聞社の記者となり、2年後にまた学校に戻り学業を続けた。ウェールズ大学で心理学博士号を得た後、シェフィールド大学で社会・応用心理学科の教職を経験し、1990年からロンドン・ビジネススクールに勤め、大学の組織管理学科主任も経験している。彼は長年にわたって大学のリーダー向け対人スキルトレーニングコースを担当し、学部のアフリカ地域コンサルティング委員会の担当者でもあった。

　ロンドン・ビジネススクールに加わって以来、彼はマネジメント研究に進化心理学の理念を導入しつづけてきており、"Harvard Business Review" などの雑誌において企業管理における進化心理学の応用について紹介している。

　本節では進化心理学の理論を用いた家族企業の研究を紹介し、企業のリーダーに進化心理学を教えた時の感想などが述べられている。

本人による主な参考文献

Nicholson, N. (1998). How hardwired is human behavior? *Harvard Business Review, 76* (July/August), 134-147.

Nicholson, N. (2000). *Managing the human animal*. London: Thomson/Texere (In the USA, *Executive Instinct*, Crown Publishing).

Nicholson, N. (2008). Evolutionary psychology, corporate culture and family business. *Academy of Management Perspectives, 22*, 73-84.

Nicholson, N. (2010). The design of work: An evolutionary perspective. *Journal of Organizational Behavior, 31*, 422-431.

　1995年から、進化心理学のアイディアをビジネスの世界に紹介することは私の使命であり続けてきました。この使命の達成のために私は、まずは、学術記事や経営者向けの記事を執筆し、二つめには一般向けのビジネス書

"Managing the Human Animal" を刊行し、三つめに家族経営について進化的視点で研究し、四つめに企業幹部向けの講座やコンサルティングを行ってきました。それぞれについて、以下に順を追って紹介します。

この領域での初期の仕事とその影響

進化心理学のアイディアをビジネスに応用しようという私の試みは、経営心理学者が集まる学会で発表したり、また本の1章（Nicholson, 1997a）や分野横断的な雑誌である *"Human Relations"* に論文（Nicholson, 1997b）を書いたりしたことから始まりました。この試みは賛否両論の反応を引き起こしました——組織行動学と産業・組織心理学の大部分においては、トゥービーとコスミデスが標準的社会科学モデル（SSSM）と呼ぶものが依然として君臨し続けていますが（Tooby & Cosmides, 1992）、この15年のうちに、進化的な視点もずいぶん受け入れられつつあります。反対もありました。それは主に社会構成主義学派によるもので、彼らは進化的な見方を素朴な生物学的決定論として事実をねじ曲げて伝えており、激しく抵抗していたのでした。しかしこの節の後半で論じるように、今では、生物学的な基盤を持つ文化の進化を通じて社会構造がどのように変化してきたのかを説明する、新たな学問的統合が起こりつつあります。

'How hardwired is human behavior?' と題した *"Harvard Business Review"* (1998) に掲載された記事（後にこの記事をもとにした著書 *"Executive Instinct"* (Nicholson, 2000) が、最初にアメリカで出版されました）の中で進化心理学の新しい考えを紹介した時には、さらに強い肯定的・否定的反応が見られました。またも一部の実業家からの、予測通りの非難がもたらされました。彼らは、自分たちは顧客の世界を作り変えるための無限の力と自由を手にしていて、ヒトの本能や生得的バイアスといった不都合な真実に邪魔されることなどないと信じたいのです。しかし私の記事は、実業界にずっとポジティブな成果も生み出しました。例えば、最近繁盛しているあるコンサルタント会社は、もっぱら私の本から得たアイディアの応用によって仕事をしています（www.hard-wiredhuman.com を参照）。また、驚くべきことにある会社は、進化心理学の知見を最大限活用できる形に会社を再編成しました。この会社は Australian Flight Centre という急成長中の旅行会社で、この会社の創業者は私の

"Harvard Business Review" の記事を読んだあと、会社を「家族（店舗）」、「村（近隣の少数の店舗からなる集まり）」、そして「部族（総従業員数が 150 人以内の地域別の店舗グループ）」として編成したのでした（Johnson, 2005）。しばしば「ダンバー数」として知られる 150 という数字は、イギリスの進化学者ロビン・ダンバー（Robin Dunbar）が発見した、社会的なネットワークの認知能力を表す、脳の前頭前皮質［訳注：大脳新皮質の間違いと思われる］の相対サイズから算出された、ヒトのコミュニティの自然なサイズなのです（Dunbar, 1996）。

　これらの手段を通じて、私の仕事はよく知られるようになりましたが、進化心理学が組織行動学の主流になったとは言えませんでした。徐々に、組織行動学者たちは学会で進化や生物学的なテーマでのシンポジウムを開催するようになりましたが、積極的な研究者は少ないままでした。2006 年、そのうちの 1 人、ウェスタン・オンタリオ大学のアイヴィー・ビジネススクールのロッド・ホワイト（Rod White）教授と私は、*"Journal of Organizational Behavior"*（2006）で進化心理学と組織行動の特集号を編集し、幅広く多岐にわたる実証的・理論的な論文を集めました。しかし、その特集号の序文の結論で述べた通り、組織行動学はまだ進化心理学を受け入れる用意ができていない、というのが私たちの印象でした（Nicholson & White, 2006）。大まかに言って、それは今も同じです。ネオ・ダーウィニズムは、組織行動学以外の応用社会科学分野には、より深く浸透しているように思えます。しかし、後述しますが、現役の重役や管理職を含めた多くの人々は、進化心理学が、全く新しい科学的なパラダイムを経営の分野にもたらしたことを理解しています。

家族企業——進化心理学の応用の実例

　"Managing the Human Animal" を執筆中に、私は、血縁関係を基盤とする組織には、それ特有の多種多様な葛藤や課題が生じる一方で、特有の強みもあるはずだ、とひらめきました。このことから、私は家族企業を調査する一連の研究を始めました。この実証研究では、最初に、家族企業の文化や気風に焦点を当てました。次にリーダーシップの問題、三番めに家族企業の跡継ぎの問題、最後に家族企業内の対立に注目しました。このプロジェクトを通じて多くの論文を発表し、加えて共著 *"Family Wars"*（Gordon & Nicholson, 2008）を、家族企

業のオーナーであり、実業家でもある共著者とともに執筆しました。この本には、世界中から集められた24の伝統的な家族企業内の葛藤の話が収められています。

この研究から得られた結論は以下の通りです。

① 家族企業は、中国や極東だけではなく、世界のあらゆるところで存続している、大いに成功しているビジネスモデルです。これは、血縁関係と企業とが自然で相性のよい組み合わせだからです（Colli, 2003）。家族は、その献身と活力を中心に、柔軟で実利的な会社を作ることができます。多くの点で家族企業は、ヒトが狩猟採集民として過ごしてきた長い時間においてそうであったような、最も簡素で基礎的なあり方に近いのです——例えば、仕事と家を区別しない、情緒的な血縁者どうしの絆を持つ人々と共に働く、労働とその対価を共有する、将来への投資やノウハウを次世代に受け継ぐべき遺産として遺していく、といった具合に。家族企業は独特だとよく言われますが、それはこういった遺産が彼らを独自のものにしているからなのです。

② 家族企業は強力な企業内文化を作ることで、しばしば、そうではない企業をしのぐ業績を上げます（Dyer, 2006）。競争市場において企業文化は、ある種の、持続的で真似のできない比較優位をもたらすことがあります。例えば、共通の目標を達成するために社内の利害関係者を結束させたり、協力や企業への献身などのポジティブな社風を作り出したり、あるいは社外の利害関係者（顧客や仕入れ業者）との強固で長期的な関係を形作ったりします。これらの強みは、家族性が企業内に浸透することによって——つまり、家族の一員だという感覚が家族以外の社員にも共有されることによって——作られます。家族意識は、温かさや柔軟さ、所属意識、気安さ、反応の速さ、新しいアイディアや支援などを生み出します。このような伝統的な仲間文化こそが、際立った、戦略的かつ商業的な強みを作り出しているのです。

③ 家族意識を浸透させる過程では、リーダーが重要な役割を果たします。リーダーが解決しなければならない最重要課題は、権利、義務、利益、基準やルールの遵守などにおいて、家族と家族以外を差別し、身内びいきに

陥るリスクを回避することであり、さらには重要な役割を確実にスムーズに継承できるようにすることです。優良企業は、明瞭で包括的なガバナンス・システムによって、意思決定における公平性や透明性、公平で効率的な資源分配、円滑な権力移譲、助言や指南の独立性、対立の早期発見・早期解決を保証しています。優良企業はまた、効果的なプロセスによって、強固な家族文化が排他性につながることを抑えつつ外部人材を採用し、重責を伴うオーナーや経営陣を引き継ぐ次世代の育成を行っています。

④　血縁関連の対立は、家族企業に特有の問題であり、予測し、抑制される必要があります。最も一般的なのは、血縁者と非血縁者の対立、親子の対立、きょうだい間の対立、姻戚関係の対立です。これらの対立はすべて、他の哺乳類や鳥類の間でも観察されるものです（Mock, 2004）。血縁者と非血縁者の対立は「よそ者」の排除の形をとり、家族は、外部から入ってきた重役への権力の委譲を拒みます。この対立は、企業の成長を妨げ、しばしば家族企業の大きな弱みとなっています（Cordon & Nicholson, 2008）。家父長はしばしば、自らの統制下に置こうとする相手、とりわけ自分の子どもたちとの意見対立から激しい争いを起こします。父と息子の対立は、それぞれが支配力を行使しようとするため、特に頻発します。きょうだい間の対立もまた、多くの家族企業を破綻させています——特に、男兄弟が後継者や支配権をめぐって争いがちです。最後に、姻戚間の対立（夫婦間の対立）は、企業の分裂につながることがあり、特に夫婦が一つの統合された一族の異なる分家の出身である場合に起こりがちです。

進化心理学をビジネスリーダーたちに紹介する

　進化心理学が提示する新しい視点に対し、年齢の上下、あるいは役職の高低によって、異なる反応が見られたのは興味深いことです。若く、まだ低い役職の人々は、進化心理学の発想に反発する傾向が顕著です。彼らは何でもできる——つまり、自分を無制限に変えることができ、自分が望む通りの人物になれる、と信じたいのです。年を重ねた、より上級職の人々は、その場の状況が課す制約、ヒトの本性、自分自身が持つバイアスをより自覚しています。しかし、近年の不況は、進化心理学の浸透を後押ししました。人々は、ヒトの本性に秘

第4章　意思決定と組織運営を進化から考える

められた「アニマルスピリット（動物的衝動）」が市場や意思決定者や労働者を突き動かし、その結果は従来の経済・社会理論では予測も制御も困難だ、という考えを受け入れつつあります。

　企業幹部たちと行ってきた研究や執筆作業では、私は三つの主要テーマを掲げています。①共進化する現象としてのリーダーシップ、②状況を通じて一貫している個人差や自己観が人間行動に果たす役割、③世界的な脅威や危機への対応策の欠陥や限界、です。

①　リーダーシップの共進化

　　リーダーシップについて最も重要な前提は、リーダーシップとは社会システムの性質、あるいはもっと言うと機能である、ということです。私たちは、巨大な集団の中で優れた柔軟性と巨大な力を行使する、社会的動物です。このことは、私たちがこの地球を支配していることを意味します。組織化の手段には、規則、慣習、合意など、様々な方法があります。リーダーシップもそういった方法の一つであり、共通目標の達成のため、他者の行動を指揮・調整する権利を、1人または複数の主体に付与するというものです。これは、ヒトが特に好む方法です。その理由は、順位制にあります。オスをトップに置く順位制はすべての霊長類で見られ、個々のメンバーを先導する権力を与える、効率的な方法です［訳注：キツネザルなどメス優位社会もあり、また群れを先導するのと高順位に立つことはイコールではない］。しかし、私たちヒトは、高度に集合的な合意形成に基づく形から、トップダウンの専制君主制まで、多種多様なリーダーシップを生み出しました。「二重継承理論」と呼ばれる新しい理論体系は、ある社会的文脈——文化、社会、あるいは組織——が機能するためには、特定の行動が生起する必要があり、そうしたニーズを満たす行動をとる個人や集団が選択され、繁栄するというものです（Henrich, 2004; Richerson & Boyd, 2005）。これこそが文化進化の原動力です——文化は、変わりゆく外の世界の要求に応えつつ、同時に、比較的不変であるヒトの本性からの要求を満たし、その本性によって形成されるのです。歴史上に見られる文化の周期と刷新はこうして生み出されます。目立った例として、気候変動をきっかけとした農業の発明や、それに続く社会イノベーションの積み重ねが文明の進歩を

251

もたらしたことが挙げられます。

　リーダーシップの歴史は、異なる状況に置かれた社会がそれにふさわしいリーダーを必要としてきた、とまとめることができます。私たちの歴史の大部分、すなわち狩猟採集者だった数（十）万年の間は、反順位制と呼ばれる、高度に民主的でリーダーの権力が弱いモデルが当てはまりました（Boehm, 1999）。これは、富の消滅が早く、集合性の高い移動生活を送っていた部族に適していました。農業の発明とともに、資源、そして権力の蓄積が起こり、軍閥文化、奴隷制度や、絶対的な権力を持つ支配者（多くの場合、独裁者）を生み出しました。過去数千年の間に、リーダーシップはより集団全体の意見を取り入れる形へと進歩的変化を遂げました。リーダーは、教育水準が上がり力を得た集団メンバーの要求に応えねばならなくなったのです。

　ビジネスの世界には、様々な形のリーダーシップのモデルやスタイルが見られます。それぞれのモデルやスタイルは、それぞれの状況の産物です——つまり、環境が課した制約の性質や、組織モデルの構造や機能、部下の心理状態、部下にどれだけ辞職の自由があるかといったことが、リーダーシップに影響を与えるのです。西洋では、企業のリーダーたちがこのような複雑な状況に見合った対処を誤ると、彼らの在任期間が減少し、経営に失敗する確率が高くなります。これは、しばしば非常に政治的なプロセスでもあります。次の②で述べるように、このことはリーダー個人の性質と密接に関連しています。しかし、②に移る前に、リーダーとなる女性がまれであることにはふれておかなければならないでしょう。他の著書で議論しているように、これは男性優位の順位制に基づいた組織のデザインが優勢であることによるものです。その中心的メカニズムは、トーナメント形式の連続した出世競争であり、女性にとっては本質的に全く魅力のない環境を生み出しています。しかし、世界は今、女性にとって好ましい方向に、つまり、順位に重きを置かない、よりフラットで多重的な企業環境へと、変わりつつあります。

②　個人差、自己制御と適応

　リーダーシップ研究は個人差研究に支配されてきましたが、結論には至

っていません（Hogan *et al.*, 1994）。上記で私が論じたように、その理由は、オールラウンドなリーダーなど存在しないからです。リーダーがリーダーとして生き残り、実力を発揮するためには、異なる状況や多様な部下の要求に応えるような行動をとれなくてはなりません。リーダーの失敗は、対照的な2種類に分けられます。一つめは、柔軟性の不足による失敗です。これは変化に富んだ状況の要求に、自身の行動を適切に合わせられないというものです。二つめは、状況を自分に有利になるように作り変え、強みを活かし実力を示すといった、責任と統制の能力を十分に発揮できないという失敗です。それぞれのケースについて、もう少し詳しく述べましょう。

適応の失敗には、二つの主要要因があります。一つめの要因は、自己制御の失敗です。リーダーは、しばしば強烈な個性を持っていて、自分の望みや慣習、自分のスタイルによって動かされ、過去に有効だった戦術・戦略を修正する理由を見出せないのです。事実、彼らはしばしば、自分の世界観を支持する人たちで自分の周囲を固めることもあります。第二の要因は、世界をありのままに見ることができないということです。またしても、その主な原因の一つは、リーダーと周囲の人々が世界観を共有しすぎていることです。人々がリーダーを喜ばせようと思うこともまた、権力の本質なのです。目の前にある変化していく難題を正確に理解するために、リーダーは意図的に、身のまわりの直属の部下以外の人々に正直なフィードバックを求める必要があります。

上で述べたこととコインの表と裏の関係にあるのが、十分なインパクトを生み出せないという失敗です。外部から指名される、例えば政治家のようなリーダーは、勢力基盤を固めるために、しばしば主要な側近や支持者を従えます。この基盤によって、リーダーは自分のスタイルに適合するように組織文化を作り変えることができるのです。多くのベンチャー企業や家族企業は、リーダーの個性を強く反映し、それが、しばしば彼らのユニークさ、ブランド、実行力の源となるのです。しかし、リーダーがこの課題を制御するのに失敗する場合もあります。つまり、信頼できない自己中心的な相談役から過度に影響を受けたり、あるいは組織内規範に盲目的に従うような罠に落ちたりすることもあるのです。

自己制御理論は、このような過程を分析するための枠組みを提供しています（Baumeister & Vohs, 2004）。自己制御理論とは、社会心理学の領域の一つであり、人々が自己を制御することを通じて、どのように物事を計画し、自分の満足を先送りし、精神的健康を維持し、そして長期的な目標を達成するかを扱います。リーダーの失敗は、時に、自我消耗——つまり、ストレスやその他の要因によって自己制御の能力が弱められ、自分本位の歪んだ現実認識を持つこと——から生じます。これらの過程は、リーダーの自己向上（self-enhancement）や自己実現の必要性が彼らの目標システムの中で優勢になった時に起こります。このことは、この領域で私が現在進めている理論的研究の最重要部分の一つです。

③　ヒトの本質、そしてリーダーシップと経営におけるグローバルな課題

　この文章の締めくくりとして、私たちの地球の未来に対してこの分析が持つ、より広い示唆を簡潔に検討したいと思います。ビジネスや経営は、政治と並び、すべての社会変化の重要な手段となりつつあります。これは、大きな企業や機関に限られたことではありません。多種多様な、小さく新しいベンチャー企業もまた世界中の経済活動の一翼を担っています。すべての活動は、無数の共通の要因——健康な労働者や天然資源、市民社会、十分に機能する経済など——に依存します。これらの要件は世界中の至るところに広く存在していますが、しかし、将来には暗雲がたれ込めています。最近の財政危機は、社会や経済の多くの要素がリスクに脆弱であることの証左です。特に、長期的に見ると、気候変動やエネルギー供給、世界的な水資源や他の天然資源の不足、戦争やテロの脅威は深刻です。それ以外にも、小さいけれども厄介な社会病理——例えば、犯罪、薬物中毒、精神疾患といった問題——も山積みです。

　進化的な分析からは、多くの社会病理や脅威が、いわば経済優先の心理の産物であると考えられます。私たちは平和や満足よりも、富と成長を追い求めているのです。組織や経営システムが社会問題の解決に欠かせない部分を担っていることは明らかです。喫緊の課題は、世界的な「共有地の悲劇」でしょう——共有地の悲劇とは、もしみなが協力的に自己制御を行っていれば共有地の利用者すべてに十分な資源が確約されていたのに、利

用者が自分の利益を最大化しようとして自分の家畜を共有地に過放牧してしまうと、それによって共有地が不毛の地となり、全体が破滅に陥る、というプロセスです。これが、人口が増大し、資源が枯渇しつつある世界において、各国や国際機関の目の前に立ちはだかっている問題なのです。

　歴史は、ヒトの創意工夫がほとんど無限であることを示しています。著名なダーウィン主義のサイエンス・ライターであるマット・リドレー（Matt Ridley）は、著書、*The Rational Optimist*（繁栄）"(2010) の中で、ヒトはアイディアを組み合わせたり、あるいは組み換えたりする特異な能力を持っており、この能力を使って専門的な知識や交換関係を築き上げ、適応と幸福をあらゆる面で向上させてきたと論じています。彼はさらに、現代の環境危機さえも、ヒトはそうした創意工夫で乗り越え、繁栄を続けるだろう、と論じています。彼の議論は説得力がありますが、しかし進化心理学は、注意と警告を発します。ヒトの自己制御の一つの最も危険な特徴は、自己欺瞞の能力です。この能力は、私たちを自己中心的な狭い目標に向かわせる一方で、私たち自身にはそうしていると気づかせないのです。切迫している世界的な危機の解決のために、ヒトは、自己制御と協力を実践し、科学的知見を利用して、ヒトが陥りやすい非適応的な意思決定を避けなければなりません。これこそが、私たちに与えられた最大の課題なのです。

コラム4 なぜヒトのシグナルを研究しているのか

大坪庸介

　私は北海道大学で社会心理学を学んでいた学生時代に、ロバート・フランクの *Passions within Reason* を読み、進化論や進化心理学の考え方に接した。進化論的な発想はとても魅力的で惹かれたが、当時はまだ自分の研究にそれをどのように活かしてよいのかわからなかった。その後、集団意思決定の研究で2000年に博士号を取得し、自分の研究に少しずつ進化心理学的なものを取り入れてみたいと思った。そこで、集団意思決定研究と並行して心の理論や意図性推論に関する研究に着手した。ただし、サイモン・バロン＝コーエンなどの著書から心の理論が領域固有の進化の産物であるという考え方には納得していたものの、それがどうやって進化可能であるのかについては納得の行く説明がないように思われた。例えば、社会的相互作用で互いの戦略を読み合うような推論合戦の産物として高度の心の理論が進化したというマキャベリ的知性説は魅力的だった。ところが、ゲーム理論的に考えると、相手を出し抜くためには推論のレベルを一つ下げてもよいのだ。そうすると、推論合戦によって本当に心の理論のレベルが上がっていくとは必ずしも言い切れない。

　そんなある時、正直なシグナルには往々にしてコストがかかっていることを指摘したアモツ・ザハヴィらの『生物進化とハンディキャップ原理』を読んで、ふとヒトのシグナルの研究でもしてみようと思った。手始めに、謝罪にもコストをかけたほうが正直さが伝わるだろうというアイディアを簡単なシナリオ実験で検討してみた。この研究を2007年の人間行動進化学会（Human Behavior and Evolution Society: HBES）の大会で発表したところ、マーティン・デイリーがポスター発表を見て、実験の問題点を指摘しつつ、おもしろいからがんばれと励ましてくれた。これに気をよくした私は、ちょうど赴任したばかりの神戸大学で謝罪とシグナルの研究を続け、HBESにも定期的に参加するようになった。

　そんなふうにシグナルとしての謝罪研究を続けているうちに、謝罪する人が伝えている誠意こそ、心の理論を使って推論する対象ではないかということに気がついた。これは発想の転換をもたらした。心の理論は相手が隠している心の状態（搾取的な意図など）を読むために進化したと思っていたが、むしろ相手がシグナルを通じて心の状態を見せてくれている時に、それを適切に読み解くために進化したのではないか！心の理論は、心の状態を伝えようとするシグナラーと、それによって相手の心を読む

マインド・リーダーの共進化の産物に違いない。このように考えたことで、謝罪だけでなくその他の対人的なシグナルについての研究も行うようになった。

　私は自分のことを進化心理学者だと考えているが、最近では少しずつ進化心理学の殻を破ってみたいという気持ちになってきている。例えば、HBES ではあまり見かけないfMRI研究にも挑戦している。このような研究でシグナル授受の神経学的基盤も知りたいからだ。これは現在の進化心理学に不足しているものの、本来必要な拡張だと思っている。というのも、進化心理学の目的は人間行動についてニコ・ティンバーゲンの四つの「なぜ」に答えるような研究をすることのはずだからだ。つまり、人間行動についてその機能、メカニズム、系統発生、個体発生を統合的に理解するということだ。fMRI研究はメカニズムの理解を深めるために不可欠であるし、可能であれば内分泌や遺伝的基盤も探ってみたいと思う。

　行動指標を中心に検討している心理学からこの領域に入ったので、正直なところ、神経科学、遺伝学、内分泌学などと連携した研究をどこまで進めることができるのだろうかと思うこともある。しかし、測定の技術は進み、今後、人間行動に関してティンバーゲンの四つの「なぜ」に本当の意味で答えることができる時代が到来するのではないだろうか。これから進化心理学を専攻する若い方には、ぜひこのような新しい時代を作る研究にチャレンジをしてほしい。

本人による主な参考文献

北村英哉・大坪庸介（2012）．進化と感情から解き明かす社会心理学　有斐閣

大坪庸介（2015）．仲直りの進化社会心理学――価値ある関係仮説とコストのかかる謝罪―― 社会心理学研究, *30 (3)*, 191-212.

第 5 章

文化と知性を進化から考える

5.1 文化の進化抜きにはヒトの進化は語れない

ピーター・リチャーソン (Peter J. Richerson)

　ピーター・リチャーソンは、1943年生まれの環境生態学者、文化進化学者である。彼は1965年にカリフォルニア大学デイヴィス校の昆虫学学士の学位を得た後、1969年に同校の動物学博士号を得た。また、その間にはアメリカ国立科学財団が出資した海洋生物学実験プロジェクトに参加した他、スタンフォード大学の縦帆船プロジェクトにも参加している。1969〜71年は、カリフォルニア大学デイヴィス校にポスドクとして、その後は同大学の環境科学・政策学科に助教、准教授を経て、1983年からは教授として所属する。生態学研究センターの主任 (1983〜90年) も経験している他、名誉特別教授を授かった。リチャーソンはエネルギー・資源研究プロジェクト (カリフォルニア大学バークレー校、1977〜78年)、森林・環境研究プロジェクト (デューク大学、1984年)、神経科学研究センター (1984年)、異分野研究センター (ドイツのビーレフェルト大学、1991年)、そしてエクセター大学 (2004年) でそれぞれ客員教授または客員研究員を務めた。また、彼は人間生態学会と人間行動進化学会の学会長も経験している。

　リチャーソンの主な興味は文化進化にあり、カリフォルニア大学のロバート・ボイド (Robert Boyd) 教授と共同で実験室実験とフィールド調査の両方を用いた研究を長く行って、文化進化に関する論文を発表してきた。その主たる研究目標は、ヒトの文化の進化や、動物の社会学習、遺伝子と文化の共進化のモデルを確立し、発展させることにある。最近発表した論文の多くは、理論モデルを人間進化における重要な出来事に応用することにある。例えば、ヒトの高次模倣能力の進化や、言語の起源、部族や大規模な社会的協力行動の起源、農業の起源などが挙げられる。

　彼が主導する文化進化研究室はアメリカ国立科学財団が出資するプロジェクトの一つであり、主にミクロ社会の文化進化研究を行っている。研究室および関連する共同研究者らが主に力を注いでいるのは、厳密に統制された実験的手法を通して、ヒトの社会学習戦略の詳細を解明することや、実験室内でミクロ社会を作り上げ、個体の意思決定からミクロ的進化までの様々な現象が発生する過程を再現することにある。例えば、公共財ゲームなどの実験経済学的手法を用いて、協力行動と制度の進化の間の関係を調べることも含まれている。

第 5 章　文化と知性を進化から考える

　最近では文化進化の応用について興味を持つようになり、共同研究者とともに、企業管理およびその他の中型組織における「部族社会での直感」と「回避策」という二つの仮説の応用についての研究を進めている。部族社会の生活に適応するために、ヒトの社会心理的直感と文化制度は共進化した。その結果として、ヒトの社会システムの原材料としての部族社会での直感が得られた。ビジネスの組織およびその他の中規模の社会システムは、部族と相似点がある。ただ、前者はより複雑な社会システムの中に位置づけられている。ここで言う複雑な社会制度とは、様々な社会生活に適応するために生まれた心理的適応戦略を含む。彼らは、組織管理行為に合理的な解釈を与えることができる科学的理論を構築することを目標としている。例えば、ダイナミックに進化し続ける企業において、人々がいかに協力行動などを発展させるかなどの課題が挙げられる。

　本節では、リチャーソンによる文化の進化メカニズムと原理についての議論を紹介する。

本人による主な参考文献

Boyd, R., & Richerson, P. J. (2005). *The origin and evolution of cultures*. Oxford University Press.

Boyd, R., Richerson, P. J., & Henrich, J. (in press). Rapid cultural evolution can facilitate the evolution of large-scale cooperation. *Behavioral Ecology and Sociobiology*.

Joseph, H., Boyd, R., & Richerson, P. J. (2008). Five misunderstandings about cultural evolution. *Human Nature, 19*, 119-137.

Lesley, N., & Richerson, P. J. (2009). Why do people become modern? A Darwinian explanation. *Population and Development Review, 35*, 117-158.

Richerson, P. J., & Boyd, R. (2010). Why possibly language evolved. *Biolinguistics, 4*, 289-306.

イントロダクション

　ボイドと私は、文化の操作的定義として、以下のような心理学に基づいたものを採用しています。

　「文化とは、個体の行動に影響を与え得る情報のうち、教育や模倣、あるいは他の形の社会的伝達を通じて、同種他個体から獲得されるものである」。

　この定義によると、文化は、動物界に普遍的に見られます。古典的な研究として、ラットの社会的伝達システムは、Galef（1988）やその共同研究者たちの一連の論文で詳細に分析されました。また、アンドリュー・ホワイテン（Andrew Whiten）、マイケル・トマセロ（Michael Tomasello）と彼らの共同研究

261

者たちは、比較心理学の枠組みを用いて、類人猿とヒトの社会的伝達を研究しました（Whiten, McGuigan, Marshall-Pescini, & Hopper, 2009; Herrman, Call, Hernandez-Lloreda, Hare, & Tomasello, 2007）。この研究は、チンパンジーは他の動物よりもうまく社会的学習を行うが、ヒトはこの最も近い親戚よりもさらにうまく社会的学習を行えることを示しました。ヒトの子どもたちは強迫的な模倣者です。ヒトが社会的伝達によって身につけることができる情報量は、他のどんな種をもはるかにしのぐものです。それゆえ、ヒトは、連続的な革新を積み重ねることで複雑な文化的適応を築き上げることができ、ついには生物学的な適応に匹敵するほどの精巧さと多様性を持った構造と行動を進化させたのです。例えば、1万1千年ほど前に、野生の植物を収穫していた狩猟採集民たちは、単純な方法で目的の植物の成長を促す実験を始めました（Richerson, Boyd, & Bettinger, 2001）。その後、数千年以上をかけてこの実験は、栽培植物と家畜動物を基本とする、多種多様な人工農業生態系を作り出すこととなりました。地球上のほとんどの気候や土壌にそれぞれ適応した農業生態系が進化し、熱帯雨林の貧栄養土壌根菜主体の系から、北極圏周辺のトナカイ放牧まで、世界中に広がっています。農業に適した場所では、農業は高密度の定住生活を促し、緻密に最適化された農業技術や複雑な社会システムにつながりました。ヒトは、社会的学習と文化的適応に高度に特化した、私たちが知る唯一の種です。この能力は、熱帯の巨大湖で何百もの新しい種に急速に分岐した魚たちにも似た、文化的適応の放散をもたらしたのです。

文化はまぎれもなく多様である

　20世紀前半の文化人類学者は、世界中の民族を大きなサンプルとして自然な状況で観察を行うことに基づく学問分野を確立させました。民族学的資料は、より複雑な社会の過去を大まかに体現している、単純な社会に重きを置いています。文化人類学者たちは、言語や社会的慣習、宗教、血縁関係、芸術、実用的な技術における膨大な多様性を見つけました。単純な社会での多様性は、より複雑な社会での多様性と同様に大きいものでした。このことは、人間社会の段階的進化・進歩を前提とする単純な理論に疑問を投げかけるものでした。

　20世紀後半の学者たち、特に認知心理学に傾倒していた人たちは、このよ

うな多様性の多くが比較的表面的なものであり、問題となっている現象の大部分は生得的な認知メカニズムに還元でき、文化的な説明はほとんど必要ないと考えました。ノーム・チョムスキー（Noam Chomsky）の言語学についてのアイディアは、先駆者世代の進化心理学者たちにひらめきを与えました（Pinker, 1994; Tooby & Cosmides, 1992）。チョムスキーの言語に関する「原理とパラメータ」モデルは、文化の多様性は言語の表層レベルにあり、有限の生得的原理と、その原理ごとにある、少数の文化的パラメータの値によって説明できると論じました。同様に、ジョン・トゥービー（John Tooby）とレダ・コスミデス（Leda Cosmides）も、文化人類学者によって記述された文化の多様性の多くは見かけだけのものであり、遺伝的基盤を持つ普遍的な認知法則が、社会的に伝達された情報とは独立に、異なる環境で異なる行動を生んでいるのだと指摘しました。一方、これとは対照的に、20世紀の生物人類学者は、しばしば、ヒトの集団間に見られる遺伝的多様性を強調していました（Rushton, 2000）。

　ここ20年、多くの証拠から、20世紀の文化人類学者が見出した文化的多様性は確かに重要だと認識されるようになりました（Henrich, Heine, & Norenzayan, 2010）。多くの言語学者は、言語の膨大な文化的多様性を、いくつかの生得的原理と原理ごとのパラメータの値によって節約的に説明することは不可能だと考えるようになりました（Evans & Levinson, 2009）。チョムスキー自身も、生得的な統語構造の影響は最小限であるとする立場に転向しました（Hauser, Chomsky, & Fitch, 2002）。人間行動に見られる集団間での違いのかなりの部分は、遺伝ではなく文化に由来すると考えられます（Bell, Richerson, & McElreath, 2009）。近年、非常に興味深い遺伝的多様性の発見が相次いでいます（Hawks, Wang, Cochran, Harpending, & Woyzis, 2007）が、この多様性の多くは、以下で論じる「遺伝子と文化の共進化」の産物だと思われます。

集団レベルの文化の性質はきわめて重要である

　多くの進化心理学の仮説は、淘汰・認知能力・社会的適応が直接つながっていることを想定します。これに対して、文化進化的説明は通常、集団レベルの文化の性質に基づきます。正確な模倣や教育という心理的プロセスは、遺伝子と多くの共通点を持つ継承システムを形成します。淘汰をはじめとする進化を

推進する力が遺伝子に働きかけるのとほぼ同じように、それらは文化的多様性にも働きかけ、長い時間をかけて、複雑な技能や概念、態度、そして知覚まで、私たちが生まれつき持っている単純な前駆体から作り上げるのです。例えば、スタニスラス・ドゥアンヌ（Stanislas Dahaene）(2009)は、間違いなく文化進化の産物である読字能力が、脳の物体認識システムを利用していることを示しています。また、スーザン・ケアリー（Susan Carey）(2009)は、子どもたちが少数の核となる認知概念をもとに、文化という足場を利用し、自力で複雑な概念を獲得することを示しました。誰も、自分ひとりで読字能力や他の複雑なアイディアを発明する必要はないのです。むしろ、複雑な文化的適応は一般的に、多くの世代を通じて機能してきたたくさんの人々の心によって支えられているのです。文化進化には、集団レベルで働くいくつかのプロセスが含まれています（Richerson & Boyd, 2005）。

ランダムな力

文化的変異——記憶、行為、観察における個人レベルでのエラーで、文化に多様性をもたらす。

文化的浮動——小さな集団において、統計的なサンプリング効果のために、ある文化的性質が増えたり減ったりする。

文化進化を方向づける力——意志決定の力

導かれた変異——経験を積んだ人は、しばしば、伝統的なアイディアや技能を改良するような、新たな変異を見つける。文化に持ち込まれる新たな変異は、完全にランダムではない。

伝達バイアス——人はいつも受動的に伝統文化を受け入れるとは限らない。その代わり、新たな変異について、直接の経験や様々な意思決定の経験則に基づいて、彼ら自身の結論にたどりつくことがある。例えば、有名人が取り入れた新しい変異を自分も取り入れる、というように。集合的な意思決定は、コミュニティが同意に基づいて新しいアイディアを採用する方法として重要だろう。

自然淘汰——この力は、形式を問わず、継承される変異に対して作用する。ダーウィンが、古代の部族間に忠誠心や互助性の差があったならば、これらの性質に優れる部族のほうが成功しただろうと論じたことはよく知られている。

文化的多様性は、遺伝子と同様に、自然淘汰の影響を受けやすい。

　文化の変化は、これらのプロセスが協調してもたらす、最終的な結果です。自然淘汰それ自体が、複雑な適応を生み出す集団レベルのプロセスですが、その作用は比較的遅いものです。遺伝子の進化において、個体の意思決定の力は、配偶者選択など限定的な場面でしか働きません。意思決定の力は、文化進化においてより重要なのです。意思決定を行う個体からなるコミュニティでは、ランダムな力や自然淘汰だけが働いている時よりも、文化進化をはるかに速く進めることができます。ヒトの意思決定の影響力は、個人レベルでは微々たるものですが、膨大な数の人々と多くの世代を積み重ねた場合、それは自然淘汰と同じか、それ以上に強力な進化を引き起こす力となるのです。それでも、文化進化のプロセスによって複雑な社会やそれを支える複雑な技術を作り出すには、何千年もの時と、そして無数の人々が必要でした。

累積的文化は、なぜヒト属で、かつ最近、進化したのか

　ヒトの文化の起源は、進化学において最も重要な疑問の一つです。主要な基礎的な適応の多く（例えば、精巧な眼や骨格）は、何億年も前に生まれたものです。基礎的な文化は動物の世界に広く存在しているので、もし複雑な文化が決定的かつ汎用性のある利益を生むのであれば、多くの種の適応の構成要素となっているはずです。実際には、複雑な文化は一般的であるどころか、一つの種に限られています——しかし、その種はたぐいまれな成功を収めているのです。また、巨大な脳は非常にコストのかかる器官です（Aiello & Wheeler, 1995）。もし巨大でコストのかかる脳がヒト規模の文化を獲得し維持するのに必要だとしたら、きわめて特異な環境が巨大な脳の進化を促したのではないかと推測できます。

　偶然の一致かどうか、地球の気候は、新生代を通じて寒冷化し、乾燥化し、そしてより変わりやすくなり、劇的な変動は更新世に頂点を迎えました。そして、哺乳類の平均的な脳の大きさもまた新生代を通じて増加しています（Jerison, 1973）。現代の高い解析力を持つ氷床コアの研究は、古気候と古生態系についての精度の高い推測値を提供しており、この研究によって、急激かつ振

れ幅の大きい環境の変動——これは理論上、文化進化システムを促す要因です
——が、新生代の最後の数十万年の間に増加したことが明らかにされています。
そして、この時代は、ちょうど私たちの祖先が大きな脳と精巧な文化を進化さ
せた時代にあたるのです（Richerson, Boyd, & Betinger, 2009）。ヒトという文化的
種の意思決定を用いる能力は、おそらく当初、巨大な脳というコストと引き換
えに、気候変動の激しい時代への適応として利点をもたらしたのでしょう。

遺伝子と文化の共進化はおそらく最近のヒトの進化において優勢な現象であった
　いくつかの古典的な証拠や、新しく得られた数々の遺伝的証拠が、ヒトの遺
伝子進化の多くが数千年前の農業の開始に伴って始まったことを示しています。
現在進行中の遺伝子進化は、現代社会の急激な変化に呼応しているようです
（Laland, Odling-Smee, & Myles, 2010; Richerson & Boyd, 2010）。もし文化進化が通
常、遺伝子進化と比較して速いとすれば、私たちの進化史の長い間（少なくと
も更新世の半ば以降）、文化進化は遺伝子と文化の共進化において遺伝子進化を
先導する役割を果たしてきたと考えられます。遺伝子と文化の共進化仮説は、
言語（Tomasello, 2008）や宗教（Atran & Henrich, 2010）、そして大規模な社会
（Richerson, Boyd, & Henrich, 2003）の進化の道筋を説明する、傑出したアイディ
アです。更新世の萌芽的文化が、結果として、より複雑な生得的心理的形質が
有利になるような新たな環境を作り出し、それによって複雑な言語、宗教、社
会システムが文化進化を通じて形成される余地が生まれたのです。もしこの仮
説が正しいならば、100年の間、思想界を分断してきた、生まれか育ちかとい
う二分法は捨てなければなりません。文化、遺伝子、そして個人の経験は、遺
伝子と文化の共進化というプロセスの中で完全に絡み合っているのです。よく
知られているように、チャールズ・ランスデン（Charles Lumsden）とエドワー
ド・O・ウィルソン（Edward O. Wilson）（1981）は、「遺伝子と文化の共進化プ
ロセスとは、文化が遺伝子の鎖でつながれていることを意味する」と論じてい
ます。しかし、もし実際には文化のプロセスが遺伝子進化を促進しているなら
ば、遺伝子が一方的に共進化プロセスを制御しているという彼らの主張は、自
明の理とはほど遠いものなのです。

第 5 章　文化と知性を進化から考える

結　　論

　ヒトに固有の重要な適応とは、正確に模倣し、効率的に教育する能力です。模倣や教育の成果が蓄積されたものが、私たちの文化なのです。模倣し、教えられた行動を実践することによって、私たちは、急激に変化する環境に適応し、さらに世界中の気候や生態系のほとんどに対応する複雑な適応を作り出すことができます。集団レベルの文化の性質を考慮せずにヒトの進化を理解しようとすることは、重力を考慮せずに惑星の動きを理解しようとするようなものです。

267

5.2 制度という環境の中でヒトは生きる

山岸俊男（Toshio Yamagishi）

　山岸俊男は、北海道大学教授、社会科学実験研究センターのチーフを務めていた有名な進化心理学者である。1970 年、一橋大学で社会学の学士号を得た後、アメリカに留学し、1981 年にワシントン大学で社会学博士号を得た。その後、1988 年から北海道大学の教職を務めてきた。彼の研究チームは、比較文化研究と社会における信頼についての研究に重点を置いている。

　1973 年から現在まで、彼は日本と世界の学術誌に 100 近くの論文を発表してきた。最近では内集団バイアスの表れとその影響要因についての研究で貢献している他、彼の提案する社会文化モデルは、当該領域における主要理論の一つとなっている。彼は経済的出来事においての行動現象、例えば経済的行動における信頼や不公平現象、そして内集団びいき現象などに注目し、これらの現象の文化間の差異と共通点、および行動傾向の背後に存在する社会・文化システムの解明を進めてきた。

　例えば、過去の研究においては、人々が集団内のメンバーに対して好意を表すことと、集団の外の人に敵意を表すこととは対極にあると考えられてきた。しかし、彼が率いるチームの研究では、人々は主に好意表現の面において集団内外の人に差をつけるのであって、敵意の程度では違いを表していなかった。この知見によって、対人関係においての好意と敵意は、異なるドメイン上にあることが明らかになった。彼とその共同研究者は、一連の経済学実験（報酬分配ゲーム、囚人のジレンマゲーム、独裁者ゲーム、信頼ゲームなど）を用いて、集団内外メンバーを区別する行動の機能とメカニズムを検討した。これらの研究では、内集団びいきのような現象が現れるのは、人々が社会的相互作用において採用しているデフォルトの戦略、つまり内集団メンバーに対して協力的に振る舞うことを通してよい評判を得る戦略（一種の条件つき利他主義メカニズム）が働いていることが明らかになった。同時に、内外集団を区別して扱うことへの影響要因（集団内で情報が伝達されるかどうか、性別要因、文化的要因）についての研究も進められた。文化差に関しては、日本と中国はどちらも集団主義的文化に帰属されているが、日本人の集団主義は長期的に所属している集団をもとにしているのに対して、中国人の集団主義はどちらかというと人間関係ネットワークに依存しているという違いがあった。そのため、全体的に見ると日本人は中国人に比

べて内集団びいき行動の度合いが少ないという研究結果が得られた。

　本節では、山岸が提唱する ECA（Environment of Contemporary Adaptedness：現在適応環境）の概念と、それがもととなる社会文化モデルの構築について紹介する。

本人による主な参考文献

Yamagishi, T.（1988）. The provision of a sanctioning system in the United States and Japan. *Social Psychology Quarterly, 51*, 265-271.

Yamagishi, T.（2010）. Micro-macro dynamics of the cultural construction of reality: A niche construction approach. *Advances in Culture and Psychology, 1*, 251-308.

Yamagishi, T., Cook, K. S., & Watabe, M.（1998）. Uncertainty, trust and commitment formation in the United States and Japan. *American Journal of Sociology, 104*, 165-194.

Yamagishi, T., Hashimoto, H., & Schug, J.（2008）. Preference vs. strategies as explanations for culture-specific behavior. *Psychological Science, 19*, 579-584.

Yamagishi, T., & Yamagishi, M.（1994）. Trust and commitment in the United States and Japan. *Motivation and Emotion, 18*, 129-166.

　進化も文化も、適応という共通の観点から理解することができます。私が日本における人間行動進化学会の創設者である長谷川眞理子教授と長谷川寿一教授と出会って進化心理学に触れ、その後 15 年以上にわたって続けてきた研究を一言で表すならば、このように表現できるでしょう。私の研究者としての経歴は、（社会学を学んだ）社会学的社会心理学者から出発しました。社会学的社会心理学者とは、個人の心理と社会構造との間のミクロ・マクロの動的な関係に主要な関心を持つ研究者のことをさします。このミクロ・マクロの動的な関係に対する関心は、現在においても私が研究を進める原動力となっています。

　実際、ミクロ・マクロの動的関係に対する興味こそが私を進化心理学に引き合わせたと言えます。それは進化心理学が、どのようにして環境が、それも特に社会的な環境がヒトの心を形成するかを研究する学問分野だからです。ヒトは単に合理的に意思決定をする機械ではありません。そうではなく、ヒトが周囲の世界を知覚し、解釈し、相互作用する方法には、奇妙な生得的特性が見られます。ヒトの心理に見られるそうした奇妙な特性はランダムに生じてくるのではなく、直接的にしろ間接的にしろ、大部分が社会的環境への適応として選択されてきたのです。

　私のミクロ・マクロへの興味関心は、文化心理学にも広がりました。進化心

理学における基本的な主張とは、ヒトの心理は EEA（進化適応環境）によって形成された、というものです。同様に、ヒトの心理は ECA（現在適応環境）によって形成され続けています。これこそが、私が考える、文化心理学の基本的な主張です。この観点から見ると、文化は、進化生物学においてニッチ構築アプローチを採用する人々（例えば、Odling-Smee, Laland, & Feldman, 2003）が言うところのニッチと同じ意味を持っています。ヒトも、そしてヒト以外の動物個体も、自身の行為によって自身が適応する環境そのものを創造し、維持し、そして変化させます。ビーバーが造るダムがよい例となります。ビーバーは巣の安全性を高め、食料供給を増やすためにダムを造ります。一度ダムが構築されると、ダムが淘汰圧として働き、ビーバーの体形や行動特性といった形質、具体的にはヒレ状の尾や防水性の高い毛皮が正の選択を受けました。ビーバーは、自身が構築した環境に対する適応としてそうした特性を進化させたのです。

　様々な場面でヒトもニッチ構築を行っています。ヒトは服や家、道、橋、自動車、航空機などの様々なものを作り、そうした自身が作った人工物によって大部分が占められている環境に対して適応します。さらに、ヒトの適応として最も重要な環境を構成するものは社会的ニッチです。私はこれを「制度」と呼んでいます。社会的ニッチあるいは制度は、それ自体、ヒトが社会的に作り上げたものですが、ヒトの行動を抑制したり促進したりします。例えば、人間行動の大部分が社会的規範、すなわち他者の反応に対して個人が持つ期待のセットによって制御されます。社会規範はヒトの行動を制約したり、あるいはある方向に導いたりします。社会的ニッチ、すなわち制度は、集団によって形成され、個人の行動によって維持される、制約や誘因の安定的な集合体なのです。文化への制度アプローチでは、文化特異的な心理や行動を、個人の集団が作り出した制約や誘因の集まり、すなわち社会的ニッチへの適応として分析します。これが、私が ECA という言葉で表現したことです。

　ECA、すなわち現在の社会的ニッチへの適応は、社会的に賢い行動として表れます。社会的に賢い行動とは、自身の生存や繁殖という適応度を高める上で有益な資源の獲得につながりやすい行動のことです。制度アプローチの核となるものは、何がある行動を社会的に賢いものにするのかを分析すること、言い換えれば、ある特定の行動がもたらす結果の適応価を分析することにありま

す。しかしながら、ある行動の結果がもたらす価値の大部分は、その行動に対する他者の反応に左右されることをここで強調しておかなければなりません。例えば、あなたが自身の能力の高さを主張することは、北米で職を得るためには社会的に賢い行動となりますが、日本で女子学生が仲間集団に入ろうとする時に同じ行動をすれば、それは賢い行動とは言えないでしょう。

　ミクロ・マクロの動的関係に対する興味に突き動かされて、私は進化心理学者が通常用いているリバースエンジニアリングという研究手法を文化心理学の領域に適用しました。文化心理学において、リバースエンジニアリングを用いた分析は、素朴な観察者にはその適応価が明確でないような、ヒトの行動あるいは認知傾向を特定することから始まります。ある心理傾向の表面上ではわからない適応価が、リバースエンジニアリングの手法を用いることで明らかになることを示すために、私が行ってきた一般的信頼（他者一般に対する信頼）を例として取り上げましょう。一般的信頼に関する私の研究は、アメリカと日本において一般的信頼の程度が異なるという発見に触発されました。アメリカ社会は個人主義的な文化であり、日本社会は集団主義的文化である、という二つの社会あるいは文化に関してほぼ常識とされる見解に反して、態度に関する調査で、アメリカ人の回答者は日本人の回答者よりも圧倒的に他の人々一般を信頼すると回答しました（Yamagishi & Yamagishi, 1994）。さらに、社会的ジレンマにおける協力を測定した文化比較実験の結果は、匿名状況における社会的ジレンマゲームではアメリカ人のほうが日本人よりもより協力的だというものでした（Yamagishi, 1988）。社会的ジレンマにおいて協力を達成するためには、他の人々に対する信頼が必要だということが多くの研究から実証されています（Pruitt & Kimmel, 1977; Yamagishi, 1988）。つまり、日本人よりもアメリカ人のほうが協力の程度が高いことは、大規模な異文化間の調査で得られた結果が単なる回答者による取りつくろいの産物ではなく、他者に対する信頼によって実際に獲得する報酬金額が変動する場面においても、アメリカ人のほうが信頼の程度が高いことを顕わにしているのです。日本人がアメリカ人よりも非協力的であるという私の実験結果は、個人主義的なアメリカ人と比べて日本人は集団主義的である（したがって、内集団に対してより協力的であるはずだ）という、世の中に広く受け入れられている見方とは正反対のものだと言えるでしょう。

271

集団主義的だと思われている日本人が、見知らぬ人を信頼せず、協力もしないという謎に対して、私はリバースエンジニアリングの観点からアプローチしました。研究では、高い一般的信頼あるいは低い一般的信頼がそれぞれの社会で、どのような ECA の側面において適応的となるのかを明らかにしようとしました。一連の実験と調査の結果（Yamagishi, 1998; Yamagishi, Cook, & Watabe, 1998; Yamagishi & Yamagishi, 1994）、集団主義的な ECA は、強固な個人的つながりの範囲を超えて信頼が発達し拡張するのを妨げる、という結論に至りました。集団主義的社会において、社会秩序の維持を担っているのは、強固な個人的つながりのネットワークを通じた相互監視と相互統制です。私はこうした社会を信頼社会と対比させて安心社会と名づけました。安心社会において、人々は普通、情緒的・金銭的なつながりの深い相手とだけやりとりします。そして、直接的な監視も、強固なつながりのネットワークを通じた間接的な監視も行き届かない相手は避けます。この強いつながりのネットワーク（中国における「グアンシィ（関係）」も同じです）が、ネットワーク内の他者は規範的期待に進んで従うだろうという安心を提供するので、表面的には、集団主義的社会において信頼が促進されているように見えます。通常、強いつながりのネットワーク内ではみな親切にふるまうだろうと安心していることを、信頼と呼んでいます。しかし、詳しく調べてみると、この信頼を支えているのは、ネットワーク内で常に監視されている状況下でのみ成立する、正直かつ利他的に行動することへの誘因であるとわかります。さらに、ただ乗りが発覚することのコスト、つまりネットワークからの排除は、集団主義的社会において高くなります。なぜならば、こうした社会では一度ネットワークから排除された人が他のネットワークに参入することは難しいからです。逆説的ではありますが、このことは集団主義的社会では信頼が必要とされないことを意味します。つまり、こうした社会にいる人々は、自分との間に強いつながりのある他者が規範を遵守すると確信しているので、そうした人々が信頼に値する人なのか否か評価する必要がありません。さらに、こうした社会に生きる人々は、強固な個人的つながりの社会的ネットワーク内の相手とだけ相互作用し、ネットワークの外にあるかもしれない機会を見送ったとしても、あまり損失を被ることがありません。要するに、集団主義的な ECA において、人々に信頼できそうな行動をとらせている

272

のは、その社会における社会的誘因の性質だということです。しかし、ひとたび彼らが相互監視システムのない社会的真空状態に身を置かれると、もはや監視も統制もされていない他者に対して、親切にふるまうはずだという安心を失うのです。以上が、現実の集団場面においては日本人のほうがアメリカ人よりも協力的であるにもかかわらず、私が行った社会的ジレンマ実験（Yamagishi, 1988）においては日本人のほうがアメリカ人よりも匿名の相手に対する協力の程度が低く、個人的なネットワークの外の人物に対する信頼である一般的信頼のレベルも低いという結果の説明です。

　こうしたタイプの集団主義的社会を構築し、維持する根本的な原動力となるのは、公正で効果的な法体系の欠如です。そうした法体系が存在しない場合、社会秩序は、緊密な人間関係の中でお互いに監視し制裁するシステムによって構築され、維持されます。私はこれを社会秩序の集団主義的生成と呼んでいます。集団主義的な社会秩序における ECA は、多くの点で EEA と似ています。少なくとも法体系に支えられた ECA よりも、EEA との共通点が多いと言えるでしょう。これは、文化心理学者が集団主義的あるいは相互依存的文化の特徴と見なした心理機能が、集団主義的な社会秩序に対する普遍的なヒトの適応を反映していることを示唆しています。私は、自身の行動がどのような評判につながるかに敏感であることが、東アジア（や他の）社会における集団主義的あるいは相互依存的文化に特有の心理的機能の核であると考えています。

　東アジア（や他の）社会における社会秩序の集団主義的な性質は、法体系をもととするシステムの方向へと急速に変化しています。しかし、こうした社会秩序の基盤の変化は、それぞれの社会で異なる形で推移し、それぞれの社会で異なる ECA を生み出しています。東アジアの異なる社会間での変化の違いが、ECA やそれに伴う心理的機能にどう影響するのかを明らかにすることが、現在の私の研究トピックとなっています。文化心理学者はどちらも集団主義的あるいは相互依存的と見なしていますが、中国における「グアンシィ」の心理と日本における集団志向的心理には、いくつかの重要な違いがあることがわかりました。例えば、私たちが行った信頼における文化接合実験（異なる文化圏の実験参加者がインターネットを通じて相互作用する実験）によって、中国人の実験参加者は日本人よりも積極的に、自分は信頼に足るというシグナルを相手に送る

ことが明らかとなりました。この大きな文化差に対するわれわれの解釈は、中国における社会生活では個人的なつながり（『グアンシィ』）を構築し、拡大することが重要である一方で、日本の社会生活では個人的なつながりを構築するよりも、確立された集団に所属することがより重要である、というものです。現在のECAでは非適応的な行動の中には、EEAにおいて適応価が存在したものもあると、進化心理学者は考えています。例えば、肥満をもたらすような糖の過剰摂取は、かつては熟した果実を見つけるのに役立ったことでしょう。同じように、文化特異的な行動の多くは、異なるECAのもとでそうした行動をとった結果、異なる適応価をもたらしたことに起因すると考えられます。私の近年の研究のいくつかでは、ある特定の行動が異なる適応価を持つようなECAの違いを明らかにしてきました（Hashimoto, Li, & Yamagishi, in Press; Yamagishi, 2000; Yamagishi, Hashimoto, & Schug, 2008）。もう一つ、私が大いに関心を寄せている研究テーマは、EEAに起源を持つ心理（例えば、評判への敏感さ）がどのようにして現在のECAの形成（例えば、社会組織の特徴、前述の例で言うとネットワークなのか集団なのか）や、それに伴う現代社会での知覚、認知、そして行動上の奇妙な特性の形成に寄与しているのかを明らかにすることです。

第 5 章　文化と知性を進化から考える

5.3　ヒトを特別なチンパンジーたらしめるもの

長谷川寿一（Toshikazu Hasegawa）

　長谷川寿一は、日本の進化心理学の創立者の 1 人である。1976 年 3 月東京大学文学部心理学専修課程を卒業し、1978 年 3 月に東京大学大学院人文科学研究科心理学専攻修士課程を修了。1979 年 11 月〜 1982 年 6 月には、専門家として国際協力事業団により国連天然資源野生動物部門に派遣された。1984 年 4 月〜 1988 年 3 月は東京大学教養学部心理学教室の助手を務め、同時に 1987 年には東京大学大学院人文科学研究科心理学専攻で博士学位を取得している。1988 年 4 月から帝京大学文学部の助教授、1991年 10 月からは東京大学教養学部の助教授を務め、1999 年 4 月から現在まで東京大学大学院総合文化研究科生命科学専攻の認知行動科学大講座に教授として在職している。

　彼は行動生態学と進化心理学の研究を行っており、その名を冠した長谷川研究室は行動生態学、進化心理学、そして発達心理学などの研究分野と関わりを持つ。そのうちの行動生態学は、進化生物学を基礎とし、鳥類や哺乳類を含む動物の行動に対するフィールド研究と実験室研究を行う分野であり、交尾行動、社会的相互作用、コミュニケーション、養育行動、親子の間のコンフリクト、動物の知覚と認知などについて研究している。

　一方、進化心理学は、ヒトの心理と行動を研究対象としているが、従来の人文科学・社会科学とは異なるアプローチをとっており、より進化と生態的メカニズムの視点からヒトの行動を説明することに重点を置いている。彼の研究領域にはリスク関連の意思決定とその神経的・内分泌的基盤、脳波や唾液ホルモン分析を用いた（薬物などの）依存的行動の生理学研究、顔の魅力度、繁殖戦略の個体差、推論（4 枚カード問題）、殺人などが含まれている。

　発達心理学の領域では、この研究室では主に知覚や注意、記憶、言語とその社会性の発達に関心があり、具体的には養育行動の発達や、心の理論、社会性と内的認知能力の発達、数の認知、コンフリクトの後の和解行動などの内容が挙げられる。

　現在彼が興味を持つ課題には、ヒトとチンパンジーのライフヒストリーや繁殖戦略、クジャクの性淘汰と配偶者選択、アジアゾウの認知と行動生態学的研究、飼育下チンパンジーの行動と内分泌の研究、自閉スペクトラム症児の認知研究などがある。

　彼はこれまで、"*Developmental Science*" "*Visual Cognition*" "*Cognition*" などの

275

一流学術誌において多くの論文を発表し、乳幼児や自閉症児・者の視知覚と数の認知について論じている。例えば、2003 年に "*Cognition*" 誌に発表した論文では、アイコンタクトは自閉症児の気づきの能力を向上させられないことが発表されている。また、視線に関する認知研究、例えば注視による空間的注意の捕捉についての研究も行っている。その他にも、共同研究者とともに乳幼児の認知能力についての研究を行い、特に乳幼児の、複数の感覚モダリティからの数字情報に対する認知に着目している。例えば、2004 年の研究では、期待背反法を用いて、5 カ月の乳児が複数の感覚モダリティ（視覚と聴覚）をまたいだ足し算ができることを証明した。例えば一つの物（ミッキーマウス）＋一つの音＝二つの物（ミッキーマウス）、また、一つの物（ミッキーマウス）＋二つの音＝三つの物（ミッキーマウス）など。さらに、2005 年の研究では、5〜6 カ月の乳児は、異なる感覚モダリティ（視覚や聴覚）からの数字情報を区別し、見ている物の数と音声を結びつけることができることも明らかになった。

　この他には、1989〜2005 年に、他の研究者と共同で計 6 冊の学術書を書き上げているが、それらにはヒト以外の霊長類の性淘汰や性行為についての内容が記されている。例えば、異性の間の誘引、ヒト以外の霊長類に見られる子殺し現象、新規参入者と群れのメスチンパンジーの性行動などが含まれる。

　本節では、長谷川はヒトが持つ、他の動物とは異なる進化的特性について紹介する。

本人による主な参考文献

Buss, D. M., Shackelford, T. K., Kirkpatrick, L. A., Choe, J., Hasegawa, M., Hasegawa, T., & Bennett, K. (1999). Jealousy and beliefs about infidelity: Tests of competing hypotheses about sex differences in the United States, Korea, and Japan. *Personal Relationships, 6*, 125-150.

Currie T, E., Greenhill S, J., Gray R, D., Hasegawa T., & Mace R. (2010). Rise and fall of political complexity in island South-East Asia and the Pacific. *Nature, 467*, 801-804.

長谷川寿一（編）(2010). 言語の生物学　朝倉書店

長谷川寿一・長谷川眞理子 (2000). 進化と人間行動　東京大学出版会

Hiraishi, K., & Hasegawa, T. (2001). Sharing-rule and detection of free-riders in cooperative groups. *Thinking & Reasoning, 7*, 225-294.

松沢哲郎・長谷川寿一（編）(2000). 心の進化　岩波書店

　私は、これまで行動学（エソロジー）と動物認知を基盤に、進化人類学と進化心理学の研究を進めてきました。研究上の興味は広いですが、大きく四つの領域に分けることができるでしょう。すなわち、①ヒトを含む霊長類と鳥類の配偶システム、特に配偶者選択について、②動物の認知、③自閉症児の社会的

認知、④ヒトとチンパンジーの配偶システム、生活史、そして社会的認知の比較研究、になります。配偶行動に関する研究は、ニホンザル、チンパンジー、ヒト、そしてインドクジャクにおける乱婚とレック型一夫多妻配偶システムについての長期フィールド研究に拠っています。また、性ホルモンと行動との関連にも関心を寄せています。動物認知については、オマキザルの色覚、ゾウの数認知、そしてイヌのパーソナリティの遺伝的基盤についての研究が含まれます。自閉症児の研究は主に、視線追従やあくびの伝染といった社会的認知についてのものです。ヒトとチンパンジーの比較研究については、近年は主として文献のレビューに拠っていますが、チンパンジーのERP（Event Related Potential：事象関連電位）研究にも取り組んでいます。

　進化心理学に関して私が強調しておきたいことの一つは、ヒトと他の種との比較研究の重要性です。とりわけヒトとチンパンジーの類似性と違いについて明らかにすることは、ヒト進化を理解する上で大きな意味を持ちます。「ヒトは生物学的にみて、第三のチンパンジーである。しかしヒトは特別なチンパンジーである」という言葉は、ヒト進化に興味を持つすべての人に共有されるべきものでしょう。しかし残念ながら、このメッセージがあまねく共有されているとは言いがたいのが現状です。遺伝的に、ヒトはチンパンジーとわずか1.23% しか違いません。そして、おそらく多くの人の直感には反するでしょうが、チンパンジーにとって最も近縁の種は、ゴリラではなくヒトなのです。このように、系統学的にはチンパンジー・ヒト系統にともに属するにもかかわらず、何がわれわれを特別なチンパンジーたらしめているのでしょうか。私の近年の研究のすべては、この疑問から生まれたものです。そして今後は特に、協同繁殖、協力行動、そして社会的認知の進化に重点を置きたいと考えています。

進化心理学を研究・教育する経験から得た教訓

　30 年前、妻（長谷川眞理子）と私は、タンザニアのマハレに住むチンパンジーのフィールド研究に 3 年間参加しました。当時のわれわれの生活環境はひどいもので、電気もなく、水もなく、ガスもありませんでした。しかし野生のチンパンジーを間近に見るという経験は、その後、ヒトを進化的な視点から理解する時の、かけがえのない財産となりました。それ以前に研究していたニホン

ザルと比べて、チンパンジーはずっと複雑な行動を見せ、何よりも彼らはとても人間臭かったのです。

　チンパンジー・ヒト系統群にだけ見られ、ゴリラやオランウータンといった他の大型類人猿には見られない特徴が何か考えてみましょう。チンパンジー・ヒト系統群は、狩りと肉食をし、オス集団を作ります。現生霊長類の中で肉食の習慣を持つのはヒトとチンパンジーだけです。のみならず、この２種だけが集団で狩りをし、獲物を分け合います。加えて、この２種のオスだけが戦闘集団を作ります。時には縄張りを巡る争いから互いに殺し合うことさえあります（これらはボノボでも見られます）。チンパンジーのオスは時に政治を行いますが、これはまさにわれわれ自身も行うことです。

　これらの特徴をもたらした淘汰圧が何であったのか、多くの仮説が提唱されていますが、私は、サバンナ・疎開林生活への適応ではなかったかと考えています。サバンナ・疎開林地には多くの捕食者がいます。加えて疎開林やサバンナに進出するほどに、果実などの食料資源はどんどん少なくなってゆきます。それゆえ、対捕食者戦略と縄張り防衛戦略のいずれか、または両方のためにオス同士による集団が進化したのではないでしょうか。同様に、栄養供給の新たな手段として肉食が進化したのではないでしょうか。

　それでは、ヒトをチンパンジー（または他の類人猿）から区別する社会生態学的な特徴は何なのでしょうか。第一に、ヒトの女性の結びつきの強さを挙げることができます。チンパンジーも、一見すると群れで生活しているように見えます。しかし実際には、彼らの社会は離合集散の繰り返しです。特にメスは、果実が豊富に実る季節でもない限り、多くの時間を（子どもと一緒の時は別として）単独で生活します。メスチンパンジーが互いに絆を作ることはまれであると言えるでしょう。また、果実食傾向の強いオランウータンは、オスもメスも単独生活です。対照的に、狩猟採集社会に暮らすヒトの女性は、果実やナッツ、根茎の採集にグループで出かけ、集めた食料を一緒に下ごしらえし、調理し、そしてともに食べます。類人猿が（主として果実を）個食するのに対して、ヒトだけが食料を集めて公共財にし、集団のメンバーで消費または共有します。

　ヒトに固有の第二の特徴は、子どもを共同で養育することです。ホモ属が完全な二足歩行を獲得したことで、出産が困難になり、その結果、ヒトの赤ちゃ

第5章　文化と知性を進化から考える

んは未熟なうちに生まれることになりました。それゆえ母親は子育てにより多くの労力をつぎ込まなければならなくなり、仲間の誰かからの手助けがほとんど不可欠なものとなりました。父親と母親の結びつきがより強くなり、やがて父親も育児をするようになりました。閉経後の高齢女性（祖母）も娘の手助けをするようになり、他の拡大家族も同様でした（閉経する哺乳類はヒト［訳注：および一部のハクジラ類］だけです）。つまるところ、ヒトは生態学で言うところの協同繁殖を行う唯一の類人猿になったのです。他の類人猿はすべて単独で子育てをし、そして典型的には出産間隔が非常に長いものとなっています。それに対して、協同繁殖をするヒトでは、伝統社会での出産間隔は2〜3年ですし、農耕社会ならば毎年出産することすら可能です。

　協力行動と協同繁殖とともに進化したのが、ヒトの第三の特徴、すなわち社会脳です。仲間の心の状態を理解し、仲間の苦痛に共感／同情を感じ、若者を支え教育し、仲間の行動を模倣するといった行動はすべて、ヒトの社会的な脳に支えられた特徴です。これらの能力は間違いなく、ヒトの集団生活スタイルをより高いレベルに引き上げる力となったでしょう。ヒトは第三のチンパンジーです。しかし彼らは実に特別なチンパンジー、他者を思いやり、他者と協力するチンパンジーなのです。

進化心理学の未来について

　進化生物学が大学の教養課程と社会科学を席巻し始めたのと同時期に、神経科学と分子生物学はわれわれヒトとその本性についての広大で深い理解をもたらしつつありました。いずれ進化心理学は認知神経科学と融合を果たすだろうと、私は考えています。それによってヒトの行動と認知の生物学的基盤がより明らかになり、つまりはヒトという存在について、分子、遺伝子、神経、行動、認知、そして進化適応のすべてのレベルにおいて理解できるようになるでしょう。そしていずれ、ジグソーパズルのすべてのピースがはまる日を迎えることになるでしょう。多層的な研究が期待されるフロンティアの一例は色覚でしょう。ヒトの本性の完全な理解のため、研究の進展が期待される分野としては、社会的認知、パーソナリティ、そして精神障害が挙げられます。

心理学を学ぶ学生へのアドバイス

　進化心理学、もしくは人間行動進化学は、日本では 1990 年代後半に始まりました。日本は自然生息地における霊長類研究の長い歴史を持っています。それゆえヒトの生物学的基盤に進化からアプローチすることは、社会から容易に受け入れられました。アメリカで顕著に見られたキリスト教原理主義との論争の必要はなかったのです。日本人間行動進化学会には 2011 年現在、100 名［訳注：2019 年現在、200 名］ほどの会員がいます。今後アジアの一員として、中国や他のアジアの国々の仲間と意見交換が進むことを希望します。そしてアジアからの新たな発見によって、この世界の知識を広げていけるよう願っています。

＊訳者補足：アメリカに本部を置く人間行動進化学会（Human Behavior & Evolution Society）のウェブサイト（https://www.hbes.com）では、HBES Videos が公開され、第一線の研究者による進化心理学の主要トピックについての講演が見られます。最近の動向を知るには最適なサイトです。

280

第5章　文化と知性を進化から考える

5.4　話すことと書くこと

デヴィッド・ギアリー（David C. Geary）

　著名な認知発達心理学者であるデヴィッド・ギアリーは、1986 年にカリフォルニア大学リバーサイド校で発達心理学の博士号を得て、現在ミズーリ大学コロンビア校の心理学科教授として在職している。

　彼は、これまで 200 本近くの学術論文と著書を発表し、その内容は認知、発達、進化心理学、教育学、医学などの多様な分野を含んでいる。所属大学の多くの大学院（人類学、生物学、行動遺伝学、コンピュータサイエンス、教育学、数学、神経科学、物理学、心理学）の他、アメリカやオーストリア、ベルギー、カナダ、イギリス、ドイツ、イタリア、ポルトガルなどの大学からも講演の依頼が絶えない。過去と現在を含め、10 種類もの学術出版物の編集者や編集委員として貢献している。また、"*Acta Psychological Sinica*" の第 39 巻、進化心理学特別号の 2 人の特別ゲスト編集者の 1 人であった。

　彼の研究興味の一つは進化にあり、進化心理学におけるライフヒストリーと性淘汰（オス間競争など）の研究を、発達心理学の実証研究と統合することを試みている。例えば、男の子の支配関係と連合行動を理解することは、人間進化の歴史過程においてのオス間競争と関連している可能性がある。また、一般知能の進化過程にも興味を示しており、一般的知性の研究と認知的モジュール理論の研究を整合しようと試みている。

　もう一つの研究興味は数学学習にあり、数学能力の発達や数学学習と数学学習障害のメカニズムなどが含まれている。一連の研究を通して、ワーキングメモリー、情報処理の速度、数字感覚（number sense）は子どもの数学の成績に影響していることを明らかにした。

　2002 年、アメリカ国立小児保健発達研究所（National Institute of Child Health and Human Development）は「数学と科学、認知と学習、発達と障害」というプロジェクトを始動させ、遺伝的要因や、神経生物学的要因、認知的要因、言語的要因、社会文化的要因、教育的要因の、数学と科学能力の発達に対する作用についての研究を進めてきた。彼が率いる認知発達研究室はこの研究プロジェクトの出資を受けた数少ない研究センターの一つであり、数学学習に影響するメカニズムや、数学学習障害を引

281

き起こすメカニズムを解明するための、幼稚園から9年生児童の数学能力の発達を対象とした10年にもわたる縦断研究を担当している。

ギアリーの著書の中で最も影響力を持つのは "Male, Female: The Evolution of Human Sex Differences" (1994) である。この本では、初めて総合的進化モデルを用いてヒトの性差の説明を試みた。メスの選択やオス間競争などの性淘汰原則を用いて、動物界の性差とその表現の進化的過程についてシステマティックに論述しているほか、ホモサピエンスの性差とその表現の進化的過程についても記述し、解釈を行っている。2010年の第2版ではさらに内容を大幅に更新し、拡張させている。

もう1冊の強い影響力を持つ著書は、"The Origin of Mind: Evolution of Brain, Cognition, and General Intelligence" (2004) である。同書の内容は、彼が提唱する「コントロールへの動機」——本質的に見るとヒトの進化は、個体が直接的な環境に対するコントロールに突き動かされていること——を中心に展開し、多くの科学と社会学における古典的問題、例えば知性をどのように定義するのか、知性と一般的認知能力の神経生物学的メカニズムは何か、どのタイプの淘汰圧がヒトの脳の進化を促したか、などといった問題に対する説明を提供している。

他に重要な著作として、"Children's Mathematical Development: Research and Practical Applications" (1994) がある。この本では乳児から思春期までの数的能力の発達を考察し、早い段階における数学発達の普遍的規則を論述した他、異なる文化においてこれらの規則がどのように表現されているのかについても説明している。

本節では、彼の主な研究プロジェクトを紹介する他、これらの研究の背後にある思考法についても紹介している。

本人による主な参考文献

Geary, D. C. (1995). Reflections of evolution and culture in children's cognition: Implications for mathematical development and instruction. *American Psychologist, 50*, 24-37.

Geary, D. C. (2002). Sexual selection and human life history. In R. Kail (Ed.), *Advances in Child Development and Behavior*, Vol. 30 (pp. 41-101). San Diego, CA: Academic Press.

Geary, D. C. (2005). *The origin of mind: Evolution of brain, cognition, and general intelligence.* Washington, DC: American Psychological Association. (小田亮 (訳) (2007). 心の起源——脳・認知・一般知能の進化 培風館)

Geary, D. C. (2007). Educating the evolved mind: Conceptual foundations for an evolutionary educational psychology. In J. S. Carlson & J. R. Levin (Eds.), *Educating the evolved mind, Vol. 2, Psychological perspectives on contemporary educational issues* (pp. 1-99). Greenwich, CT: Information Age.

Geary, D. C. (2010). *Male, female: The evolution of human sex differences* (2nd ed).
Washington, DC: American Psychological Association.

ダーウィン（Darwin, 1859）の自然淘汰の原理は、おそらく生物科学史上最も重要な発見でしょう。進化は、月並みな学習理論や心理学のモデルではない、生物科学のあらゆる分野を統合するメタ理論であることがわかっています。ゆくゆくはあらゆる学習理論や心理学のモデル、社会的帰属、臨床的障害等々が、自然淘汰および性淘汰の原理と整合性のあるものにならなければなりません。こういったヒト（と、大概のヒト以外の生物）の心理的側面のすべてが進化の過程を直接に反映しているのだと言っているわけではなく、少なくともその発生学的な、そして社会的な発現は、進化的に獲得されたバイアスの複合的な影響を受けるのだと言っているのです。

　私の興味は非常に多くの点で、ダーウィンが初めてヒトの進化を扱った著書『人間の進化と性淘汰』（*The descent of man, and selection in relation to sex,* 1871）において表明したものと似ています。この本で彼が取り組んだ中核問題は、ヒトの心の進化と、ヒトおよびヒト以外の生物種で見られる性差の進化です。以下の項で、これらの主題について考えてみます。

進化、文化とヒトの心

　私が思うに、認知過程と社会的バイアス、およびそれらに関連する脳部位のうち、進化の歴史を直接反映するものと、文化の文脈や経緯に強く影響を受けるものとを区別することは、進化理論を最大限活用するために不可欠です。この区別は、進化と文化がどのように相互作用して、心理学者の研究対象である諸現象を作り上げるのかを理解するために重要です。

　私はキャリアの早いうちからこのように主張し、進化心理学の分野での最初の出版物において、生物学的一次能力と生物学的二次能力として区別しました（Geary, 1995）。一次能力は、あらゆる人類文化に見られる、進化によって直接形成された能力で、言語能力などがこれに当たります。これに対して二次能力は、読字能力のような、ある文化では見られるけれども他では見られず、一次能力がもとになり、しばしば公教育を経て形成される能力です。一次能力の正

常な発達のためには、その生物種に典型的な体験（言語能力の例で言えば、同年代の相手と遊ぶことなど）を経る必要があるかもしれませんが、子どもが生まれつき持っている注意バイアスや動機バイアスが、そういった体験をもたらす行動への参加をもたらすのです。動機バイアスは、一次能力のシステムを実際の状況（現地で使われている言語）に適合させるために必要な情報を提供します。言語能力は長期にわたる発達過程を経て形成されますが、圧倒的多数の子どもにとって、この学習は暗黙のうちに、つまり明確な努力なしに、生物種に典型的な社会行動の最中に行われます。

　私の基本的な主張は、二次能力に対応する知識の大部分が文化に依存し、かつ進化の歴史の上でつい最近現れたということを考えれば、子どもは、二次能力について、上記のような、能力習得に役立つ生まれつきの動機バイアスを持ち合わせていない、というものです。それゆえに、一般に子どもが読み書きを学ぶのは言語学習の過程のかなり後期であるにもかかわらず、読み書きを習得することは子どもにとってはるかに難しいのです。2歳にもなれば言語の基礎（例えば、名詞と動詞からなる簡単な文の発話）は努力なしに習得されるのに、それから4年を経て、発達的にはより成熟しているはずの子どもが、同程度の簡単な文章の読み書きを努力なしに習得することは通常はあり得ません。私が提唱したのは、子どもの心と脳と動機システムが、読み書きを自動的に学習するように設計されていないからこうなるのだ、という説です。子どもは読み書きを習得できますが、そのためには、努力を要するトップダウン処理に従事しなければならないのです。

　それにしても、こういった作業をサポートするメカニズムとは一体何物で、それはどのようにして進化したのでしょうか。

　これらの疑問を取り上げるために著した1冊が、*"The Origin of Mind: Evolution of Brain, Cognition, and General Intelligence*（『心の起源』）*"* (2005)です。非常に重要な最初の課題は、生物学的一次能力の分類法を確立することで、具体的には素朴心理学、素朴生物学、素朴物理学の各素朴領域を考えました。これらが基盤システムとなり、そこから二次能力を形成することができます。素朴領域とは、すべての人が持つ暗黙の知識や能力であり、基盤となる生物学的一次能力と、進化的に子どもが経験すると予期される経験が合わさって

生み出されます。また、そこからもたらされるフィードバックは、暗黙の知識を実際の状況に適合するように調整する役割を果たします。素朴心理学とは、自己と他者に関連する暗黙の知識と能力のことを言い、一方、素朴生物学はヒト以外の生物に、また素朴物理学は物理世界（経路探索や道具使用）に関連する暗黙知のことを言います。

　特定のタイプの情報を処理するようにバイアスがかかっているのですから、これらはモジュール能力であると言えます。しかし同時に、人類進化の過程において、関連情報の変動に対応することが生存または繁殖上の利益をもたらした限りにおいて、これらの能力には一定の可塑性があると予測されます。実例を挙げれば、幼児にはヒトの顔に特に注目し、顔の情報処理を促す生得的制約が存在するようですが、この顔処理システムに手を加えることで、個々人の顔を区別できるようになります。ある人（例えば親）とそれ以外（知らない人）を区別する能力が生存と繁殖にとって重要である限り（これは社会性を持つどんな生物種にも当てはまることですが）、進化の帰結として、柔らかなモジュール、つまり制約の範囲内で調整可能な生得的システムが生まれるのです。

　生得的だけれども調整可能な一次素朴能力は、ヒトが生物学的に二次の知識・技能を創造・習得することを可能にする心の一構成要素ですが、それだけでは不十分です。*"Origin of Mind"* を書く際の第二の課題は、ヒト認知のモジュール説を、一般知能に関する 100 年間の研究成果と統合することでした。このことは実質的に、二次能力の習得と創造を補助するトップダウン処理のメカニズムの正体を特定する作業でした。なぜなら、実証研究から、二次能力習得を最もよく予測するのは一般知能だということがわかっていたからです。換言すれば、知能テストの成績を見れば、その人が進化的に新奇な情報（現代の学校で教えられていることの多くがこれに該当します）に対処し、それを学習するのにどれだけの苦労が伴うかが、だいたいわかってしまう、ということです。

　そのためにまず、進化的に新奇な状況、すなわち世代内と世代間の変動への対処を可能にしたメカニズムを特定することから始めました。研究者によっては、一説には気候変動が鍵であったとし、人類が移住し赤道から遠ざかるにつれてその重要性はますます大きくなったと主張しています。一方で、それは主として社会の変動であると主張する研究者もいます。私は後者の説に賛成です。

社会的関係や社会動態は、完璧に予測することが絶対に不可能で、それゆえ、特に集団サイズが大きくなるに従って、不確実性の要素、つまり進化的に新奇な要素を含むのです。

　私が提唱したのは、多様で変動する状況に人々が対処することを可能とする中核的メカニズムが、自伝的メンタルモデルであるという説です。これは、自覚的注意に基づいて（ワーキングメモリーの力を借りて）形成される、状況の心的表象です。その中心には、自己と他者の関係や、自己と入手可能な生物学的・物理的資源の関係が置かれます。この表象は往々にして、心的なタイムトラベル、つまり、イメージとして、または言葉で、あるいは個人的体験の記憶として想起される、過去や現在、起こり得る未来の状態のシミュレーションを伴います。人々はこれらの心的なシミュレーションを用いて、もしかしたら解決策がないかもしれない未来の状況について考えたり、そういう状況において起こり得る複数の事態に対処する戦略を練ったりします。

　自己を中心に据えて過去、現在、起こり得る未来の状態の明示的表象を構築する能力や、そういった表象の内容に対して労を惜しまず推論し問題解決にあたる能力は、ヒト独特のものです。また、抽象的表象に対して積極的に推論し問題解決にあたる能力は、同時に、一般知能の中核的特徴でもあります。詳しくは *"Origin of Mind"* を参照してほしいのですが、ここでは骨子を述べます。社会的競争（に加えておそらく気候変動）が、脳と認知能力の進化を促し、ヒトはモジュール化した一次素朴能力と、それを担う脳と認知のメカニズム（ワーキングメモリー、一般知能、明示的な自己認識など）を獲得しました。それらの進化的機能は、行動の結果が不確実であるような未来の状況をヒトに予測させ、問題解決にあたらせることです。

　続く論文集、*"Educating the Evolved Mind"*（Geary, 2007）では、これらのメカニズムが生得的な動機バイアス、文化的歴史、学校教育とどのように相互作用し、生物学的二次学習につながるかを概説しました。結果的には、進化教育心理学分野の概説を書く形になりました。

性淘汰とヒトにおける性差

　ダーウィン（1871）の生物科学に対するもう一つの大きな貢献は、性淘汰理

論です。これは行動や心理、認知特性における性差の進化を引き起こす生物種内のメカニズムで、同性個体間の配偶者をめぐる競争（同性内での競争）と配偶者の選り好み（異性間での選択）からなります。最もよく見られる作用は、オス対オスの配偶者獲得をめぐる競争と、メスによる配偶者の選択で、最もよく起きる結果は、競争や選択の際に有利に働く精巧な形質の進化です。

　進化について（ほぼ独学で）勉強し始めた時、性淘汰は、進化心理学の研究を始める際に、比較的とっつきやすい手段のように思えました。なぜなら、性淘汰はすでに多くのヒト以外の生物種で研究されていたからです。進化の過程で性淘汰が重要な役割を果たしたことを示す指標（例えば、オスがメスの獲得をめぐって争う種ではオスがメスより大きいこと）はよく知られていますし、性淘汰形質の発現に影響する決定的な生物学的条件（つまり、性ホルモン）と社会的条件（例えば、繁殖可能なオスとメスの比率）に関する研究は、今すぐにでも始めることができます。

　性淘汰と性差の研究に私が惹かれたもう一つの理由は、当時のアメリカと、特に学術界の政治的環境にありました。当時は、いかなる性差もちっぽけで取るに足らないものであって、疑いの余地のなく性差が存在する形質ですらも、社会化される時点で性差が生じるのだ、と信じられていました（今もかなり多くの人がそう信じています）。こうした政治的環境に魅力を感じたのは、単にナイーブな考えを持った人々をいらだたせるのが楽しかったからではありません。重要なのは、ヒトの性差にほとんど関心が向けられていなかったことです。心理学者は性差に関して 100 年にわたる研究の成果を蓄えていたのに、それらを体系化し、十分に理解するためのメタ理論を持ち合わせていませんでした。政治的な逆風のために、同僚の多くは進化学の観点から性差を研究することをためらっていましたが、私にはこれが好機に見えたのです。進化学関連の最初の拙著、*Male, Female: The Evolution of Human Sex Differences*（1998）を出版した目的は、この機に乗じて、できるだけ多くのヒトの性差を、性淘汰の傘の下に体系化することでした。

　私はこの仕事に十分に満足できず、増補版の、よりよくまとまった第 2 版（2010）を出すことにしました。この第 2 版は、より広範で（特に性淘汰と性ホルモンなど至近メカニズムの関係に関して）統合的なものとなり、加えて集団遺伝学

や認知神経科学などの分野の、初版出版時にはまだわかっていなかった最新の知見も盛り込みました。

私の学生と私は、性淘汰と性差に関して今現在どこまでわかっているかを常にフォローアップしながら、若い男性における同性内競争時のホルモン応答や、胎児期における通常の性ホルモン分泌の阻害がシカネズミの性淘汰形質に及ぼす影響について調査しています。

未来の進化心理学者への助言

若手の進化心理学者に私ができる最良の助言は、進化学と進化生物学に関する主要文献を読め（ダーウィンを読め）、ということです。刺激的で第一級の研究 が、*"American Naturalist" "Proceedings of the Royal Society of London" "Current Biology" "Evolution"*、その他の雑誌で発表されています。ヒトの配偶者選択について興味を持ったら、ヒトの配偶者選択に関する主要文献を読むことです。ただしそれだけでなく、他の生物種の配偶者選択に関しても文献を読んでください。比較研究の視点を持つことです。配偶者選択の詳細は生物種ごとに異なりますが、そのような違いの多くを説明できるいくつかの根源的な原理（子が得る遺伝的利益や、子に対する餌の供給や保護など）があるのです。他の生物種で類似の行動がどのように進化したかに関する一定の理解なしに、人間行動と進化を十分に理解することは困難です。

第5章　文化と知性を進化から考える

5.5　脳が自らを研究する時——氏と育ちの二分法を超えて

クラーク・バレット（H. Clark Barrett）

　クラーク・バレットは、1991年にハーバード大学生物学部を卒業し、1995年にカリフォルニア大学サンタバーバラ校で有名な進化人類学者トゥービーと進化心理学者コスミデスの指導を受け、人類学の修士と博士の学位を得た。1999 ～ 2001年は、ドイツ、ベルリンのマックス・プランク人間発達研究所の適応行動・認知センターでポスドクを務めた。現在は、カリフォルニア大学ロサンゼルス校の人類学准教授として在職し、同時に「心理と文化研究基金」が出資する文化・脳・発達センターの主任も務めている。
　彼は、理論的な観点からヒトの認知の進化と個体の発達を解明することに力を注いでいる。主にモジュール理論や、領域特殊性、認知の形成過程における環境と文化の役割、発達理論と計算モデルなどについてである。同時に、実証的手法を用いて認知の領域特殊性を研究し、文化比較と発達の方法を用いて認知的進化の理論仮説の検証を行っている。研究テーマとしては、捕食者と獲物に関する子どもの理解や、危険学習、生と死の弁別、素朴生物学、音と運動からの意図や感情の認知、人工認知、採餌における認知、協力などが挙げられる。
　彼の多くの研究は、人類学と心理学の研究手法を同時に取り入れ、進化の視点からヒトの認知適応的メカニズムを解釈しようとしている。一部の研究では、ヒトが資源を獲得する上での認知適応を検討している。なお、ここでの資源には一般的な生存資源の他、配偶者といった特殊な資源も含まれている。2005年に行われた比較文化研究では、ドイツ、ベルリンの3、4、5歳児とアマゾン流域の原住民シュアール（Shuar）部族の3、4、5歳児を比較している。この二つの文化で生まれ育った子どもは、動物に対する接触経験が全く違っている。それにもかかわらず、人形を使って語られた物語の主人公が動物であれ人間であれ、どちらの文化の子どもも4歳以降でないと「眠っている動物」と「死んだ動物」を区別できないことがわかり、この認知的能力には文化間の一貫性があることが明らかになった。この研究結果は生死の弁別は中心的な認知能力の発達に含まれるという仮説を支持するものであり、進化において生死の弁別が重要な役割を果たしていることを支持した（Barrett & Behne, 2005）。
　他人の意図を推測する能力は、われわれヒトの最も基礎的な認知適応の一つである。

289

バレットらは乳幼児が「育児語（マザリーズ）」の音やリズムの手がかりだけを頼りに発話者の意図を推測できるかどうかの実験を行った（Bryant & Barrett, 2007）。彼らは英語を母国語とする母親が乳幼児に話しかける口調と成人に話しかける口調それぞれで、禁止・支持・慰め・注意喚起の4種類の意図を表現する発話を録音し、シュアール部族の成人にそれらの録音を聞かせ、音の手がかりだけで母親の発話意図を判断してもらった。その結果、乳幼児に対する発話でも成人に対する発話でも、シュアール部族の成人は発話の意図を判断することができたが、乳幼児に対する発話のほうがより正確に意図性の判断ができることが明らかになった。マザリーズは、自然淘汰において乳幼児とのコミュニケーション問題を解決するために生まれた特殊な産物であるため、音の要素によって発話者の意図に対する手がかりをより多く含んでいる。これは、ヒトが非言語的な音の手がかりをもとに他者の意図を推測する認知的能力を進化させたことの証明にもなる。また、彼らの研究では、音の手がかり以外に、身体的動作も、意図の推測において簡単かつ確実な情報を提供することがわかった。例えば、ドイツの成人、ドイツの子ども、そしてシュアール部族の成人のいずれも、ヒトの動作の軌跡だけを頼りに、追いかける／追い求める／後をつける／防護する／けんかする（殴る）／遊ぶなどといった、他者の意図を推測することができた。

　本節でバレットは、進化人類学の角度から、脳が自分について研究しようとする時に現れる問題と落とし穴について議論し、そして自分はどのように比較文化研究を通して脳のシステム設計と機能を解明してきたのかについて紹介する。

本人による主な参考文献

Barrett, H. C. (2005). Adaptations to predators and prey. In D. M. Buss (Ed.), *The handbook of evolutionary psychology* (pp. 200-223). New York: Wiley.

Barrett, H. C. (2006). Modularity and design reincarnation. In P. Carruthers, S. Laurence, & S. Stich, (Eds.), *The innate mind: Culture and cognition* (pp. 199-217). New York: Oxford University Press.

Barrett, H. C., & Behne, T. (2005). Children's understanding of death as the cessation of agency: A test using sleep versus death. *Cognition, 96*, 93-108.

Barrett, H. C., & Kurzban, R. (2006). Modularity in cognition: Framing the debate. *Psychological Review, 113*, 628-647.

　進化心理学最大の課題の一つが、脳が自分のことを研究する時に生じます。ヒトの脳は特定の目的のために設計されています。ヒトの脳が世界を細分化し、その意味を理解する方法は、それが適応度に影響したから進化したのであって、必ずしも真実を見出すのに役立ったからではありません。したがって、脳は物

事を行う際に、複雑に絡み合う世界の因果律から、少数の代替変数を抽出し、ある種の現象を予測可能なものにする一方で、代償として世界の真の因果関係の多くをないがしろにしてしまうのです。

このことがもたらす不幸な二つの帰結に、私は興味を引かれました。一つめは発達についてのわれわれの考え方、二つめは心の働きの因果構成、すなわちメカニズムの観点から見た心理的因果関係についてのわれわれの考え方です（Barrett, 2005a, 2006; Barrett & Kurzban, 2006）。本節で・わ・れ・わ・れと言う時、それは進化心理学者を意味するのではなく、ヒト全般と、心の進化学の確立を妨げる、よくある常識や直感（Cosmides & Tooby, 1994）を意味します。発達について考える時、われわれの直感は、生命体の特質は生得的なものと学習されたものに二分されるという、ある種の本質主義に傾きます。一方、心理的メカニズムについて考える時には、われわれは、行動を意図的に行われたもの（自由意志、言い換えれば意識的選択の帰結）とそうでないものに二分します。どちらの場合にもわれわれが陥っているのは、世界の意味を理解するために心が創りだした二分法に起因する二元論です。

どちらの二分法も、適応上重要な問題である、行動予測という課題を解決するために進化してきた心理的装置の産物なのではないかと私は思います。われわれが本質主義と呼ぶもの（行動と形態の生得的な普遍的特質を見つけようとする傾向）はどうやら、帰納的な問題解決策として進化したようです。例えば、ある生物種の代表的な個体の性質を測量してしまえば、次に同種の別個体と出くわした時、個体としてはよく知らなくても、その性質に関していろいろと予測できます（Barrett, 2001）。このことは、われわれの心が常に、行動を含めた表現型から、変化に富むものとそうでないものを抽出しようとしていることを意味します。これは、初対面の人が何をしそうか帰納的に推理するための方策としては使い勝手がよいのかもしれませんが、発達のしくみを考えるには最悪です。なぜなら、ほとんどの発達システムは、システムそのものが同種個体間で同じかほとんど同じであっても、しばしばその設計に起因して、表現型に個体差を生じさせるからです。

意図した／しないの区別もまた、予測戦略としては理にかなったもので、われわれが行動の意味を理解する際に用いている・読・心システムに深く埋め込まれ

ているようです。われわれは意識や意思が何物なのか十分には理解していません。しかし、自覚や意識的に設定された目標といった現象が生命体の行動を導く一因となっているようなので、そういったものを監視する読心システムは行動予測に有用なのです。しかし、心理的因果関係に意図的／非意図的、または意識的／無意識的の線引きをしてしまうと、それが進化による／進化によらないという区分と結び付き、大きな誤解を招く恐れがあります。残念ながら、今の心理学ではこうした区分が主流で、心的プロセスは自動的かつ無意識のものと、柔軟かつ意識的なものに分けられがちです。前者はしばしば適応進化の産物、いわゆるモジュールであると見なされ、後者はそうであるとは見なされません（例えば、Stanovich, 2004）。これは最悪で、進化と硬直性を同一視してしまっています。この考え方に沿えば、進化が関与するのは脳内の順応性がない部分であって、順応性がある部分については自然淘汰以外の何らかの説明が必要だということになります。生物学の初歩さえ理解していれば、これが間違いだとすぐにわかります（Barrett, 2005a; Barrett & Kurzban, 2006）。

　私の中心的な研究課題は、われわれの脳が、行動を根源的・本質的な因果関係へと単純化し、解釈し、予測する目的で用いているメカニズムの本質を解き明かすことです。初期の研究では、捕食者と被食者の相互作用（Barrett, 2005b; Barrett & Behne, 2005）、その他の適応度に関わる相互作用（協力、競争、配偶など）の直感的理解に注目しました。私たちが持つ行動予測システムは、こうした相互作用に対処する形で形成されたものだからです（Barrett, Todd, Miller, & Blythe, 2005）。同時に、目的や意図といった観点から行動を分析する行為が、道具使用などの領域での社会学習を促進するかにも注目しました（German & Barrett, 2005）。こうした場面では、人工物に付与された目的志向の機能に基づいて、知識を整理する必要があるためです。最近では、協力や道徳的判断の領域で意図の推論がどのように作用するか（Cosmides, Barrett, & Tooby, 2010）、幼児における行動予測の早期発達、精神状態に関する考え方や会話の詳細が文化によってどう違うかにも目を向け始めました。いずれのトピックについても、私が興味をかきたてられるのは、生得性や自動性といった特徴そのものでなく、デザイン、つまり問題にしている認知システムの構造がその機能をどう反映しているかなのです。

第 5 章　文化と知性を進化から考える

　こういった研究アプローチにとってきわめて重要なのは、文化比較です。私の研究では、アメリカとアマゾンの先住民族シュアール族の文化圏で並行研究を行います。シュアールの人々と一緒に仕事をすることの狙いは、原始的文化について研究することではありません。シュアールの人々は他民族と全く同じ、21 世紀を生きる人々なのですから。狙いは、きわめて異質な文化を比較することで、一つの大いにあり得る可能性について、部分的にであれ検証することです。それは、一見したところ進化によって形成されたように思えるヒトの心理の特徴が、実は一部の文化に共通する特徴でしかなく、単に共通の歴史や環境のおかげで心理学者がそうした文化を研究対象に選びがちなだけである、という可能性です。例えば、捕食者と被食者の相互作用に対する子どもの理解に関する私の研究では、ロサンゼルス［訳注：ベルリンの間違いと思われる］の子どもとエクアドルのアマゾンの子どもは捕食される危険性が大きく異なる環境で育つにもかかわらず、どちらも似たような発達過程を経て、捕食者に遭遇すれば死ぬかもしれないと理解し、さらにどの動物が危険でどの動物が危険でないかをすばやく学習することがわかりました（Barrett, 2005b; Barrett & Behne, 2005）。

　私の研究での文化比較の目的は、生まれた時から存在するという意味で何が生得的かを知ることでも、個人間・集団間で全く変わらないという意味で何が普遍的かを知ることでもありません。目的は、特定の用途に特化したデザインの特徴だと考えられる、形状と機能の適合関係が、発達環境や文化環境に関係なく有効かどうかを知ることなのです。進化的に獲得されるメカニズムは、設計上の特質として可塑性を持つ可能性があり、実際にしばしば可塑性を示します。したがって、表現型の細部の大半とは言わないまでもかなりの部分は、たとえそれが適応形質であっても、通文化的普遍性を持つことはないのです（Barrett, 2006）。例えば、文化が異なれば、地域に存在する捕食者や被食者を表す単語や概念も異なり、さらには心理状態を表す用語や概念さえも、ある程度は異なります。普遍性に関する単純な見方には反することですが、このことをもって、危険や心理状態に関する学習や思考のために特別なメカニズムがあるという説を変える必要はありません。私たちがしなければならないのは、心のデザインの特性のレベルで仮説を立てることです。心のデザインの特性とは、

293

例えば子どもが周辺に存在する危険な事物を同定する時に使う手がかりだったり、心理状態を表す各概念が因果推論の過程で果たす役割だったり、意図的か偶発的かの概念的区別といった、きわめて変化に富むこの世界の特徴をとらえるために存在するシステムの中で機能する特徴のことです。

　進化心理学が物議を醸したり大きく誤解されたりする理由の少なくとも一端は、私の考えでは、進化がどのように心を形作るかについての、魅力的な、けれども突き詰めていくと正しくない数々の直感が堅固に存在することにあります（Cosmides & Tooby, 1994）。多くの人々は、あろうことか訓練された科学者でさえも、生得対習得や意識的対自動的といった二分法をのりこえることが単にできないのです。そのせいで、進化心理学とは何なのかを理解できません。進化心理学とは、学習機構、文化伝達、選択、意識などを含めた心のすべてを、進化の産物と見なそうという学問です。進化心理学の最重要課題は、私の意見では、進化が心を形作ったのだと人々に受け入れさせることではありません。それ自体は簡単に納得してもらえます。最重要課題は、それを受け入れることの帰結に気づいてもらうことなのです。心は二つの部分からなり、生得的で自動的な部分を進化心理学者が研究し、非生得的で汎用の部分を他の心理学者が研究するのではないのです。心のすべては進化の結果なのであり、究極的には、問題とする構造を進化学のレンズ越しに見て、それが生存と繁殖にどう影響を与え、どんな進化道筋を辿ってきたかを考える必要があるのです。

　しかし、そうするためには、これまで一般に進化的考察の対象外と見なされてきた、意識的選択や社会化のような現象の研究を可能にする、新たな観念が必要になります。このために、進化か学習かという間違った区分や、知覚や情動といった下位レベルの処理イコール進化、論理的思考や意思決定といった上位レベルの処理イコール自由意志・学習・文化であるという、これまた間違った区別をやめなければなりません。進化心理学のおかげで、自然淘汰の産物としての心についての思考は飛躍的に進歩したのですが、心のすべて、一部でなく全部を、進化によって形成された生物学的実体であると見なすつもりならば、まだまだ学問上の障害物を取り除かねばなりません。

　これら、心を理解する際の数々の障害の一部は、進化が形成した心の設計の産物だとは思いますが、その他の障害が歴史的・文化的なものであることに疑

第5章　文化と知性を進化から考える

問の余地はありません。例えば、心身二元論はヨーロッパの啓蒙主義哲学の伝統に固有のものではありませんが、その伝統によって強化されているのは間違いありません。さらに、進化心理学がアメリカとヨーロッパで異なる形で受け止められていることから察するに、それ以外にも、おそらくある程度は宗教性に、またある程度は学問領域間の長年の不和に関係する、アメリカにおける進化心理学の発展を遅らせてきた文化的要因が存在するようです（Slingerland, 2008）。こういった理由を考慮すると、中国人研究者は、他の文化圏ではもっと長い時間を要するような進化心理学の発展に貢献できる特別な立場にあるのです。

コラム5　マイクロ・マクロ社会心理学から適応論的アプローチへ

清成透子

　私には3人の恩師がいる。第一の恩師は山岸俊男であり、私の研究者としての礎は山岸によって育まれた。初めて山岸の授業を受講したのは北海道大学の1年生の頃、「男性社会と女性」というオムニバス形式の授業であった。男女雇用機会均等法施行後とはいえ、1990年代初頭はまだまだ進学、就職に関して男女差が大きかった。社会進出における漠然とした女性差別を私も何となく肌で感じていた。そんな中、行為者に偏見がない場合でも、合理的意思決定の帰結として差別（統計的差別）が生まれ、かつ、それによってさらに現実が維持され得ること（予言の自己実現）を、山岸から初めて学んだ時の衝撃は大きかった。個々人の心（マイクロ）だけを見ていても説明できない社会現象（マクロ）があり、相互依存関係とそれに基づく意図せざる結果としての創発特性が生まれる、マイクロ・マクロ過程に知的興奮を覚えた。

　その後、山岸の研究室がある文学部行動科学科に進学した。そこでは、個人と個人、個人と集団、あるいは集団と集団の関係を、相互依存関係を通した資源の交換という側面に着目して分析する社会的交換理論の観点から、内集団ひいきや協力行動などに関する研究に取り組んだ。ちょうど山岸が、日本における人間行動進化研究の先導者である長谷川寿一・眞理子夫妻に出会い、進化心理学にふれた頃でもある。社会的交換関係の分析では、基本的には合理的選択、あるいは、強化の原理によって資源交換をとらえるため、一見すると非合理的に見える行動、例えば1回限りの囚人のジレンマゲームにおける協力行動をうまく説明できなかった。ところが、進化の原理を用いると、この一見非合理的な行動が結果として合理的となる特定の相互依存関係があり得ること、つまり、適応的な利得構造を有する相互依存関係がヒト社会にはあるだろうことが予測可能となる。こうして適応論的アプローチに出会ったことで、1回限りの囚人のジレンマにおける協力問題は、私の中ではヒトの向社会性の進化の謎へとつながっていった。ヒトの向社会性の進化に関心のある進化心理学、数理生物学、行動生態学などを専門とする研究者たちとの交流を通して、自然と私の研究の軸足は社会心理学からより学際的な場に移っていった。その後、第二・第三の恩師であるマーティン・デイリーとマーゴ・ウィルソンに出会い、彼らのラボで2年間、ポスドク研究員として過ごす幸運を手に入れた。

　縁あって彼らのラボに遊びに行った際に、協力行動に関心のある大学院生がいるこ

第5章 文化と知性を進化から考える

とを知り、かつ、ラボや学部の雰囲気にとても惹かれたので、その短期滞在中にポスドク受け入れ交渉をマーティンに挑んだ。当時、すでにマーゴはがんを患っていたので、マーティンは新人の受け入れには消極的だったが、私自身があまり英語を理解していなかったことも手伝って、なぜか最後には押し切ることに成功した。マクマスター大学のデイリー＆ウィルソンラボで過ごした2年間は、もちろん大変ではあったが、私の人生の中では宝物のような期間となった。私はそこで、罰と報酬が協力行動に与える影響に関する研究を、当時大学院生だったパット・バークレイと開始した。同時期に協力に関する研究が学際性を増したこともあって、実験経済学を初めとする様々な分野の研究会や学会で発表する機会にも恵まれた。幸いなことにこの期間、マーゴのがんは影を潜めており、研究相談はもちろんのこと、学会発表練習、論文執筆に至るまで様々なことを指導してくれた。マーティンの運転するバンにマーゴとラボメンバーで乗り込み、数時間かけてオタワやバッファローに出向いて学会に参加したこともあった。マーゴとマーティンには言葉では言い尽くせないほど、研究面でも生活面でも世話になった。彼ら二人が進化的観点から成し遂げた素晴らしい研究業績は本書でもわかる通りだが、彼らは教育者としても傑出していたことをここで強調しておきたい。とりわけマーゴのホスピタリティと励ましは、当時はもとより、今でも私の心のよりどころである。

　ヒトの向社会性の進化の謎は未だに論争が続いている。近年では、脳神経科学や内分泌学的研究も増え、一層学際的になった。このことは取りも直さず、人間を科学的に理解するためには、多くの分野の叡智を結集する必要があることを意味する。適応論的アプローチは、そういった学際研究をつなぐ共通言語そのものである。私自身も異分野の研究者たちと一緒に、ヒト社会を可能にした鍵となる要因は何かを明らかにする研究をこれからも行っていきたい。

本人による主な参考文献

Inoue, Y., Takahashi, T., Burriss, R. P., Arai, S., Hasegawa, T., Yamagishi, T., & Kiyonari, T. (2017). Testosterone promotes either dominance or submissiveness in the Ultimatum Game depending on players' social rank. *Scientific Reports, 7,* Article No. 5335.

Kiyonari, T., & Barclay, P. (2008). Cooperation in social dilemmas: Free-riding may be thwarted by second-order reward rather than punishment. *Journal of Personality and Social Psychology, 95,* 826-842.

Krupp, D. B., Barclay, P., Daly, M., Kiyonari, T., Dingle, G., & Wilson, M. (2005). Let's add some psychology (and maybe even some evolution) to the mix. *Behavioral and Brain Sciences, 28,* 828-829.

第6章

未来の進化心理学者たちへ

6.1 苦労の末学んだ 12 の教訓

ダニエル・フェスラー (Daniel M. T. Fessler)

ダニエル・フェスラーは、進化心理学・人類学の著名な学者であり、"*Evolution and Human Behavior*" 誌の責任編集者の 1 人でもある。彼は現在、カリフォルニア大学ロサンゼルス校人類学部の准教授であり、同校の行動・進化・文化センターの主任でもある。カリフォルニア大学サンディエゴ校で、人類学の学士、修士、博士課程を修了している。研究の興味は、主に進化心理学と生物人類学の二つの領域を背景にした、感情が個体の行動に与える影響にあり、その他に摂食行動、繁殖行動、リスク行動、協力行動なども研究の対象となっている。

進化的理論の枠組みのもとでの情動研究に関して、フェスラーは 2004 年に発表した感情とリスク行動の関係に関する論文で、自分の観点を述べている。初期の理論では、感情を正の感情と負の感情に大きく分けて議論しているが、多くの研究がこの分類だけでは感情とリスク行動の関連を正確に調べることができないことを指摘している。例えば、同じ負の感情である怒りと恐怖は、個体のリスク行動に対して逆方向の影響を与える可能性もある。そのため、それぞれの感情の影響を分けて議論する必要がある。最近では、一部の研究者から「評価傾向」理論が提唱され、感情は出来事に対する評価によって引き起こされた反応であり、それぞれの感情はそれぞれ違うタイプの出来事に対応することが主張されている。そのため、研究者は異なる出来事の現象学的記述をもとに、いくつかの評価のドメインを決定し、評価ドメインの組み合わせがそれぞれの感情に対応し、個人が異なる感情を持つ時のリスクへの反応も、これらの評価ドメインと対応していると述べている。しかし、フェスラーらはこのような分類は本末転倒であると考えている。進化心理学の観点では、感情そのものは進化的過程においての生存上の必要から発達したものであり、それぞれの感情にはそれぞれの適応的機能がある。しかし、出来事を人為的に設定したドメインで切り分けて感情の効果を観察することは、特定の感情とその究極的機能を対応させることを逆に難しくしてしまう。この論文では、進化心理学の視点と評価傾向理論を比較し、怒りと嫌悪の二つの感情の影響を検討した。評価傾向理論においては怒りと嫌悪は似たような評価ドメインの組み合わせを持っているため、どちらもリスク行動を促進すると予測する。それに対して進化心理学の観点では、これら二つの感情は異なる適応的機能を

第6章　未来の進化心理学者たちへ

持つ。怒りは相手を怯えさせ相手による侵害を阻止する機能があるため、リスク行動を促進するが、嫌悪は汚染を回避させる機能があるため、リスク行動を抑制する。実験の結果は進化心理学の仮説を支持するものであり、同時に感情の影響の性差についても、進化心理学の視点から、妊娠・出産などの繁殖プロセスにおける男性と女性の責任の違いで説明することができることが明らかになった。

　2005 年の論文では、フェスラーらは嫌悪感情に対するもう一つの学説、恐怖管理理論（Terror Management Theory: TMT）に挑戦している。TMT では、ヒトは「人間は死ぬ」という事実から、「生存不安」と死に対する嫌悪を生涯を通して持ち続ける。それぞれの文化で生成された世界観と自尊感情も、死への嫌悪に抵抗するためのメカニズムである。死を想起させるような刺激は、どれも異なる文化における世界観と自尊感情を高める効果を持っている。フェスラーはいくつかの研究を通して、主に年齢と嫌悪感受性の間の関係を考察することによって、TMT に反論している。年齢の増加に伴って死が近づくため、TMT の仮説通りであれば、人々の死への嫌悪感受性も上昇するはずである。一つめの研究では、嫌悪感受性と年齢の間に負の相関があった、つまり年をとればとるほど嫌悪感受性が低下するのであった。しかし、この研究では死への嫌悪感情のデータを用いていなかったため、第二の研究では特別に死の嫌悪感受性を質問紙で測定し、年齢との相関を調べた。その結果、同じく負の相関が見られた。最後の研究では研究対象を北米とは全く違う文化を持つコスタリカの人々とし、プライミングの実験手法を用いた。北米の人々を対象とした先行研究では、死への関心をプライミング（自分が死ぬことを想像してもらった）すると回答者の嫌悪感受性が増加したため、TMT が間接的に支持されたと主張されている。しかし、フェスラーらはこの結果を、北米文化そのものが死を回避しようとするからだと主張し、死をより直視している文化（コスタリカなど）では同じ結果が再現されないと予測した。実験の結果は彼らの予測通りであったため、TMT の説明は普遍性を持たないことが証明された。同時に、年齢と嫌悪感受性の間の負の相関は再度観察された。これらの結果から、死への嫌悪感情は環境の中に存在する病原菌と毒素への回避からくるものであり、年齢と一貫して負の相関を示すのは、これらの脅威への慣れから来ているのではないかという可能性が示された。

　2006 年の論文では、疾病回避と嫌悪感情の、人種主義や集団間態度に対する役割を議論している。人々が外集団に対してネガティブな態度を示すのは、病気の感染源を回避しようとする適応戦略だと指摘されている。原始社会においては、内集団に比べて外集団のほうが、自分たちがまだ免疫を持たない病原体や毒素を持っている可能性が高いため、意図せずとも内集団メンバーに危害を加える可能性がある。また、集団内のメンバー同士は、相互に協力して病気を防ごうとする。これらの理由から、

301

人々は病原体の感染源を察知するために内外集団を区別するヒューリスティックを形成している。一つめの研究では、人種主義傾向と個人特性である感染脆弱意識の関連を調べた。過去の研究で集団間のネガティブな態度と関連することが指摘されている死への恐怖を統制しても、感染脆弱意識と人種主義の程度に有意な相関が見られ、この二者間に直接的な関連が存在することが示唆された。続いて、二つめの研究では、嫌悪をプライミングすることで感情の効果を調べた。その結果、統制群に比べると、嫌悪感情をプライミングすることは参加者の内集団へのポジティブな態度と外集団へのネガティブな態度を有意に高めた。

　以上の例では、フェスラーが、いかに進化心理学の枠組みから、異なる理論を比較し、実証的に検討しているかがわかる。しかし、本節では、彼は具体的な研究結果ではなく、長年の研究において得られた12個の経験と教訓を読者に紹介している。

本人による主な参考文献

Fessler, D. M. T., & Navarrete, C. D. (2003a). Meat is good to taboo: Dietary proscriptions as a product of the interaction of psychological mechanisms and social processes. *Journal of Cognition and Culture, 3*, 1-40.

Fessler, D. M. T., & Navarrete, C. D. (2003b). Domain-specific variation in disgust sensitivity across the menstrual cycle. *Evolution and Human Behavior, 24*, 406-17.

Fessler, D. M. T., & Navarrete, C. D. (2005). The effect of age on death disgust: Challenges to terror management perspectives. *Evolutionary Psychology, 3*, 279-296.

Fessler, D. M. T., Pillsworth, E. G., & Flamson, T. J. (2004). Angry men and disgusted women: An evolutionary approach to the influence of emotions on risk taking. *Organizational Behavior and Human Decision Process, 95*, 107-203.

Navarrete, C. D., & Fessler, D. M. T. (2006). Disease avoidance and ethnocentrism: The effects of disease vulnerability and disgust sensitivity on intergroup attitudes. *Evolution and Human Behavior, 27*, 270-282.

　本節での私の目的は、私の過去の仕事のまとめをすることではなく、むしろ、進化心理学におけるキャリアの中で私がこれまでに学んだ教訓をいくつかお話することです。私の望みは人間行動への進化的アプローチに関心を持っている学生が、私がたどった時折ねじまがった道程から何らかの教訓を得てくれることです。そのために、私がどうやって今いる場所にたどり着いたかから話させてください。

　学部生の頃、私の大学の人類学専攻の教授たちはほとんど心理人類学を専門としていました。それは社会文化人類学の一部で、心理学の様々な領域からの

理論を文化研究と組み合わせていました。私は心理人類学者になろうと決心し、大学院も同じ大学、同じ教授陣のもとで学びました。私はヒトの行動を理解するためには、文化と心の相互作用を研究する必要があると確信していましたが、にもかかわらず、だんだん心理人類学に不満を覚えるようになりました。というのは、心理人類学には、仮説を供給する包括的理論が欠けており、しばしば記述と解釈を好み、仮説検証を避けているからです。人類学者は通常、異なる社会の人々の間の違いを強調しますが、一方、博士課程のフィールドワークの間、私はヒトの感情の根底にある普遍性に感銘を受けました。私はヒトの進化についてもっと考えをめぐらせるようになり、幾人かの霊長類学者の指導のもと、徐々に自己流の進化心理学をつくり始めました。私はこのような分野がすでに誕生しつつあったことに気づいていませんでした——実際、私の新しいアイディアの多くは、すでに他の人によってもっと明瞭に定式化されていました。人間行動進化学会に初めて参加し、分野全体が私の興味の領域に向けられていると知った時が大きな転機になりました。**教訓１：自分の大学や研究室の外に目を向けましょう。**もし、あなたが（私と同じように）幸運なら、すばらしい研究者たちに囲まれているでしょう。しかしながら、どんなに優れた研究グループも世界中の研究者たちのほんの一握りでしかないのです。周囲の人々から大いに学びましょう。けれども、彼らの興味や視点の範囲にとどまっていてはいけません。かわりに、あなたがよく知っているのとは異なった視点を持った研究者たちを探しましょう。

　私が学位論文を書いている時、友人が出版されたばかりの "*The Adapted Mind*"（Barkow, Cosmides, & Tooby, 1992）をくれました。この本の先見性は後に明らかになりますが、私にとって不幸なことに、レダ・コスミデス（Leda Cosmides）とジョン・トゥービー（John Tooby）による重要な章（Tooby & Cosmides, 1992; Cosmides & Tooby, 1992）は、当時の私にほとんど影響を与えませんでした。私が不真面目だったせいもありますが、問題の一部はこれらの章の書かれ方にもあります。私はコスミデス、トゥービー両博士を大いに尊敬していますが、彼らの初期の仕事には二つの弱点がありました。まず、彼らの著作には膨大な数の複雑なアイディアが、過度に密度の濃い言葉で詰め込まれて

いました。第二に、彼らのスタイルは先行研究の大部分を軽視して、見当違いだと切り捨てていました――私も従来の社会科学には批判的ですが、それでも私は自分の研究から、その中に多くの価値ある知見を見出しました。困惑し、意欲をそがれて私（と私のような他の人たち）は、残念ながら長い間、"*The Adapted Mind*" の多くの面を無視してしまったのです。**教訓2：あなたのアイディアを、聞き手の理解と注目を得られる形で発信しましょう。**聞き手にそっぽを向かれては、研究のインパクトが揺らいでしまいます。科学は共同作業です。というのは、単一のトピックについての知識の範囲でさえ、1人の学者が単独で発展させるにはあまりにも膨大だからです。したがって、生産的な科学者であるためには、他者の考えに影響を与え、研究を促さなくてはなりません。優れたコミュニケーターであることは、したがって、よい科学者の条件の一つなのです。

　私は "*The Adapted Mind*" の内容の一部に不快感を覚えましたが、進化心理学者による従来の社会科学への批判の多くは妥当です。無視されないようにメッセージに工夫を凝らすことの重要性に留意しつつ間違ったアイディアを批判することは、科学のプロセスの中心的な構成要素でもあります。というのは、改善の積み重ねなくして科学の発展はあり得ないからです。しかしながら、あなたと考え方を共有していない人の仕事には何の価値もないと考えるのも大きな間違いです。心は空白の石盤であるという見方への批判の最も不幸な副作用の一つは、多くの進化心理学者たちが、ヒトの生活用式の多様性を記録した文化人類学者たちの功績を無視してしまったことです。**教訓3：科学には傲慢さと謙虚さの両方が必要です。**自分の洞察とアイディアが、それ以前の幾世代もの学者たちのものよりも優れていると信じるくらい傲慢でなければなりませんが、その一方で、多くの先人たちの理論と発見に大きな価値があることを認めるくらい謙虚でなければなりません。

　多くの学者は、競合する学派の考えを批判することに何のためらいも感じませんし、私が言ったように、このことには有用な機能があります。しかしながら、悪いアイディアが淘汰されるという同じプロセスは、その人自身の分野にも適用されなければなりません。私が最初に進化心理学と出会った時、私は彼らの批判の矢が彼らのコミュニティの外にばかり向けられていることにショッ

クを受けました。おそらく、われわれヒトの心理が進化の結果として連合を形成しがちなことを反映して、理論的前提や研究スタイルを共有している人への批判を控えるような大変強い傾向が存在するのでしょう。しかし、理論の方向性や研究手法が似れば似るほど、相手の仕事の批判者としてより適任であり、したがってそうする義務も増していきます。**教訓4：科学の発展は論争好きな研究者のコミュニティによってもたらされます。ですから、一人ひとりが議論に貢献しなければなりません。**メッセージが建設的に表現されていたならば、あなたが進化心理学の研究仲間たちにしてあげられる最も有意義なことの一つは、彼らの仕事を批判することです。同様に、これは彼らがあなたにしてくれる最高のことの一つでもあります。あなたの研究仲間たちと、そしてあなた自身の仕事は、仲間たちの批判の集中砲火を乗り越えたことで、より強くなるでしょう。私は幸運にも、賢く、見聞を広く持ち、しばしば私に賛同しない人々に囲まれています。こうしたコミュニティを探し出し、形成に携わりましょう。たとえそうすることが総意や権威を尊重する文化規範に反することになっても、自分の学生には対立仮説を考え、方法の欠点を探し出し、そして何より、それを指摘するよう教えましょう。

　進化心理学の学生の多くは、ヒトの生活様式の多様性に十分注意を向けていないと先述しました。多くの理由で、これは間違いです。

　第一に、新しいアイディアを生み出す上で、われわれはしばしばヒトの本性についての自分自身の素朴理論から始めます。素朴理論は文化に起源を持つため、必然的に広範な人間行動のごく一部を切り取ったものでしかありません。そのため、重要な心理特性であっても、自らが属する文化で際立った特徴となっていない部分は見過ごされがちです（Fessler, 2010）。加えて、もし最初にわれわれがヒトの行動の多様性の記録に学ぶことを怠り、後に通文化的なアイディアの検証もしなかった場合、同じ信念を共有する参加者から得られたデータを用いて、自分の文化の素朴理論をトートロジー的に裏づけるリスクがあります。次の例を考えてみましょう。大学人が属する文化には、支配的なものを排し、名声を重視する地位体系が存在します。これに呼応して、ほとんどの研究者は、女性は男性を配偶者として選ぶ際、前者を軽視し、後者を重視するだろ

305

うと仮定します。この仮定は、女子大学生、つまり同じ文化圏のメンバーの選好を研究することで確かめられました。しかしながら、民族学的視野を広げると、すべての女性がこの選好を持っているわけではないことが示唆されます。つまり、より広い適応主義的アプローチの視点は、支配力を構成する形質が、ある生態学的環境では価値を持つことを示唆します。そして、より幅広いサンプルを検証することで、女性は、きわめて適応的に、暴力からの庇護の必要性をどれだけ認識しているかに応じて、男性の強さを好むことが明らかになりました（Snyder, Fessler, Tiokhin, Frederick, Lee & Navarrete, 2011）。**教訓5：ヒトの多様性を理解することは、心についての仮説を作り、検証する上で重要です。**他文化を記述した民族誌を読み、機会を見つけて旅行し、異なる生活様式の研究仲間を持つよう努めましょう。ヒトについてあなたには自明に思われることでも、他の人にはそうではないかもしれません。もし、問題となっている心の特徴が集団間で異なると考える理由があるなら、できる限り関連が疑われる特徴について異なるサンプルを集めましょう。

　ヒトの多様性に注目すべき2番めの理由は、多くの適応は条件つきで調整され、発現すると予測できるからです。こうした可能性を検証したり、そもそも可能性に気づくためには、われわれはヒトが居住している物理的・社会的生態条件の範囲を考慮しなければなりません。例えば、性的不貞と感情的不貞への反応における性差の場合を考えてみましょう。このテーマにおける中心的な論文である Buss *et al.*（1992）は、この効果は、男性の親としての投資の程度の関数として、文化によって異なるはずだと、洞察にあふれる記述をしています。しかしながら、いまや嫉妬については多くの研究がなされ、元の論文では扱われていない文化圏でも調べられているにもかかわらず、父親の投資という重要な要因における多様性との関係について特に注目した文化比較研究は、いまだに行われていません。この点での先駆的な試み（Yamashita, 2005）により、中国南西部の納西（Naxi）（摩梭：Mosuo）族文化がこうした研究に理想的な条件と呼べそうなことがわかっています。しかしながら、この例が示しているように、ある機能の関連要素に差のある複数の環境条件間で仮説を検証することは、常に簡単とは限らないでしょう。**教訓6：条件依存的な調整は、多くの進化的仮説において見過ごされてきました。**その理由の一つは、おそらく必要なデー

タを集めるためには、**接触の難しいヒト集団を研究対象に**しなければならない
ことが多かったためです。簡便さは重要な問いを無視する理由にはなりません。
他の分野の研究者は、科学の知識を追求して、宇宙や、深海に挑んでいます。
きっと進化心理学者も、自分たちとは似ていない人々からデータを集めること
ができるはずです。

　ヒトの多様性に注目すべき3番めの理由は、おそらく最も重要なものです。
ヒトは他の種と大きく異なっていますが、それにもかかわらず現在の進化心理
学の多くは（私自身の仕事の多くも含め）、他の多くの種でも調べられるようなト
ピックばかりを検証しています。ヒトと他の種の違いで最も重要なものを一つ
だけ挙げるとすれば、それは文化情報への依存です。文化人類学や文化心理学
によって特定された社会間の違いの一部は、実際に、個人間で共通する条件依
存的な適応形質がある社会に共通する環境に反応した結果なのでしょう
（Tooby & Cosmides, 1992）。しかし、このような事例はむしろ例外的なものであ
って、多様性の大部分が、獲得された文化情報によるものである可能性も同じ
くらいあります（Richerson & Boyd, 2004）。考古学的記録は、文化が人類のかな
り初期から行動を形作ってきたことを示唆しています。われわれがこのような
文化情報へ依存した長い歴史を持ち、また文化情報がわれわれの生存に中心的
な役割を果たしたことは、生物進化と文化進化が、二つのプロセスの間のフィ
ードバック関係を伴って、はるか昔から並行して起こってきたことを示唆して
います。進化心理学者にとって特に重要な、ここから得られる洞察は、文化情
報の獲得、使用、伝達のための適応が豊富に存在するはずだということです
（Fessler, 2006; Fessler & Machery, 2012）。こうしたトピックに取り組み始めてい
る研究者もいますが（例えばBarrett, 2005）、この分野には未開の地平が広がっ
ています。**教訓7：進化心理学で最も研究されていない領域、それは文化への
適応であり、おそらく最も重要です。**われわれは、例えば配偶者選択や攻撃の
ような、他の種と直接的な類似性を持つ（そして時に相同な）比較的扱いやすい
トピックに取り組んできました。このようなトピックに留まる限り、ヒトの行
動の最も重要な面の多くは説明できないでしょう。

　なぜ配偶者選択や配偶関係とその維持の進化心理学にこれほど関心が向けら

307

れてきたのでしょうか。たしかに、これらは行動が直接適応度に影響を与える領域であり、そこに適応が働いているのを見出せることでしょう。しかしながら、同じことは採餌や、食物の選択や加工、カロリー摂取の効果についても言えるのですが、この領域の研究はほとんどありません（いくつかの例外として、Wang & Dvorak, 2010; New, Krasnow, Truxaw, & Gaulin, 2007）。実際のところ、最近まで、ヒトは配偶者よりも食料を探すことにずっと多くの時間、エネルギー、注意を割いていたはずで、そのため、配偶者探しを食料探しよりも周期的に優先するためには、特殊な適応が必要だったと考えられます（Fessler, 2003）。したがって、私は行動・認知・感情の領域が、配偶をテーマに数々の知見を得られたことは認めますが、それでも、ヒトの経験の大部分を配偶の観点から説明しようと試みることには懐疑的です。私は、進化心理学がこの問題にこれほどまでに注目してきた理由を、次のように考えています。①大学の学部生のサンプルから配偶に関係した現象の多くの面を研究することは簡単です。というのは、若者はこのような問題に取り組むよう動機づけられているからです。②関連する予測の多くは、素朴理論と一致しており、したがって直感からたやすく仮説を作ることができます。③中心的な疑問の多くは親の投資理論のような大変理解しやすい概念から容易に得られます——これらの仮説の多くを生成するのに、進化生物学やヒトの歴史について多くを知る必要はないのです。**教訓8：近年の進化心理学は配偶関連の現象を過度に強調しており、これは、おそらく、簡単なトピックから始めようとする傾向を反映しています。つまり、もっと多くの進化心理学者が、もっと難しく、そしておそらく、もっと重要な問いに取り組む時期なのです。**

　私は、もともと心理人類学を学んできたのですが、10年以上にわたって、カリフォルニア大学ロサンゼルス校の自然人類学の講座に籍を置いています。ヒトの進化のエキスパートに囲まれて、ヒトの進化についての授業を行う責任を負うことで、私は否応なく進化のプロセス、集団遺伝学、われわれの種の歴史を学んできました。同じことが、現存する狩猟採集民（祖先の淘汰圧を再構成する上で有用な情報源です）の民族学と、ヒト以外の霊長類（淘汰プロセスと祖先形質の両方の情報源として有用です）の研究の両方についても言えます。私は、自

分がこれらすべての領域で勉強不足だと認識していますが、仲間の進化心理学者たちの多くは、私以上に知識不足なのではないかと疑っています。これらのトピックをしっかり理解することが、ヒトの本性の最も重要な側面の多くを研究するにあたって必要になります。このような知識がもたらし得るインパクトについて、それが一流の進化論者の仕事に対しても、さらに解釈の余地を広げてくれる例を一つ紹介しましょう。人種の心理学を研究している進化心理学者の主張によると、現在は人種のマーカーとして使われている表現型の特徴は、祖先集団においては連続的に分布していたということです。そのため、ヒトの祖先は決して別の人種とは出会わなかったでしょうから、人種の心理は実際には何か別の心理、例えば連合形成（Kurzban, Tooby, & Cosmides, 2001）や民族（文化グループ）（Gil-White, 2001）を反映しているはずです。しかしながら、ヒトやその祖先種が他のホミニドと同所的に分布していた可能性は増しています（例えば、Green *et al.*, 2010 を参照）。つまり、人種の心理の基礎となっているメカニズムが、連合や民族との相互作用ではなく、他種との相互作用のために進化したものであり、人種の心理の本質主義的特徴もこれによって説明できる可能性が出てきています（Gil-White, 2001）。**教訓９：進化心理学研究を厳密に進めるには、進化の多くの面に付随する理論と知見に一通り親しむことが必要です。**分野がお互いに異なるのには、分業による効率化というまっとうな理由があります。しかし、進化心理学の本質は学際性にあります。したがって、優れた進化心理学研究のためには、研究者たちに通常の狭い専門性におごる贅沢は許されません。この分野にいる私たちは、課題に追われる定めなのです。だからといって、進化心理学者は自らの仕事が関連するすべての領域でエキスパートでなければならないわけではありません。どう考えてもそれは不可能です。それよりも、自分の分野以外の情報を勤勉に追求し、高度に学際的な研究者コミュニティに所属することです。進化心理学者向けの他分野の教科書が散見されますが（例えば、Nettle, 2009）、たいていは、原著論文を読み、その著者と直接話すことに代わるものはありません——私自身、本を読んで学んだのと同じくらい多くのことを、尊敬する進化学者との昼食のテーブルを囲んでの議論から学んできました。

進化心理学者はしばしば、適応の歴史がその働きに影響することがあるという進化の一面を過小評価しています。ある適応について仮定を立てる時、まずはそれが高度に最適化されていることを前提に置いてみるのは、ヒューリスティクスとして有効です。しかし、仮定した適応がどのように作用するかを詳細に理解したいなら、自然淘汰がしばしば不完全なメカニズムを作り出すことを知っておかなければなりません。最適化を妨げるものは多々ありますが、進化心理学者にとって本質的に重要なのは、適応はたいていゼロから生み出されるのではなく、既存の特徴の修正によって進化するという事実です。したがって、様々な心理学現象は、既存の適応を修正し組み合わせることで創り出された、洗練されていない、その場しのぎの解決策と呼ぶのが適当です（Marcus, 2008）。例えば、嫌悪の感情を考えましょう。性的な嫌悪が配偶行動を調節するための適応として独立に生じたという証拠が増えつつあります（Lieberman, Tooby, & Cosmides, 2003; Fessler & Navarrete, 2003; Fessler & Navarrete, 2004）。しかし、性的嫌悪は、通常の嫌悪に伴う吐き気や類似のクオリアをもたらします。こうした反応は性行動には何も関連しない一方で、個体にはコストを負わせます（採食機会を逃したり、一時的に身動きできなくなるなど）。なぜこのようなクオリアが生じるのでしょうか。考えられる答えは、嫌悪は本来、毒や病原体の摂取を避けるため採食行動を抑制する手段として進化したということです。それが転用のプロセスにより、複製・調整されて、異なる適応上の課題、すなわち繁殖行動の回避に用いられるようになったため、最適なものではなくなっているのです。吐き気などのクオリアは、したがって通常の嫌悪の内在的な一部分です。つまり、性的嫌悪は通常の嫌悪に由来するその場しのぎの解決策であるために、繁殖行動の抑制という目的には最適ではない特徴を保持しているのです（Fessler & Gervais, 2010）。**教訓 10：心理的適応の進化の歴史に注意を払うことで、しばしば、その最適化を阻んでいる特徴を含む重要な特徴が明らかになります。**嫌悪のケースはこういった視点での分析にうってつけですが、すべての適応が簡単に検証できるわけではありません。そのために有効なツールでありながら、これまで、進化心理学ではあまり用いられてこなかったのが、比較分析です。他の種のホモロジー（相同）とアナロジー（相似）両方を探索することで、祖先状態での適応の特徴、それを形作った淘汰圧、ヒトにおけるその形質

第6章　未来の進化心理学者たちへ

のために前もって必要な他の適応の性質が明らかになるでしょう（Fessler & Gervais, 2010）。これはヒトの文化への適応に注目しようという私の呼びかけ（前述の教訓7）に際して、とりわけ重要です。というのは、どこからこのような適応が生じたかを理解することが、どのようにしてこの点でヒトがユニークになったかを知る手がかりになるかもしれないからです。

　これまで私は、進化心理学者に、より困難な方法を使い、より広範な知識を獲得し、もっと難しい問題に挑むよう促してきました。だからといって、誰か1人の研究者、特に若い研究者が、このような課題ばかりを追うべきだと言っていると誤解しないでください。研究プログラムをデザインする上で、非凡な予測と平凡な予測の区別をすることは有効です。非凡な予測は、その現象の現在の科学的理解とも、対応する素朴理論とも相容れないものです。つまり、その予測は今まで認識されていない世界の様相を明示しているのです。反対に、平凡な予測は、それが科学的なものにせよ素朴理論によるものにせよ、われわれの現在の世界の理解と一致したものです。非凡な予測が支持された時、科学的知識は大きく揺らぎます——予測のもとになった仮説は明白な証拠に裏づけられ、新しい実証研究の領域を開きます。反対に、平凡な予測が支持された時、それらは科学の知識にずっと小さなインパクトしか与えません。普通、ありふれた現象は既存の様々な観点から説明できるため、平凡な予測が支持されても、予測のもとになった仮説を裏づける証拠としては弱いものでしかありません。同様に、その効果はすでによく知られているため、このような発見は新しい実証研究の領域をもたらしはしません。多くの非凡な予測は間違っているでしょうし、多くの平凡な予測は正しいでしょう。これは既存の科学的視点と多くの素朴理論が一般に正確であるためで、このような知識と一致しない仮説は大抵間違っていて、それと一致する仮説は大抵正しいのです。コストとベネフィットの観点で言えば、非凡な予測がハイリスク・ハイリターンである一方、平凡な予測はローリスク・ローリターンです。**教訓11：非凡なプロジェクトと平凡なプロジェクトを組み合わせた、バランスのとれた研究のポートフォリオを持つことが重要です。**非凡なプロジェクトばかり追いかける研究者は、繰り返し失敗するリスクを抱え、学術機関で冷遇されるでしょう。平凡なプロジェク

311

トばかり追いかける研究者は、多くの成功を手にするでしょうが、それぞれ小粒であり、全体としては最小限の報酬しかもたらしません。複数のプロジェクトを混合して追求することが、影響力と生産性の最適なバランスを成し遂げる可能性を最大化するのです。

　研究ポートフォリオをデザインすることは、実用的な事業です。しかしながら、進化心理学の実践にはより根源的な要素が存在します。学生時代、私は突然の不安に駆られ、それを私の学生の多くも抱えているのを見てきました。世界の道徳体系の多様性を学ぶと、自分が受け継いだ価値体系はたまたま生まれついた一つの文化的環境によって決められたものだという結論に至ります。生命の進化を学ぶと、そこには超自然的な因果律など存在しないとわかります。遺伝子と文化の共進化、それに道徳と宗教の進化心理学的基盤を学ぶと、価値や信念の体系には内在的正当性などなく、それらは集団が機能するために個人の心の適応を利用するように進化した、単なる装置にすぎないことを知ります。これらの結論が合わさると、どんな道徳的指針もなしに導き手なくさまようような不安に陥ります。したがって、進化心理学者が個人として直面する最大の課題は、ヒトの信念や価値の裏に隠れた根源的要因を暴いてしまった後で、いかにして道徳的な人生を送るかなのです。けれども、道筋がはっきりと示されてはいないものの、この危機をもたらす理論や発見は同時に解ももたらしうるのです。信念と価値の原因を認識することは、私たちに力を与えます。なぜなら、それによって信念や価値をより自由に選択できるようになるからです。進化のプロセスが自民族中心主義と他集団への敵意の背後にあることを認識すれば、それらに囚われすぎることはないでしょう。何より進化が形成したメカニズムが優勢な環境に応じて向社会的行動と反社会的行動を調整すると知っていれば、道徳的な生態環境を形成するチャンスが生まれます。物理的環境に関してはもちろん、より根源的なレベルで社会的環境に関しても、生命の歴史の中で前例がないほど、ヒトは自らの住む世界を作ることのできる動物です。つい最近、進化心理学の創始者の1人であるマーゴ・ウィルソン（Margo Wilson）が亡くなりました。彼女への弔辞の中で、同僚たちはいかにマーゴが数多くの学生を導き、世界中の科学プログラムを発展させる手助けをし、差別をものと

第 6 章　未来の進化心理学者たちへ

もせず楽観的で、どこに行こうとも協力と善意を育んだかを思い出しました。トゥービーが彼女の追悼式で述べたように、マーゴは進化学者に道徳的である方法を示したのです。**教訓 12：進化心理学の発見と洞察は道徳の危機を作り出しますが、その危機のうちには、世界をよりよい場所にするためのチャンスが眠っています――私たち一人ひとりがそのチャンスをつかむべきなのです。**私が思うに、これこそが、私がこれまで学んできた中で最も重要な教訓です。

6.2 生態学者が進化心理学者になるまで——新しい分野への挑戦

ボビー・ロウ（Bobbi S. Low）

　ボビー・ロウは1967年テキサス大学で博士課程を修了した。博士論文ではオレンジヒキガエルの種の進化に関する生物進化メカニズムを検討している。

　現在、彼女はミシガン大学天然資源・環境学部資源生態学の教授であると同時に、社会研究所の人口研究にも参加している。彼女の研究は、主に行動生態学とライフヒストリー理論を背景とし、進化がいかに行動を形作っているのか、そして行動はいかに個人の利益最大化を実現させようとしているのかに注目し、ダイナミックモデルとゲーム理論分析などの手法を用いている。

　彼女は広い研究的関心の持ち主である。生物と生態学では、ガマガエルの皮の分泌作用や、有袋類の生態的バランス、魚類の行動、性差の生物学的原因、異形接合の進化などを研究してきた。また、人類学、心理学、社会問題などにも関心を持ち、例えばタイの社会における性的態度と性行動、戦争と政治におけるジェンダーの役割、各々の文化が女性に課す制約の生態学的データおよび文化的データからの分析、19世紀スウェーデンにおける人口統計学指標と繁殖力の関係、体脂肪と装飾物の進化的作用、そして不確実性がヒトのリスク行動におよぼす影響などのテーマを扱っている。

　彼女の研究の多くが生物学、生態学と人類学、心理学の領域をまたいでいる。その中心となるのが、生態的・文化的要因が配偶や婚姻システムに与える影響であり、心理的ストレスが出産力に与える影響、性差の進化、伝統社会の婚姻システムなどに注目している。彼女の一部の著書や論文では、自然生態系とヒトの文化・経済システムを結びつけ、同時に生態系の保護と最適な管理の重要性を強調している。

　進化生態学領域の著名な学者として、彼女は *"Evolution and Human Behavior"* *"Human Nature"* *"Politics and Life Science"* などの編集者であり、人間行動進化学会の先代の会長も務めた。ミシガン大学天然資源・環境学部では、彼女は過去5年間に50人近くの院生の指導を手がけているが、その中から2004年と2006年にロックハム優秀卒業論文賞の受賞者が出ている。

　本節においては、社会科学者としての自身の成長の経緯や、進化心理学の始まりと発展において重要な役割を果たした者としての体験を紹介している。

第 6 章　未来の進化心理学者たちへ

本人による主な参考文献

Low, B. S. (1989). Cross-cultural patterns in the training of children: An evolutionary perspective. *Journal of Comparative Psychology, 103,* 311-319.

Low, B. S., Hazel, A., Parker, N., & Welch, K. (2008). Influences on women's reproductive lives: Unexpected ecological underpinnings. *Journal of Cross-Cultural Research, 42,* 201-219.

Low, B. S., Simon, C. P., & Anderson, K. G. (2002). An evolutionary ecological perspective on demographic transitions: Modeling multiple currencies. *American Journal of Human Biology, 14,* 149-167.

　私たちのほとんどがそうであるように、私は、人間行動を理解することに深い興味を抱いています。私たちはみな、自分たちがなぜそれをするのかについて関心を持っていますし、自分たちの行動がどのように他人に影響し得るかについて理解する必要があります。しかしながら、私の経歴は、心理学について書いている人たちとはちょっと違うのです。私は進化と系統分類学（生物——私の場合は脊椎動物——の間の進化的関係性について理解する学問）に関するトレーニングを受け、心理学については正式なトレーニングをほとんど受けていません。ですから、私は魅力的な分野に乗り遅れたのです。おそらくこの経歴のために、私は、多くの心理学者とは非常に違った観点から、幅広い疑問を探索する道をとってきました。

　子どもの頃、私は、いわゆるパーソナリティ心理学や発達心理学の分野に非常に強い好奇心を抱いていました。そして将来は、医者になりたいのか獣医になりたいのか、どっちつかずで迷っていました（考えてみると、大人になってからの私の世界観は、これがもとになっているのかもしれません）。学部生の時、私はフィールド生態学のプロジェクト（河川の無脊椎動物の収集）に取り組み、それがきっかけで、精神科医や心理学者、獣医ではなく、生物学者になることを決めました。私はしばらくの間、広く生命の世界を見た時の多様性に目を奪われて、そのため、われわれヒトの生き方にも非常に大きな多様性があることに気づくのに、少し時間がかかりました。

　ヒキガエルやカンガルー、狩りバチの研究を続けるのではなく、人間行動を調べようと私が方針転換した時、最も重要な影響を与えたものの一つは、自分の息子が生まれたことでした。息子が 2 カ月の頃、私は息子を、私がモンスズ

315

メバチの実験をしている場所に連れて行きました。息子はそれが大嫌いでした。何から何まで。私は、息子がベッドで眠った後、夜に家で、コンピュータを使ってできることに取り組む必要があると決心しました。そこで私は、ヒトが身につける装飾品は何のシグナルなのかについて、初めての比較文化研究を始めました——この研究は楽しいものでしたし、ある意味で幸運でもありました。人類学者はたいてい装飾品について持論があるので、大量のデータを容易に入手できたのです。

　データを分析し、違う分野の学者がどのように世界を見ているのかを理解しようとするのには、長い時間がかかりました。心理学者、人類学者、社会学者は、それぞれ世界の見方が違っています（文化が違うと言えるかもしれません）——そして、それらはすべて、私が学んだ基本的な生態学者の世界の見方からは非常に大きく違っているのです。ヒトの動機づけと行動について問いを立て、答えを探そうとする時、私が思うに、従来の人類学と心理学の世界観を隔てるかすかな境界線を踏み越える必要があるのです。極論すれば、心理学者は、ヒトの思考、知覚、もっと言えば行動における普遍的特徴を探そうとします。その一方で、調査対象の人々がそれぞれにどう異なるかを探ることに主要な興味を抱いている文化人類学者がいます。進化心理学者と進化人類学者はほとんど重複しています。両グループの学者とも、こうした古い違いに非常に敏感で、ギャップを埋めようと努めています。これは、分野の発展にとって、素晴らしいことです。われわれはもっと多くのことを学ぶことでしょう。

　おもしろいと思う問いにたどりつくまでに時間がかかったもう一つの理由は、私が、学部（ミシガン大学天然資源・環境学部）で初めての女性教員だったことです。私は厳重に監視されていました。アメリカの学術界においては、変わり者であること、あるいは独特の研究関心——人間行動に対する学際的なアプローチなど——は、テニュア（終身在職権）を得る前に、いくらか問題視されるのです。数年前、イトトンボの研究をしている若い女性同僚が私に言った言葉が、これをよく表しています。「あなたは人間行動について研究しても差し支えないでしょうね。だってあなたはテニュアを持っているもの」。

　幸いなことに、進化心理学者がテニュアトラックつきの職に就くことが多くなり、また、彼らが興味深く有益な発見を続けていることにより、こうした古

くからある障壁は崩壊しつつあるように私には思えます。ミシガン大学は、ある重要な点で、素晴らしい学術拠点であると言えます。異なる学部の人たちが、共通する興味について会って話すことができるのです。数年にわたり、私たちのグループは非公式なセミナーを催しました。そこから、ノースウェスタン大学の人類学者ナポレオン・シャグノン（Napoleon Chagnon）とビル・アイアン（Bill Iron）、カナダのマクマスター大学の心理学者マーティン・デイリー（Martin Daly）とマーゴ・ウィルソン（Margo Wilson）、それにミシガン大学に所属する私たちのうちから数人を加えた、小さな学際的グループが生まれました。基本的に、1年に2回、三つの大学のうち二つの大学の人は全員、学生を連れてわーっと車に乗り込み、数日間のワークショップのために、残る三つめの大学へと向かいました。ワークショップがミシガンで開催される時には、たいてい私が準備をしたものです。

　ワークショップは楽しくて得るところが大きく、それで終わりだったかもしれません。しかし、ある日、カリフォルニア州バークレーの街角で、ある仲間が、われわれがいかに排他的かについて私を激しく非難し始めたのです。何ですって？　私たちは、われわれの学際的協力がどれほど価値を持つようになっていたのか、あるいは他の人たちがそれをどうとらえているのかについて、本当に何も考えていませんでした。ですから、その批判への回答として、私たちは幅広い会議を企画することにし、それは数年間続きました。心理学者と人類学者、それに少しばかりの生物学者が会議に参加しました。そして、ランディー・ネシー（Randy Nesse）の勧めもあり、最終的には1988年の会議で、ウィリアム・D・ハミルトン（W. D. Hamilton）を満場一致で初代学会長に据え、私たちの集まりは公式な学会——人間行動進化学会——になったのでした。他の人とともに、私も、学会長と書記・会計の両方を務めました。

　こうした素晴らしく多様性のある仲間の中で、私は人間行動を理解する多くのアプローチを手に入れました。私のアプローチはまだいくらか生物学に基礎を置いています。通常、私は問うことから始めます。もし私たちが、ある人がとても賢くて非常に社会的な霊長類であることしか知らないとしたら、特定の状況下でその人が行うことについて、私たちは何を予想できるでしょうか。人類がどれほど特別に思えても、われわれは何よりもまず動物である、という事

実を、私たちは忘れがちです。私たちは哺乳類に属する霊長類であり、われわれがどれほど複雑であっても、すべての哺乳類——すべての生物——が解決しなければならないのと同じ種類の基礎的な問題、すなわち、身体を維持すること（人生初期には身体を成長させること）、配偶者を見つけること、うまく独り立ちできるよう子どもを育てることに、私たちも日々取り組まなければならないのです。こうした制約は重要です。われわれは非常に賢い霊長類で、日々の問題を解決するたくさんの方法を知っていますが、それにもかかわらずそうした問題をいまだに抱えているのです。われわれはまた、生活史や人口構成、配偶システムといった基本的な事柄（いつ最初の子を持つか、いつまで子を産むか、寿命の長さ、たくさんの配偶者を持つか、それとも配偶者は1人だけか、などなど）において大きな多様性を持つ、非常に可変性の高い種です。（国を越えても、国内でも）文化間でこうした事柄は相当に異なるのです。

　最後に、文化的伝達はヒトに固有ではないものの、ヒトにおいて極度に発達しています。遺伝子だけがわれわれの発達や行動にとって重要なのではなく、文化もまた重要なのです。もちろん文化は世界中で異なりますが、国の中でも、民族、社会経済的ステータス、宗教、その他多くのものによっても異なります。私たちは、例えば、肥満と喫煙のパターンが、疫学的なモデルによって最もよく予測できることを発見しつつあります——まるで、多くの病気と同じく、肥満や喫煙が接触感染するかのように。「肥満は遺伝的か、文化的か」というのは、もはや単純すぎる疑問です。複合的な影響を見るには、学際的な分析が要求されます。

　これが普通ではないアプローチだということはわかっていますが、もしかすると専門的な心理学から得られた知見に奥行きを与えることができるかもしれません。ここに2人の女性がいるとします。1人めは、18歳で結婚し、そこから20年の間に8人の子どもを産みました。2人めは、大学院を出て、35歳で結婚し、子どもを1人産みました。この2人の女性が、世界を同じように見ているとは思えません。彼女たちの経験は大いに違うのですから（例えば、Low *et al.*, 2002; Low *et al.*, 2008）。2人の文化は異なります。つまり、彼女たちの周囲の人たちの価値観が違うのです。2人の心も異なるでしょう。たとえ同じ国に住んでいたとしても。別々の国に住む女性の様々な生き方を考えれば、その違い

はとてつもなく大きいことでしょう。

　私は、心理学の「普遍性」と人類学の文化多様性の相互作用に関心があります。私は、私たちが資源コントロールや性差といった重要なテーマについての自分たちのやり方についてどのように考えるのか、またそれはなぜか、また、生物的特徴だけでなく文化がどのようにわれわれの生活を規定するのかについて、広範に理解しようとすることに、興味を失ったことはありません。すでに述べたように、生物学的な意味で成功を収めるには、すべての生物は、ヒトを含め、生存し、成長し、成熟し、繁殖しなければなりません（文化的な成功において繁殖は必要とされません）。われわれには何ができるでしょうか。同じ種の中で、私たちには、真の遺伝的な一夫一婦制（人生を通じて1人の配偶者との間でだけ子をなし、両性の繁殖成功度は同一）、一夫多妻制（最もありふれた配偶の形であり、繁殖成功度は、男性で分散が大きく、女性で分散が小さい）、そして少ないけれども一妻多夫制があります。男性は、子どもを育てるのを手伝うこともあれば、手伝わないこともあります。性別によって非常に似通ったことをすることもあれば——全く違うことをする場合もあります。人生をどのように進めるかについて、とても大きな多様性が見られます。私の場合、配偶と父親の貢献のパターン——配偶者を得るために、そして子どもを育てるために、誰がどのような種類の労力を費やすのか——に関心があります。私は、労働における性役割、子どものしつけなどについて、伝統社会の文化比較研究による研究をしてきました。こうしたテーマの研究は以前にもありましたが（初め、私は先行研究のデータを使って研究したのです）、進化的な視点によるものはありませんでした。

　時には、偶然、本当におもしろい問題にめぐり会うこともありました。ある時、お子さんの誕生日パーティで、ある同僚が私に何気なくこう言いました。「資源と繁殖成功に興味があるなら、このデータベースを知ってなきゃね」。それは19世紀スウェーデンの人口統計学データで、私を次のような進化的問いに引き入れました。家族形成に資源はどのような意味を持つのだろうか。地位はどのように結婚見込みに影響し得るのだろうか。そして最後に、どのように人口転換が生じた可能性があるのだろうか。

　こうしたわけで、私が書いた論文は、時期も内容も多種多様なのです（Low, 1979, 1989, 1991, 1993, 1994, 2000; Low *et al.*, 2002）。そしてついに、これらのうち

いくつかが、現代の（進化的に新しい）環境についての研究とともに統合され、"Why Sex Matters" という本になりました。この本を書くのはとても楽しかったです。書き直しの機会があったので、前よりも読みやすくなりましたし、元々の論文を書いた後に自分が学んだ内容を更新することも、物事をより広く、また同時により深く理解するよう努めることもできました。最近（Low *et al.*, 2008）では、学生2人と一緒に、女性の生殖可能期間に及ぼす環境的影響について研究しています。それに、最近、暫定タイトル「男女平等に関する進化的展望」という論文を書いてくれないかと頼まれました。新しいことを学ぶのに、素晴らしい口実です！

　進化と心理学における今日の大問題の多くは、進化的に新しい（現代の）環境に関連しています。われわれが過去にめぐり会ったことのない制約や機会のある環境です。長期間にわたる当たり前のパターンは、あらゆる環境下で、状況に応じて、他の個体よりもうまく生き残り、子を残した個体がいたということを意味します。私たちはこれを自然淘汰と呼びます。自然状況にさらされることによる、長年にわたる遺伝子の"フィルタリング（選別）"です。もし、世界が常に酷寒だったとしたら、どの生命体も、寒さに耐えたり、寒さを避けたり、寒さを調節したりするメカニズムを持っていることでしょう。しかし、もし、突然世界が暖かくなったら、最もうまく生き残り、子を残すのは誰でしょうか。私は、極端な気温——寒さ——の話をしていますが、これが文化の変化の幅の話でも同じことです。第二次世界大戦中のアメリカでは、それまでは男性だけが従事していた仕事に、女性が就き始めました。戦争が終わった時に、男女それぞれにどのような心理的修正が求められたか想像してみてください。私たちは、環境の変化がどのように心理的なプレッシャーを与えるのかについて、もっと多くの、そしてもっと複雑な例を挙げることができるでしょう。

　私には、研究者の卵のみなさんがこれからどんな問題に直面するか見当もつかないので、何か助言をするというのにはためらいがあります。ただ、私に有効だったのは（いくらか挫折もしましたが）、自分の情熱に従い、すぐに役に立つように思えるかどうかにかかわらず、本当に興味のある問いに取り組むことでした。偶然出くわした、自分が夢中になれることについて研究をすることで、私はアカデミックの世界で生き残ってきました（そして学術界で"繁殖しまし

320

第 6 章　未来の進化心理学者たちへ

た"——私には、成功したかつての教え子がたくさんいます）。けれども、たぶん注意書きを加えたほうがよいでしょう。自分の情熱に従うことは、あなたを新しい問いの領域へ、あなたが専門知識を持ち合わせていない領域へ、連れて行ってくれるかもしれません。私は、こうしたアイディアに取り組み続けてもうずいぶん経ちますが、それでもいまだに初心者の気分なんです！　ですから、もしあなたが私と同じ道を進むのなら、自分以外の人はみな、自分よりもたくさんのことを知っているように感じる時があるかもしれません。出世が遅くなることがあるかもしれません。選択するのは他ならぬあなたです。ただ、私にとってそれは、自分の職業人生を通じて、問いを立て、学び続けられることへの代償としては、安いものでした。

321

6.3 消費するヒトの発見

ガッド・サード（Gad Saad）

　ガッド・サードは、最初に進化心理学をマーケティングと消費者研究に導入した学者の１人である。彼は現在、カナダ、モントリオール市のコンコルディア大学のジョン・モルソン・ビジネススクールでマーケティング学の教授を務めているほか、進化行動科学・ダーウィン消費学センターの主任も務めている。

　1964年にレバノンの首都ベイルートで生まれたサードは、幼い時から二つの夢を持っていた。その一つはサッカー選手になること、もう一つが大学教授になることであった。1988年マギル大学で数学とコンピュータサイエンスの学士、1990年に同大学のマーケティング学の修士を終えた後、コーネル大学においてマーケティング学博士号、マネージメント学修士号、そして統計と認知科学の修士号を得ている。1994年から現在までコンコルディア大学マーケティング学科に在職している。

　進化行動学者としての主な研究的関心は進化理論、意思決定、消費者行動の三者の間の関連にある。著書に、"*The Evolutionary Bases of Consumption*" や "*The Consuming Instinct: What Juicy Burgers, Ferraris, Pornography, and Gift Giving Reveals about Human Nature*" などがある。著書においては、進化心理学の視点からヒトの消費行動の原因と特徴について詳細に考察し、現代マーケティングと行動経済学領域に新たな研究テーマを提示している。

　ちなみに彼のウェブサイト「Psychology Today」でのブログは、百万を超える訪問率を誇っている。

　本節においては、彼の研究の思考過程や経歴、経験について紹介する。

本人による主な参考文献

Saad, G. (2007). *The evolutionary bases of consumption*. Mahwah, NJ: Lawrence Erlbaum.

Saad, G. (2011). *The consuming instinct: What juicy burgers, ferraris, pornography, and gift giving reveal about human nature*. Amherst, NY: Prometheus Books.

Saad, G., Eba, A., & Sejean, R. (2009). Sex differences when searching for a mate: A process-tracing approach. *Journal of Behavioral Decision Making, 22*, 171-190.

Saad, G., & Gill, T. (2003). An evolutionary psychology perspective on gift giving among young adults. *Psychology & Marketing, 20*, 765-784.

Saad, G. & Vongas, J. G.（2009）. The effect of conspicuous consumption on men's testosterone levels. *Organizational Behavior and Human Decision Processes, 110*, 80-92.

私の進化への "悟り"

多くの進化論者は、自らが進化を悟った瞬間を思い出すことができるでしょう。それはつまり、後に進化学者になろうと決意するきっかけとなるような、進化理論の持つ単純明快な説明力に気づく瞬間のことです。私の "悟り" は、コーネル大学の博士課程の1年目だった1990年の秋、デニス・レーガン（Dennis T. Regan）の社会心理学特論の講義を受けている時でした。学期のだいたい中盤頃で、1988年のデイリーとウィルソンの "*Homicide*（人が人を殺すとき）" を読むという課題が出されました。その本は、配偶者間の殺人、低い社会的地位にある男性間での殺人へとつながる争いなど、様々な犯罪の普遍的なパターンを進化的な観点から説明していました。この本を読んで、私は進化論的枠組みの理論的な美しさに打ちのめされ、進化の虫は私にかじりついたのです！

私の博士論文では、認知心理学者のエドワード・ルッソ（J. Edward Russo）指導のもと、情報探索時の適応的な探索停止戦略について研究しました。この研究の目的は、ヒトが「私は、競合する選択肢の情報を全て得た。だから、新たな情報を得ようとするのはやめて、Aという選択肢を選ぼう」と言う時の、鍵となる認知プロセスを明らかにすることでした。この博士論文でわかった適応的探索停止戦略から、ヒトは、「経済人（Homo economicus）」などという架空の生き物と違って、所与の意思決定ルールを厳密に適用するようなやり方を取らないことが示されました。むしろヒトは、様々な状況要因（有力な選択肢を特定するプロセスがどれだけ進んでいるかや、時間のプレッシャーなど）に応じて、停止戦略を変化させることがわかりました。このように、私の初期の行動意思決定理論についての研究（Saad & Russo, 1996）は、明確に進化心理学の枠組みに基づいてはいませんでしたが、進化が形成する行動の可塑性を認識していました。コンコルディア大学の助教になった時、私は進化消費行動の分野を立ち上げました。この分野で積み上げた業績によって、私はコンコルディア大学の進

化行動科学・消費行動研究講座の教授職に就きました。このような講座は世界でも初めてでしょう。

私の研究業績と未来計画

　私は、マーケティング／消費行動、ビジネス、心理学、経済学、計量書誌学、医学など、様々な分野の問題に取り組んできたことからもわかるように、筋金入りの学際人だと自負しています。私の研究の多くは、進化的な枠組みに基づいた共通の理念でつながっています。進化理論を適用した研究を以下に挙げてみましょう。消費者行動（Saad, 2006a, 2007a, 2010a, 2011a）、広告（Saad, 2004）、配偶者・血縁者・友人への贈与（Saad & Gill, 2003）、マーケティング（Saad & Gill, 2000; Saad, 2008a）、食物のマーケティング（Saad, 2006b）、日焼け（Saad & Peng, 2006）、行動ゲーム理論（Saad & Gill, 20001a, 2001b）、インターネット広告での女性セックスワーカーのウエストヒップ比（Saad, 2008b）、強迫神経症（Saad, 2006c）、自殺と経済状況（Saad, 2007b）、代理ミュウヒハウゼン症候群（Saad, 2010b）、インターネットの閲覧の性差（Stenstrom, Stenstrom, Saad, & Chikhrouhou, 2008; Stenstrom & Saad, 2010a）、ニューロマーケティング（Garcia & Saad, 2008）、学際性（Garcia *et al.*, 2011）、配偶者探索（Saad, Eba, & Sejean, 2009）、歌詞（Saad, 2011b）、出生順と技術革新の創造（Saad, Gill, & Nataraajan, 2005）、政治におけるマーケティング（Saad, 2003）、リスク志向性と指の長さの比率（Stenstrom, Saad, Nepomuceno, & Mendenhall, 2011）、ギャンブル依存症（Stenstrom & Saad, 2010b）、人目を引く消費行動が男性のテストステロンレベルに及ぼす効果（Saad & Vongas, 2009）、組織の中での生理周期の影響（Durante & Saad, 2010）、身体的魅力の自己評価（Saad & Gill, 2009）、異質な性格特性の混在（Saad, 2007c）、インターネットを利用したヒトの普遍性の調査（Saad, 2010c）、テレビゲーム（Mendenhall, Saad, & Nepomuceno, 2010; Mendenhall, Nepomuceno, & Saad, 2010）。

　進化理論は、このような全く異なる研究領域を渡り歩くための理論的な乗り物です。ついでに、私が利用してきた研究手法も様々でした。列挙すると、調査、実験室実験（紙と鉛筆だけの実験から装置を使ったプロセスの記録まで）、テキスト分析、双生児調査、唾液検査（テストステロンの測定）、パネル調査（縦断的

調査）、生物測定学（指の長さの比率）、二次的データの利用などです。

　ここで、最近の研究を二つ簡単に紹介します。これによって、進化理論が他のやり方では太刀打ちできないような難問に取り組む上で、大いに役に立ってきたことがわかるでしょう。一つめは、人目を引くような消費行動が男性のテストステロンレベルに及ぼす効果についての研究です（Saad & Vogas, 2009）。私たちは次のように考えました。男性は人目を引く消費行動をレック型求愛行動（性的シグナル）として利用しています。また、男性のテストステロンレベルは社会的／競争的な場面での勝利（敗北）に依存して増加（減少）します。この二つから、男性に高いステータスの商品を与えると、テストステロンレベルは増加すると予測されます。具体的には、ポルシェを運転すると男性のテストステロンレベルが増加することを私たちは実証しました。興味深いことに、テストステロンレベルの増加は、（人に見られる）繁華街で運転しても、さびれた道路で運転しても、同じように生じました。二つめに紹介するのは、ウェブサイト上の広告に載っている女性セックスワーカーのウエストヒップ比の研究です（Saad, 2008b）。分析した48カ国での平均の比率は 0.72 であり、これは、0.68 〜 0.72 という男性のほとんど普遍的とも言える好みに一致するものでした。つまり、世界中の様々な文化の女性は、男性に受けのよい重要な形態的特徴をよく知っているということで、世界最古とされる職業における普遍的現実を、この研究は明らかにしたのです。

　"*The Evolutionary Bases of Consumption*" という 2007 年に出版した専門書は、私の学際性の最たる証拠と言えるでしょう。この本では、非常に幅広い分野から 800 近い文献を引用しました。この本の中で私は、消費を包括的、網羅的に定義した上で、生物学的なヒトの本性を生み出した進化の力を無視していては、ヒトの消費本能を十分に理解することはできないと示そうと試みました。そのために、執筆にあたっては、まずは数えきれないほどの消費の側面をすべて書き出した後、それぞれをダーウィン的に解釈するという戦略をとりました。後に出版された私の一般書（Saad, 2011a）での一節を、繰り返しになりますが紹介します。「進化の光を当てなければ、消費については何もわからない」。

　進化心理学と消費行動の狭間で研究している中で、私はこのような多くの研究テーマを教育にも結びつけてきました。例えば、学部と MBA コースでは消

325

費行動を、修士課程では意思決定の心理学を、博士課程では進化的な消費行動と行動決定理論を教えています。これらのすべての講義で、教育の道具として進化心理学を使っています。学生の反応を見ると、彼らの中でパラダイム・シフトが起きているのがはっきりわかりますし、進化心理学（より一般的には進化行動科学）は教えがいがあります。進化心理学というミームは、本当に感染力が強いのです！

　私の研究の未来計画は、進化的な視点から興味深い科学的問題に根気強く取り組み続けることです。今の職務の任期中にしたいことは三つあります。①デヴィッド・ウィルソン（David S. Wilson）がビンガムトン大学で始めたような、学部をまたいだ進化的研究プログラムを、自分の大学でも立ち上げたい。②モントリオールの四つの大学の進化学者が一堂に会し意見交換できるような、大学間の進化研究グループを作りたい。③自分の大学のビジネススクールに、ビジネス生物学センターを設立したい（進化心理学と多くのビジネス領域の接点については Saad（2011c）参照）。

　これらを実現するのは簡単ではないでしょう。なぜなら、大学の経営陣や教授陣に、それぞれの学術領域の縄張りを守ることを諦め、学際性を受け入れさせる必要があるからです。

研究の中で得た経験と教訓

　私が研究人生で得た教訓は、経済学者のジョン・ガルブレイス（John K. Galbraith）の言葉（Galbraith, 1971, p.50）に端的に示されています。

　「自分の考えを変えるか、変える必要がないことを証明するかの選択に迫られたら、ほとんど全員が、考えを変える必要がないことを必死で証明しようとする」。

　私は、研究者として、消費者心理学者、行動決定理論学者、進化心理学という三つの「帽子」をかぶってきました。交流を持った学術グループによって、私はヒーローにも異端にもなりました！　ここ15年のほとんどの間、多くのマーケティングと消費行動の研究者は、私の研究に並々ならぬ反感を抱いてきました。ジョン・ホールデン（J. B. S. Haldane）は、研究者が新しい理論を受け入れるまでに経験する四つの段階を提唱しましたが、それはまさにマーケティ

ングの研究者たちから私に向けられた反応を表現するのにぴったりです。

「四つの受け入れ段階──①無価値で馬鹿げている。②おもしろいが突拍子もない見方だ。③正しいが重要ではない。④昔から私もそう言っていた」。

第1段階から第3段階まで移行したマーケティングの研究者は増えてきましたが、第4段階に至った人はまだほとんどいないのが現実です。とはいえ、科学的方法論の自動修正能力に照らして考えると、マーケティングと消費行動の研究者の大多数がホールデンのいう第4段階に至るのも時間の問題だろうと、私は確信しています。このように、アイディアが評価された上で受け入れられるか捨て去られるかが決まる、客観的で民主的なプロセスこそが、科学的方法論の美しさなのです。アイディア市場における競合する科学理論の争いも、ダーウィン的プロセスであると解釈されてきたこと（Campbell, 1960, Heyes & Hull, 2001）も、ついでにつけ加えておきましょう。

進化心理学への異議と今後のフロンティア

私の一般書（Saad, 2011a）の第1章では、進化心理学者を悩ませ続けるであろう九つの異議を列挙し、反証を述べました。それらの懸念のうちいくつかは、思想的・観念的なものです。いわく、「進化心理学は、進化の原理を政治的、経済的、もしくは社会的目標を達成するために誤用してきた極悪人たちの長い歴史（ナチズム、社会進化論、優生学など）を受け継いでおり、危険だ」「進化心理学は、（不倫や子殺しなどの）非難すべき事柄を科学的に正当化しようとしている」「進化心理学は、人間のことを、非常に競争的で利己的な怪物だと解釈している」「進化心理学は、神への不信を広めている」。

このような観念的な攻撃に加え、進化心理学を中傷する人は、認識論的なデマを主張しています。いわく、「進化心理学は、（遺伝子は自由意思に勝るという）生物学的決定論と同類である」「進化心理学者はおそらく人間にまつわる事柄において環境が果たす役割を否定する」「進化心理学で支持されている生物学的な説明は、人間よりも動物に関係している。人間は生物学の原則を超えた文化的な存在である」「進化心理学は、ヒトの普遍性を明らかにすることばかりに傾倒していて、鮮やかに入り組んだ人間模様を生み出す無限ともいえる個人差を無視している」「進化心理学は、乱暴で反証不能ななぜなぜ物語で満

327

ち満ちている」「集団全体で見ると真実であるような進化的な事実に矛盾するデータが一つでもあれば、進化心理学を論破できる（ボブおじさんは20歳年上の女性とつき合っている。だから、『男性は若い女性を配偶者として好む』とする進化心理学者の仮定は無効だ、というように）」。

　シャロン・ベグリー (Sharon Begley) が進化心理学をこき下ろした *"Newsweek"* の記事に対して、私が Psychology Today ブログの記事（2009年6月22日）で説明したように、進化心理学への攻撃は、決して倒せない不死身の獣（『ハロウィン』のマイケル・マイヤーズや『13日の金曜日』のジェイソン・ボーヒーズのような殺人鬼）のようなものです。先に述べたような、時代遅れで間違った、正直言って無知な攻撃に対して、進化心理学は何度も応えてきましたが、新たな無知の世代の登場とともに攻撃は再開されます。将来の進化心理学者が立ち向かうべき課題の一つは、永遠とも思えるこれらの無学な攻撃が二度と頭をもたげることがないように、決定的な解決法を見つけることでしょう。地球は平坦ではないという事実に異議を唱える現代人がほとんどいないのと同じように、進化理論を否定することが軽蔑の眼差しで見られるようになるまで、私たちは世の中に向かって主張し続ける必要があります。

　進化行動学者は、いくつかの重要な進化学の領域で、見事な究極的説明を提供してきました。それが最も成功したのはおそらく、ヒトにおける普遍的な性差の説明でしょう。その反面、進化心理学者は、ヒトにとって新しく、重要な他の領域に進化的視点を適用することにはやや臆病でした。究極的に言えば、生物学的主体が関わるあらゆる事象は、進化心理学の射程内にあります。ヒトが関わるあらゆる事象は、みなが共有している普遍的な生物学的遺産の内側に存在しています。私は最近、*"Futures"* 誌で進化心理学の未来についての特集記事を編集しました。その特集号の序章（Saad, 2011d, Table 1）で、私は進化的視点をある程度取り入れている学術領域が驚くほど多いことを示しました。その領域は以下の通りです。審美学／芸術、農学、畜産学、人類学、考古学、建築学、生物模倣工学、コンピュータ科学、創造性、犯罪学、舞踏、インテリアデザイン、都市計画、栄養学、経済学、教育学、工学、認識論、倫理学、家族研究、美食、歴史学、免疫学、国際関係論、法学、言語学、文学、医学、音楽学、神経科学、看護学、薬理学、物理学、生理学、政治学、精神医学、公共政策、

宗教学、安全保障、社会学。

　将来の進化心理学が、科学的探究の無限とも言える新領域に進化的思考をますます注ぎ込んでいくことを、私は願っています。

キャリア形成への提言

　2008 年、私はアリゾナ大学で「戦略的になるべきかならざるべきか、それが問題だ——学際的で因習を打破するある進化消費行動学者の思索」という題の講演を行いました。その主な目的は、科学者が直面する二つの相反するキャリア形成の選択肢の緊張関係について話すことでした。つまり、狭く定義づけられた分野の中で研究するか、それとも学術領域の制約など関係なく、興味深い課題に取り組んでいくかという問題です。科学者としての名声を得るための戦略としては、前者のほうが一般的ではありますが、後者はもっと刺激的だと、私は主張しました。同じ学術分野を何度も検討し続けるには人生は短すぎる、というのが、私の最初のアドバイスです。あなたの興味を引く科学的課題に向かって突き進みましょう。

　進化行動科学の研究者は、広く言えば進化理論を、狭く言えば進化心理学を嫌う終わりなき抵抗に度々直面します。二つめのアドバイスですが、やがて来る敵の攻撃に立ち向かえるだけの図太さを身につけておきましょう。私はいつも、自分の大学院生たちに、マーケティング研究者として職探しする際には、困難に直面するだろうと警告しています。とはいえ、マーケティングの学科に所属する進化心理学者もだんだん増えており（例えば、ヴラダス・グリシケヴィシウス（Vladas Griskevicius）、ジル・サンディー（Jill Sundie）、ジョシュア・アッカーマン（Joshua Ackerman）、クリスティーナ・デュランテ（Kristina Durante）など）、状況は改善しています。数年前に私は、世界でも指折りのビジネススクールで、進化心理学と消費者行動の融合研究について講演をしました。大げさでも何でもなく、聴衆からの怒りの質問やコメントに遮られ、ほとんど言いたいことを言い切ることができませんでした。具体的には、以下のようなコメントです。

　「消費者は動物だというのか？」「同性愛や自殺を進化的な視点から説明できるのか？」「消費者は文化的存在であり、生物学を超越している」「商売人はヒトの普遍性には興味はない。消費者の多様性を説明してほしいんだ」「消費者

の行動は生物学的に決定されていると言いたいのか？」

　結局私は、その日準備していたスライドの半分も話せずに終わりました。聴衆は、私の主張を最後まで聞くだけの礼儀も持ち合わせていなかったのです。しかし、私は落ち着き、冷静を保ちました。かえってそれが火に油を注いだようでしたが。つまり私が言いたいのは、攻撃的な物言いに対処できるようにしておくべきだということです。苛烈な知的争いの覚悟がないのなら、進化心理学には向いていないかもしれません。

　私の最後のアドバイスは、進化心理学者だけでなくすべての研究者に言えることです。自らの倫理と規範に妥協しないでください。自分の仕事に誇りを持ってください。そして、度を損なわない程度に完璧主義を実践しましょう！

結　論

　ダーウィン革命は、全速力で進行中です。「消費するヒト（Home consumericus）」の進化的遺産を拒絶したり無視したまま、消費行動学者が科学的研究をするのはどんどん難しくなっていくでしょう。行動科学全般を、そして、特に消費者行動を「ダーウィン化」させるのに自分が貢献できるのは、喜ばしいことです。将来の科学者たちには、進化的視点を自らの理論的なツールに取り入れて進路を模索していくことを、強くお勧めします。

6.4 レポートが論文になるまで——進化心理学は科学たりうるか

ティモシー・カテラー（Timothy Ketelaar）

　ティモシー・カテラーは、1986年にアイオワ州立大学心理学科を卒業し、1986〜89年はパデュー大学で社会・人格心理学を勉強し、修士号を得た。その後、ミシガン大学心理学科で博士課程を修了し、1993年に人格心理学の博士号を得た。1993〜96年はポスドクとしてカリフォルニア大学バークレー校のNIMH感情研究プログラムに参加し、カリフォルニア大学サンフランシスコ校のポール・エクマン（Paul Ekman）とウィスコンシン大学マディソン校のリチャード・ダヴィッドソン（Richard Davidson）の指導を受けた。1996〜2002年はドイツ、ミュンヘンのマックス・プランク人間発達研究所の適応行動・認知センターにポスドクとして在籍し、1997〜2002年はカリフォルニア大学ロサンゼルス校コミュニケーション研究科、2001〜02年はパサデナ大学デザインスクール芸術センターでそれぞれ講師を務め、その後、2002年から現在まではニューメキシコ州立大学の教壇に立ち、現在は心理学科の准教授である。

　彼の研究は、感情と行動経済学、感情研究一般、進化心理学と生理学の三つを含む。学際的な観点から、進化心理学と実験心理学、ゲーム理論を結合させ、判断と意思決定における感情の役割を説明しようとしている。主にこの領域の四つの問題に注目している。①社会的意思決定における感情の役割。②社会的ゲームにおける感情のシグナル。③積極的、消極的な感情と価値表象の適応性、④感情と意思決定過程の個人差。

　彼の研究から、感情の感受性と「感情シグナル」は特定の方式で意思決定に影響することがわかった。進化ゲーム理論の観点から感情とそれに関連する問題を議論し、EMOTLABというソフトウェアを開発した。このソフトを用いると、参加者はバーチャルな相手と78種類にものぼる二者間ゲーム（囚人のジレンマゲームや協力ゲームなど）を行うことができ、かつバーチャルな相手は、参加者のパフォーマンスに応じて自分の行動を調整し、特定の感情を表現することもできる。

　本節では、彼が経験した大学院時代のディスカッション・セミナーのある課題から出発し、自身の学術的道のりを描写し、西洋的な教育システムの中での学術的議論、思考、テーマ設定、そして共同研究の行い方について、ヒントを与えている。

本人による主な参考文献

Ellis, B. J., & Ketelaar, T. (2000). On the natural selection of alternative models: Evaluation of explanations in evolutionary psychology. *Psychological Inquiry, 11*, 56-68.

Ellis, B. J., & Ketelaar, T. (2002). Clarifying the foundations of evolutionary psychology: A reply to Lloyd and Feldman. *Psychological Inquiry, 13*, 157-164.

Ketelaar, T. (2002). The evaluation of competing approaches within human evolutionary psychology. In S. J. Scherer & F. Rauscher (Eds.), *Evolutionary psychology: Alternative approaches*. Kluwer Press.

Ketelaar, T., & Ellis, B. J. (2000). Are evolutionary explanations unfalsifiable?: Evolutionary psychology and the Lakatosian philosophy of science. (Target Article) *Psychological Inquiry, 11*, 1-21.

　私が進化心理学に最初に出会ったのは、1989年、ミシガン大学の大学院生の時でした。ミシガンで私は、「進化心理学」の本質とは、進化生物学で得られた洞察をヒトの心や行動へ応用することだと知りました。この出会いは心理学部の大学院生向けセミナーに出ていたために起こったわけですが、そこで私は、どんな議論のテーマについてもおもしろいことを言う、ある1人の大学院生と出会いました。セミナーは、毎週火曜日の朝に、学部の教授陣のうちの1人の講義を聞き、その後の木曜日の朝に、大学院生がその講義について議論を行う、というものでした。私は最初、この大学院生がどんなトピックについても洞察力に富んだ発言をすることにうさん臭さを感じていましたが、すぐに、彼の意見の多くが進化生物学の適応主義という考え方から来ていることに気づきました。この大学院生は、ブルース・エリス（Bruce Ellis）といいます。今ではブルースは、アリゾナ大学のノートン寄付講座「父親・子育て・家族」所属の教授であり、ヒトの発達に関する進化心理学の第一人者でもあります。

　カリフォルニア州立ポリテクニック大学の学部生時代、ブルースはパット・マッキム（Pat McKim）の学生の1人でした。パットは人間行動進化学会（HBES）の初期のメンバーの1人であり、HBESが設立された最初の10年、会計を務めていた人物です。ブルースはまた、カリフォルニア大学サンタバーバラ校のドナルド・サイモンズ（Donald Symons）と性的空想に関しての共著論文を書いており、後にこの論文によって、ロサンゼルスで行われた1990年のHBESで若手研究者賞を受賞することになりました。そして彼は、1992年に出

第6章　未来の進化心理学者たちへ

版され、多くの社会科学者に進化心理学の存在を知らしめた"The Adapted Mind"で一章を担当した、唯一の大学院生となったのです。要するに、私がミシガンの心理学博士課程に所属していたその時代は、全くの偶然かつ幸運なことに、「先駆者たち」が進化心理学を新しい分野として定義しつつあり、そのために主流の心理学をいらつかせている最中だったのです。私は、心理学のどのようなトピックにおいても洞察のあることを言えるブルースの能力が、彼の明晰な頭脳だけではなく、進化生物学における適応主義の概念や原則への深い理解に基づいていることを、すぐに理解しました。

　私が進化心理学を知り、その最初の成果を得たのは、実は、まさにそのセミナーでのことでした。1990年春のある火曜日の朝、その日はデヴィッド・バス（David Buss）が講義を担当していました。バスはヒトの配偶者選好に関する彼自身の進化心理学の研究について話し、その内容は私にとって刺激的でした。私は、いわゆる配偶行動の研究には特に興味を持っていませんでしたが、心理学における適応主義的な思考の有用性に関するバスの一般的な主張は説得力のあるものだと思いました。ですから、その後行われた、木曜の朝のバスの講義についてのディスカッションで、私は心底驚きました。私の同僚の院生はバスの発表について、控えめに言っても、それほど夢中ではなかったのです。

　多くの学生は、バスの講義に強い怒りを感じていました。彼らは、バスが、「男性と女性は異なる認知過程を持っている」と強く主張したのだと感じていたのです。それはまさに、高学歴でリベラルな社会科学専攻の学生にとってのタブーでした！　ある男子学生は、泣きそうになりながら、どんなに彼が「進化心理学は、女性の扱いに関する現状維持を肯定する下手な言い訳だ」と感じたかを説明しました。私は、同僚の院生たちがバスを非難したり、彼の動機に疑問を呈したり、彼の発表の主張を大きくゆがめるのを目の当たりにしました。私はまさに同じ講義に出て、かつ、配偶行動の心理学的研究には全く興味を持っていませんでしたが、それでも、「適応主義的な思考は、心理学の研究に対して強力な道具であり得る」というバスの中心的な主張を高く評価できると感じていました。それではなぜ、セミナーの同僚たちはこのことがわからなかったのでしょうか。多くの学生たちは、バスを「現代の人間行動の性差は、生物学的原理を援用することで説明できる」という危険な世界観を助長するような

333

人物として見ていたのです！　彼らにとって、ヒトの本質に関するバスの基本的な仮定——つまり、「複雑で、種特有の性質は、適応的なデザインであるか、その副産物であるか、あるいはノイズであるかのどれかだ」という仮定——は、根本的に間違っていて、危険なものでした。バスの話が私にとって刺激的だったのは、それが間違った、危険な世界観を提示していたからではなく、心理学に対する劇的に異なったアプローチを説得的に説明していたからです。それは、私自身が関心を持っているヒトの感情にも適用できるかもしれない、斬新なアプローチでした。

　それまで私は、ヒトの感情について意味のある科学的な問いをどのように生成したらよいのかという難問と闘っていました。大学院のトレーニングを受けている時点での私の暫定的な結論は、「もしそれが統計的に有意な結果を多くもたらすならば、その問いは意義深いものである」というものでした。しかしそれは、私の関心への満足な答えとは言い難いものでした。バスの「配偶行動の心理を理解するのには、適応主義的思考が役立つ」という発表は、単に「感情は何のために形作られたのか」と尋ねることが、感情研究者にとって強力な研究の問いになる可能性に気づかせてくれました。しかしながら、多くの私の同僚の大学院生たちの目には、バスは、研究の問いを生み出すのに有益な道具を明らかにしてくれた人ではなく、遺伝決定論と自然主義的誤謬に傾倒する狂信者と映っていました。結局のところ、バスは、進化生物学者ジョージ・ウィリアムズ（George Williams）が述べた非常にシンプルな主張——「ヒトの心が何の目的のためにデザインされたのかを知ることによって、われわれの心に対する理解が大幅に進むだろうと期待するのは、当然のことではないだろうか」（Williams, 1966, p.16）ということ——を、ただ繰り返していただけだったのです。

　多くの私の同僚たちは、バスの発表に対して怒り心頭でしたが、殉教者に詳しい元カトリックの私（ソクラテスとマハトマ・ガンジーは私のヒーローです）は、理性を欠いた批判者たちの強大な集団を相手に、生涯続く闘いに身を投じ、ヒトの感情のデザインをわずかでも明らかにすることに没頭するというアイディアに、一目惚れしてしまいました。バスの批判者はたいてい間違っていて、一方、適応主義は心理学に有用だというバスの全体的な主張については、ほぼ正しいと、私は考えました。アンチ適応主義のならず者集団と闘うのよりもおも

第 6 章　未来の進化心理学者たちへ

しろそうなキャリアを、私は思いつけませんでした。数十年かかって、私はよ
うやく理想主義に立ち返りましたが、今でも進化心理学がヒトの本質を理解す
るのに有用であると、当時と同じくらい熱心に信じています。

とてもおもしろいセミナーでのレポート課題

　蔓延する「アンチ進化」感情を知ったことには、全く利益がなかったわけで
はありません。理性的な人々が善意に基づいて取る多様な行動を観察する機会
になったことに加えて、私は、進化心理学に対するいくつかの善良な批判者に
よる懸念に、合理的な答えを返す最初の機会も得ることができました。その機
会とは、バスのトークの直後に行われた、フィービー・エルスワース（Phoebe
Ellsworth）とエド・スミス（Ed Smith）——彼らはセミナーのインストラクタ
ーでした——に出されたレポート課題のことです。最初、私は彼らの挑発的な
設問に非常にいらだちましたが、すぐに気づきました——彼らが私たちに出し
た問題は、心理学の活動に直結する正当なものであっただけでなく、回答でき
るものだったのです！

　バスの火曜日の講義の後のレポート課題は、以下の三つのパートから成り立
っていました。

①　最初に、楽観主義について、進化的な説明をせよ。

②　次に、悲観主義について、進化的な説明をせよ。

③　最後に、もし進化心理学が楽観主義と悲観主義を説明することができる
　　ならば、そのことは進化心理学について何を意味するか？

　多くの院生たちは、もし進化心理学があらゆる事象とその反対の事象に対す
る説明を生み出すことができるのであれば、論理的な結論としてこのリサー
チ・プログラムは、哲学的に疑わしく、また認識論的価値があるか疑わしいと
論じました。この同じ問題に対する私の答えは、少し違うものでした。

　この 2 年ほど前、イギリスのパーソナリティ心理学者であるマイケル・アプ
ター（Michael Apter）による一連の素晴らしい講義を聞いた後、私は大量の科
学哲学の本（カール・ポパーやトマス・クーンからイムレ・ラカトシュまで広きにわ
たっていました）を買いあさっていました。全くの偶然なのですが、通常であ
れば私の大学院の指導教官であったランディー・ラーセン（Randy Larsen）が

335

教えていた授業を、1988年は、アプターが教えていたのです。ラーセンはちょうど若手研究者向けの大きな研究資金を獲得したばかりで、そのおかげで院生向けの授業をすることから解放されていたのでした。こうして私は、スタンダードなアメリカ的パーソナリティ心理学の院生向けゼミの代わりに、まさにイギリス的なゼミを受けたのでした。そのゼミでアプターは、ネオ・ポパー反証主義学派によって生み出された、世間に蔓延する考え違いへの対抗手段として、ラカトシュの科学哲学を紹介しました。私はアプターによるラカトシュの洞察の言い換えをいまだに覚えています。「データと理論が一致しないなら、データにとってはお気の毒。そうでしょう？」。このラカトシュの科学哲学で武装することによって、私はスミスとエルスワースのレポート課題に立ち向かう準備ができたと感じました。ご存知でしょうが、ラカトシュの主張の本質は——ポパー主義者とは異なり——、リサーチ・プログラムはそれが進歩的か、退行的かという観点から評価されるべきものであり、単にそれが正しいか間違っているかで評価されるべきものではない、ということです。ラカトシュにとって、仮説や予測は支持されるか否か（反証も含む）という観点から適切に評価できるものですが、理論やリサーチ・プログラムは個々の仮説とは異なり、全く異なる哲学的な道具を用いて評価されるべきものでした（後述）。

　これを踏まえて、私は二つのパートからなる回答を提出しました。一つめのパートで私は、社会心理学者のグラント・マーシャル（Grant N. Marshall）とカミーユ・ワートマン（Camille B. Wortman）が、少し前に心理科学協会（APS）の大会で発表した研究について説明しました。この研究は、楽観主義的な性質と悲観主義的な性質が実際には直交しており、エルスワースとスミスの質問が意図するような、反対の構成概念ではないことを示したものでした（Marshall, Wortman, Kusulas, Hervig, & Vickers, 1992）。したがって、彼らの「ソクラテス式問答法の劣化版」（私も彼らと同じくらい図々しかったのです）は、このレポート課題には不適切でした。なぜなら、「楽観主義と悲観主義の両方を説明できるリサーチ・プログラムについて何を言うことができるか？」という問いに対する妥当な答えとして、「それは、その研究者がマーシャルとワートマンの最近の知見を知っているということを単に意味しているだけだ」と簡単に言い返すことが可能だったからです。しかし、二つめのパートで、私はエルスワースと

スミスの設問の主眼は的を射たものだと認め、「あるリサーチ・プログラムが
ほぼすべての性質およびその反対の性質を説明できることについて何が言える
か」という問いへの回答に移りました。

　回答の中で私は、ラカトシュの洞察、つまり進化心理学のようなリサーチ・
プログラムは、正しいか間違っているかという観点から判断されるものではな
く、それがライバルのリサーチ・プログラムから期待されないような新しい事
実を生み出すかどうか、また核となる仮定に多くの注意書きをつけずに例外を
説明できるかどうか、を基準にして判断されるものである、と述べました。
個々の命題や仮説を判断する時、帰納的推論が誤用されやすく、その問題を克
服するには反証主義が有用であるというポパーの主張を、ラカトシュはよく知
っていました。ラカトシュは、対立する現象について説明を提供する物理学の
リサーチ・プログラムの例（光の理論における粒子―波動理論が古典的な例として
挙げられている）や、初期には反対のデータが示されながらも生き残ったリサ
ーチ・プログラムがあるという歴史的な証拠（例えば、ニュートンの理論が最初
に出版されたまさに同じ年に、彼の理論を反証するように見えるデータが提出されまし
たが、彼の理論の核となる論理ではなく、批判者の補助仮説が間違っていると示すこと
により、彼の理論は反論を生き抜きました）を挙げています。ラカトシュによれば、
進化心理学のようなリサーチ・プログラムを科学的に有用たらしめているもの
は、間違った命題を生み出さないことではなく、新しい事実を生み出したり、
よく知られた例外を説明できたりすること、そしてライバルとなるリサーチ・
プログラムよりもこれらのことを巧みに成し遂げられることでした。バスは、
配偶行動の進化心理学の講義の中で、いくつかの新しい事実（男性と女性の配偶
者選好における文化間の共通点と相違点を詳述した自身の文化比較データなど）を示し
ていました。彼はまた、後に性戦略理論（Buss & Schmitt, 1993）となる、その
背後にある初期の論理も提示していました。この理論的なモデルは、男性と女
性がしばしば短期的・長期的な配偶者選好に用いる変則的なダブル・スタンダ
ード（例えば、男性は性的関係を持とうとする相手の乱交的傾向を、是認することも否
認することもあるように見える）を説明できるものでした。

　私はレポートで「A」をもらいましたが、それで終わりにはしませんでした。
それから私は進化心理学の核となる論理を詳説する理論論文を書くという、い

ささか理想主義的な試みを始めたのです。このあまりにも野心的な計画で（結局、私ひとりでは完成させられませんでした）、私はレポートの回答をこの原稿に組み込むことに決めました。当時私は、そのような論文、つまり進化心理学者たちによって使われている重要な概念やメタファーを総括するような論文を書く資格が自分にないことに気づいていませんでした。しかし、未熟だった私は、その論文を二つのパートに分けることに決めました。パート1では、喫緊の科学哲学の問い、「進化心理学は妥当な科学的リサーチ・プログラムか」を扱うことにしました。二つめのパートでは、進化心理学者によって採用された重要な概念やメタファーの使い方を説明しようとしました。例えば、「進化を経た心理メカニズム」という言葉は、ミシガンの進化心理学者たちが口を開くたびに聞かれる言葉でした。振り返ってみれば、そんな大局的な論文を書くという私のばかげた妄想は、疑いようもなく、バスが彼の学生に配布していた論文を読んだことに刺激されたからだ、とわかっています。その論文は、スタンフォードの院生によって書かれたものであり、題名は 'A century of stasis: The scandal of function agnostic cognitive psychology' というものでした。その論文の筆者、ジェフリー・ミラー（Geoffrey Miller）は、ヒトの情報処理に関する大量の文献をうまく要約していただけでなく、問題（認知心理学における機能の不可知論）とその問題に対する妥当な解——すなわち、進化生物学の適応主義から得た見識を認知心理学に応用する——を提示するという、素晴らしい仕事をやり遂げていたのでした。聞き覚えがある？　実は、ミラーの論文は、ロックバンド「ヴェルヴェット・アンダーグラウンド」の初期アルバムの海賊盤のように、ミシガンでも広く流布されたのです。この論文に触発されて、私は同じように、進化心理学の重要な概念とメタファーを詳説してみようと考えたのです。

　この論文に1年ほど試行錯誤した末に、私は厄介なことに首を突っ込んでしまったと気づきました。私は、自分は十分な科学哲学の知識背景を持っているから、最初の問い、つまり「進化心理学は妥当な科学的リサーチ・プログラムか」という問いに取り組むための基礎的な議論のアウトラインを書けるはずだと考えていました。しかし、私は科学哲学をよく知ってはいましたが、進化心理学に関しては驚くほど知らず、また進化生物学に関してはそれ以上に知識不

第6章　未来の進化心理学者たちへ

足だと気づいたのです。身のほどを知って謙虚になった私は、ブルースにその論文の共著者になってはくれないかと頼みました。

　かいつまんで話すと、ブルースは私の申し出を引き受けてくれました。ブルースの強い勧めによって、私たちは論文のアウトラインを書くことから始めました。まず、「進化心理学はそれ自身では反証可能な仮説を生み出さないゆえに、進化心理学というリサーチ・プログラムは非科学的である」という、よくある——少なくとも1990年代にはよくあった——指摘に焦点を当てた、パート1の要約を書くという難しい仕事に飛び込んでいくことになりました。ブルースと私は、この主張が間違っていることを知っていました。なぜなら、私たち2人とも、膨大な量の反証可能な進化心理学の仮説の例を引き合いに出すことができたからです。しかし私たちは、進化心理学がどのように反証可能な仮説を生み出すことができ、また生み出してきたか、それを示す反例を並べ立てるよりも、どのように妥当な科学的リサーチ・プログラムが機能しているのかということを明確化するという、より有益な課題を中心に据えることにしました。もし科学哲学者たちが科学的なリサーチ・プログラムを評価するのに用いてきた最も重要な基準を説明することができたなら、私たちはこの分析を進化心理学に応用することができ、そしてそうすることにより、進化心理学が科学的に進歩的なリサーチ・プログラムの特性を持っている証拠を示すことができるだろう、というアイディアでした。

　その論文の最終稿があがるまでには5年以上の歳月を要し、そのころまでにはブルースと私は博士号を取り、異なる場所でポスドクを始めていました。私は、アメリカ国立精神衛生研究所（NIMH）のエクマンが統括する感情研究ポスドク研修プログラムの一環として、カリフォルニア大学バークレー校とイリノイ大学で過ごしました。また、ブルースは発達精神病理学者であるケン・ドッジ（Ken Dodge）と研究するために、ヴァンダービルト大学に出向いていました。その後の数年は、私はドイツに移ってゲルト・ギゲレンツァー（Gerd Gigerenzer）のもとで進化心理学のポスドクを務め、その後カリフォルニア大学ロサンゼルス校にて講師の職を得ました。幸運なことに、そこで行動・進化・文化研究センター（BEC）の発足に立ち合いました。その間に、ブルースはニュージーランドのカンタベリー大学でテニュアの職を得ていました。ブル

339

ースと私は、論文の原稿のやりとりを、いくつものタイムゾーン、大陸、半球さえも超えてメールで続けました。そしてとうとう、私たちは投稿用の最終稿をあげました。その論文は 'Are evolutionary explanations unfalsifiable?: Evolutionary psychology and the Lakatosian philosophy of science' と題され、1999 年前半に、その時まだ比較的新しい雑誌であった *Psychological Inquiry* に投稿されました。この雑誌はターゲット論文を特集し、それに対して募ったコメンタリーと、著者による返答を掲載する形式をとっていました。投稿から数カ月後、うれしいことに、私たちの論文はこの雑誌の第 11 巻でのターゲット論文に選ばれました（Ketelaar & Ellis, 2000）。10 年ほど前、ミシガン大学のセミナーでのレポート課題からすべてが始まり、6 年にわたって情熱的な共同研究を続けた末の成果としては、決して悪くないものでした。

6.5 進化に興味を持つ人たちへの四つのアドバイス

ジェフリー・ミラー（Geoffrey Miller）

　ジェフリー・ミラーは、国際的に有名な進化心理学者であり、ベストセラー作家でもある。1965 年に生まれ、現在はニューメキシコ大学心理学科の准教授を務めている。1987 年にコロンビア大学で生物学と心理学の学士号を得た後、スタンフォード大学でアメリカ国家科学賞を受賞したロジャー・シェパード（Roger N. Shepard）のもとで学び、1993 年に認知心理学の博士号を得た。1992 ～ 94 年はイギリスのサセックス大学認知・コンピューターサイエンス学部進化適応システム研究チームにおいて、ポスドクとして研究を行った。1995 年からノッティンガム大学の心理学科の教壇に立ち、同年にマックス・プランク人間発達研究所の適応行動・認知センターに入り研究を進めた。1996 ～ 2000 年はロンドン大学大学院で経済学習・社会的進化センターの上級研究員を務めた。2001 年から現在まではニューメキシコ大学に所属しているが、現在は客員研究者としてクイーンズランド医学研究所の遺伝疫学チームで研究を行っている。

　彼は広い研究的関心を持つが、主な関心は、ヒトの知性の進化、性淘汰がいかにヒトの行動に影響を与えるか、進化心理学の観点からの消費行動の理解、そして遺伝と臨床研究などにある。彼の配偶者選択と性淘汰理論では、ヒトの知能と心理の進化は自然淘汰ではなく性淘汰によって駆動されていると考え、ヒトの最も魅力的な心理機能や知能は性的相手を引きつけ、喜ばせるために進化してきたという。著書の *The Mating Mind*（恋人選びの心）では、ヒトの心理の進化の多くの面から、配偶者選択における性淘汰の重要な役割、特に「自己表現」の性質を持つ人間行動（例えば芸術、道徳、言語、創造力など）に対する促進について議論している。性淘汰理論は新たな角度からヒトの認知や動機、コミュニケーション、文化などの問題を研究するための理論的基礎を提供してくれた。その後、グレン・ジェアー（Glenn Geher）と、*Mating Intelligence* を共著した。性淘汰理論の研究では、性淘汰はヒトの認知、美学、道徳の発達を促進させる（Miller & Todd, 1998; Miller, 2001, 2007）ことや、一夫一妻制における性淘汰はヒトの知性を向上させる（Hooper & Miller, 2008）ことを示した。

　ヒトの心理の進化について、性淘汰以外にも、運動知覚や学習メカニズム、ヒトの言語、文化、知性、意識、認知などの進化的起源（Todd & Miller, 1997; Husbands,

Harvey, Cliff, & Miller, 1997）などについて多大な貢献をしている。その中には男性の精子の質と知性が正相関する（Pierce, Miller, Arden, & Gottfredson, 2009; Arden, Gottefredson, Miller, & Pierce, in press）、適応度要因が個人の知性に影響する（Arden & Miller, in press）、高い知性を持つ個人の身体的対称性がよい（Prokosch & Miller, 2005）、社会的地位、個人特性、性別が個人の言語的ユーモア効果に影響を与える（Greengross & Miller, 2008）、女性の妊娠可能性が高い時は、創造的な男性への短期的選好が高まる（Haselton & Miller, 2006）などがある。ちなみに、"Evolution & Human Behavior"誌に発表した論文 'Ovulatory cycle effects on tip earnings by lab-dancers: Economic evidence for human estrus?' (Miller, Tybur, & Jordan, 2007) は、2008年のイグノーベル賞を受賞した。

　また、彼はマーケティングにおいて、ヒトの遺伝的特性を利用した商品のマーケティングにも興味を持っている。現代の販売戦略にリードされる文化において、200万年来の小規模コミュニティでの暮らしがもたらしたヒトの一連の遺伝的特性は、現代人の消費行動に影響を与えている。昔の社会では、社会的地位の高低は、子孫を残せるかどうかにとってきわめて重要であった。そして現代では、マーケティング戦略を通して、人々（特に若者）に、消費行動を通して自分と他人の社会的地位を判断するように仕向けることができる（Griskevicius, Tybur, Sundie, Cialdini, Miller, & Kenrick, 2007）。だからこそ現代のマーケティング担当者は、「贅沢品の消費が富、地位、品位を象徴すると信じている」が、彼らはヒトの本質においてもっと重要な要素（親しみやすさ、知恵、創造性など）を見落としている。そしてこれら見落とされている要因が、現代の商品マーケットの発達を制限している。ミラーは著書 "Spent（消費資本主義！）"において、ヒトの遺伝的特性の消費行動における進化とその現れについて詳細に説明し、今後のマーケティング研究に重要な方向を示した。

　他には遺伝と臨床研究においての貢献もある。自閉症児は両親から適応度を低める特性を継承している（Shaner, Miller, & MIntz, 2008）、統合失調症患者は適応度理論における極端な事例として見なすことができる（Shaner, Miller, & MIntz, 2004）、統合失調型は、個人の創造性の表れの一つとして見なすことができる（Miller & Tal, 2007）、心身障害は総合的な適応度や進化遺伝モデルの視点から説明できる（Keller & Miller, 2006a, 2006b）、などの知見を発表している。

　本節では、彼はいつもの鋭い文体ではなく、素朴な表現で自分の学問の道のりを述べ、読者がどのように進化心理学の研究を進め、国際的な研究を行い、就職の道を見つけていく上でのアドバイスを述べている。

第6章　未来の進化心理学者たちへ

本人による主な参考文献

Geher, G., & Miller, G. F. (Eds.) (2007). *Mating intelligence: Sex,relationships, and the mind's reproductive system.* Mahwah, NJ: Lawrence Erlbaum Associates.

Keller, M., & Miller, G. F. (2006). Which evolutionary genetic models best explain the persistence of common, harmful, heritable mental disorders? *Behavioral and Brain Sciences, 29*, 385-404.

Miller, G. F. (2001). *The mating mind:How sexual choice shaped the evolution of human nature.* New York: Anchor. (長谷川眞理子 (訳) (2000). 恋人選びの心——性淘汰と人間性の進化——　岩波書店)

Miller, G. F. (2006). The Asian future of evolutionary psychology. *Evolutionary Psychology, 4,* 107-119.

Miller, G. F. (2007). Sexual selection for moral virtues. *Quarterly Review of Biology, 82*, 97-125.

Miller, G. F. (2007). Reconciling evolutionary psychology and ecological psychology: How to perceive fitness affordances. *Acta Psycholigica Sinica, 39,* 546-555.

Miller, G. F. (2009). *Spent: Sex, evolution, and consumer behavior.* New York: Viking. (片岡宏仁 (訳) (2017). 消費資本主義！——見せびらかしの進化心理学——　勁草書房)

Miller, G. F., Tybur, J., & Jordan, B. (2007). Ovulatory cycle effects on tip earnings by lap-dancers: Economic evidence for human estrus? *Evolution and Human Behavior, 28*, 375-381.

　私はコロンビア大学で心理学と生物学の学士号を取得した後、1987年にスタンフォード大学の心理学の大学院課程に進学しました。最初は認知心理学を学ぶつもりだったのですが、あまりに退屈な空理空論に思えてきました。幸運なことに進化心理学の創設者2人、コスミデスとトゥービーがポスドクとして、私の指導教員だったシェパードのところで働いていました。バス、デイリー、ウィルソン、それにギゲレンツァーが1989～90年にスタンフォードを訪れたのですが、それらの面々とともに、コスミデスとトゥービーは私に、ヒトの本性に関する研究への進化理論の適用可能性を紹介してくれました。その後、スタンフォードの友人ピーター・トッド（Peter Todd）が、私と同じくこの進化心理学という新領域に加わりたがっているとわかったのですが、実際に何を研究すればいいか、私たちはよくわかっていませんでした。2人とも遺伝的アルゴリズム（コンピューター上で自然淘汰による進化をシミュレーションする方法）を習得していたので、それを応用して、いくつかの簡単な作業課題を学習するための神経ネットワークを設計してみました。進化と学習が相互作用して適応的

343

な行動を創出するさまを例証したいと思ったのです。この研究のおかげで、私は1990年代前半にイングランドのサセックス大学でポスドクの職にありつき、人工生命と進化ロボット工学について研究しました。楽しい仕事だったのですが、自分は認知工学よりも人間心理に興味があることに気づかされました。

スタンフォードで、私は配偶者選択を通した性淘汰にも関心を持ちました。性淘汰は強力であるにもかかわらず日の当たっていない理論で、体や脳の性差を説明するにとどまらず、鳥の歌やヒトの言語といった派手な知的能力の迅速な進化も説明できるように思えました。その頃やっと生物学で注目され出した性淘汰に関して、手に入る限りの文献を読み漁ったものです。1993年の博士論文で示唆したのですが、配偶者選択はヒトの脳の進化、特に生存をめぐる自然淘汰では説明が困難な形質（芸術、音楽、ユーモア、創造性、言語など）の起源に関して重要な役割を果たしたはずです。この考えは、2000年の拙著 *The Mating Mind*（恋人選びの心）"やそれ以降の私の研究の大半の基礎になっています。

1990年代にイングランドとドイツでいろいろな仕事をした後、2001年にニューメキシコ大学に赴任しました。そこは進化心理学、生物学、人類学研究の中心地で、スティーヴ・ギャンゲスタッド（Steve Gangestad）、ランディ・ソーンヒル（Randy Thornhill）、ヒリー・カプラン（Hilly Kaplan）やジェーン・ランカスター（Jane Lancaster）といった同僚がいます。生産性が上がらず、心理学の仕事を見つけるのに苦労した数年間の後に来た、終身在職権獲得への初めてのチャンスであり、もっと論文を書かなければというプレッシャーが切々と湧き上がってきました。おかげで、どうすれば *The Mating Mind* で述べたいくつものアイディアを検証できるか一心に考えるようになり、そして自分はもっと個人差について、知能、パーソナリティ、精神病理、行動遺伝学といった観点から勉強しなければならないと気づきました。ここ数年は、進化心理学と個人差に関する研究を統合するために、多くの時間を費やしています。この統合は、心理学の新しい諸領域に進化の考え方を浸透させる一つのよい方法なのです。

そんなわけで、私の研究の大半はヒトの性的指向、配偶者選択、対人認知、個人差、進化遺伝学、精神病理学に関するものです。とりわけ力を注いでいる

344

のが、ヒトの心の特性を、性淘汰や社会的な淘汰の中で現れた適応度指標（表に現れない表現型形質や遺伝的な質を示す、コストを伴う正直なシグナル）と見なして分析することです。この分析はさらに、適応度指標理論を臨床心理学の諸問題に応用することにつながり、統合失調症やうつ病、人格障害、性機能不全などについて、進化遺伝学、症状の表現型、人口動態といった観点から理解することをめざしてきました。排卵周期が女性の配偶者選択と性的魅力に与える影響の研究（この中の一つが悪名高き、ラップダンサーの研究［訳注：避妊薬を服用していないラップダンサーのチップ収入は、妊娠可能性の高い時期に最も高くなることを示した（Miller, Tybur, & Jordan, 2007)]）もまた、こうした流れの中で行われました。

　1990年代後半にロンドン大学ユニバーシティカレッジの経済学部で働いていた時、私は経済学的意思決定と消費者行動にも興味を抱きました。マーケティングや広告、プロダクトデザインの世界は現代人の文化の中核のように思え、進化心理学は消費主義にもっと注目すべきだと考えたのです。このことが拙著 "*Spent*（消費資本主義！)" の上梓、および進化消費者心理学についてのいくつかの研究につながり、進化消費者心理学は今では私の主要研究テーマの一つです。

　私の今後の研究計画は、最近オーストラリア・ブリスベンのニック・マーティン（Nick Martin）の遺伝疫学研究グループでサバティカルを過ごしたことに大きく影響されました。そこは世界有数の双生児サンプルを保有しており、多変量行動遺伝学（ヒトが持つ複数の形質間の遺伝相関に関する研究）とゲノムワイド関連解析（形質に影響する遺伝子を特定する試み）の双方で卓越した研究を行っています。進化心理学者は進化遺伝学の理論や行動遺伝学の研究手法、（種間）比較ゲノム解析についてもっと学ばねばならないと思います。そうすれば、先史時代に起こった進化に関する自分たちの理論を、ヒトの本性の実体である遺伝子に結びつけることができるのですから。

今後の研究フロンティアと進化心理学における挑戦

　進化心理学の発展は一様ではありませんでした。ヒトの配偶行動や育児、血縁関係、集団生活、身分や地位、攻撃性の研究に対しては大きな影響を、また心理の発達や精神疾患、パーソナリティ、言語、知能、感情、意思決定の研究

に対してもそれなりの影響を与えてきました。その一方で、認知心理学、産業・組織心理学、消費者心理学、文化心理学、ポジティブ心理学、健康心理学や、ヒトの本性に関する心理学以外の分野（精神医学、人類学、政治学、経済学、社会学、言語学、哲学、人文学）に対してはほとんど影響を与えてきませんでした。このギャップは、進化心理学とその適用先の研究分野の両方に精通した若い研究者たちによって、次第に埋められていくことでしょう。私からの助言ですが、他分野の研究者と話す時は、あらゆる問いに答えられるかのようにふるまう傲慢な進化心理学者になってはいけません。学際研究に必要なのは、相互の心からの尊敬、傑出した社交術、そして他分野の考え方と研究成果をたとえ最初は与太話に聞こえたとしても、進んで学ぼうとする姿勢です。私はサセックス、ミュンヘン、ロンドン、ロサンゼルス、ブリスベン、アルバカーキの学際研究グループと仕事をしましたし、数十の学際会議に参加しました。うまく行っていたのは、強力で先見の明のあるリーダー、謙虚で勤勉な研究者、明晰で柔軟な頭脳を持つ学生、くだけた会話がしやすい部屋、近所のおいしいランチ、そして濃いコーヒーが揃っている組織です。できる限り、そういう場所を見つけて勉強や研究をしてください。

　進化心理学者が成功するためには、われわれの学問を、理論が不備で資金が豊富な分野、教授1人あたりの学生数が多い分野、傲慢さではなく不安を抱える分野に輸出することです。資金が豊富ということは、奨学金やポスドクの採用、アカデミアでの職、学会のための旅費が豊富ということです。教授に対して学生が多いということは、新奇の話題を扱うコースの開設を切望する学生の声が届きやすいということです。不安感があるということは、分野を救うことができる新たな考え方を切望しており、たとえ分野が有する先入観に相容れない考え方でも真価が認められやすいということです。経済学は、助成金交付が少なく理論が充実しており、教授1人あたりの学生数が少なく、（特に、ノーベル経済学賞なるものがあることからくる）自信と傲慢に満ちあふれています。なので、進化心理学は当面は受け入れられないでしょう。対照的に、健康心理学は、研究費と志望学生が多いのに、理論がしっかりしておらず評価も安定していません。よって、進化の考え方を受け入れやすい、よりよい標的であると言えます。同じことが精神医学、消費者心理学、ポジティブ心理学にも言えます。こ

れらの分野では同時に、医学部やビジネススクールで教鞭をとったり、一般向け科学書を書いたりすることで高収入を得られるかもしれないというおまけもつきます。

　心理学の研究手法は来たる将来、より一層強力になり、それを修得することが若き研究者にとってより一層重要なこととなるでしょう。私が特にわくわくしている技術は、嗜好学習ウェブサイトとスマートフォンの二つです。アマゾンやネットフリックス、フェイスブック、マッチ・ドット・コム、ハンチといった大手インターネット企業は、数百万人規模のユーザーの嗜好に関するデータを集めていますが、こういったデータが個人差や対人認知、配偶者選択、消費者心理学についての心理学的研究に使われることはほとんどありません。これらの商用データはたいていは企業によって専有されていますが、特にアジア市場に進出しようという時などに、企業は、若く野心にあふれ、IT 技術に精通した心理学者を雇用したり共同研究したりするかもしれません。iPhone やアンドロイドといったスマートフォンは輪をかけて刺激的で、数年後には 10 億を超す参加者を対象とした心理学的研究を行えるようになる可能性があります。スマートフォンを使えば、現在はアンケート調査、世論調査、知能テスト、臨床面接、インタラクティブな実験などによって行われているあらゆる研究を行うことができ、さらに GPS 機能、加速度計、カメラ・ムービー機能でフィールドデータを収集することさえできるのです。この 10 年で 13 億の中国人と 11 億のインド人のほとんどがスマートフォンを所有したら、アジアの進化心理学者がどんな研究ができるか想像してみてください！　未来の心理学は、数百人の参加者の足を実験室に運ばせるのではなく、そういった電子技術を使って数百万人の実験参加者のもとに実験室を運ぶのです。進化心理学が諸行動科学に率先してそういった技術を導入すれば、私たちは非常に大きな影響力を持つことになるでしょう。

進化心理学に興味を持つ学生と若手研究者への四つのアドバイス

　①科学に関するグローバルな視点を育むこと：どういう国が、英語が通じ、経済的に強く、政治的に安定していて、文化面で開放的で、研究に対する理解があり、中国人学生に対して友好的なのかを知ってください。そういった地域

（アメリカ、カナダ、イギリス、オーストラリアなど）にあってあなたが選べる中で最高の大学に留学し、最高の大学で最初の学術的な職を得てください。それから、望むならば中国の大学に戻ることです。国外で勉強したり生活したりするのは大変で、寂しさや貧しさを感じることや、過小評価されていると思うことも多いでしょう。しかし長期的には、あなたの経歴と中国の科学界にとって高い価値があることなのです。来たる数十年で中国の経済的強さ、文化的威勢、学術的生産性が向上するに連れて、中国人であるあなたは学生や共同研究者として喜んで受け入れられるようになるでしょう。アメリカ人もヨーロッパ人もやがてアジアが科学の将来を担うことを知るでしょうし、アジア人との共同研究を始めるべきです。さもなければ、せっかく努力しても業績は無視され、忘れ去られるでしょう。アメリカで科学が成熟し始めた20世紀初頭にドイツ語で書かれた心理学論文の大半がそうだったように。

②英語を一生懸命勉強すること：英語は、21世紀を通じて、アジア内でさえも、科学界の公用語であり続けることでしょう。バンガロールとペキンとバンコクの心理学者が学会で会話をする時に使うのは英語でしょう。英語のネイティブスピーカーと共同研究してください。そうすれば論文が非常に明瞭になります。作文能力は、主要な心理学誌に論文を受理してもらうためには重要です。自分の研究ネットワークを作るために、英語使用の学会に行き、英語使用のソーシャルネットワーキングサイトを使い、英語使用の研究センターを訪問してください。

③進化心理学者の職を得たい人は、現在でも進化心理学者の求人がとても少ないということを忘れないでください。アメリカとヨーロッパの大学の心理学部のほとんどで、終身在職権つきの教授職の公募が出やすいのは、認知神経科学や臨床心理学、社会心理学、健康心理学、パーソナリティ心理学、行動遺伝学、または統計法といったホットな領域です。これらのうちの一つ以上の領域について、研究スキルを習得し、講義を受け持ち、論文を出版し、学会に行き、指導的な研究者とつながりを持ち、小規模な研究助成金を複数回得ることです。私は同じことを自分の学生に言っていますが、この助言を無視して終身在職権獲得候補職に就くことができた人はいません。

④特に習熟しておくと便利な技術スキルは、脳イメージング、多変量統計学、

多変量行動遺伝学、ゲノムワイド関連解析、進化理論、集団遺伝学、適応的行動に関するコンピューターシミュレーション技術、そして生態学的に妥当な相互作用実験の計画法です。多くのアメリカとヨーロッパの学生は、これらの技術を習得できるほど賢くないか、勤勉でないか、数学的素地が足りないかのいずれかです。そういった手法を使うトップレベルの研究センターで何年か過ごすことは、あなたにとって大きなプラスになることでしょう。その他に役に立つ体験は、小規模社会で暮らす人々を対象にした人類学的な実地調査、または野生動物の行動調査です。フィールド経験は進化心理学分野では尊敬の的です。

　まとめると、中国の進化心理学の未来は明るいということになります。ある意味では、私は今、45歳のアメリカ人教授でいるよりも、20歳の中国人学生になれたらと思います。20歳の学生には、2015年から少なくとも2060年（長寿研究の成果次第ではひょっとしたらもっと長く）までの研究人生が待っています。彼らが目の当たりにするであろうヒトの本性を理解する学問の発展は、今の私には想像もつきません。早ければ2020年には、インターネットのデータ、スマートフォンによる実験、全ゲノムシークエンス、安価な脳イメージングや神経系遺伝子発現の動物モデルが、心理学に大変革をもたらします。ナノテクノロジーや量子コンピューティング、人工知能、仮想現実、知能増進薬も、いずれ心理学の発展に驚くべき貢献をすることでしょう。最も重要なことは、経済的繁栄と高等教育がアジア中に広がっていくと、優秀な科学者候補の数が劇的に増えるということです。あなたが、ヒトの起源や本性や可能性を探究しようというこの大冒険に、自分も参加したいと思ってくれたら幸いです。

コラム6　ヒトの繁殖戦略と生活史戦略、そして現代環境

長谷川眞理子

　自然人類学の教室で野生チンパンジーを研究し、博士の学位を取得した後、行動生態学の研究に専念したいと思った。そこで、ケンブリッジ大学動物学教室のティム・クラットン-ブロック博士の研究室で、シカや野生ヒツジの研究を始めた。ダマジカというシカの配偶者選択の研究と、家畜ヒツジの祖先であるソイシープの個体密度と子ヒツジの成長曲線の関係の研究であった。帰国してから後、大型動物の野外研究ができるようなポジションに就職できなかったこともあり、行動生態学を本格的に研究する希望は消えていった。

　進化心理学をめざすきっかけになったのは、1990年に参加した二つのクローズドのシンポジウムである。一つは、シチリア島のエリーチェで開かれた「ヒトと動物における子どもの保護と虐待」についてのシンポジウム、もう一つは、カリフォルニア大学サンタクルス校で開かれた「メスの生物学と生活史」についての、女性研究者のみのシンポジウムだった。

　シチリアのシンポジウムでは、人類学者のサラ・ハーディやナポレオン・シャグノン、ミナミゾウアザラシの研究で有名なバーニー・ルバフらと会い、一流どころとの濃密な時間を過ごすことができた。進化心理学の大御所であるマーティン・デイリーとマーゴ・ウィルソンの二人に初めて会うことができたのもこのシンポジウムである。結局は、この時に始まったご縁が進化心理学へ、そして、日本人間行動進化研究会、のちに学会の設立へとつながるのである。しかし、1990年時点ではまだ、私自身が人間の研究にどのように踏み込むのかの見通しはなかった。

　サンタクルスのシンポジウムは、ヒトを含むいろいろな動物のメスの生理学と生活史戦略に関するシンポジウムだが、もう一つの柱は、動物における性差の存在を熟知し、性差が存在する進化的理由も理解しているわれわれ女性研究者は、フェミニズムとどう向き合っていくのか、という問題であった。当時の私は、こんなことは全く考えていなかったので、これは本当に自分の考えの浅さを突きつけられたシンポジウムであった。以後、この問題に関していろいろと考え、社会的にも発言するようにしている。

　夫の長谷川寿一は心理学者であり、私たちは心理学と自然人類学という二つの異なる分野で育ちながら、野生霊長類の行動生態の研究を一緒に行ってきた。長らく二人

で研究の話をしながら過ごしてきたことは、最終的にヒトの心理と行動を進化的に探求するという結末を、必然的に導いたのだと思う。

しかし、私自身は、進化生物学と行動生態学の理論を知り、いろいろな動物を研究してきても、ヒトという対象はあまりに複雑で、どのように取り組めば、浅薄ではない進化心理学へと進めるのか、長らくわからないでいた。それがはっとわかったのは、レダ・コスミデスとジョン・トゥービーによる、4枚カード問題の研究に接した時だった。

それには、1994年、マダガスカルでキツネザルの調査中に翻訳していた、ヘレナ・クローニン著『アリとクジャクの進化論』の中の記述で出会ったのである。この研究内容から、人類進化史とその進化環境でヒトが出会った諸問題、ヒトの脳の働きと領域固有性、文化と言語の役割などの問題が有機的につながり、私の頭の中で整合性をもってつながるようになったのである。それ以後、マーティンとマーゴに促されて日本の殺人の研究に取り組み、学会を作り、科学研究費新学術領域の思春期の研究を始め、というふうに続いてきた。

今後は、「少子化はなぜ起こるか」の説明を含め、ヒトの繁殖戦略と生活史戦略を統合する研究を進めていきたい。それには、文化と言語の役割に関わる新たな視点も必要だと考えている。また、ヒトの進化史を知る研究者として、現代環境がいかに「新奇」であり、それが現代人にどんなストレスをもたらしているのかについて発言することは、進化心理学者としての義務の一つではないかと考えている。

ヒトに限らず進化的な考察をしようとすれば、かなり学際的に多様な知識が必要である。研究対象を熟知しなければならないし、周辺の様々な知識を集め、大きな絵を描こうとしなければならない。若い人たちには、大きな絵を描くことをつねに心がけた上で、その大きな問題を取り組み可能な問題に分解して、緻密な研究を展開していってほしい。研究とは、大きな大きなジグソーパズルを解くことだと思っているから。

本人による主な参考文献

Hiraiwa-Hasegawa, M. (2005). Homicide by men in Japan: The relationship between age, resource and risk-taking. *Evolution and Human Behavior, 26,* 332-343.

長谷川寿一・長谷川眞理子 (2000). 進化と人間行動　東京大学出版会

参考文献

Aiello, L. & Dunbar, R. (1993). Neocortex size, group size and the evolution of language. *Current. Anthropology, 34*, 184-193.

Aiello, L. C. & Wheeler, P. (1995). The expensive-tissue hypothesis: The brain and the digestive system in human and primate evolution. *Current Anthropology, 36*, 199-221.

Alexander, R. D. (1974). The evolution of social behavior. *Annual Review of Ecology and Systematics, 5*, 325-383.

Alexander, R. D. (1987). *The biology of moral systems.* New York: Aldine.

Alexander, R. D. (1989). The evolution of the human psyche. In C. Stringer & P. Mellars (Eds.), *The Human Revolution* (pp. 455-513). University of Edinburgh Press.

Alley, T. R., & Cunningham, M. R. (1991). Averaged faces are attractive, but very attractive faces are not average. *Psychological Science, 2*, 123-125.

Andersson, M. (1982). Female choice selects for extreme tail length in a widowbird. *Nature, 299*, 881-820.

Arden, R., Gottfredson, L., Miller, G. F., & Pierce. A. (in press). Intelligence and semen quality are positively correlated. *Intelligence*.

Ashton, M., & Lee, K. (2007). Empirical, theoretical, and practical advantages of the HEXACO model of personality structure. *Personality and Social Psychology Review, 11*, 150-166.

Atran, S. & Henrich, J. (2010). The evolution of religion: How cognitive by-products, adaptive learning heuristics, ritual displays, and group competition generate deep commitments to prosocial religions. *Biological Theory, 5*, 18-30.

Axelrod, R. (1984). *The evolution of cooperation.* New York: Basic Books.

Axelrod, R. & Hamilton, W. (1981). The evolution of cooperation. *Science, 211*, 1390-1396.

Baars, B. J. (1988). *A cognitive theory of consciousness.* New York: Cambridge University Press.

Barkow, J. H., Cosmides, L. & Tooby, J. (1992). *The Adapted mind: Evolutionary psychology and the generation of culture.* Oxford: Oxford University Press.

Barrett, H. C. (2001). On the functional origins of essentialism. *Mind and Society, 3*, 1-30.

Barrett, H. C. (2005a). Enzymatic computation and cognitive modularity. *Mind and Language, 20*, 259-287.

Barrett, H. C. (2005b). Adaptations to predators and prey. In D. M. Buss (Ed.). *The handbook of evolutionary psychology* (pp. 200-223). New York: Wiley.

Barrett, H. C., & Behne, T. (2005). Children's understanding of death as the cessation of agency: A test using sleep versus death. *Cognition, 96*, 93-108.

Barrett, H. C. (2006). Modularity and design reincarnation. In Carruthers, P., Laurence, S., & Stich, S. (Eds.), *The innate mind: Culture and cognition* (pp. 199-217). New York: Oxford University Press.

Barrett, H. C., Todd, P. M., Miller, G. F. & Blythe, P. (2005). Accurate judgments of intention from motion alone: A cross-cultural study. *Evolution and Human Behavior, 26*, 313-331.

Barrett, H. C., & Kurzban, R. (2006). Modularity in cognition: Framing the debate. *Psychological Review, 113*, 628-647.

Belsky, J. (2005). Differential susceptibility to rearing influences: An evolutionary hypothesis and some evidence. In B. Ellis & D. Bjorklund (Eds.), *Origins of the social mind: Evolutionary psy-*

chology and child development (pp. 139-163). New York: Guildford.

Belsky, J., Steinberg, L., & Draper, P. (1991). Childhood experience, interpersonal development and reproductive strategy: An evolutionary theory of socialization. *Child Development, 62,* 647-670.

Bereczkei, T., & Dunbar, R. (1997). Female-biased reproductive strategies in a Hungarian Gypsy population. *Proceedings of Royal Society, London, 264B:* 17-22.

Berg, N., & Gigerenzer, G. (2010). As-if behavioral economics: Neoclassical economics in disguise? *History of Economic Ideas, 18,* 133-166.

Berscheid, E., Dion, K., Walster, E. & Walster, G. W. (1971). Physical attractiveness and dating choice: a test of the matching hypothesis. *Journal of Experimental Social Psychology, 7,* 173-189.

Betzig, L., Borgerhoff Mulder, M. & Turke, P. (Eds.). (1988). *Human reproductive behaviour: a darwinian perspective.* Cambridge: Cambridge University Press.

Blackmore, S. (1999). *The meme machine.* Oxford: Oxford University Press.

Blumstein, D. T. (2006). Developing an evolutionary ecology of fear: how life history and natural history traits affect disturbance tolerance in birds. *Animal Behavior 71:* 389-399.

Bolhuis, J. J., & Wynne, C. D. L. (2009). Can evolution explain how minds work? *Nature, 458,* 832-833.

Boyce, W. T. & Ellis, B. J. (2005). Biological sensitivity to context: I. An evolutionary-developmental theory of the origins and functions of stress reactivity. *Development & Psychopathology, 17,* 271-301.

Boyd, R., & Richerson, P. J. (1992). Punishment allows the evolution of cooperation (or anything else) in sizable groups. *Ethology and Sociobiology, 13,* 171-195.

Boyer, P., & Lienard, P. (2006). Why ritualized behaviour? Precaution systems and action parsing in developmental, pathological and cultural rituals. *Behavioral and Brain Sciences, 29,* 1-56.

Brandstätter, E., Gigerenzer, G., & Hertwig, R. (2006). The priority heuristic: making choices without tradeoffs. *Psychological Review, 113,* 409-432.

Brase, G. L., Cosmides, L., & Tooby, J. (1998). Individuation, counting, and statistical inference: The roles of frequency and whole object representations in judgment under uncertainty. *Journal of Experimental Psychology: General, 127,* 3-21.

Brase, G. L. (2002). Ecological and evolutionary validity: Comments on Johnson-Laird, Legrenzi, Girotto, Legrenzi, & Caverni's (1999) Mental model theory of extensional reasoning. *Psychological Review, 109,* 722-728.

Brase, G. L. (2002a). Which statistical formats facilitate what decisions? The perception and influence of different statistical information formats. *Journal of Behavioral Decision Making, 15,* 381-401.

Brase, G. L. (2008a). Frequency interpretation of ambiguous statistical information facilitates Bayesian reasoning. *Psychonomic Bulletin & Review, 15,* 284-289.

Brase, G. L. (2008b). A field study of how different numerical information formats influence charity support. *Journal of Nonprofit & Public Sector Marketing, 20,* 1-13.

Brase, G. L. (2009). Pictorial representations and numerical representations in Bayesian reasoning. *Applied Cognitive Psychology, 23,* 369-381.

Brase, G. L. & Stelzer, H. E. (2007). Education and persuasion in extension forestry: Effects of different numerical information formats. *Journal of Extension, 45*(4) [open-access at: http://www. joe.org/joe/2007august/a1p.shtml].

Browne, K. R. (2002). *Biology at work: Rethinking sexual equality,* Rutgers University Press.

参考文献

Browne, K. R. (2007). *Co-ed combat: The new evidence that women shouldn't fight the nation's wars.* Sentinel (Penguin USA).

Brumbach, B. H., Figueredo, A. J., & Ellis, B. J. (2009). Effects of harsh and unpredictable environments in adolescence on the development of life history strategies: A longitudinal test of an evolutionary model. *Human Nature, 20,* 25-51.

Bryant, G. A., & Barrett, H. C. (2007). Recognizing intentions in infant-directed speech: Evidence for universals. *Psychological Science, 18,* 746-751.

Baldwin, J. M. (1902). *Development and evolution.* New York: McMillan.

Barkow, J., Cosmides, L., & Tooby, J., (Eds.). *The adapted mind: Evolutionary psychology and the generation of culture.* New York: Oxford University Press.

Bartolomei, M. S., & Tilghman, S. M. (1997). Genomic imprinting in mammals. *Annual Review of Genetics, 31,* 493-525.

Bateman, A. J. (1948). Intrasexual selection in drosophila. *Heredity, 2,* 349-368.

Baumeister, R. F., & Vohs, K. D. (Eds.). (2004). *Handbook of self-regulation.* New York: Guilford.

Beckage, N., Todd, P. M., Penke, L., & Asendorpf, J. B. (2009). Testing sequential patterns in human mate choice using speed dating. In Niels Taatgen and Hedderik van Rijn (Eds.), *Proceedings of the 2009 cognitive science conference* (pp. 2365-2370). Online at http://csjarchive.cogsci.rpi. edu/proceedings/2009/index.html

Belsky, J., Steinberg, L., & Draper, P. (1991). Childhood experience, interpersonal development, and reproductive strategy: An evolutionary theory of socialization. *Child Development, 62,* 647-670.

Belsky, J., Steinberg, L. D., Houts, R. M., Friedman, S. L., DeHart, G., Cauffman, E., . . . The NICHD Early Child Care Research Network (2007). Family rearing antecedents of pubertal timing. *Child Development 78,* 1302-1321.

Bell, A. V., Richerson, P. J., & McElreath, R. (2009). Culture rather than genes provides greater scope for the evolution of large-scale human prosociality. *Proceeding of the National Academy of Sciences USA, 106,* 17671-17674.

Bereczkei, T., & Csanaky, A. (1996). Evolutionary pathway of child development: Life styles of adolescents and adults from father-absent families. *Human Nature, 7,* 257-280.

Bittles, A., & Neel, J. (1994). The costs of human inbreeding and their implications for variation at the DNA level. *Nature Genetics, 8,* 117-121.

Bjorklund, D. F., & Pelligrini, A. D. (2002). *The origins of human nature: Evolutionary developmental psychology.* Washington: American Psychological Association.

Blowers, G. H. (2006). The origin of scientific psychology in China (1899-1949). In A. Brock (Ed.), *Internationalizing the history of psychology* (pp. 94-111). New York: New York University Press.

Boehm, C. (1999). *Hierarchy in the forest: The evolution of egalitarian behavior.* Cambridge, MA: Harvard University Press.

Bogaert, A. F. (2008). Menarche and father absence in a national probability sample. *Journal of Biosocial Science, 40 (4),* 623-636.

Boyd, R. & Richerson, P. J. (2005). *The origin and evolution of cultures.* Oxford University Press.

Boyd, R., Richerson, P. J., & Henrich, J. (in press). Rapid cultural evolution can facilitate the evolution of large-scale cooperation. *Behavioral Ecology and Sociobiology.*

Burgess, R. L., & MacDonald, K. (2005). Evolutionary perspectives on human development (2nd. ed.). Thousand Oaks, CA: Sage.

Buller, D. J. (2005). *Adapting minds: Evolutionary psychology and the persistent quest for human na-*

355

ture. Cambridge, MA: MIT Press/Bradford Books.

Buller, D., Fodor, J., & Crume, T. (2005). The emperor is still under-dressed. *Trends in Cognitive Sciences, 9*, 508-510.

Burnstein, E., Crandall, C., & Kitayama, S. (1994). Some neo-darwinian decision rules for altruism: Weighing cues for inclusive fitness as a function of the biological importance of the decision. *Journal of Personality and Social Psychology, 67*, 773-789.

Buss, D. M. (1989a). Sex differences in human mate preferences: Evolutionary hypotheses tested in 37 cultures. *Behavioral and Brain Sciences, 12*, 1-49.

Buss, D. M. (1989b). Conflict between the sexes: Strategic interference and the evocation of anger and upset. *Journal of Personality and Social Psychology, 56*, 735-747.

Buss, D. M. & Schmitt, D. P. (1993). Sexual strategies theory: An evolutionary perspective on human mating. *Psychological Review, 100*, 204-232.

Buss, D. M. (1994). *The evolution of desire: Strategies of human mating*. New York: Basic Books.

Buss, D. M. (1997). Human social motivation in evolutionary perspective: grounding terror management theory. *Psychological Inquiry 8*, 22-26.

Buss, D. M. (2000). *The dangerous passion: Why jealousy is as necessary as love and sex*. New York: The Free Press. [translated into Chinese and 12 other languages]

Buss, D. M. (2003). *The evolution of desire: Strategies of human mating* (Revised ed.). New York: Basic Books. [translated into Chinese and 9 other languages]

Buss, D. M. (2004). *Evolutionary psychology: The new science of the mind*. Person Education.

Buss, D. M. (2005). *The murderer next door: Why the mind is designed to kill*. New York: The Penguin Press. [translated into German, Japanese, Korean, Polish]

Buss, D. M. (Ed.). (2005). *The handbook of evolutionary psychology*. New York: Wiley.

Buss, D. M. (2007). The evolution of human mating. *Acta Psychologica Sinica, 39*, 502-512.

Buss, D. M. (2011). *Evolutionary psychology: The new science of the mind* (4th ed.). Boston: Allyn & Bacon. [translated into Chinese, Korean, Polish, German, and Arabic]

Buss, D. M. & Duntley, J. D. (2008). Adaptations for exploitation. *Group Dynamics, 12*, 53-62.

Buss, D. M. & Hawley, P. (Eds.). (2011). *The evolution of personality and individual differences*. New York: Oxford University Press.

Buss, D. M., Larsen, R. J., Westen, D., & Semmelroth, J. (1992). Sex differences in jealousy: Evolution, physiology, and psychology. *Psychological Science, 3*, 251-255.

Buss, D. M. & Malamuth, N. (Eds.). (1996). *Sex, power, conflict: Evolutionary and feminist perspectives*. New York: Oxford University Press.

Buss, D. M. & Schmidt, D. P. (1993). Sexual strategies theory: An evolutionary perspective on human mating. *Psychological Review, 100*, 204-232.

Buss, D. M., Shackelford, T. K., Kirkpatrick, L. A., Choe, J., Hasegawa, M., Hasegawa, T., & Bennett, K. (1999). Jealousy and beliefs about infidelity: Tests of competing hypotheses about sex differences in the United States, Korea, and Japan. *Personal Relationships. 6*, 125-150.

Butterworth, G., Rutkowska, J., & Scaife, M. (Eds.). (1985). *Evolution and developmental psychology*. Brighton, Sussex: Harvester Press.

Byrne, R. W. & Whiten, A. (Eds.) (1988). *Machiavellian intelligence: social expertise and the evolution of intellect in monkeys, apes, and humans*. Oxford: Oxford University Press.

Campbell, B. C., & Udry, J. R. (1995). Stress and age at menarche of mothers and daughters. *Journal of Biosocial Science, 27*, 127-134.

Campbell, D. T. (1960). Blind variation and selective retention in creative thought as in other knowledge processes. *Psychological Review, 67*, 380-400.

Campbell, D. T. (1975). On the conflicts between biological and social evolution and between psychology and moral tradition. *American Psychologist, 30*, 1103-1126.

Caporael, L. R., Dawes, R. M., Orbell, J. M., & Van de Kragt, A. J. C. (1989). Selfishness examined: Cooperation in the absence of egoistic incentives. *Behavioral and Brain Sciences, 12*, 683-739.

Carey, S. (2009). *The origin of concepts.* New York: Oxford University Press.

Chagnon, N. & Irons, W. (Eds.). (1979). *Evolutionary biology and human social behaviour: an anthropological perspective.* Duxbury, MA: North Scituate.

Chang, L. (2007). *Evolutionary psychology.* Gongzhou: Gongdong Higher Education Press.

Chang, L., Lu, H. J., Li, H., Lee, L. Y., Li, T., & Sui, S. (2010). Patrilocal residence and father-child resemblance beliefs in relation topaternal investment. *Parenting: Science and Practice, 10*, 274-285.

Chang, L., Mak, M. C. K., Li, T., Wu, B. P., Lu, H. J., & Chen, B. B. (in press). Cultural adaptations to environmental variability: An evolutionary account of east-west differences. *Educational Psychology Review.*

Chang, L., Wang, Y., Shackelford, T. K., & Buss, D. M. (2011). Chinese mate preferences: Cultural evolution and continuity across a quarter of a century. *Personality and Individual Differences, 50*, 678-683.

Charlesworth, W. R. (1992). Darwin and developmental psychology: past and present. *Developmental Psychology, 28*, 5-16.

Cheng, P., & Holyoak, K. (1989). On the natural selection of reasoning theories. *Cognition, 33*, 285-313.

Chisholm, J. S. (1999). *Death, hope and sex: Steps to an evolutionary ecology of mind and moralilty.* Cambridge, England; Cambridge University Press.

Cliff, D. & Miller, G. F. (2006). Visualizing co-evolution with CIAO plots. *Artificial Life, 12*, 199-202.

Colarelli, S. M. (1996). Establishment and job context influences on the use of hiring practices. *Applied Psychology: An International Review, 45*, 153-176.

Colarelli, S. M. (1998). Psychological interventions in organizations: An evolutionary perspective. *American Psychologist, 53*, 1044-1056.

Colarelli, S. M. (2003). *No best way: An evolutionary perspective on human resource management.* Greenwich, CT: Praeger.

Colarelli, S. M. & Haaland, S. (2002). Perceptions of sexual harassment: An evolutionary psychological perspective. *Psychology Evolution & Gender, 4*, 243-264.

Colarelli, S. M., Hechanova-Alampay, M. R., & Canali, K. G. (2002). Letters of recommendation: An evolutionary perspective. *Human Relations, 55*, 315-344.

Colarelli, S. M. & Montei, M. S. (1996). Some contextual influences on training utilization. *Journal of Applied Behavioral Science, 32*, 306-322.

Colarelli, S. M., Poole, D. A., Unterborn, K., & D'Souza, G. (2010). Racial prototypicality, affirmative action, and hiring decisions in a multi-racial world. *International Journal of Assessment and Selection, 18*, 166-173.

Colarelli, S. M., Spranger, J. L., & Hechanova, M. R. (2006). Women, power, and sex composition in small groups: An evolutionary perspective. *Journal of Organizational Behavior, 27*, 163-184.

Colarelli, S. M. & Thompson, M. (2008). Stubborn reliance on human nature in employee selection: Statistical decision aids are evolutionary novel. *Industrial and Organizational Psychology: Perspectives on Science and Practice, 1*, 347-351.

Colli, A. (2003). *The history of family business, 1850-2000.* Cambridge University Press.

Conway, L. G., III & Schaller, M. (2002). On the verifiability of evolutionary psychological theories: An analysis of the psychology of scientific persuasion. *Personality and Social Psychology Review,* 6, 152-166.

Cooper, W. S. & Kaplan, R. (1982). Adaptive "coin-flipping": A decision-theoretic examination of natural selection for random individual variation. *Journal of Theoretical Biology 94,* 135-151.

Cosmides, L. (1989). The logic of social exchange: Has natural selection shaped how humans reason? Studies with the Wasonselection task. *Cognition, 31,* 187-276.

Cosmides, L., Barrett, H. C., & Tooby, J. (2010). Adaptive specializations, social exchange, and the evolution of human intelligence. *Proceedings of the National Academy of Sciences, 107,* 9007-9014.

Cosmides, L. & Tooby, J. (1981). Cytoplasmic inheritance and intragenomic conflict. *Journal of Theoretical Biology, 89,* 83-129.

Cosmides, L. & Tooby, J. (1987). From evolution to behavior: Evolutionary psychology as the missing link. In J. Dupré (Ed.), *The latest on the best: Essays on evolution and optimization,* (pp. 277-306). Cambridge, MA: MIT Press/Bradford Books.

Cosmides, L. & Tooby, J. (1992). Cognitive adaptations for social exchange. In J. Barkow, L. Cosmides, & J. Tooby (Eds.), *The adapted mind* (pp. 163-228). New York: Oxford University Press.

Cosmides, L. & Tooby, J. (1994). Beyond intuition and instinct blindness: Toward an evolutionarily rigorous cognitive science. *Cognition, 50,* 41-77.

Cosmides, L. & Tooby, J. (1996). Are humans good intuitive statisticians after all? Rethinking some conclusions from the literature on judgment under uncertainty. *Cognition, 58,* 1-73.

Cosmides, L. & Tooby, J. (2000). Consider the source: The evolution of adaptations for decoupling and metarepresentation. In D. Sperber (Ed.), *Metarepresentations: A multidisciplinary perspective* (pp. 53-115). Vancouver Studies in Cognitive Science. New York: Oxford University Press.

Costa, P. T. Jr. & McCrae, R. R. (1992). *NEO PI-R professional manual.* Odessa, Fl: Psychological Assessment Resources.

Crawford, C., & Salmom, C. (Eds.). (2004). Evolutionary psychology, public policy and personal decisions. Lawrence Erlbaum Association, Inc.

Cunningham, M. R., Roberts, A. R., Barbee, A. P., Druen, P. B., & Wu, C. H. (1995). Their ideas of beauty are, on the whole, the same as ours: Consistency and variability in the crosscultural perceptions of female physical attractiveness. *Journal of Personality and Social Psychology, 68,* 261-279.

Currie, T. E., Greenhill, S. J., Gray, R. D., Hasegawa, T., & Mace, R. (2010). Rise and fall of political complexity in island south-east Asia and the pacific. *Nature, 467,* 801-804.

DallaBarba, G. (2000). Memory, consciousness, and temporality: What is retrieved and who exactly is controlling the retrieval? In E. Tulving (Ed.), *Memory, consciousness, and the brain: The Tallinn conference* (pp. 138-155). Philadelphia: Psychology Press.

Daly, M. (1978). The cost of mating. *American Naturalist 112.* 771-774.

Daly, M. & Wilson, M. (1980). Discriminative parental solicitude: A biological perspective. *Journal of Marriage and the Family, 42,* 277-288.

Daly, M., & Wilson, M. I. (1985). Child abuse and other risks of not living with both parents. *Ethology & Sociobiology 6,* 197-210.

Daly, M., & Wilson, M. I. (1988). Evolutionary social psychology and family homicide. *Science 242,*

519–524.

Daly, M., & Wilson, M. (1988). *Homicide.* New York: Aldine de Gruyter.

Daly, M., & Wilson, M. I. (1995). Discriminative parental solicitude and the relevance of evolutionary models to the analysis of motivational systems. In M. Gazzaniga (Ed.), *The cognitive neurosciences* (pp. 1269–1286). Cambridge, MA: MIT Press.

Daly, M., & Wilson, M. (1997). Crime and conflict: Homicide in evolutionary psychological perspective. *Crime and Justice, 22*, 51–100.

Daly, M., & Wilson, M. I. (1999). Human evolutionary psychology and animal behaviour. *Animal Behaviour 57*, 509–519.

Daly, M., & Wilson, M. (2007). Is the 'Cinderella effect' controversial? In C. Crawford and D. Krebs (Eds.), *Foundations of evolutionary psychology* (pp. 383–400). Mahwah, NJ: Erlbaum.

Daly, M., Wilson, M., & Vasdev, S. (2001). Income inequality and homicide rates in Canada and the United States. *Canadian Journal of Criminology 43*, 219–236.

Daly, M., Wilson, M. I., & Weghorst, S. J. (1982). Male sexual jealousy. *Ethology & Sociobiology 3*, 11–27.

Damasio, A. R. (1994). Descartes' error: Emotion, reason, and the human brain. New York: Putnam.

Darwin, C. (1859). *On the origin of species.* London: John Murray.

Darwin, C. R. (1845). *Journal of researches into the natural history and geology of the various countries visited during the voyage of H. M. S. Beagle round the world, under the command of Capt. Fitz Roy, R. N.* (2nd ed.). London: John Murray.

Darwin, C. R. (1871). *The descent of man, and selection in relation to sex,* 2 vols. London: John Murray.

Darwin, C. R. (1872). *The expression of the emotions in man and animals.* London: John Murray.

Dawkins, R. (1976). *The selfish gene.* Oxford: Oxford University Press.

Dawkins, R. (2006). *The God delusion.* Boston, MA: Houghton Mifflin.

Deardorff, J., Kushi, L., Ekwaru, J. P., & Ellis, B. J. et al. (2010). Father absence, body mass index, and pubertal timing in girls: Differential effects by family income and ethnicity. *Journal of Adolescent Health.*

Dehaene, S. (2009). *Reading in the brain: The science and evolution of a human invention.* New York: Viking.

Dehaene, S. & Cohen, L. (2007). Cultural recycling of cortical maps. *Neuron, 56*, 384–398.

Del Giudice, M., Ellis, B. J., & Shirtcliff, E. A. (in press). The adaptive calibration model of stress responsivity. *Neuroscience and Biobehavioral Reviews.*

Delgado, J. M. R. (1969). *Physical control of the mind.* Harper & Roe: New York.

DelPriore, D., Hill, S. E., & Buss, D. M. (under review). The evolution of envy: Adaptive significance of the green-eyed monster.

Dennett, D. C. (1997). *Consciousness explained.* Boston: Little Brown.

DeScioli, P. & Kurzban, R. (2009). Mysteries of morality. *Cognition, 112*, 281–299.

Drummond, H. & Garcia-Chavelas, C. (1989). Food shortage influences sibling aggression in the blue-footed booby. *Animal Behavior, 37*, 806–818.

D'Souza, G., & Colarelli, S. M. (2010). Selection decisions for face-to-face versus virtual teams. *Computers in Human Behavior, 26*, 630–635.

Dugatkin, L. A., & Sih, A. (1995). Behavioral ecology and the study of partner choice. *Ethology, 99*, 265–277.

Dunbar, R. (1996). *Gossip, grooming and revolution of language.* London: Faber & Faber.

Dunbar, R. (1998). The social brain hypothesis. *Evolutionary Anthropology, 6*, 178-190.

Dunbar, R. (2008). Mind the gap: or why humans aren't just great apes. *Proceedings of the British Academy, 154*, 403-423.

Dunbar, R. & Barrett, L. (2007). Evolutionary psychology in the round. In R. Dunbar & L. Barrett (Eds.), *Oxford handbook of evolutionary psychology* (pp. 3-9). Oxford: Oxford University Press.

Dunbar, R. & Shultz, S. (2007). Understanding primate brain evolution. *Philosophical Transactions of the Royal Society, London, 362B*, 649-658.

Dunbar, R. & Shultz, S. (2008). Evolution in the social brain. *Science, 317*, 1344-1347.

Dunbar, R. I. M. (1984). *Economic decisions: The reproductive strategies of gelada baboons*. Princeton, NJ: Princeton University Press.

Dunbar, R. I. M. (1988). *Primate social systems*. London: Chapman & Hall.

Dunbar, R. I. M. (1991). Functional significance of social grooming in primates. *Folia Primatologica, 57*, 121-131.

Dunbar, R. I. M. (1992a). Neocortex size as a constraint on group size in primates. *Journal of Human Evolution, 22*, 469-493.

Dunbar, R. I. M. (1992b). Coevolution of neocortex size, group size and language in humans. *Behavioural and Brain Sciences, 16*, 681-735.

Dunbar, R. I. M. & Dunbar, P. (1975). *Social organization of gelada baboons*. Karger: Basel.

Dunn, J., & Plomin, R. (1990). *Separate lives: Why siblings are so different*. New York: Basic Books.

Durante, K. M., & Saad, G. (2010). Strategic shifts in women's social motives and behaviors across the menstrual cycle: Implications in corporate settings. In A. Stanton, M. Day, & I. Welpe (Eds.), *Neuroeconomics and the firm* (pp. 116-130). Northampton, MA: Edward Elgar.

Dyer, W. G. (2006). Examining the "family effect" on firm performance. *Family Business Review, 19*, 253-274.

Eberhard, W. G. (1980). Evolutionary consequences of intracellular organelle competition, *Quarterly Review of Biology, 55*, 231-249.

Ellis, B. J. (2004). Timing of pubertal maturation in girls: An integrated life history approach. *Psychological Bulletin, 130*, 920-958.

Ellis, B. J. (in press). Toward an evolutionary-developmental explanation of alternative reproductive strategies: The central role of switch-controlled modular systems. In D. M. Buss & P. H. Hawley (Eds.), *The evolution of personality and individual differences*. New York: Oxford University Press.

Ellis, B. J., Bates, J. E., Dodge, K. A., Fergusson, D. M., Horwood, J. L., Pettit, G. S., & Woodward, L. (2003). Does father absence place daughters at special risk for early sexual activity and teenage pregnancy? *Child Development, 74*, 801-821.

Ellis, B. J. & Bjorklund, D. F. (Eds.) (2005). *Origins of the social mind: Evolutionary psychology and child development*. New York: Guilford Press.

Ellis, B. J., Boyce, W. T., Belsky, J., Bakermans-Kranenburg, M. J., & van IJzendoorn, M. H. (2011). Differential susceptibility to the environment: An evolutionary-neurodevelopmental theory. *Development and Psychopathology, 23*(1).

Ellis, B. J., Essex, M. J., & Boyce, W. T. (2005). Biological sensitivity to context: II. Empirical explorations of an evolutionary-developmental theory. *Development & Psychopathology, 17*, 303-328.

Ellis, B. J. & Essex, M. J. (2007). Family environments, adrenarche, and sexual maturation: A longitudinal test of a life history model. *Child Development, 78*, 1799-1817.

Ellis, B. J., Figueredo, A. J., Brumbach, B. H., & Schlomer, G. L. (2009). Fundamental dimensions of environmental risk: The impact of harsh versus unpredictable environments on the evolution and development of life history strategies. *Human Nature, 20*, 204-268.

Ellis, B. J. & Garber, J. (2000). Psychosocial antecedents of variation in girls' pubertal timing: Maternal depression, stepfather presence, and marital and family stress. *Child Development, 71*, 485-501.

Ellis, B. J., Jackson, J. J., & Boyce, W. T. (2006). The stress response systems: Universality and adaptive individual differences. *Developmental Review, 26*, 175-212.

Ellis, B. J. & Ketelaar, T. (2000). On the natural selection of alternative models: Evaluation of explanations in evolutionary psychology. (Response to the commentaries on our Target Article) *Psychological Inquiry, 11*, 56-68.

Ellis, B. J. & Ketelaar, T. (2002). Clarifying the foundations of evolutionary psychology: A reply to Lloyd and Feldman. A reply to: Lloyd, E. A. & Feldman, M. W. (2002). Evolutionary psychology: A view from evolutionary biology. *Psychological Inquiry, 13*, 157-164.

Ellis, B. J., McFadyen-Ketchum, S., Dodge, K. A., Pettit, G. A., & Bates, J. E. (1999). Quality of early family relationships and individual differences in the timing of pubertal maturation in girls: A longitudinal test of an evolutionary model. *Journal of Personality and Social Psychology, 77*, 387-401.

Ellis, B. J., Shirtcliff, E. A., Boyce, W. T., Deardorff, J., & Essex, M. J. (2011). Quality of early family relationships and the timing and tempo of puberty: Effects depend on biological sensitivity to context. *Development and Psychopathology, 23* (1).

Ermer, E., Guerin, S. A., Cosmides, L., Tooby, J., & Miller, M. B., (2006). Theory of mind broad and narrow: Reasoning about social exchange engages ToM areas, precautionary reasoning does not. *Social Neuroscience, 1*, 196-219.

Ernst, C. & Angst, J. (1983). *Birth Order: Its influence on personality*. Berlin and New York: Springer-Verlag.

Evans, N. & Levinson, S. C. (2009). The myth of language universals: Language diversity and its importance for cognitive science. *Behavioral and Brain Sciences, 32*, 429-448.

Feingold, A. (1994). Gender differences in personality: A meta-analysis. *Psychological Bulletin, 116*, 429-456.

Fessler, D. M. T. (2003). No time to eat: an adaptationist account of periovulatory behavioral changes. *Quarterly Review of Biology, 78*, 3-21.

Fessler, D. M. T. (2006). Steps toward the evolutionary psychology of a culture-dependent species. In P. Carruthers, S. Laurence, & S. Stich (Eds.), *The innate mind: Culture and cognition Vol. II.* (pp. 91-117). New York: Oxford University Press.

Fessler, D. M. T. (2010). Cultural congruence between investigators and participants masks the unknown unknowns: Shame research as an example. *Behavioral & Brain Sciences, 33* (2/3), 32.

Fessler, D. M. T. & Gervais, M. (2010). From whence the captains of our lives: Ultimate and phylogenetic perspectives on emotions in humans and other primates. In P. Kappeler & J. B. Silk (Eds.), *Mind the gap: The origins of human universals* (pp. 261-280). New York: Springer.

Fessler, D. M. T. & Machery, E. (in press). Culture and cognition. In E. Margolis, R. Samuels, & S. Stich (Eds.), *The Oxford handbook of philosophy of cognitive science*. New York: Oxford University Press.

Fessler, D. M. T. & Navarrete, C. D. (2003a). Domain-specific variation in disgust sensitivity across the menstrual cycle. *Evolution & Human Behavior, 24*, 406-417.

Fessler, D. M. T. & Navarrete, C. D. (2003b). Meat is good to taboo: Dietary proscriptions as a product of the interaction of psychological mechanisms and social processes. *Journal of Cognition and Culture, 3,* 1-40.

Fessler, D. M. T. & Navarrete, C. D. (2004). Third-party attitudes toward sibling incest: Evidence for Westermarck's hypotheses. *Evolution & Human Behavior, 25,* 277-294.

Fessler, D. M. T. & Navarrete, C. D. (2005). The effect of age on death disgust: Challenges to terror management perspectives. *Evolutionary Psychology, 3,* 279-296.

Fessler, D. M. T., Navarrete, C. D., Hopkins, W., & Izard, M. K. (2005). The effects of maternal age and parity on birth weight in humans and chimpanzees: Examining the terminal investment hypothesis. *American Journal of Physical Anthropology, 26,* 245-256

Fessler, D. M. T., Pillsworth, E. G., & Flamson, T. J. (2004). Angry men and disgusted women: An evolutionary approach to the influence of emotions on risk taking. *Organizational Behavior and Human Decision Process, 95,* 107-203.

Festinger, L., Schachter, S., & Back, K. W. (1950). *Social pressures in informal groups: A study of human factors in housing,* New York: Harper.

Fiddick, L. (1998). *The deal and the danger: An evolutionary analysis of deontic reasoning.* Unpublished doctoral thesis. University of California Santa Barbara.

Fiddick, L. (2004). Domains of deontic reasoning: Resolving the discrepancy between the cognitive and moral reasoning literatures. *Quarterly Journal of Experimental Psychology, 57A,* 447-474.

Fiddick, L. (in press). There is more than the amygdala: Potential threat assessment in the cingulate cortex. *Neuroscience and Biobehavioral Reviews.*

Fiddick, L., Cosmides, L., & Tooby, J. (2000). No interpretation without representation: The role of domain specific representations and inferences in the Wason selection task. *Cognition, 77,* 1-79.

Fiddick, L., Spampinato, M. V., & Grafman, J. (2005). Social contracts and precautions activate different neurological systems: An fMRI investigation of deontic reasoning. *NeuroImage, 28,* 778-786.

Fishbein, H. D. (1976). *Evolution, development, and children's learning.* Santa Monica, CA: Goodyear.

Fisher, H. (1999). *The first sex: The natural talents of women and how they are changing the world.* New York: Random House.

Fitzgerald, C. J. & Whitaker, M. B. (2010). Examining the acceptance of and resistance to evolutionary psychology. *Evolutionary Psychology, 8,* 284-296.

Fox, C. R., & Levav, J. (2004). Partition-edit-count: Naïve extensional reasoning in conditional probability judgment. *Journal of Experimental Psychology: General, 133,* 626-642.

Frankland, P., Bontempi, B., Talton, L., Kaczmarek, L., & Silva, A. (2004). The involvement of the anterior cingulate cortex in remote contextual fear memory. *Science, 304,* 881-883.

Galbraith, J. K. (1971). *A contemporary guide to economics, peace, and laughter.* Boston: Houghton Mifflin.

Galef, B. G., Jr. (1988). Imitation in animals: History, definition, and interpretation of data from the psychological laboratory. In T. R. Zentall & B. G. Galef, Jr. (Eds.), *Social learning: Psychological and biological perspectives* (pp. 3-28). Hillsdale NJ: Lawrence Erlbaum.

Gallistel, C. R. (1990). *The organization of learning.* Cambridge, MA: MIT Press.

Gangestad, S. et al. (1994). Facial attractiveness, developmental stability and fluctuating asymmetry. *Ethology and Sociobiology, 15,* 73-85.

Gangestad, S. W., & Thornhill, R. (2003). Facial masculinity and fluctuating asymmetry. *Evolution and Human Behavior. 24,* 231-241.

Garcia, J., & Koelling, R. A. (1966). Relation of cue to consequence in avoidance learning. *Psycho-*

nomic Science, 4, 123-124.

Garcia, J. R., Geher, G., Crosier, B., Saad, G., Gambacorta, D., Johnsen, L., & Pranckitas, E. (2011, forthcoming). The interdisciplinarity of evolutionary approaches to human behavior: A key to survival in the ivory archipelago. *Futures.*

Garcia, J. R., & Saad, G. (2008). Evolutionary neuromarketing: Darwinizing the neuroimaging paradigm for consumer behavior. *Journal of Consumer Behavior, 7,* 397-414.

Geary, D. C. (1995). Reflections of evolution and culture in children's cognition: Implications for mathematical development and instruction. *American Psychologist, 50,* 24-37.

Geary, D. C. (2002). Sexual selection and human life history. In R. Kail (Ed.), *Advances in child development and behavior* (Vol. 30, pp. 41-101). San Diego, CA: Academic Press.

Geary, D. C. (2005). *The origin of mind: Evolution of brain, cognition, and general intelligence.* Washington, DC: American Psychological Association.

Geary, D. C. (2007). Educating the evolved mind: Conceptual foundations for an evolutionary educational psychology. In J. S. Carlson & J. R. Levin (Eds.), *Educating the evolved mind* (Vol. 2, pp. 1-99), Psychological perspectives on contemporary educational issues. Greenwich, CT: Information Age.

Geary, D. C. (2009). *Male, female: The evolution of human sex differences* (2nd ed.). Washington, DC: American Psychological Association.

Geary, D. M. & Flinn, M. V. (2002). Sex differences in behavioral and hormonal response to social threat: Commentary on Taylor et al. (2000). *Psychological Review, 109,* 745-750.

Geher, G. & Miller, G. F. (Eds.). (2007). *Mating intelligence: Sex, relationships, and the mind's reproductive system.* Mahwah, NJ: Lawrence Erlbaum Associates.

Geher, G. & Miller, G. (Eds.). (2008). *Mating intelligence: sex, relationships, and the mind's reproductive system.* New York: Erbaum.

German, T. P. & Barrett, H. C. (2005). Functional fixedness in a technologically sparse culture. *Psychological Science, 16,* 1-5.

Gigerenzer, G. (1991). How to make cognitive illusions disappear: Beyond heuristics and biases. *European Review of Social Psychology, 2,* 83-115.

Gigerenzer, G. (1996). On narrow and vague heuristics: A rebuttal to Kahneman and Tversky. *Psychological Review, 103,* 592-596.

Gigerenzer, G. (2000). *Adaptive thinking: Rationality in the real world.* New York: Oxford University Press. (适应性思维：现实世界中的理性，刘永芳译，上海教育出版，2006)

Gigerenzer, G. (2007). *Gut feelings: The intelligence of the unconscious.* New York: Viking Press. (成败就在刹那间，：聂晶译，中国人民大学出版，2009)

Gigerenzer, G. (2008). *Rationality for mortals.* New York: Oxford University.

Gigerenzer, G. (2010). Moral satisficing. Rethinking moral behavior as bounded rationality. *Topics in Cognitive Science, 2,* 528-554.

Gigerenzer, G. & Brighton, H. (2009). Homo heuristicus: Why biased minds make better inferences. *Topics in Cognitive Science, 1,* 107-143.

Gigerenzer, G., & Edwards, A. (2003). Simple tools for understanding risks from innumeracy to insight. *British Medical Journal, 327,* 741-744.

Gigerenzer, G., Gaissmaier, W., Kurz-Milcke, E., Schwartz, L. M., & Woloshin, S. W. (2007). Helping doctors and patients make sense of health statistics. *Psychological Science in the Public Interest, 8,* 53-96.

Gigerenzer, G., Hertwig, R., & Pachur, T. (Eds.) (2011). *Heuristics: The foundations of adaptive be-*

havior. New York: Oxford University Press.

Gigerenzer, G. & Hoffrage, U. (1995). How to improve Bayesian reasoning without instruction: Frequency formats. *Psychological Review, 102*, 684-704.

Gigerenzer, G. & Selten, R. (Eds.) (2001). *Bounded rationality: The adaptive toolbox*. Cambridge: MIT Press.

Gigerenzer, G. & Selten, R. (2001). Rethinking rationality. In G. Gigerenzer & R. Selton (Eds.), *Bounded rationality: The adaptive toolbox*. Cambridge: MIT Press.

Gigerenzer, G., Todd, P. M., & the ABC Research Group. (1999). *Simple heuristics that make us smart*. New York: Oxford University Press. (简捷启发式然我们更精明, 刘永芳译, 华东师范大学出版, 2002).

Gil-White, F. J. (2001). Are ethnic groups biological "species" to the human brain? Essentialism in our cognition of some social categories. *Current Anthropology, 42*, 515-554.

Gintis, H., Bowles, S., Boyd, R., & Fehr, E. (2003). Explaining altruistic behavior in humans. *Evolution and Human Behavior, 24*, 153-172.

Girotto, V. & Gonzalez, M. (2001). Solving probabilistic and statistical problems: a matter of information structure and question form. *Cognition, 78*, 247-276.

Girotto, V. & Gonzalez, M. (2002). Chances and frequencies in probabilistic reasoning: Rejoinder to Hoffrage, Gigerenzer, Krauss and Martignon. *Cognition, 84*, 353-359.

Gordon, G. & Nicholson, N. (2008). *Family wars*. London: Kogan Page.

Gould, S. J. (2000). More things in heaven and earth. In H. Rose and S. Rose (Eds.) *Alas poor Darwin: Arguments against evolutionary psychology* (pp. 101-126). New York: Harmony Books.

Graber, J. A., Brooks-Gunn, J., & Warren, M. P. (1995). The antecedents of menarcheal age: Heredity, family environment and stressful life events. *Child Development, 66*, 346-359.

Gray, P. (2007). *Psychology*, (5th ed). New York NY, USA: Worth Publishers.

Green, R. E., et al. (2010). A draft sequence of the Neanderthal genome. *Science, 328*, 710-722.

Greenberg, J. (2008). Understanding the vital quest for self-esteem. *Perspectives on Psychological Science, 3*, 48-54.

Greengross, G. & Miller, G. F. (2008). Dissing oneself versus dissing rivals: Effects of status, personality, and sex on the short-term and long-term attractiveness of self-deprecating and other-deprecating humor. *Evolutionary Psychology, 6*, 393-408.

Greiling, H. & Buss, D. M. (2000). Women's sexual strategies: The hidden dimension of extrapair mating. *Personality and Individual Differences, 28*, 929-963.

Griskevicius, V., Cialdini, R. B., & Kenrick, D. T. (2006). Peacocks, Picasso, and parental investment: The effects of romantic motives on creativity. *Journal of Personality and Social Psychology, 91*, 63-76.

Griskevicius, V., Goldstein, N., Mortensen, C., Cialdini, R. B., & Kenrick, D. T. (2006). Going along versus going alone: When fundamental motives facilitate strategic (non) conformity. *Journal of Personality and Social Psychology, 91*, 281-294.

Griskevicius, V., Tybur, J. M., Gangestad, S. W., Perea, E. F., Shapiro, J. R., & Kenrick, D. T. (2009). Aggress to impress: Hostility as an evolved context-dependent strategy. *Journal of Personality & Social Psychology. 96*, 980-994.

Griskevicius, V., Tybur, J. M., Sundie, J. M., Cialdini, R. B., Miller, G. F., & Kenrick, D. T. (2007). Blatant benevolence and conspicuous consumption: When romantic motives elicit strategic costly signals. *Journal of Personality and Social Psychology, 93*, 85-102.

Gurven, M. (2004). To give of not to give: An evolutionary ecology of human food transfers. *Behav-*

ioral and Brain Sciences, 27, 543-583.

Haeckel, E.（1866）. *Generellemorphologie der organismen: Allgemeinegrundzuge der organischenformen-wissenschaft, mechanischbergrundetdurche die von charlesdarwinreformirtedescendenztheorie*. Berlin: George Reimer.

Hagen, E. H.（1999）. The functions of postpartum depression. *Evolution and Human Behavior, 20*, 325-359.

Hagen, E. H.（2002）. Depression as bargaining: The case postpartum. *Evolution and Human Behavior, 23*, 323-336.

Hagen, E. H.（2003）. The bargaining model of depression. In P. Hammerstein（Ed.）*Genetic and cultural evolution of cooperation*（pp. 95-123）. Cambridge, Mass: MIT Press.

Hagen, E.（2005）. Controversial issues in evolutionary psychology. In: D. Buss（Ed.）, *The handbook of evolutionary psychology*（pp. 145-176）. Hoboken, NJ: Wiley.

Haig, D.（1993）. Genetic conflicts in human pregnancy. *The Quarterly Review of Biology, 68*, 495-532.

Hamilton, M. J., Milne, B. T., Walker, R. S., Burger, O., & Brown, J. H.（2007）. The complex structure of hunter-gatherer social networks. *Proceedings of Royal Society, London, 271B*, 2195-2202.

Hamilton, W. D.（1964）. The evolution of social behavior. *Journal of Theoretical Biology 7*, 1-52.

Hamilton, W. D. & Zuk, M.（1982）. Heritable true fitness and bright birds: a role for parasites? *Science, 218*, 384-387.

Harris, J. R.（1998）. *The nurture assumption: Why children turn out the way they do*. New York: Free Press.

Hart, C. W. M. & Pillig, A. R.（1960）. *The tiwi of north australia*. New York: Holt.

Hasegawa, T.（Ed.）.（2010）. *Biology of language. （Gengo no Seibutsugaku.）*, Tokyo: Asakura-shoten.

Hasegawa, T. & Hasegawa, M.（2000）. *Evolution and human behavior. （Shinka to NingenKodo.）*, Tokyo: University of Tokyo Press.

Haselton, M. & Miller, G. F.（2006）. Women's fertility across the cycle increases the short-term attractiveness of creative intelligence. *Human Nature, 17*, 50-73.

Hashimoto, H., Li, Y., & Yamagishi, T.（in press）. Beliefs and preferences in cultural agents and cultural game players. *Asian Journal of Social Psychology*.

Hauser, M. D., Chomsky, N., & Fitch, W. T.（2002）. The faculty of language: What is it, who has it, and how did it evolve? *Science, 298*, 1569-1579.

Hawks, J., Wang, E. T., Cochran, G. M., Harpending, H. C., & Woyzis, R. K.（2007）. Recent acceleration of human adaptive evolution. *Proceedings of the National Academy of Sciences USA, 104*, 20753-20758.

Hayashi, X. & Yamagishi, T.（1998）. Selective play: Choosing partners in an uncertain world. *Personality and Social Psychology Review, 2*, 276-289.

Healey, M. D. & Ellis, B. J.（2007）. Birth order, conscientiousness, and openness to experience: Tests of the family-niche model of personality using a within-family methodology. *Evolution and Human Behavior, 28*, 55-59.

Henrch, J., McElreath, R., Bart, A., Ensminger, J., Barrett, C., Bolyanatzs, A., . . . Ziker, J.（2006）. Costly punishment across human societies. *Science, 312*, 1767-1770.

Henrich, J.（2004）. Cultural group selection, coevolutionary processes and large-scale cooperation. *Journal of Economic Behavior & Organization, 53*, 3-35.

Henrich, J., Heine, S., & Norenzayan, A.（2010）. The weirdest people in the world? *Behavioral and Brain Sciences, 33*, 61-135.

Herrera, N., Zajonc, R. B., Wieczorkowska, G., & Cichomski, B. (2003). Beliefs about birth rank and their reflections in reality. *Journal of Personality and Social Psychology, 85,* 142-150.

Herrmann, E., Call, J., Hernandez-Lloreda, M. V., Hare, B., & Tomasello, M. (2007). Humans have evolved specialized skills of social cognition: The cultural intelligence hypothesis. *Science, 317,* 1360-1366.

Hertwig, R., Davis, J., & Sulloway, F. J. (2002). Parental investment: How an equity motive can produce inequality. *Psychological Bulletin, 128,* 728-745.

Hertwig, R. & Todd, P. M. (2003). More is not always better: The benefits of cognitive limits. In D. Hardman and L. Macchi (Eds.), *Thinking: Psychological perspectives on reasoning, judgment and decision making* (pp. 213-231). Chichester, UK: Wiley.

Hertwig, R., Hoffrage, U., & the ABC Research Group. (in press). *Simple heuristics in a social world.* New York: Oxford University Press.

Heyes, C. & Hull, D. L. (Eds.). (2001). *Selection theory and social construction: The evolutionary naturalistic epistemology of Donald T. Campbell.* Albany: State University of New York Press.

Hill, R. A. & Dunbar, R. (2003). Social network size in humans. *Human Nature, 14,* 53-72.

Hill, S. E. (2007). Overestimation bias in mate competition. *Evolution and Human Behavior, 28,* 118-123.

Hill, S. E. & Buss, D. M. (2006). Envy and positional bias in the evolutionary psychology of management. *Managerial and Decision Economics, 27,* 131-143.

Hill, S. E. & Buss, D. M. (2008). The evolutionary psychology of envy. In R. H. Smith (Ed.), *Envy: Theory and research* (pp. 60-70). New York: Oxford University Press.

Hill S. E. & Buss, D. M. (2008). The mere presence of opposite-Sex others on judgments of sexual and romantic desirability: Opposite effects for men and women. *Personality and Social Psychology Bulletin, 34,* 635-647.

Hill, S. E. & Buss, D. M. (2010). Risk and relative social rank: Context-dependent risky shifts in probabilistic decision-making. *Evolution and Human Behavior, 31,* 219-226.

Hill, S. E. & Durante, K. D. (*in press*). Courtship, competition, and the pursuit of attractiveness: mating goals facilitate health-related risk-taking and strategic risk suppression in women. *Personality and Social Psychology Bulletin.*

Hill, S. E. & Durante, K. M. (2009). Do women feel worse to look their best? Testing the relationship between self-esteem and fertility status across the menstrual cycle. *Personality and Social Psychology Bulletin, 35,* 1592-1601.

Hills, T. T., Todd, P. M., & Goldstone, R. L. (2008). Search in external and internal spaces: Evidence for generalized cognitive search processes. *Psychological Science, 19,* 802-808.

Hinde, R. A. (1966). *Animal behaviour: A synthesis of ethology and comparative psychology.* New York: McGraw-Hill.

Hiraishi, K. & Hasegawa, T. (2001) Sharing-rule and detection of free-riders in cooperative groups. *Thinking & Reasoning, 7,* 225-294.

Hoffrage, U., Gigerenzer, G., Krauss, S., & Martignon, L. (2002). Representation facilitates reasoning: What natural frequencies are and what they are not. *Cognition, 84,* 343-352.

Hogan, R., Curphy, G. J., & Hogan, J. (1994). What we know about leadership: Effectiveness and personality. *American Psychologist, 49,* 493-504.

Hooper, P. & Miller, G. F. (2008). Mutual mate choice can drive ornament evolution even under perfect monogamy. *Adaptive Behavior, 16,* 53-70.

Hrdy, S. B. & Judge, D. (1993). Darwin and the puzzle of primogeniture: An essay on biases in pa-

参考文献

rental investment after death. *Human Nature, 4,* 1-45.

Husbands, P., Harvey, I., Cliff, D., & Miller, G. F. (1997). Artificial evolution: A new path for artificial intelligence? *Brain and Cognition, 34,* 130-159.

Hyde, J. S. (2005). The gender similarities hypothesis. *American Psychologist, 60,* 1-592.

Jerison, H. J. (1973). *Evolution of the brain and intelligence.* New York: Academic Press.

Johnson, M. (2005). *Family, village, tribe: The story of the Flight Centre Ltd.* Sydney, AU: Random House.

Johnson-Laird, P. N., Legrenzi, P., Girotto, V., Legrenzi, M. S., & Caverni, J-P. (1999). Naive probability: A mental model theory of extensional reasoning. *Psychological Review, 106,* 62-88.

Johnston, V. S. (1979). Stimuli with biological significance. In Begleiter, H. (Ed.). *Evoked brain potentials and behavior* (pp 1-12). New York: Plenum Press.

Johnston, V. S. (1999). *Why we feel: The science of human emotions.* Reading, MA: Perseus Books.

Johnston, V. S. (2000). Female facial beauty: The fertility hypothesis. *Pragmatics and Cognition, 8,* 107-122.

Johnston, V. S. (2003). The origin and function of pleasure. *Cognition and Emotion, 17,* 167-179.

Johnston, V. S. (2006). Facial beauty and mate choice decisions. *Trends in Cognitive Science, 10,* 1, 9-13.

Johnston, V. S. & Bradley, R. J. (1969). Molecular pharmacology of hallucinogens. In Wortis (Ed.), *Recent Advances in Biological Psychiatry, 10,* 74-99.

Johnston, V. S. & Franklin, M. (1993). Is beauty in the eye of the beholder? *Ethology and Sociobiology, 14,* 183-199.

Johnston V. S., Hagel, R., Franklin, M., Fink, B., Grammer, K. (2001). Male facial attractiveness: evidence for hormone-mediated adaptive design. *Evolution and Human Behavior, 22,* 251-267.

Johnston, V. S. & Holcomb P. J. (1980). Probability learning and the P3 component of the visual evoked potential in man. *Psychophysiology, 17,* 396-400.

Johnston, V. S., Miller, D. R., & Burleson, M. H. (1986). Multiple P3s to emotional stimuli and their theoretical significance. *Psychophysiology, 23,* 684-694.

Johnston, V. S. & Oliver-Rodriguez, J. C (1996). Facial beauty and the late positive component of event-related potentials. *Journal of Sex Research, 34,* 188-198.

Joseph, H., Boyd, R., & Richerson, P. J. (2008). Five misunderstandings aboutcultural evolution. *Human Nature, 19,* 119-137.

Kahneman, D., Slovic, P., & Tversky, A. (Eds.). (1982). *Judgment under uncertainty: Heuristics and biases.* New York: Cambridge University Press.

Kahneman, D. & Tversky, A. (1996). On the reality of cognitive illusions. *Psychological Review103,* 582-591.

Kahneman, D. & Tversky, A. (Eds.). (2000). *Choices, values, and frames.* New York: Cambridge University Press.

Keil, F. C. (1994). The birth and nurturance of concepts by domains: The origins of concepts of living things. In L. Hirshfield and S. Gelman (Eds.), *Mapping the mind: Domain specificity in cognition and culture* (pp. 234-254). Cambridge University Press.

Keller, M. & Miller, G. F. (2006a). Which evolutionary genetic models best explain the persistence of common, harmful, heritable mental disorders? *Behavioral and Brain Sciences, 29,* 385-404.

Keller, M. & Miller, G. F. (2006b). An evolutionary framework for mental disorders: Integrating adaptationist and evolutionary genetics models. *Behavioral and Brain Sciences, 29,* 429-452.

Kenrick, D. T. (2011). *Sex, murder, and the meaning of life: How evolution, cognition, and complex-*

ity are revolutionizing modern psychology. New York: Basic Books.

Kenrick, D. T., Griskevicius, V., Neuberg, S. L., & Schaller, M. (2010). Renovating the pyramid of needs: Contemporary extensions built upon ancient foundations. *Perspectives on Psychological Science, 5*, 292-314.

Kenrick, D. T., Griskevicius, V., Sundie, J. M., Li, N. P., Li, Y. J. & Neuberg, S. L. (2009). Deep rationality: The evolutionary economics of decision-making. *Social cognition, 27*, 764-785. (special issue on the rationality debate).

Kenrick, D. T. & Keefe, R. C. (1992). Age preferences in mates reflect sex differences in mating strategies. *Behavioral & Brain Sciences, 15*, 75-91.

Kenrick, D. T., Neuberg, S. L., Griskevicius, V., Becker, D. V., & Schaller, M. (2010). Goal-driven cognition and functional behavior: The fundamental motives framework. *Current Directions in Psychological Science, 19*, 63-67.

Kenrick, D. T., Nieuweboer, S., & Buunk, A. P. (2010). Universal mechanisms and cultural diversity: Replacing the blank slate with a coloring book. In M. Schaller, A. Norenzayan, S. Heine, T. Yamagishi, & T. Kameda (Eds.), *Evolution, culture, and the human mind* (pp. 257-271). New York: Psychology Press.

Kenrick, D. T., Sundie, J. M. & Kurzban, R. (2008). Cooperation and conflict between kith, kin, and strangers: Game theory by domains. In C. Crawford & D. Krebs (Eds.), *Foundations of evolutionary psychology* (pp. 353-370). New York: Lawrence Erlbaum.

Ketelaar, T. (2002). The evaluation of competing approaches within human evolutionary psychology. In Scherer, S. J. and Rauscher, F. (Eds.). *Evolutionary psychology: Alternative approaches*. Kluwer Press.

Ketelaar, T. & Ellis, B. J. (2000). Are evolutionary explanations unfalsifiable?: Evolutionary psychology and the lakatosian philosophy of science. (Target Article) *Psychological Inquiry, 11*, 1-21.

Kilbourne, B. S. & England, P. (1996). Occupational skill, gender, and earnings. In P. J. Dubeck & K. Borman, K. (Eds.), *Women and work: A handbook* (pp. 68-70). New York: Garland Publishing.

Kim, K., Smith, P. K., & Palermiti, A. (1997). Conflict in childhood and reproductive development. *Evolution and Human Behavior, 18*, 109-142.

Klein, S. B. (2001). A self to remember: A cognitive neuropsychological perspective on how self creates memory and memory creates self. In C. Sedikides & M. B. Brewer (Eds.), *Individual self, relational self, and collective self* (pp. 25-46). Philadelphia, PA: Psychology Press.

Klein, S. B. (2004). The cognitive neuroscience of knowing one's self. In M. S. Gazzaniga (Ed.), *The cognitive neurosciences*, (3rd ed.). (pp. 1077-1089). Cambridge, MA: MIT Press.

Klein, S. B. (2010). The self: As a construct in psychology and neuropsychologicalevidence for its multiplicity. *WIREs Cognitive Science, 1*, 172-183.

Klein, S. B., Cosmides, L., Gangi, C. E., Jackson, B., Tooby, J., & Costabile, K. A. (2009). Evolution and episodic memory: An analysis and demonstration of a social function of episodic recollection. *Social Cognition, 27*, 283-319.

Klein, S. B., Cosmides, L., Tooby, J., & Chance, S. (2002). Decisions and the evolution of memory: Multiple systems, multiple functions. *Psychological Review, 109*, 306-329.

Klein, S. B., German, T. P., Cosmides, L., & Gabriel, R. (2004). A theory of autobiographical memory: Necessary components and disorders resulting from their loss. *Social Cognition, 22*, 460-490.

Klein, S. B., Loftus, J., & Kihlstrom, J. F. (2002). Memory and temporal experience: The effects of episodic memory loss on an amnesic patient's ability to remember the past and imagine the future. *Social Cognition, 20*, 353-379.

参考文献

Klein, S. B., Robertson, T. E., & Delton, A. W. (2010). Facing the future: Memory as an evolved system for planning future acts. *Memory & Cognition, 38*, 13-22.

Klein, S. B., Rozendal, K., & Cosmides, L. (2002). A social-cognitive neuroscience analysis of the self. *Social Cognition, 20*, 105-135.

Knauft, B. M. (1991). Violence and sociality in human evolution. *Current Anthropology, 32*, 391-428.

Krebs, D. & Denton, K. (1997). Social illusions and self-deception: The evolution of biases in person perception. In J. A. Simpson & D. T. Kendrick (Eds.), *Evolutionary social psychology* (pp. 21-47). Mahwah, N. J. : Erlbaum.

Kristensen, P. & Bjerkedal, T. (2007). Explaining the relation between birth order and intelligence. *Science, 316*, 1717.

Kurzban, R. (2002). Alas poor evolutionary psychology: Unfairly accused, unjustly condemned. [Review of alas poor Darwin: Arguments against evolutionary psychology edited by H. Rose and S. Rose]. *Human Nature Review, 2*, 99-109.

Kurzban, R. (2003). [Review of *The tangled wing: Biological constraints on the human spirit* (2nd ed.) by M. Konner]. *Evolution and Human Behavior, 24*, 148-152.

Kurzban, R. (in press). *Why everyone (else) is a hypocrite: Evolution and the modular mind*. Princeton, NJ: Princeton University Press.

Kurzban, R. & Aktipis, C. A. (2007). Modularity and the social mind: Are psychologists too self-ish? *Personality and Social Psychology Review, 11*, 131-149.

Kurzban, R., Dukes, A., & Weeden, J. (in press) Sex, drugs, and moral goals: Reproductive strategies and views about recreational drugs. *Proceedings of the Royal Society-B*.

Kurzban, R. & Haselton, M. G. (2005). Making hay out of straw: Real and imagined controversies in evolutionary psychology. In J. H. Barkow (Ed.), *Missingthe revolution: Darwinism for social scientists* (pp. 149-161). Oxford: Oxford University Press.

Kurzban, R. & Haselton, M. G. (2006). Making hay out of straw: Real and imagined debates in evolutionary psychology. In J. Barkow (Ed.), Missing the revolution: Evolutionary perspectives on culture and society. New York: Oxford University Press.

Kurzban, R. & Leary, M. R. (2001). Evolutionary origins of stigmatization: The functions of social exclusion. *Psychological Bulletin, 127*, 187-208.

Kurzban, R., Tooby, J., & Cosmides, L. (2001). Can race be erased? Coalitional computation and social categorization. *Proceedings of the National Academy of Science, 98 (26)*, 15387-15392.

Laland, K. N., Odling-Smee, J., & Myles, S. (2010). How culture shaped the human genome: bringing genetics and the human sciences together. *Nature Reviews Genetics, 11*, 137-148.

Lamarck, J. -B. de. (1809). *Phylosophiezoologique (2 vols)*. Paris: Dentu.

Langlois, J. H. & Roggman, L. A. (1990). Attractive faces are only average. *Psychological Science, 1*, 115-121.

Larsen, R. & Buss, D. M. (2011). *Personality: Domains of knowledge about human nature* (4th ed.). Boston, MA: McGraw-Hill.

Leary, M. R. (2004). The function of self-esteem in terror management theory and sociometer theory: Comment on Pyszczynski et al. (2004). *Psychological Bulletin130*: 478-482.

Leary, M. R. & Baumeister, R. F. (2000) The nature and function of self-esteem: Sociometer theory. *Advances in Experimental Social Psychology, 32*, 1-62.

Lee, R. B. & DeVore, I. (Eds.). (1968). *Man the hunter*. Chicago: Aldine.

Leiter, B. & Weisberg, M. (2010). Why evolutionary biology is (so far) irrelevant to legal regulation. *Law and Philosophy, 29*, 31-74.

369

Lesley, N. & Richerson, P. J. (2009). Why do people become modern? A Darwinian explanation. *Population and Development Review*, 35, 117–158.

Leslie, A. M. (1987). Pretense and representation: The origins of "theory of mind." *Psychological Review, 94*, 412–426.

Li, N. P., Bailey, J. M., Kenrick, D. T., & Linsenmeier, J. A. (2002). The necessities and luxuries of mate preferences: Testing the trade-offs. *Journal of Personality and Social Psychology, 82*, 947–955.

Li, N. P. & Kenrick, D. T. (2006). Sex similarities and differences in preferences for short-term mates: What, whether, and why. *Journal of Personality and Social Psychology, 90*, 468–489.

Lickliter, R. & Honeycutt, H. (2003). Developmental dynamics: Toward a biologically plausible evolutionary psychology. *Psychological Bulletin, 129*, 819–835.

Lieberman, D. (2009). Rethinking the Taiwanese minor marriage data: Evidence the mind uses multiple kinship cues to regulate inbreeding avoidance. *Evolution and Human Behavior, 30*, 153–160.

Lieberman, D., Pillsworth, E. G., & Haselton, M. G. (in press). Kin affiliation across the ovulatory cycle: Females avoid fathers when fertile. *Psychological Science*.

Lieberman, D., Tooby, J. & Cosmides, L. (2003). Does morality have a biological basis? An empirical test of the factors governing moral sentiments regarding incest. *Proceedings of the Royal Society, London B, 270*, 819–826.

Lieberman, D., Tooby, J., & Cosmides, L. (2007). The architecture of human kin detection. *Nature, 445*, 727–731.

Liu, F., Zhang, X., & Li, B. (2009). The anterior cingulate cortex is involved in retrieval of long-term/long-lasting but not short-term memory for step-through inhibitory avoidance in rats. *Neuroscience Letters, 460*, 175–179.

Liu, Y., Gigerenzer, G., & Todd, P. M. (2003). Fast and frugal heuristics: Simple decision rules based on bounded rationality and ecological rationality. *Chinese Journal of Psychological Science, 26*, 56–59.

Lockard, J. S. (1978). Speculations on the adaptive significance of cognition and consciousness in nonhuman species. *Brain and Behavioral Sciences, 4*, 583–584.

Loehlin, J. C. (1992). *Genes and Environment in Personality Development*. Newbury Park, CA: Sage Publications.

Low, B. S. (1979). Sexual selection and human ornamentation. In N. A. Chagnon and W. G. Irons (Eds.), *Evolutionary biology and human social behavior* (pp. 462–486). North Scituate, MA: Duxbury Press.

Low, B. S. (1989). Cross-cultural patterns in the training of children: An evolutionary perspective. *Journal of Comparative Psychology 103*, 311–319.

Low, B. S. (1990). Marriage systems and pathogen stress in human societies. *American Zoologist 30*, 325–339.

Low, B. S. (1991). Reproductive life in nineteenth century Sweden: An evolutionary perspective on demographic phenomena. *Ethology and Sociobiology, 12*, 411–448.

Low, B. S. (1993). An evolutionary perspective on lethal conflict. In H. Jacobson and W. Zimmerman (Eds.), *Behavior, culture, and conflict in world politics* (pp. 38–55). Ann Arbor: University of Michigan Press.

Low, B. S. (1994). Human sex differences in behavioral ecological perspective. *Analyse & Kritik 16*, 38–67.

Low, B. S. (2000). *Why sex matters: A Darwinian look at human behavior*. Princeton: Princeton University Press.

Low, B. S., Hazel, A., Parker, N., & Welch, K. (2008). Influences on women's reproductive lives: Unexpected ecological underpinnings. *Journal of Cross-Cultural Research, 42*, 201-219.

Low, B. S., Simon, C. P., & Anderson, K. G. (2002). An evolutionary ecological perspective on demographic transitions: Modeling multiple currencies. *American Journal of Human Biology, 14*, 149-167.

Lumsden, C. J. & Wilson, E. O. (1981). *Genes, mind, and culture: The coevolutionary process*. Cambridge, MA: Harvard University Press.

MacDonald, K. B. (Ed.)(1988). *Sociobiological perspectives on human development*. New York: Springer-Verlag.

Maner, J. K., Kenrick, D. T., Becker, D. V., Robertson, T. E., Hofer, B., Neuberg, S. L., . . . Schaller, M. (2005). Functional projection: How fundamental social motives can bias interpersonal perception. *Journal of Personality and Social Psychology, 88*, 63-78.

Manktelow, K. & Over, D. (1990). Deontic thought and the selection task. In K. Gilhooly, M. Keane, R. Logie, & G. Erdos (Eds.), *Lines of thought: Reflections on the psychology of thinking* (pp. 153-164). New York: Wiley.

Manning, A. & Dawkins, M. S. (1998). *An introduction to animal behaviour*. Cambridge: Cambridge University Press.

Manson, J. H., Navarrete, C. D., Silk, J. B., & Perry, S. (2004). Time-matched grooming by female primates? New analyses from two species. *Animal Behaviour, 67*, 493-500.

Marcus, G. F. (2008). *Kluge: The haphazard construction of the human mind*. New York: Houghton Mifflin Harcourt.

Matsuzawa, T. & Hasegawa, T. (Eds.)(2000). *Evolution of mind. (Kokoro no Shinka.)*, Tokyo: Iwanami-shoten.

Maynard Smith, J. (1964). Group selection and kin selection. *Nature, 201*, 1145-1147.

Mayr, E. (1961). Cause and effect in biology. *Science, 134*, 1501-1506.

Melloni, L., Molina, C., Pena, M., Torres, D., Singer, W., & Rodriguez1, E. (2007). Synchronization of neural activity across cortical areas correlates with conscious perception. *The Journal of Neuroscience, 27*, 2858-2865.

Mendenhall, Z., Nepomuceno, M., & Saad, G. (2010). Exploring video games from an evolutionary psychological perspective. In I. Lee (Ed.), *Encyclopedia of e-business development and management in the global economy* (pp. 734-742). Hershey, PA: IGI Global.

Mendenhall, Z., Saad, G., & Nepomuceno (2010). *Homo virtualensis:* Evolutionary psychology as a tool for studying videogames. In N. Kock (Ed.), *Evolutionary psychology and information systems research: A new approach to studying the effects of modern technologies on human behavior* (pp. 305-328). Heidelberg: Springer.

Meston, C. & Buss, D. M. (2007). Why humans have sex. *Archives of Sexual Behavior, 36*, 477-507.

Meston, C. & Buss, D. M. (2009). *Why women have sex*. New York: Henry Holt.

Miller, G. (2000). *The mating mind: How sexual choice shaped the evolution of human nature*. New York: Doubleday.

Miller G, (2009). *Spent: sex, evolution and the secrets of consumerism*. London: Random House.

Miller, G. A. (1956). The magical number seven, plus or minus two: Some limits on our capacity for processing information. *Psychological Review, 63*, 81-97

Miller, G. F. (2000). *The mating mind: How sexual choice shaped the evolution of human nature*.

New York: Doubleday.

Miller, G. F. (2001). Aesthetic fitness: How sexual selection shaped artistic virtuosity as a fitness indicator and aesthetic preferences as mate choice criteria. *Bulletin of Psychology and the Arts, 2*, 20-25.

Miller, G. F. (2001). *The mating mind: How sexual choice shaped the evolution of human nature*. New York: Anchor.

Miller, G. F. (2006). The Asian future of evolutionary psychology. *Evolutionary Psychology, 4*, 107-119.

Miller, G. F. (2007). Sexual selection for moral virtues. *Quarterly Review of Biology, 82*, 97-125.

Miller, G. F. (2007). Reconciling evolutionary psychology and ecological psychology: How to perceive fitness affordances. *Acta Psycholigica Sinica, 39*, 546-555.

Miller, G. F. (2009). *Spent: Sex, evolution, and consumer behavior*. New York: Viking.

Miller, G. F. & Shepard, R. N. (1993). An objective criterion for apparent motion based on phase discrimination. *Journal of Experimental Psychology: Human Perception and Performance, 19*, 48-62.

Miller, G. F. & Tal, I. (2007). Schizotypy versus intelligence and openness as predictors of creativity. *Schizophrenia Research, 93*, 317-324.

Miller, G. F. & Todd, P. M. (1998). Mate choice turns cognitive. *Trends in Cognitive Sciences, 2*, 190-198.

Miller, G. F., Tybur, J., & Jordan, B. (2007). Ovulatory cycle effects on tip earnings by lapdancers: Economic evidence for human estrus? *Evolution and Human Behavior, 28*, 375-381.

Mock, D. W. (2004). *More than kin and less than kind: The evolution of family conflict*. Cambridge, MA: Harvard University Press.

Mock, D. W., Drummond, H., & Stinson, C. H. (1990). Avian siblicide. *American Scientist, 78*, 438-449.

Mock, D. W. & Parker, G. A. (1997). *The evolution of sibling rivalry*. New York and Oxford: Oxford University Press.

Moffitt, T. E., Caspi, A., Belsky, J., & Silva, P. A. (1992). Childhood experience and the onset of menarche: A test of a Sociobiological hypothesis. *Child Development, 63*, 47-58.

Møller, A. P. & Thornhill, R. (1997). Bilateral symmetry and sexual selection: A meta-analysis. *American Naturalist, 151*, 174-192.

Morrison, A. M., White, R. P., Van Velsor, E., & Center for Creative Leadership. (1992). *Breaking the glass ceiling: Can women reach the top of America's largest corporations?* (Updated ed.). Reading, MA: Addison-Wesley.

Nachson, I. (2001). Truthfulness, deception and self-deception in recovering true and false memories of child sexual abuse. *International Review of Victimology, 8*, 1-18.

Navarrete, C. D. (2005). Mortality concerns and other adaptive challenges: The effects of coalition-relevant challenges on worldview defense in the U. S. and Costa Rica. *Group Processes & Intergroup Relations, 8*, 411-427.

Navarrete, C. D. & Fessler, D. M. T. (2005). Normative bias and adaptive challenges: A relational approach to coalitional psychology and a critique of terror management theory. *Evolutionary Psychology, 3*, 297-325.

Navarrete, C. D. & Fessler, D. M. T. (2006). Disease avoidance and ethnocentrism: The effects of disease vulnerability and disgust sensitivity on intergroup attitudes. *Evolution and Human Behavior, 27*, 270-282.

参考文献

Navarrete, C. D., Fessler, D. M. T., & Eng, S. J. (2007). Elevated ethnocentrism in the first trimester of pregnancy. *Evolution & Human Behavior, 28*, 60-65.

Navarrete, C. D., Fessler, D. M. T. & Fleischman, D., & Geyer, J. (2009). Race bias tracks conception risk across the menstrual cycle. *Psychological Science. 20*, 661-665.

Navarrete, C. D., Fessler, D. M. T., Santos Fleischman, D., & Geyer, J. (2009). Race bias tracks conception risk across the menstrual cycle. *Psychological Science, 20*, 661-665.

Navarrete, C. D., Kurzban, R., Fessler, D. M. T., & Kirkpatrick, L. A. (2004). Anxiety and intergroup bias: Terror management or coalitional psychology? *Group Processes & Intergroup Relations, 7*, 370-397.

Navarrete, C. D., McDonald, M., Molina, L., & Sidanius, J. (2010). Prejudice at the nexus of race and gender: An out-group male target hypothesis. *Journal of Personality & Social Psychology, 98*, 933-45.

Navarrete, C. D., Molina, L., & Sidanius, J. (2010). Prejudice at the nexus of race and gender: An out-group male target hypothesis. *Journal of Personality & Social Psychology, 98*, 933-945.

Navarrete, C. D., Mott, M., Cesario, J., McDonald, M., & Sapolsky, R. (2010). Fertility and race perception predict voter preference for Barack Obama. *Evolution & Human Behavior, 31*, 391-99.

Navarrete, C. D., Olsson, A., Ho, A. K., Mendes, W., Thomsen, L., & Sidanius, J. (2009). Fear extinction to an out-group face: The role of target gender. *Psychological Science, 20*, 155-158.

Nelkin, D. (2000). Less selfish than sacred?: Genes and the religious impulse in evolutionary psychology. In H. Rose and S. Rose (Eds.) *Alas poor Darwin: Arguments against evolutionary psychology* (pp. 17-32). New York: Harmony Books.

Nesse, R. & Lloyd, A. (1992). The evolution of psychodynamic mechanisms. In J. Barkow, L. Cosmides, and J. Tooby (Eds.) *The adapted mind* (pp. 601-624). New York: Oxford University Press.

Nettle, D. (2009). *Evolution and Genetics for Psychology*. Oxford: Oxford University Press.

New, J., Krasnow, M. M., Truxaw, D., & Gaulin, S. J. C. (2007). Spatial adaptations for plant foraging: women excel and calories count. *Proceedings of the Royal Society B, 274*, 2679-2684.

Nicholson, N. (1997a). Evolutionary psychology and organizational behaviour. In C. L. Cooper & S. Jackson, (Eds.) *Creating tomorrow's organizations: a handbook for future research in organizational behavior*. Chichester: Wiley.

Nicholson, N. (1997b). Evolutionary psychology: Toward a new view of human nature and organizational society. *Human Relations, 50*, 1053-1078.

Nicholson, N. (1998). How hardwired is human behavior? *Harvard Business Review, 76*, 134-147.

Nicholson, N. (2000). *Executive Instinct*. New York: Crown Business. Also under title, *Managing the human animal*. London: Thomson/Texere.

Nicholson, N. (2000). *Managing the human animal*. London: Thomson/Texere. (in the USA, *Executive instinct*, Crown Publishing).

Nicholson, N. (2008). Evolutionary psychology, corporate culture and family business. *Academy of Management Perspectives, 22*, 73-84.

Nicholson, N. (2010). The design of work: An evolutionary perspective. *Journal of Organizational Behavior, 31*, 422-431.

Nicholson, N. & White, R. (Eds.) (2006). *Darwinian Perspectives on Organizational Behavior*. Special Issue, *Journal of Organizational Behavior, 27*, 111-119.

Nicholson, N. & White, R. (2006). *Darwinism: A new paradigm for Organizational Behavior. Journal of Organizational Behavior, 27*, 111-120.

373

Nottebohm, F. (1981). A brain for all seasons: Cyclical anatomical changes in song control nuclei of the canary brain. *Science, 214*, 1368-1370.

Oum, R. E., Lieberman, D., & Aylward, A. (in press). A feel for disgust: Tactile cues to pathogen presence. *Cognition and Emotion.*

Oyama, S. (1985). *The ontogeny of information: Developmental systems and evolution.* Cambridge, England: Cambridge University Press.

Oyama, S. (2000). *The ontogeny of information: Developmental systems and evolution* (2nd. ed.). Durham, NC: Duke University Press.

Olding-Smee, F. J., Laland, K. N., & Feldman, M. W. (2003). Niche construction: The neglected processes in evolution. Princeton, NJ: Princeton University Press.

Panksepp, J. & Panksepp, J. B. (2000). The seven sins of evolutionary psychology. *Evolution & Cognition, 6*, 108-131.

Park, J. H. (2007). Persistent misunderstandings of inclusive fitness and kin selection: Their ubiquitous appearance in social psychology textbooks. *Evolutionary Psychology, 5*, 860-873.

Paulhus, D. L., Trapnell, P. D., & Chen, D. (1999). Birth order and personality within families. *Psychological Science, 10*, 482-488.

Pawlowski, B. & Dunbar, R. (1999a). Withholding age as putative deception in mate search tactics. *Evolution and Human Behavior, 2*, 53-69.

Pawlowski, B. & Dunbar, R. (1999b) Impact of market value on human mate choice decisions. *Proceedings of Royal Society, London, B, 266*, 281-285.

Penton-Voak, I. S., Perrett, D. I., Castles, D. L., Kobayashi, T., Burt, D. M., Murray, L. K., & Minamisawa, R. (1999). Menstrual cycle alters face preference. *Nature, 399*, 741-742.

Perrett, D. I., May, K. A., & Yoshikawa, S. (1994). Facial shapes and judgments of female attractiveness. *Nature, 368*, 239-242.

Perrett, D. I., Lee, K. J., Penton-Voak, I. S., Rowland, D., Yoshikawa, S., Burt, D. M., . . . Akamatsu, S. (1998). Effects of sexual dimorphism on facial attractiveness. *Nature, 394*, 884-887.

Petrie, M. (1994). Improved growth and survival of offspring of peacocks with more elaborate trains. *Nature. 371*, 598-599.

Pierce, A., Miller, G. F., Arden, R., & Gottfredson, L. (2009). Why is intelligence correlated with semen quality? Biochemical pathways common to sperm and neurons, and the evolutionary genetics of general fitness. *Communicative and Integrative Biology, 2*, 1-3.

Pinker, S. (1994). *The language instinct* (1st ed.). New York: W. Morrow and Co.

Pinker, S. (1997). *How the mind works.* New York: W. W. Norton.

Pinker, S. (2005). Foreword. In D. M. Buss (Ed.), *The handbook of evolutionary psychology* (pp. xi-xvi). Hoboken NJ: Wiley.

Plomin, R. & Daniels, D. (1987). Why are children in the same family so different from one another. *Behavioral and Brain Sciences, 10*, 1-60.

Plomin, R., DeFries, J. C., McClearn, G. E., & McGuffin, P. (2001). *Behavioral genetics.* (4th ed.) New York: Worth.

Pooley, A. & Fiddick, L (2010). Social referencing 'Mr. Yuk': The use of emotion in a poison prevention program. *Journal of Pediatric Psychology, 35*, 327-339.

Powell, J., Lewis, P., Dunbar, R., García-Fiñana, M. & Roberts, N. (2010). Orbital prefrontal cortex volume correlates with social cognitive competence. *Neuropsychologia* (in press).

Press. Schacter, D L. (2001). *The seven sins of memory: How the mind forgets and remembers.* Boston: Houghton Mifflin.

参考文献

Prokosch, M., Yeo, R., & Miller, G. F. (2005). Intelligence tests with higher g-loadings show higher correlations with body symmetry: Evidence for a general fitness factor mediated by developmental stability. *Intelligence, 33*, 203-213.

Pruitt, D. G. & Kimmel, M. J. (1977). Twenty years of experimental gaming: Critique, synthesis, and suggestions for the future. *Annual Review of Psychology, 28*, 363-392.

Qin, J. & Han, S. (2009a). Neurocognitive mechanisms underlying identification of environmental risks. *Neuropsychologia, 47*, 397-405.

Qin, J. & Han, S. (2009b). Parsing neural mechanisms of social and physical risk identifications. *Human Brain Mapping, 30*, 1338-1351.

Qin, J., Lee, T., Wang, F., Mao, L., & Han, S. (2009). Neural activities underlying environmental and personal risk identification tasks. *Neuroscience Letters, 455*, 110-115.

Quartz, S. & Sejnowski, T. J. (2002). *Liars, lovers and heroes: What the new brain science has revealed about how we become who we are*. New York: Harper-Collins.

Real, L. (1991). Animal choice behavior and the evolution of cognitive architecture. *Science, 253*, 980-986.

Reis, D. L., Brackett, M. A., Shamosh, N. A., Kiehl, K. A., Salovey, P., & Gray, J. R. (2007). Emotional intelligence predicts individual differences in social exchange reasoning. *NeuroImage, 35*, 1385-1391.

Reynolds, V. (1973). Ethology of social change. In C. Renfrew (Ed.), *The explanation of culture change: Models in prehistory* (pp. 467-480). Pittsburgh: University of Pittsburgh.

Richardson, R. (2007). *Evolutionary psychology as maladapted psychology*. Cambridge, MA: MIT Press.

Richerson, P. J. & Boyd, R. (2004). *Not by genes alone: How culture transformed human evolution*. Chicago: University of Chicago Press.

Richerson, P. J. & Boyd, R. (2010a). Why possibly language evolved. *Biolinguistics, 4*, 289-306.

Richerson, P. J. & Boyd, R. (2010b). Gene-culture coevolution in the age of genomics. *Proceedings National Academy of Science USA, 107* (Supplement 2), 8985-8992.

Richerson, P. J., Boyd, R., & Bettinger, R. L. (2001). Was agriculture impossible during the Pleistocene but mandatory during the Holocene? A climate change hypothesis. *American Antiquity, 66*, 387-411.

Richerson, P. J., Boyd, R., & Bettinger, R. L. (2009). Cultural innovations and demographic change. *Human Biology, 81*, 211-235.

Richerson, P. J., Boyd, R., & Henrich, J. (2003). Cultural evolution of human cooperation. In P. Hammerstein (Ed.), *Genetic and cultural evolution of cooperation* (pp. 357-388). Berlin: MIT Press.

Ridley, M. (2010). *The rational optimist: How prosperity evolves*. London: Fourth Estate.

Roberts, S., Dunbar, R., Pollet, T. & Kuppens, T. (2009). Exploring variations in active network size: constraints and ego characteristics. *Social Networks, 31*, 138-146.

Rodeheffer, C. D., Daugherty, J. R., & Brase, G. L. (in press). Resistance to evolutionary psychology as a continuation of conflicts over scientific integration. *Futures*.

Rohde, P. A., Atzwanger, K., Butovskaya, M., Lampert, A., Mysterud, I., Sanchez-Andres, A., & Sulloway, F. J. (2003). Perceived parental favoritism, closeness to kin, and the rebel of the family: The effects of birth order and sex. *Evolution and Human Behavior, 24*, 261-276.

Rose, H. & Rose, S. (2000). *Alas poor Darwin: Arguments against evolutionary psychology*. New York: Harmony Books.

Rosenau, P. M. (1992). *Post-modernism and the social sciences: Insights, inroads, and intrusions*.

375

Princeton, NJ: Princeton University Press.

Rosenblatt, P. C. & Skoogberg, E. L. (1974). Birth order in cross-cultural perspective. *Developmental Psychology, 10*, 48-54.

Rowe, D. C. (1994). *The limits of family influence: Genes, experience, and behavior.* New York: Guildford Press.

Rushton, J. P. (2000). *Race, evolution, and behavior: A life history perspective* (3rd ed.). Port Huron, MI: Charles Darwin Research Institute.

Saad, G. (2003). Evolution and political marketing. In S. A. Peterson & A. Somit (Eds.), *Human nature and public policy: An evolutionary approach* (pp. 121-138). New York: Palgrave Macmillan.

Saad, G. (2004). Applying evolutionary psychology in understanding the representation of women in advertisements. *Psychology & Marketing, 21*, 593-612.

Saad, G. (2006a). Applying evolutionary psychology in understanding the Darwinian roots of consumption phenomena. *Managerial and Decision Economics, 27*, 189-201.

Saad, G. (2006b). Blame our evolved gustatory preferences. *Young Consumers, 7*, 72-75.

Saad, G. (2006c). Sex differences in OCD symptomatology: An evolutionary perspective. *Medical Hypotheses, 67*, 1455-1459.

Saad, G. (2007a). *The evolutionary bases of consumption.* Mahwah, NJ: Lawrence Erlbaum.

Saad, G. (2007b). Suicide triggers as sex-specific threats in domains of evolutionary import: Negative correlation between global male-to-female suicide ratios and average per capita gross national income. *Medical Hypotheses, 68*, 692-696.

Saad, G. (2007c). A multitude of environments for a consilient Darwinian meta-theory of personality: The environment of evolutionary adaptedness, local niches, the ontogenetic environment, and situational contexts. *European Journal of Personality, 21*, 624-626.

Saad, G. (2008a). The collective amnesia of marketing scholars regarding consumers' biological and evolutionary roots. *Marketing Theory, 8*, 425-448.

Saad, G. (2008b). Advertised waist-to-hip ratios of online female escorts: An evolutionary perspective. *International Journal of e-Collaboration, 4*, 40-50.

Saad, G. (2010a). The Darwinian underpinnings of consumption. In P. Maclaran, M. Saren, B. Stern, & M. Tadajewski (Eds.), *The handbook of marketing theory* (pp. 457-475). London: Sage.

Saad, G. (2010b). Munchausen by proxy: The dark side of parental investment theory? *Medical Hypotheses, 75*, 479-481.

Saad, G. (2010c). Using the Internet to study human universals. In I. Lee (Ed.), *Encyclopedia of e-business development and management in the global economy* (pp. 719-724). Hershey, PA: IGI Global.

Saad, G. (2011). *The consuming instinct: What juicy burgers, Ferraris, pornography, and gift giving reveal about human nature.* Amherst, NY: Prometheus Books.

Saad, G. (2011a, forthcoming). *The consuming instinct: What juicy burgers, ferraris, pornography, and gift giving reveal about human nature.* Amherst, NY: Prometheus Books.

Saad, G. (2011b, forthcoming). Songs lyrics as windows to our evolved human nature. In A. Andrews & J. Carroll (Eds.), *The evolutionary review: Art, science, culture* (vol. 2). Albany, NY: SUNY Press.

Saad, G. (Ed.) (2011c, forthcoming). *Evolutionary psychology in the business sciences.* Heidelberg: Springer.

Saad, G. (2011d, forthcoming). The future of evolutionary psychology is bright. *Futures.*

Saad, G., Eba, A., & Sejean, R. (2009). Sex differences when searching for a mate: A process-tracing approach. *Journal of Behavioral Decision Making, 22*, 171-190.

Saad, G. & Gill, T. (2000). Applications of evolutionary psychology in marketing. *Psychology & Marketing, 17*, 1005-1034.

Saad, G. & Gill, T. (2001a). Sex differences in the ultimatum game: An evolutionary psychology perspective. *Journal of Bioeconomics, 3*, 171-193.

Saad, G. & Gill, T. (2001b). The effects of a recipient's gender in the modified dictator game. *Applied Economics Letters, 8*, 463-466.

Saad, G. & Gill, T. (2003). An evolutionary psychology perspective on gift giving among young adults. *Psychology & Marketing, 20*, 765-784.

Saad, G. & Gill, T. (2009). Self-ratings of physical attractiveness in a competitive context: When males are more sensitive to self-perceptions than females. *Journal of Social Psychology, 149*, 585-599.

Saad, G., Gill, T., & Nataraajan, R. (2005). Are laterborns more innovative and non-conforming consumers than firstborns? A Darwinian perspective. *Journal of Business Research, 58*, 902-909.

Saad, G. & Peng, A. (2006). Applying Darwinian principles in designing effective intervention strategies: The case of sun tanning. *Psychology & Marketing, 23*, 617-638.

Saad, G. & Russo, J. E. (1996). Stopping criteria in sequential choice. *Organizational Behavior and Human Decision Processes, 67*, 258-270.

Saad, G. & Vongas, J. G. (2009). The effect of conspicuous consumption on men's testosterone levels. *Organizational Behavior and Human Decision Processes, 110*, 80-92.

Sackeim, H. A. & Gur, R. C. (1978). Self-deception, self-confrontation and consciousness. In G. E. Schwartz and D. Shapiro (Eds.), *Consciousness and self-regulation, advances in research and theory* (pp. 139-197). New York: Plenum.

Sacks, O. W. (1985). *The man who mistook his wife for a hat: And other clinical tales*. Summit Books: New York.

Salmon, C. A. & Daly, M. (1998). Birth order and familial sentiment: Middleborns are different. *Human Behavior and Evolution, 19*, 299-312.

Scarbrough, P. & Johnston, V. S. (2005). Individual differences in women's facial preferences as a function of digit ratio and mental rotation ability. *Evolution and Human Behavior, 26*, 509-526.

Schachter, F. F. (1982). Sibling deidentification and split-parent identifications: A family tetrad. In M. E. Lamb and B. Sutton-Smith (Eds.), *Sibling relationships: Their nature and significance across the lifespan* (pp. 123-152). Hillsdale, N. J. : Lawrence Erlbaum.

Schachter, F. F., Gilutz, G., Shore, E., & Adler, M. (1978). Sibling deidentification judged by mothers: Cross-validation and developmental studies. *Child Development, 49*, 543-546.

Schacter, D. L. (2001). *The seven sins of memory: How the mind forgets and remembers*. Boston: Houghton Mifflin.

Schaich Borg, J., Lieberman, D., & Kiehl, K. A. (2008). Infection, incest, and iniquity: Investigating the neural correlates of disgust and morality. *Journal of Cognitive Neuroscience. 20*, 1529-1546.

Scheib, J. E. et al. (1999) Facial attractiveness, symmetry, and cues of good genes. *Proceedings of Royal Society. London, B. 266*, 1913-1917.

Schul, Y., Burnstein, E., & Bardi, A. (1996). Dealing with deceptions that are difficult to detect: Encoding and judgment as a function of preparing to receive invalid information. *Journal of Experimental Social Psychology, 32*, 228-253.

Schul, Y., Mayo, R., & Burnstein, E. (2004). Encoding under trust and distrust: The spontaneous activation of incongruent cognitions. *Journal of Personality and Social Psychology, 86*, 668-679.

Schul, Y., Mayo, R., & Burnstein, E. (2008). The value of distrust. *Journal of Experimental Social Psychology, 44,* 1293-1302.

Schwartz, F. N. (1992). *Breaking with tradition: Women and work, the new facts of life.* New York: Warner Books.

Segal, N. L., Weisfeld, G. E., & Weisfeld, C. C. (1997). *Uniting psychology and biology: Integrative perspectives on human development.* Washington, DC: American Psychological Association.

Segerstråle, I. (2000). *Defenders of the truth: The battle for science in the sociobiology debate and beyond.* New York: Oxford University Press.

Shaner, A., Miller, G. F., & Mintz, J. (2004). Schizophrenia as one extreme of a sexually selected fitness indicator. *Schizophrenia Research, 70,* 101-109.

Shaner, A., Miller, G. F., & Mintz, J. (2008). Autism as the low-fitness extreme of a parentally selected fitness indicator. *Human Nature, 19,* 389-413.

Shepher, J. (1983). *Incest: A biosocial view.* New York: Academic Press.

Sherry, D. F., Mrosovsky, N. & Hogan, J. A. (1980). Weight loss and anorexia during incubation in birds. *Journal of Comparative & Physiological Psychology, 94:* 89-98.

Sherry, D. F. & Schacter, D. L. (1987). The evolution of multiple memory systems. *Psychological Review, 94,* 439-454.

Shultz, S. & Dunbar, R. (2007). The evolution of the social brain: Anthropoid primates contrast with other vertebrates. *Proceedings of Royal Society, London, 274B:* 2429-2436.

Shweder, R. (1991). *Thinking through cultures.* Cambridge, MA: Harvard University Press.

Simon, H. A. (1956). Rational choice and the structure of the environment. *Psychological Review, 63,* 129-138.

Simon, H. A. (1990). A mechanism for social selection and successful altruism. *Science, 250,* 1665-1668.

Simon, H. A. (1990). Invariants of human behavior. *Annual Review of Psychology, 41,* 1-19.

Skinner, B. F. (1953). *Science and human behavior.* New York: Free Press.

Slavin, M. O. (1985). The origins of psychic conflict and the adaptive functions of repression: An evolutionary biological view. *Psychoanalysis and Contemporary Thought, 8,* 407-440.

Slingerland, E. (2008). *What science offers the humanities: Integrating body and culture.* New York: Cambridge University Press.

Slovic, P., Monahan, J., & MacGregor, D. G. (2000). Violence risk assessment and risk communication: The effects of using actual cases, providing instruction, and employing probability versus frequency formats. *Law and Human Behavior, 24,* 271-296.

Smith, R. H. & Kim, S. H. (2007). Comprehending envy. *Psychological Bulletin, 133,* 46-64.

Smith, L. & Thelen, E. (2003). Development as a dynamic system. *Trends in Cognitive Sciences, 7,* 343-348.

Snyder, J. K., Fessler, D. M. T., Tiokhin, L., Frederick, D. A., Lee, S. W., & Navarrete, C. D. (in press). Trade-offs in a dangerous world: Women's fear of crime predicts preferences for aggressive and formidable mates. *Evolution & Human Behavior.*

Sperber, D. (1994). The modularity of thought and the epidemiology of representations. In L. Hirschfeld & S. Gelman (Eds.). *Mapping the mind: Domain specificity in cognition and culture* (pp. 39-67). New York: Cambridge University Press.

Sperber, D. & Hirschfeld, L. (2004). The cognitive foundations of cultural stability and diversity. *Trends in Cognitive Sciences, 8,* 40-46.

Spencer, H. (1861). *Education: Intellectual, moral, and physical.* London: Williams and Norgate.

Sprengelmeyer, R., Rausch, M., Eysel, U. T., Przuntek, H. (1998). Neural structures associated with recognition of facial expressions of basic emotions. *Proceedings of the Royal Society of London, Series B, 265*, 1927-1931.

Stanley, H. M. (1895). *Studies in the evolutionary psychology of feeling*. London: Swan Sonnenschein.

Stanovich, K. E. (2004). *The robot's rebellion: Finding meaning in the age of Darwin*. Chicago: University of Chicago Press.

Stearns, S. C. (1992). *The evolution of life histories*. Oxford, UK: Oxford University Press.

Stenstrom, E. & Saad, G. (2010a). The neurocognitive and evolutionary bases of sex differences in website design preferences: Recommendations for e-business managers. In I. Lee (Ed.), *Encyclopedia of e-business development and management in the global economy* (pp. 725-733). Hershey, PA: IGI Global.

Stenstrom, E. & Saad, G. (2010b). Testosterone, markers of androgenization, and pathological gambling. *Journal of Neuroscience, Psychology, and Economics* (conditionally accepted).

Stenstrom E., Saad, G., Nepomuceno, M., & Mendenhall, Z. (2011, forthcoming). Testosterone and domain-specific risk: Digit ratio (*rel2*) predicts recreational, financial, and social risk-taking propensity in men. *Personality and Individual Differences*.

Stenstrom, E., Stenstrom, P., Saad, G., & Cheikhrouhou, S. (2008). Online hunting and gathering: An evolutionary perspective on sex differences in website preferences and navigation. *IEEE Transactions on Professional Communication, 51*, 155-168.

Stephens, D. W. & Krebs, J. R. (1986). *Foraging theory*. Princeton, NJ: Princeton University Press.

Stringer, C. & McKie, R. (1997). *African exodus: The origins of modern humanity*. London: Jonathan Cape.

Stiller, J. & Dunbar, R. (2007). Perspective-taking and memory capacity predict social network size. *Social Networks 29*: 93-104.

Stone, V. E., Cosmides, L., Tooby, J., Kroll, N. & Knight, R. T. (2002). Selective impairment of reasoning about social exchange in a patient with bilateral limbic system damage. *Proceedings of the National Academy of Sciences USA, 99*, 11531-11536.

Suddendorf, T. & Corballis, M. C. (1997). Mental time travel and the evolution of the human mind. *Genetic, Social, and General Psychology Monographs, 123*, 133-167.

Sundie, J. M., Kenrick, D. T., Griskevicius, V., Tybur, J., Vohs, K., & Beal, D. J. (in press). Peacocks, Porsches, and Thorsten Veblen: Conspicuous consumption as a sexual signaling system. *Journal of Personality & Social Psychology*.

Sutton, S. et al. (1965). Evoked-potential correlates of stimulus uncertainty. *Science, 150*, 1178-1188.

Sutton, S. et al. (1967). Information delivery and the sensory evoked potential. *Science, 155*, 1436-1439.

Su, R., Rounds, J., & Armstrong, P. I. (2009). Men and things, women and people: A metaanalysis of sex differences in interests. *Psychological Bulletin, 135*, 859-884.

Surbey, M. K. (1990). Family composition, stress, and human menarche. In T. E. Ziegler & F. B. Bercovitch (Eds.), *The socioendocrinology of primate reproduction* (pp. 11-32). New York: Wiley-Liss.

Surbey, M. K. (2004). Self-deception: Helping and hindering personal and public decision making. In C. B. Crawford & C. A. Salmon (Eds.), *Evolutionary Psychology, public policy, and personal decisions* (pp. 117-144). Hillsdale, N. J. : Erlbaum.

Surbey, M. K. (2008). Selfish genes, developmental systems, and the evolution of development. In C. B. Crawford & D. Krebs (Eds.), *Foundations of evolutionary psychology* (pp. 137-149). New

York: Erlbaum.

Surbey, M. K. (in press). Adaptive significance of low levels of self-deception and cooperation in depression. *Evolution and Human Behavior.*

Surbey, M. K. & Brice, G. R. (2007). Enhancement of self-perceived mate value precedes a shift in men's preferred mating strategy. *Acta Psychologica Sinica [Special Issue: Evolutionary Psychology], 39,* 513-522.

Surbey, M. K. & Conohan, C. D. (2000). Willingness to engage in casual sex: The role of parental qualities and perceived risk of aggression. *Human Nature, 11,* 367-386.

Surbey, M. K. & McNally, J. J. (1997). Self-deception as a mediator of cooperation and defection in varying social contexts described in the iterated prisoner's dilemma. *Evolution and Human Behavior, 18,* 417-435.

Sulloway, F. J. (1982). Darwin and his finches: The evolution of a legend. *Journal of the History of Biology, 15,* 1-53.

Sulloway, F. J. (1996). *Born to rebel: Birth order, family dynamics, and creative lives.* New York: Pantheon. Translated into Chinese in complex characters (Taiwan: Crown Ping's Publications, 1998).

Sulloway, F. J. (2001). Birth order, sibling competition, and human behavior. In H. R. Holcomb III (Ed.), *Conceptual challenges in evolutionary psychology: Innovative research strategies* (pp. 39-83). Dordrecht and Boston: Kluwer Academic Publishers.

Sulloway, F. J. (2002). Technical report on a vote-counting meta-analysis of the birth-order literature (1940-1999). Available on-line: http://www.sulloway.org/metaanalyis.htm;

Sulloway, F. J. (2007). Birth order and intelligence. *Science, 317,* 1711-1712.

Sulloway, F. J. (2009a). Why Darwin rejected intelligent design. *Journal of Biosciences, 34,* 173-183.

Sulloway, F. J. (2009b). Sources of scientific innovation: A meta-analytic approach (commentary on Simonton, 2009). *Perspectives on Psychological Science, 4,* 455-459.

Sulloway, F. J. (2010). Why siblings are like Darwin's Finches: Birth order, sibling competition, and adaptive divergence within the family. In D. M. Buss and P. H. Hawley (Eds.), *The evolution of personality and individual differences* (pp. 86-119). Oxford: Oxford University Press.

Sulloway, F. J. & Zweigenhaft, R. L. (2010). Birth order and risking taking in athletics: A meta-analysis and study of major league baseball. *Personality and Social Psychology Review, 14,* 402-416.

Symons, D. (1979). *The evolution of human sexuality.* New York: Oxford University Press.

Symons, D. (1987). If we're all Darwinians, what's the fuss about? In C. Crawford, M. Smith, & D. Krebs (Eds.). *Sociobiology and psychology: Ideas, issues and applications* (pp. 121-146). Hillsdale, NJ: Lawrence Erlbaum.

Symons, D. (1989). A critique of Darwinian anthropology. *Ethology & Sociobiology, 10,* 131-144.

Szechtman, H. & Woody, E. (2004). Obsessive-compulsive disorder as a disturbance of security motivation. *Psychological Review, 111,* 111-127.

Talland, G. A. (1964). Self-reference: A neglected component in remembering. *American Psychologist, 19,* 351-353.

Taylor, S. E. & Brown, J. D. (1988). Illusion and well-being: A social psychological perspective on mental health. *Psychological Bulletin, 103,* 193-210

Thagard, P. & Millgram, E. (1995). Inference to the best plan: A coherence theory of decision. In A. Ram & D. B. Leake (Eds.), *Goal-driven learning* (pp. 439-454). Cambridge, MA: MIT Press.

Tinbergen, N. (1963). On aims and methods of ethology. *Zeitschrift für Tierpsychologie, 20,* 410-433.

Tither, J. M. & Ellis, B. J. (2008). Impact of fathers on daughters' age at menarche: A genetically-

and environmentally-controlled sibling study. *Developmental Psychology, 44,* 1409-1420.

Todd, P. M. (1994). Artificial death. In C. Schneider (Ed.), *Jahresring 41* (German yearbook for modern art)(pp. 90-107). Munich: Silke Schreiber.

Todd, P. M. (1996). The causes and effects of evolutionary simulation in the behavioral sciences. In R. Belew and M. Mitchell (Eds.), *Adaptive individuals in evolving populations: Models and algorithms* (pp. 211-224). Reading, MA: Addison-Wesley.

Todd, P. M. (2007). Coevolved cognitive mechanisms in mate search: Making decisions in a decision-shaped world. In J. P. Forgas, M. G. Haselton, and W. von Hippel (Eds.), *Evolution and the social mind: Evolutionary psychology and social cognition* (Sydney Symposium of Social Psychology series)(pp. 145-159). New York: Psychology Press.

Todd, P. M., Billari, F. C., & Simão, J. (2005). Aggregate age-at-marriage patterns from individual mate-search heuristics. *Demography, 42,* 559-574.

Todd, P. M. & Gigerenzer, G. (2007). Mechanisms of ecological rationality: Heuristics and environments that make us smart. In R. Dunbar and L. Barrett (Eds.), *Oxford handbook of evolutionary psychology* (pp. 197-210). Oxford: Oxford University Press.

Todd, P. M. & Gigerenzer, G. (2007). Environments that make us smart: Ecological rationality. *Current Directions in Psychological Science, 16,* 167-171.

Todd, P. M., Gigerenzer, G., & the ABC Research Group. (in press). *Ecological rationality: Intelligence in the world.* New York: Oxford University Press.

Todd, P. M., Hertwig, R., & Hoffrage, U. (2005). Evolutionary cognitive psychology. In D. M. Buss (Ed.), *The handbook of evolutionary psychology* (pp. 776-802). Hoboken, NJ: Wiley.

Todd, P. M. & Miller, G. F. (1991a). Exploring adaptive agency II: Simulating the evolution of associative learning. In J. -A. Meyer and S. W. Wilson (Eds.), *From animals to animats: Proceedings of the first international conference on simulation of adaptive behavior* (pp. 306-315). Cambridge, MA: MIT Press/Bradford Books.

Todd, P. M. & Miller, G. F. (1991b). Exploring adaptive agency III: Simulating the evolution of habituation and sensitization. In H. -P. Schwefel and R. Maenner (Eds.), *Proceedings of the first international conference on parallel problem solving from nature* (pp. 307-313). Berlin: Springer.

Todd, P. M. & Miller, G. F. (1993). Parental guidance suggested: How parental imprinting evolves through sexual selection as an adaptive learning mechanism. *Adaptive Behavior, 2,* 5-47.

Todd, P. M. & Miller. G. F. (1997). How cognition shapes cognitive evolution. *Intelligent Systems and their applications, 12,* 7-9.

Todd, P. M. & Miller, G. F. (1999). From pride and prejudice to persuasion: Satisficing in mate search. In G. Gigerenzer, P. M. Todd, and the ABC Research Group, *Simple heuristics that make us smart* (pp. 287-308). New York: Oxford University Press.

Todd, P. M., Penke, L., Fasolo, B., & Lenton, A. P. (2007). Different cognitive processes underlie human mate choices and mate preferences. *Proceedings of the National Academy of Sciences USA, 104,* 15011-15016.

Todd, P. M. & Yanco, H. A. (1996). Environmental effects on minimal behaviors in the minimat world. *Adaptive Behavior, 4,* 365-413.

Tomasello, M. (2008). *Origins of human communication.* Cambridge MA: MIT Press.

Tooby, J. & Cosmides, L. (1989). Evolutionary psychology and the generation of culture: Part 1. Theoretical considerations. *Ethology and Sociobiology, 10,* 29-49.

Tooby, J. & Cosmides, L. (1990). The past explains the present: Emotional adaptations and the structure of ancestral environments. *Ethology and Sociobiology, 11,* 375-424.

Tooby, J. & Cosmides, L. (1990). On the universality of human nature and the uniqueness of the individual: The role of genetics and adaptation. *Journal of Personality, 58,* 17-67.

Tooby, J. & Cosmides, L. (1992). Cognitive adaptations for social exchange. In J. H. Barkow, L. Cosmides, & J. Tooby (Eds.), The adapted mind: Evolutionary psychology and the generation of culture (pp. 19-136). New York: Oxford University Press.

Tooby, J. & Cosmides, L. (1992). The psychological foundations of culture. In J. Barkow, L. Cosmides & J. Tooby (Eds.), *The adapted mind: Evolutionary psychology and the generation of culture* (pp. 19-136). New York: Oxford University Press.

Tooby, J., Cosmides, L. & Barrett, H. C. (2003). The second law of thermodynamics is the first law of psychology: Evolutionary developmental psychology and the theory of tandem, coordinated inheritances. *Psychological Bulletin, 129,* 858-865.

Tooby, J., Cosmides, L. & Barrett, H. C. (2005). Resolving the debate on innate ideas: Learnability constraints and the evolved interpenetration of motivational and conceptual functions. In Carruthers, P., Laurence, S. & Stich, S. (Eds.), *The innate mind: Structure and content.* New York: Oxford University Press.

Trivers, R. L. (1971). The evolution of reciprocal altruism. *Quarterly Review of Biology, 46,* 35-57.

Trivers, R. L. (1972). Parental investment and sexual selection. In B. Campbell (Ed.), *Sexual selection and the descent of man 1871-1971* (pp. 136-179). Chicago: Aldine.

Trivers, R. L. (1974). Parent-offspring conflict. *American Zoologist, 14,* 247-262.

Trivers, R. L. (1976). Foreword. In R. Dawkins, *The selfish gene.* New York: Oxford University Press.

Trivers, R. L. (1985). *Social Evolution.* Menlo Park, CA: Benjamin/Cummins.

Trivers, R. L. (2000). The elements of a scientific theory of self-deception. In D. LeCroy & P. Moller (Eds.), *Annals of the New York Academy of Sciences:* Vol. 907. *Evolutionary perspectives on human reproductive behavior* (pp. 114-131). New York: New York Academy of Sciences.

Trivers, R. L. & Burt, A. (1999). Kinship and genomic imprinting. In R. Ohlsson (Ed.). *Genomic imprinting: An interdisciplinary approach* (pp. 1-23). Heidelberg: Springer.

Tulving, E. (1985). Memory and consciousness. *Canadian Psychology, 26,* 1-12.

Tulving, E. (1993). Self-knowledge of an amnesic individual is represented abstractly. In T. K. Srull & R. S. Wyer (Eds.), *Advances in social cognition,* Vol. 5 (pp. 147-156). Hillsdale, NJ: Erlbaum.

Tulving, E. (2002). Chronesthesia: Awareness of subjective time. In D. T. Stuss & R. C. Knight (Eds.), *Principles of frontal lobe function* (pp. 311-325). New York: Oxford University Press.

Tulving, E. & Lepage, M. (2000). Where in the brain is awareness of one's past? In D. L. Schacter & E. Scarry (Eds.), *Memory, brain, and belief* (pp. 208-228). Cambridge, MA: Harvard University Press.

Turiel, E. (1983). *The development of social knowledge: Morality and convention.* Cambridge: Cambridge University Press.

Tversky, A. & Kahneman, D. (1981). The framing of decisions and the psychology of choice. *Science, 211,* 453-458.

Tybur, J., Lieberman, D., & Griskevicius, V. (2009). Microbes, mating, and morality: Individual differences in three functional domains of disgust. *Journal of Personality and Social Psychology, 97,* 103-122.

Van de Ven, N., Zeelenberg, M., & Pieters, R. (2009). Leveling up and down: The experiences of benign and malicious envy. *Emotion, 9,* 419-429.

Vandenberg, J. G. (1969). Effect of the presence of a male on the sexual maturation of female mice.

Endocrinology, 81, 345-356.

Van Schaik, C. P. (1983). Why are diurnal primates living in groups. *Behaviour, 87*, 120-144.

Voland, E. & Dunbar, R. (1995). Resource competition and reproduction: the relationship between economic and parental strategies in the Krummhorn population (1720-1874). *Human Nature, 6*, 33-49.

Voland, E., Dunbar, R., Engel, C., & Stephan, P. (1997). Population increase and sex-biased parental investment in humans: evidence from 18th and 19th century Germany. *Current Anthropology, 38*, 129-135.

Vorhold, V., Giessing, C., Wiedemann, P. M., Schütz, H., Gauggel, S., & Fink, G. R. (2007). The neural basis of risk ratings: Evidence from a functional magnetic resonance imaging (fMRI) study. *Neuropsychologia, 45*, 3242-3250.

Wang, X. T. (1996a). Domain-specific rationality in human choices: Violations of utility axioms and social contexts. *Cognition, 60*, 31-63.

Wang, X. T. (1996b). Framing effects: Dynamics and task domains. *Organizational Behavior & Human Decision Processes, 68*, 145-157.

Wang, X. T. (1996c). Evolutionary hypotheses of risk-sensitive choice: Age differences and perspective change. *Ethology and Sociobiology, 17*, 1-15.

Wang, X. T. (2001). Bounded rationality of economic man: New frontiers in evolutionary psychology and bioeconomics. *Journal of Bioeconomics, 3*, 83-89.

Wang, X. T. (2002). Risk as reproductive variance. *Evolution and Human Behavior, 23*, 35-57.

Wang, X. T. (2006). Emotions within reason: resolving conflicts in risk preference. *Cognition and Emotion, 20*, 1132-1152.

Wang, X. T. (2008). Risk communication and risky choice in context: Ambiguity and ambivalence hypothesis. *Annals of the New York Academy of Science, 1128*, 78-89.

Wang, X. T. & Dvorak, R. D. (2010). Sweet future: Fluctuating blood glucose levels affect future discounting. *Psychological Science, 21*(2), 183-188.

Wang, X. T. & Johnston, V. S. (1993). Adaptive changes in cognitive and emotional processing with reproductive status. *Brain, Behavior and Evolution, 42*, 39-47.

Wang, X. T. & Johnston, V. S. (1995). Perceived social context and risk preference: A re-examination of framing effects in a life-death decision problem. *Journal of Behavioral Decision Making, 8*, 279-293.

Wang, X. T., Kruger, D. J., & Wilke, A. (2009). Life history variables and risk taking propensity. *Evolution and Human Behavior, 30*, 77-84.

Wang, X. T., Simons, F., & Bredart, S. (2001). Social cues and verbal framing in risky choice. *Journal of Behavioral Decision Making, 14*, 1-15.

Walsh, A. & Ellis, L. (2007) *Criminology: An interdisciplinary approach*. Thousand Oaks CA, USA: Sage.

Waynforth, D. & Dunbar, R. (1995). Conditional mate choice strategies in humans: evidence from 'Lonely Hearts' advertisements. *Behaviour, 132*, 755-779.

Waynforth, D. (1998). Fluctuating asymmetry and human male life-history trait in rural Belize. *Proceedings of Royal Society. London, B. 265*, 1497-1501.

Wedekind, C., Seebeck, T., Bettens, F., & Paepke, A. J. (1995) MHC-dependent mate preferences in humans. *Proceedings of the Royal Society of London: Biological Sciences, 260*, 245-249.

Weisfeld, G. (1999). *Evolutionary principles of human adolescence*. Boulder, CO: Westview Press.

Westermarck. E. A. (1891/1922). *The history of human marriage*. London: Macmillan.

Wheeler, M. A., Stuss, D. T., & Tulving, E. (1997). Toward a theory of episodic memory: The frontal lobes and autonoetic consciousness. *Psychological Bulletin, 121,* 331-354.

Whiten, A., McGuigan, N., Marshall-Pescini, S., & Hopper, L. M. (2009). Emulation, imitation, over-imitation and the scope of culture for child and chimpanzee. *Philosophical Transactions of the Royal Society B, 364,* 2417-2428.

Wieczorkowska, G. & Burnstein, E. (1999). Adapting to the transition from socialism to capitalism in Poland: The role of screening strategies in social change. *Psychological Science, 10,* 98-105.

Wieczorkowska, G. & Burnstein, E. (2004a). Individual difference in adaptation to social change. *International Journal of Sociology, 14,* 83-99.

Wieczorkowska, G. & Burnstein, E. (2004b). Hunting for a job: How individual differences in foraging strategies influences the length of unemployment. *Group Processes and Intergroup Relations, 7,* 305-315.

Wierson, M., Long, P. J., & Forehand, R. L. (1993). Toward a new understanding of early menarche: The role of environmental stress in pubertal timing. *Adolescence, 23,* 913-924.

Wilcoxon, H. C., Dragoin, W. B., & Kral, P. A. (1971). Illness-induced aversions in rat and quail: Relative salience of visual and gustatory cues. *Science, 171,* 826-828.

Williams, G. C. (1966). *Adaptation and natural selection.* Princeton, NJ: Princeton University Press.

Wilson, E. O. (1975). *Sociobiology: The new synthesis.* Cambridge, MA: Harvard University Press.

Wilson, M. & Daly, M. (1985). Competitiveness, risk-taking and violence: the young male syndrome. *Ethology & Sociobiology, 6,* 59-73.

Wilson, M. & Daly, M. (1992). The man who mistook his wife for a chattel. In J Barkow, L Cosmides & J Tooby, (Eds.). *The adapted mind.* New York: Oxford University Press.

Wilson, M. & Daly, M. (1993) Spousal homicide risk and estrangement. *Violence & Victims, 8,* 3-16.

Wilson, M. & Daly, M. (1997). Life expectancy, economic inequality, homicide, and reproductive timing in Chicago neighbourhoods. *British Medical Journal, 314,* 1271-1274.

Wilson, M. & Daly, M. (2004). Do pretty women inspire men to discount the future? *Biology Letters (Proceedings of the Royal Society of London* B; Supplement) *271,* S177-S179.

Wolf, A. P. (1995). *Sexual attraction and childhood association: A Chinese brief for Edward Westermarck.* Stanford, CA: Stanford University Press.

Yamagishi, T. (1986). The structural goal/expectation theory of cooperation in social dilemmas. *Advances in Group Processes, 3,* 51-87.

Yamagishi, T. (1988). The provision of a sanctioning system in the United States and Japan. *Social Psychology Quarterly, 51,* 265-271.

Yamagishi, T. (1988). *The structure of trust: The evolutionary game of mind and society.* Tokyo: University of Tokyo Press. (English version in press, Springer)

Yamagishi, T. (2010). Micro-macro dynamics of the cultural construction of reality: A niche construction approach. *Advances in Culture and Psychology, 1,* 251-308.

Yamagishi, T., Cook, K. S., & Watabe, M. (1998). Uncertainty, trust and commitment formation in the United States and Japan. *American Journal of Sociology, 104,* 165-194.

Yamagishi, T., Hashimoto, H., & Schug, J. (2008). Preference vs. strategies as explanations for culture-specific behavior. *Psychological Science, 19,* 579-584.

Yamagishi, T., & Yamagishi, M. (1994). Trust and commitment in the United States and Japan. *Motivation and Emotion, 18,* 129-166.

Yamashita, L. L. (2005). *Does variation in parental investment influence patterns of sexual jealousy?* Unpublished Master's Thesis, Department of Anthropology, University of California, Los Angeles.

Yang, C., Colarelli, & Han, K. (2008). Immigrant entrepreneurship from a neo-Darwinian coevolutionary perspective. *Journal of Business Management and Change, 3*, 53-70.

Yang, C., D'Souza, G., Bapat, A., & Colarelli, S. M. (2006). A cross-national analysis of affirmative action: An evolutionary psychological perspective. *Managerial and Decision Economics, 27*, 203-216.

Ybarra, O., Burnstein, E., Winkielman, P., Keller, M. C., Manis, M., Schaberg, L., Chan, E., & Rodrigues, J. (2008). Mental exercising through simple socializing: Social interaction promotes general cognitive functioning. *Personality and Social Psychology Bulletin, 34*, 248-259.

Ybarra, O., Winkielman, P., Yeh, I., Burnstein, E. & Kavanagh, L. (in press). Friends with cognitive benefits: What type of social interaction boosts cognitive functioning? *Social Psychology and Personality Science.*

Zaastra, B. M. et al., (1993). Fat and female fecundity: Prospective study of effect of body fat distribution and conception rates. *British Medical Journal, 306*, 484-487.

Zajonc, R. B. & Sulloway, F. J. (2007). The confluence model: Birth order as a within-family or between-family dynamic? *Personality and Social Psychology Bulletin, 33*, 1187-1194.

Zerjal, T. et al. (2003). The genetic legacy of the Mongols. *American Journal of Human Genetics, 23*, 717-721.

Zhao, M., Toyoda, H., Lee, Y., Wu, L., Ko, S., Zhang, X., . . . Zhuo, M. (2005). Roles of NMDA NR2B subtype receptor in prefrontal long-term potentiation and contextual fear memory. *Neuron, 47*, 859-872.

Zheng, H., Wang, X. T., & Zhu, L. (2010). Framing Effects: Behavioral dynamics and neural basis. *Neuropsychologia, 48*, 3198-3204.

Zhou, W-X., Sornette, D., Hill, R. A., & Dunbar, R. (2005). Discrete hierarchical organization of social group sizes. *Proceedings of Royal Society, London, 272B*: 439-444.

巴斯著，熊哲宏等译（2004）. 进化心理学：心理的新科学. 上海：华东师范大学出版社与培生教育出版集团（Pearson Education）合作出版

〔英〕Robin Dunbar, Louise Barrett, John Lycett 著，万美婷译. 进化心理学（Evolutionary Psychology: A Beginner's Guide）. 北京：中国轻工业出版社

〔英〕迪兰·伊文斯（Dylan Evans），奥斯卡·扎拉特（Oscar Zarate）著，刘建鸿译（2009）. 视读进化心理学. 合肥：安徽文艺出版社

米勒，金泽哲著，吴婷婷译（2010）. 生猛的进化心理学. 沈阳：万卷出版公司

许波（2004）. 进化心理学：心理学发展的一种新取向. 北京：中国社会科学出版社

张雷（2007）. 进化心理学. 广州：广东高等教育出版社

张雷，林丹，李宏利等（2006）. 进化认知心理学的模块说. 心理科学，29(6)：1412-1414.

朱新秤（2006）. 进化心理学. 上海：上海教育出版社

原著執筆者（＊は編者・執筆順・所属は原著刊行時）

王暁田＊（サウスダコタ大学教授）

蘇彦捷＊（北京大学教授）

デヴィッド・バス（テキサス大学オースティン校教授）

マーティン・デイリー（マクマスター大学教授）

マーゴ・ウィルソン（故人・元マクマスター大学教授）

ロビン・ダンバー（オックスフォード大学教授）

ダグラス・ケンリック（アリゾナ州立大学教授）

ヴィクター・ジョンストン（ニューメキシコ州立大学教授）

ロバート・クルツバン（ペンシルヴァニア大学准教授）

ユージン・バーンスタイン（ミシガン大学教授）

フランク・サロウェイ（カリフォルニア大学バークレー校訪問研究員）

李天正（シンガポールマネージメント大学准教授）

張雷（香港中文大学教授）

デブラ・リーバーマン（マイアミ大学助教）

カルロス・ナバレテ（ミシガン州立大学助教）

ゲイリー・ブレイズ（カンザス州立大学准教授）

ローレンス・フィディック（レイクヘッド大学准教授）

スタンレー・クライン（カリフォルニア大学サンタバーバラ校教授）

ブルース・エリス（アリゾナ大学教授）

ミシェル・サーベイ（ジェームズ・クック大学非常勤上級講師）

ゲルト・ギゲレンツァー（マックス・プランク人間発達研究所適応行動・認知センター所長）

ピーター・トッド（インディアナ大学教授）

サラ・ヒル（テキサス・クリスチャン大学准教授）

スティーブン・コラレッリ（セントラルミシガン大学教授）

キングスレー・ブラウン（ウェイン州立大学法科大学院教授）

ナイジェル・ニコルソン（ロンドン・ビジネススクール教授）

ピーター・リチャーソン（カリフォルニア大学デイヴィス校名誉特別教授）

山岸俊男（北海道大学教授）

長谷川寿一（東京大学大学院教授）

デヴィッド・ギアリー（ミズーリ大学コロンビア校教授）

クラーク・バレット（カリフォルニア大学ロサンゼルス校准教授）

ダニエル・フェスラー（カリフォルニア大学ロサンゼルス校准教授）

ボビー・ロウ（ミシガン大学教授）

ガッド・サード（コンコルディア大学教授）

ティモシー・カテラー（ニューメキシコ州立大学准教授）

ジェフリー・ミラー（ニューメキシコ大学准教授）

監訳者

平石　界 (慶應義塾大学文学部准教授)

長谷川寿一 (大学改革支援・学位授与機構理事)

的場知之 (翻訳家)

共訳者 (50音順)

大薗博記 (鹿児島大学法文学部准教授)

小宮あすか (広島大学大学院総合科学研究科准教授)

関　元秀 (九州大学大学院芸術工学研究院助教)

田村光平 (東北大学学際科学フロンティア研究所助教)

堀田結孝 (帝京大学文学部心理学科准教授)

三船恒裕 (高知工科大学経済・マネジメント学群准教授)

森本裕子 (広島修道大学非常勤講師)

李楊 (メルボルン大学PD研究員)

日本語版特別寄稿 (執筆順)

小田　亮 (名古屋工業大学大学院工学研究科教授)　コラム1

井原泰雄 (東京大学大学院理学系研究科講師)　コラム2

橋彌和秀 (九州大学大学院人間環境学研究院准教授)　コラム3

大坪庸介 (神戸大学大学院人文学研究科教授)　コラム4

清成透子 (青山学院大学社会情報学部准教授)　コラム5

長谷川眞理子 (総合研究大学院大学学長)　コラム6

進化心理学を学びたいあなたへ
——パイオニアからのメッセージ

2018 年 5 月 25 日　初　版
2020 年 2 月 14 日　第 2 刷

［検印廃止］

編　者　王暁田・蘇彦捷
監訳者　平石　界・長谷川寿一・的場知之
発行所　一般財団法人　東京大学出版会
　　　　代表者　吉見俊哉
　　　　153-0041　東京都目黒区駒場 4-5-29
　　　　http://www.utp.or.jp/
　　　　電話 03-6407-1069　Fax 03-6407-1991
　　　　振替 00160-6-59964
印刷所　株式会社平文社
製本所　誠製本株式会社

©2018 Kai Hiraishi *et al.*
ISBN 978-4-13-013311-1　Printed in Japan

JCOPY 〈出版者著作権管理機構　委託出版物〉
本書の無断複写は著作権法上での例外を除き禁じられています．複写される
場合は，そのつど事前に，出版者著作権管理機構（電話 03-5244-5088,
FAX 03-5244-5089, e-mail: info@jcopy.or.jp）の許諾を得てください．

進化と人間行動

長谷川寿一・長谷川眞理子　A5 判・304 頁・2500 円

人間もまた進化の産物であるという視点に立つと，人間の行動や心理はどのようにとらえなおすことができるだろうか．人間とは何かという永遠の問いに進化生物学的な視点から光を当てる，「人間行動進化学」への招待．

信頼の構造──こころと社会の進化ゲーム

山岸俊男　A5 判・224 頁・3200 円

信頼と裏切りの起源とメカニズムを，進化ゲーム論と実験データから解明．日本が従来の集団主義社会を脱し，他者一般に対する信頼で成り立つ開かれた社会を形成することの大切さを説く．

こころと言葉──進化と認知科学のアプローチ

長谷川寿一・C. ラマール・伊藤たかね［編］　A5 判・256 頁・3200 円

人間のことばは小鳥のさえずりとどこまで同じか，声に支えられている「文法」，助数詞の言語間での意外な違いとその意味など，多彩なアプローチで言語の起源とこころの処理システムの驚異に迫る．

ソーシャルブレインズ──自己と他者を認知する脳

開　一夫・長谷川寿一［編］　A5 判・312 頁・3200 円

自己を認識し，他者と出会い，その心を読んでかかわりあう──社会的なコミュニケーションの基盤となる能力は，いつ，どのように形成され，発達していくのか．その進化の道すじとは．社会脳の謎に挑む最先端の研究の魅力をわかりやすく紹介．

ここに表示された価格は本体価格です．ご購入の
際には消費税が加算されますので御了承ください．